데브옵스 시대의 클라우드 네트워킹

데브옵스 시대의 클라우드 네트워킹

데브옵스 최고 전문가가 쉽게 설명한
SDN 네트워크 실무 지침서

스티븐 암스트롱 지음 | 최성남·이준호·이선재 옮김

지은이 소개

스티븐 암스트롱 Steven Armstrong

데브옵스DevOps 솔루션 아키텍트 및 프로세스 자동화 전문가다. 글래스고 시의 스트래스클라이드대학Strathclyde Universit에서 컴퓨터/전자 시스템 공학사를 취득했으며 '명예 졸업생honors graduate'을 수상했다.

기업에서 소프트웨어를 제때 출시할 수 있도록 도와주는 기업 소프트웨어 개발 아키텍처 및 프로세스를 간소화하는 데 검증된 실적을 보유하고 있다. 애자일, CIContinuous Integration, 코드 기반 인프라스트럭처, 코드 기반 네트워킹, CDContinuous Delivery, 배포 작업에 대한 전문성을 바탕으로 지난 10년간 IT 분야에서 컨설팅 및 재무 서비스, 근로자 복지 혜택 관련 업체를 거쳐 현재는 갬블링gambling 관련 업체에서 일하고 있다.

졸업 후 액센추어 테크놀로지 솔루션즈Accenture Technology Solutions의 개발 통제 서비스 분야에 졸업 채용 제도Graduate Scheme(영국의 대졸자 채용 문화 및 시스템)를 통해 입사한 후 4년간 재직했다. 이후 구성 관리 아키텍트로서 엑센추어 고객들이 빌드 및 개발 프로세스를 자동화하는 데 기여했다. 대상 응용프로그램들은 시벨Siebel, SAP, 웹스피어WebSphere, 웹로직Weblogic, 오라클Oracle B2B 애플리케이션 등이다.

액센추어 근무 당시 노르웨이 정부, EDF 에너지, 보드 가이스Bord Gais, 사브밀러SABMiller 등의 고객들을 대상으로 하는 개발 통제 서비스 그룹에서 근무했다. 주도했던 EDF 에너지 업무는 '최고 프로젝트 산업화Best Project Industrialization' 및 '액센추어 공유 서비스 최고 사례Best Use of Accenture Shared Services'로 선정됐다.

액센추어를 나온 후, 금융 서비스 회사인 코펀즈Cofunds에서 금융 서비스 플랫폼에서의 배포를 용이하게 하는 목적으로 닷넷.Net 응용프로그램과 마이크로소프트 SQL 데이터베이스에 대한 CI/CD 프로세스를 구축하면서 2년간 재직했다.

코펀즈 퇴직 후에는 톰슨스 온라인 베니핏츠^{Thomsons Online Benefits}에서 데브옵스 조직을 신규로 만드는 것을 도왔다. 또한 톰슨스 온라인 베니핏츠의 서비스 환경 응용프로그램을 위한 프라이빗 클라우드 솔루션을 신규로 구축하는 데 통합 파트의 역할을 맡았다. 그리고 다윈 근로자 복지 혜택 관리 소프트웨어^{Darwin Benefits Software}를 신규 프라이빗 클라우드 플랫폼에 수 분 내에 설치할 수 있게 해주는 CD 프로세스를 구축했다.

현재 패디 파워 벳페어^{Paddy Power Betfair}의 i2 프로젝트에서 기술 리더를 맡고 있으며, 패디 파워 벳페어에서 신규로 프라이빗 클라우드 플랫폼을 구축할 때 구축 팀을 이끌었다. 소프트웨어 정의 네트워킹으로 누아지^{Nuage} VSP를 사용하고 오픈스택을 활용해 구현했다. 이 플랫폼은 패디 파워 벳페어의 모든 응용프로그램의 CD를 지원한다. i2 프로젝트 구현 산출물은 오픈스택 슈퍼 유저 상^{OpenStack Super User Award}의 최종 결승 후보에 올랐으며, 현대화를 위한 레드햇 혁신상^{RedHat Innovation Award for Modernization}을 수상했다.

대중적인 행사의 열성적인 발표자로 데브섹콘 런던^{DevSecCon London}, 클루지 오픈스택 밋업^{OpenStack Meetup in Cluj}, 오스틴 오픈스택 서밋^{OpenStack Summit in Austin}, HP 디스커버 런던^{HP Discover London} 등의 전 세계 기술 행사에서 연사로 활동했으며 최근에도 오픈스택 데이 브리스틀^{OpenStack Days Bristol} 행사에서 기조연설을 했다.

감사의 글

무엇보다도 내 여자 친구인 조지나 메이슨^{Georgina Mason}에게 감사의 말을 전하고 싶다. 이 책을 쓰면서 3개월간 주말에도 집을 비울 수 없었고, 그 기간 동안 그녀와 즐겁게 지낼 수 없었다. 하지만 그녀의 인내와 지원, 또한 늦은 밤 깨어있을 수 있도록 내게 차와 커피를 만들어준 것에 대해 감사한다. 내게 멋진 여자친구로 있어준 그녀에게 감사한다.

내가 어렸을 때 항상 바른 길로 나아갈 수 있도록 내 곁을 지켜주신 내 부모님 준^{June}과 마틴^{Martin}께 감사한다. 부모님의 꾸준한 격려가 없었다면 아마도 대학을 졸업할 수 없었고 책을 쓸 수도 없었을 것이다. 수년간 내게 해주신 모든 것에 대해 얼마나 감사하는지 두 분 모두 알고 계시리라 기대한다.

이 책을 쓸 수 있는 기회를 준 패디 파워 벳페어에 감사하며, 우리 팀이 i2 프로젝트 솔루션을 만들고 기술 커뮤니티에 우리가 이룬 업적을 전할 수 있게 도와준 CTO 폴 커터^{Paul Cutter}에게 감사하고 싶다.

이 책을 맡도록 격려해주고, 톰슨스 온라인 베니핏츠에서 업무를 시작한 이후로 내 경력을 쌓는 데 항상 지원을 아끼지 않은 내 매니저, 리차드 헤이그^{Richard Haigh}에게 감사한다.

꾸준히 우리의 솔루션으로 가능한 영역을 넓히게 해준 내 팀, 패디 파워 벳페어의 실행 활성화 팀^{Delivery Enablement team}에게 감사하고 싶다. 팀 여러분은 회사를 혁신적인 업무 공간으로 만들어준 사람들이다.

패디 파워 벳페어, 톰슨스 온라인 베니핏츠, 코펀즈, 액센추어 등에서 나와 함께 일한 모든 훌륭한 분들께 감사하고 싶다. 내게 그러한 기회가 주어지지 않았다면 이 책을 쓰기 위한 모든 경험 또한 없었을 것이다.

소프트웨어 정의 네트워킹을 이 책에서 저술할 수 있게 허락해준 누아지 네트웍스^{Nuage networks}에도 감사하고 싶다.

기술 감수자 소개

대니얼 조나단 발릭 Daniel Jonathan Valik

클라우드 서비스와 클라우드 네이티브 기술, IoT, 데브옵스, 인프라 자동화, 컨테이너화, 가상화, 마이크로서비스, 통합 커뮤니케이션, PBX 호스팅, 전화 통신, 웹 RTC, 통합 메시징, 통신 가능 사업 프로세스CEBP, Communications Enabled Business Process 설계, 컨택 센터 기술 등 다양한 산업 분야의 전문가다.

20년간 제품 관리, 제품 마케팅, 프로그램 관리, 에반젤리스트, 전략 고문 등 다양한 분야의 업무를 수행했다.

한때 유럽과 동남아시아에 거주했으며 현재는 미국에서 근무하고 있다. 또한 클라우드 서비스와 범용 통신, 협업 기술에 대한 다수의 책을 펴냈다. 그 내용들은 마이크로소프트, 시스코, 구글, 어바이어를 비롯한 여러 업체들의 제품을 포함한다.

경영학 석사 및 일반 비즈니스 심화 과정 석사MAS 등 이중 석사 학위를 갖고 있으며 마이크로소프트 인증 강사MCT, Microsoft Certified Trainer를 포함한 다양한 기술 자격증도 보유했다. 더 많은 정보는 그의 블로그 및 비디오, 링크드인 프로필을 참조하길 바란다(https://www.linkedin.com/in/danielvalik).

옮긴이 소개

최성남(sungnam.choe@nokia.com)

SDN에 관심이 많으며 시스코에서도 시스코의 다양한 SDN 솔루션인 ACI[Application-Centric Infrastructure], NSO[Network Service Orchestrator], VTS[Virtual Topology System] 등을 담당했으며 노키아에서 SDN 제품 누아지[Nuage] VSP/VNS의 프리세일즈를 담당하고 있다. 삼성SDS, 밸텍 컨설팅[Valtech Consulting], 시스코 등에 재직했으며 현재 노키아에 재직 중이다. 서울대학교 수학과, 헬싱키경제대학[Helsinki School of Economics] EMBA를 졸업했고, 정보통신 기술사, PMP[Project Management Professional] 등의 자격증을 보유했다.

이준호(evans8580@gmail.com)

통신 인프라, 미디어, 클라우드 등 대형 IT 서비스 플랫폼 기획, 설계, 구축, 컨설팅 등 다양한 경력을 갖고 있으며, 코딩하는 아키텍트로 지금도 앱 개발 및 GRID 기반의 서비스 플랫폼 개발을 하고 있다. 현재 넥슨코리아에서 클라우드 아키텍트로 재직 중이며, 직전에는 시스코에 재직하면서 콘텐츠 관리 시스템 구축, 미디어 플랫폼 컨설팅, SDN 컨설팅, SDN POC, 오픈스택 기반 퍼블릭 클라우드 구축을 수행했다. 서울대학교 고고미술사학과를 졸업했고 전산과학을 부전공했다.

이선재(sun.lee@nuagenetworks.com)

공공 분야 프로젝트를 수행하며 개발 및 인프라, 클라우드 설계 및 구축까지 다양한 경험을 얻게 됐으며 LG CNS에서는 민원24 BPR/ISP 및 1, 2단계 구축, 정부통합전산센터 클라우드 컴퓨팅 긴급 자원 풀 구축, 국방정보통합관리소 이전/통합 사업 등 대규모 시스템 통합 사업을 수행했다. 이후 VMware에서 서버 가상화(vSphere) 및 SDN 솔루션 NSX 세일즈를 담당했고 현재 노키아에서 누아지 SDN BDM을 담당하고 있다. 건국대학교 영어영문학과를 졸업했다.

옮긴이의 말

클라우드 시대가 왔다. 개발 팀, 서버 팀, 보안 팀 등 모두가 가상화를 이용해 클라우드로 가고 있지만 네트워크 팀은 여전히 제자리에 머물고 있다. 클라우드를 완성하는 방점이 네트워크인데 오히려 걸림돌이 되고 있는 것이다.

이 책에서는 데브옵스 클라우드 시대를 대비해 네트워크 팀이 무엇을 어떻게 준비해야 하는지를 실무적인 관점에서 제시하고 있다. 비단 기술적인 부분뿐만 아니라 업무 문화나 업무 절차의 변화에 대해서도 어떤 부분이 바뀌고 어떻게 바꿔야 하는지를 알려준다. 이러한 부분에 목말라 있던 네트워크 담당자들뿐 아니라 클라우드 관련자들에게도 단비와 같은 내용이 되길 기대한다.

최성남

마이크로서비스 아키텍처 및 CI/CD를 통한 서비스 출시 단축과 자동화가 화두인 시대에 네트워크는 아직도 수작업 일변도에 머물러 있다. 시대는 점점 더 빠른 서비스 출시와 이용자의 요구에 부응한 신속한 변화를 요구하고 있으며, 이에 따라 네트워크 운영 팀과 네트워크 실무자가 갖춰야 할 자세와 지식은 점점 더 많이 요구되고 있다.

이 책을 통해 네트워크 엔지니어는 이와 관련된 지식과 방법론에 대한 통찰력을 기를 뿐만 아니라, 기술적으로도 변화되는 네트워크 환경을 이해하고 이에 대비 가능한 기초적인 지식을 얻을 수 있을 것으로 기대한다.

이준호

국내에서 애자일과 데브옵스를 적용한 사례는 일부 대기업들의 개발 팀을 제외하고는 찾아보기 힘든 실정이다. 최근 조사에서 한국 기업들은 아태 지역에서 애자일/데브옵스 성숙도가 가장 낮은 것으로 나타났다. IT 강국인 대한민국에서 유독 디지털 트랜스포메이션^{Digital Transformation}을 위한 클라우드, 데브옵스의 도입이 더딘 이유는 무엇일까? 이는 데브옵스가 중시하는 소통과 협업 측면에서 우리의 조직 문화가 이러한 변화에 적절히 대응하지 못하기 때문일 것이다.

이 책은 수동적일 수밖에 없었던 네트워크 담당자가 어떻게 데브옵스에 참여해 주도적으로 프로젝트를 수행할 수 있는지를 명확히 제시하는 지침서다.

이선재

차례

들어가며

이 책의 원제는 『DevOps For Networking』이다. 데브옵스^{DevOps}는 여러분도 아마 잘 알고 있듯이 개발^{Development}과 운영^{Operation}이라는 두 단어를 축약한 것이다. 이것이 왜 네트워킹에 중요한 의미를 가질까? 데브옵스라는 명칭에는 '네트워크^{Net}'가 전혀 없다. 데브옵스의 의미를 원래의 목적과는 다르게 다른 의미로 확장해서 쓰기도 하지만 말이다.

초기의 데브옵스 운동은 개발 팀과 운영 팀 간의 담장 너머로 떠넘기기 식 업무 방식과 수동적인 대응 방식을 타파할 목적으로 시작했다. 단지 개발 조직과 운영 조직뿐 아니라 모든 IT 팀들 간의 협업^{Collaboration}을 촉진하는 데도 데브옵스를 효율적으로 활용할 수 있다.

데브옵스는 개념적으로 일상 업무 시나리오를 해결할 목적으로 시작했다. 개발자가 코드를 개발하고 아키텍처를 상당 부분 변경하지만 서비스 환경에 배포해야 하는 운영 팀은 그 코드를 전혀 고려하지 않는 것이 일상 다반사다. 개발자의 코드 변경 분을 서비스 환경에 운영 팀이 배포할 시점에서야 문제가 발생한다. 변경 내용을 적용하기 위한 배포 절차에서 수일 내지 수 주가 걸리고, 보정한 중요한 소프트웨어 기능이나 신규 상품을 예정한 일정에 고객에게 제공하기 어렵다.

개발자들은 신규 기능을 개발하는 것을 멈추고 운영 조직에서 배포 절차를 변경하는 것을 도와줘야만 한다. 모든 관련 팀들이 어려움을 겪게 되는 것이다. 신규 버전을 서비스 환경에 배포하려면 인프라스트럭처 변경이 필요하다는 것을 전달받지 못한 운영 팀도 어려움에 부딪힌다. 아키텍처 변경을 지원할 서비스 환경을 적절하게 준비해야 하는 것을 운영 팀은 알 수가 없다.

이 일반적인 IT 시나리오에서는 단절된 업무 절차와 운영 모델이 핵심이다. 이는 개발 팀과 운영 팀 간에 끊임없이 일어나며 마찰을 발생시키는 원인들이다.

앞에서처럼 이런 충돌이 발생하는 팀들 간에 협업과 소통의 장을 만들어보고자 하는 동기에서 출발한 것이 '데브옵스'다. 팀들 간에 매일 소통하도록 도와서 상호 간에 변경 내용을 알도록 함으로써 피할 수 있는 문제 상황들이 일어나지 않도록 예방한다. 대표적으로 개발 조직과 운영 조직 간에 외톨이 섬Silo들로 업무가 진행되는 현상을 종종 볼 수 있는데, 이것이 데브옵스의 첫 번째 해결 대상이다. 결론적으로 데브옵스는 단일의 통합된 흐름처럼 팀들이 하나가 돼 일하는 방식의 대명사가 됐다. 종종 다른 명칭으로 부르기도 한다.

데브옵스는 팀 간의 일하는 관계를 개선하고 더 행복한 업무 환경을 만드는 것을 목표로 한다. 솔직하게 말해서 누구도 다투는 것을 즐기지 않는다. 예방 가능한 문제인데도 화재 진압하듯이 매일 대응해야 한다면 좋아할 사람은 아무도 없다. 데브옵스의 또 다른 목표는 팀들 간에 지식을 공유해 상호 오해가 발생하는 상황을 막는 것이다. 개발 팀은 으레 '인프라스트럭처에 무지하다.'라고 생각하거나, 운영 팀은 '변경 봉쇄자'라든가 '개발자 뒷다리를 잡는다.'라는 식의 오해 말이다. 이러한 흔한 오해는 외톨이 섬처럼 일하는 팀들이 상대방의 목표를 충분히 이해하지 않아서 일어난다.

데브옵스는 팀들이 다른 팀과 그 팀의 목표에 감사하는 사무실 환경을 만들려고 노력한다. 다시 말해 팀들이 공통의 목표를 존중하도록 하는 것이다. 데브옵스는 의심의 여지없이 요즘 IT 업계에서 가장 많이 회자되는 주제다. 애자일 소프트웨어 개발Agile Software Development의 출현과 함께 그 인기도가 오른 것은 우연이 아니다. 애자일 소프트웨어 개발은 전통적인 워터폴 방식Waterfall Approach의 대안으로 나왔다.

워터폴 개발 방식과 'V-모델'은 분석, 설계, 구현(코딩), 테스트 등과 같은 별도로 분리된 단계를 거친다. 이 단계는 보통 각각의 개별 팀들에게 할당되고 공식적인 프로젝트 이관 일정은 변경 불가한 거대한 바윗덩이처럼 확정된다.

빠른 주기로 운영되는 소프트웨어 산업에서 시간이 오래 걸리는 프로젝트는 적합하지 않으며, 또한 고객에게 진정한 가치를 제공하는 최선의 방법이 아님을 알게 돼 애자일이 만들어졌다. 결과적으로 애자일로 인해 프로젝트들은 더 짧은 분기 사이클Iteration Cycle로 바뀌었다. 분석, 설계, 구현, 테스트를 모두 합쳐 2주간의 사이클(스프린트)로 실행하면서 프로토타이핑 접근법을 사용하는 방식이다.

프로토타이핑 접근법은 추가적 개발 방식Incremental Development이라고도 한다. 제품의 릴리스 사이클 초기에 피드백을 수집하는 방식이다. 이는 구현 단계가 끝날 때 하나의 큰 덩어리로 전체 솔루션을 인도하는 빅뱅 방식과는 다르다.

프로젝트를 워터폴 방식으로 수행하면 워터폴 구현 단계의 마지막에 제품 인도에 대한 리스크가 따른다. 그 제품은 고객이 원하는 것이 아니거나 개발자들이 요구 사항을 잘못 구현한 것일 가능성이 있다. 이러한 이슈들은 일반적으로 최종 테스트 단계에서만 발견할 수 있다. 프로젝트 결과물이 시장에 나와야 하는 때에 말이다. 종종 이런 결과로 프로젝트는 실패하기도 하고 장기간 지연되기도 한다. 당연히 값비싼 재작업과 변경 요청을 수반한다.

최선의 방법을 추구하는 애자일 소프트웨어 개발은 각 팀이 외톨이 섬처럼 일하는 방식을 무너뜨릴 목적으로 출발했다. 개별적 작업은 워터폴 소프트웨어 개발과 밀접한 연관이 있다. 애자일 방식을 적용하면 매일 협업을 더 많이 해야 한다.

애자일 소프트웨어 개발 방식을 도입하면서 소프트웨어 테스트를 하는 방법 또한 바뀌었다. 기능 테스트에도 동일하게 데브옵스 원칙을 적용한다.

QAQuality Assurance (품질 보증) 테스트 팀도 이제는 더 이상 수동적으로 있을 수 없다. 운영 팀의 변화와 동일한 맥락이다. 테스트 팀이 더 효율적으로 일하도록 도와주고 제품을 시장에 출시하는 데 지연 요소가 되지 않도록 애자일 방식이 도와준다. 하지만 이는 제품 출시만으로 끝나는 것은 아니다. 애플리케이션을 제대로 테스트하고 모든 QA 점검 사항들을 전달하는 것이 정확하게 이뤄지는 방법을 찾아서 더 스마트하게 일해야 한다.

QA 테스트 팀이 개발 팀과 분리돼 외톨이 섬처럼 업무를 하는 것이 더 이상 불가능함은 이제 알게 됐다. 그 대신 애자일 소프트웨어 개발 방식에서는 테스트 케이스들을 소프트웨어 개발과 동시에 작성한다. 개발과 테스트가 별개의 작업이 아닌 것이다. 이것은 기존의 풍경과 아주 큰 대비를 이룬다. 기존에는 코드를 테스트 환경에 배포해 테스터 그룹에 넘겨주면, 수동으로 테스트하거나 테스트 팩세트를 실행했다. 이때는 이슈에 사후 대응하는 방식으로 처리했다.

애자일 방식에서는 개발자들과 QA 테스터들이 함께 스크럼Scrum 팀에서 일 단위 스케줄로 일한다. 배포 목적으로 패키징하기 전에 소프트웨어를 테스트하며 동일한 테스트들은 이력을 관리한다. 이 이력들을 바탕으로 최신 테스트 결과를 유지하면서 회귀 테스트Regression Test 팩의 입력으로 사용한다.

개발자가 코드 변경을 위해 체크인Check-in(코드 변경을 위해 소스에 락을 거는 것)한 것이 QA 테스트 팀의 회귀 팩을 손상시켜서 발생하는 마찰을 줄이는 데도 애자일을 사용한다. 동떨어져 있는 테스트 팀에게 마찰이 일어나는 가장 흔한 시나리오는 개발자가 갑자기 GUI를 변경하는 것이다. 이 경우 회귀 테스트의 일부분도 깨지게 된다. 이런 변경은 종종 테스트 팀에 알리지 않고 이뤄진다. 따라서 테스트는 실패한다. 테스트 시나리오들이 그 전의 GUI를 기반으로 작성됐으므로 바로 무효화되기 때문이다. 이것은 개발자가 실제로 소프트웨어 문제나 버그를 일으켜서 깨지는 것과 대비된다.

테스트에 대한 이러한 사후 대응적인 방식으로는 자동화된 테스트 팩에서 보고되는 테스트 실패의 유효성을 믿을 수 없다. 그 실패 결과들이 항상 소프트웨어 실패를 의미하는 것은 아니기 때문이다. 즉, 최적이 아닌 IT 조직으로 인해 불필요한 지연이 발생하게 된다.

대신에 데브옵스 원칙에 따라 개발 팀과 테스트 팀 간에 소통이 잘 이뤄지면, 이런 지연이나 최적화되지 않은 업무 처리는 피할 수 있다.

좀 더 최근에는 데브섹옵스DevSecOps가 나타났다. 소프트웨어 구현 절차에 보안과 규제 준수Compliance를 통합해 살펴보는 것이다. 수기 방식의 별도 작업으로 처리하거나 별도의 사후 대응적이었던 방식에 반대되는 것이다. 데브옵스와 애자일 철학의 활용도를 살펴보고 보안 엔지니어를 스크럼 팀에 포함하는 아이디어를 낸 것이 데브섹옵스다. 맨 처음 시작 시점부터 보안 요구 사항을 확실하게 충족하도록 하는 것이다.

이는 보안과 규제 준수도 자동화된 단계들로서 CD^{Continuous Delivery} 파이프라인에 통합할 수 있음을 뜻한다. 모든 소프트웨어 릴리스들에 대해 보안 규제 준수 확인을 하면서도 개발자들의 소프트웨어 개발 라이프사이클의 속도에는 영향을 주지 않는다. 그리고 필요한 피드백에 대한 루프도 만들어낸다.

개발 팀, 운영 팀, QA 팀, 보안 팀과 흡사하게 네트워킹 팀들도 데브옵스 방법론에서 배울 점이 있다. 이 팀들은 애자일 업무 절차를 활용해 소프트웨어 개발 절차와 연동한 업무 처리를 개선했으며, 피드백 루프를 사용하며 많은 혜택을 봤다.

네트워크 엔지니어가 소프트웨어 배포를 지연시킬 수밖에 없었던 적이 몇 번인가? 네트워크 변경을 했어야 했는데 다른 부서에서 사용하는 업무 절차와 연동돼 있지 않은 티켓 기반 시스템을 사용하기 때문에 비효율적으로 일을 처리할 수밖에 없었던 경우 말이다. 수작업 기반의 네트워크 변경 작업으로 얼마나 많이 실 서비스에 장애를 유발했는가? 지금 네트워크 팀이나 네트워크 엔지니어의 역량에 대해 비평하려는 것은 아니다. 운영 모델을 바꿀 필요가 있다는 현실 인식이며 여러분도 할 수 있다.

이 책에서 다루는 내용

네트워크 변경 작업을 더 효율적으로 해서 소프트웨어 개발 라이프사이클의 속도를 늦추지 않는 방법을 살펴본다. 이 책은 네트워크 엔지니어가 네트워크 운영 업무를 자동화하는 전략을 세우는 데 도움을 주며, 네트워크 팀이 자동화 중심의 환경 구축에 성공하도록 실행하는 것을 중점적으로 다룬다. 팀이 더 협업적인 방식으로 일해 효율을 향상시킬 수 있도록 할 것이다.

또한 네트워크 팀이 이 목표를 달성하기 위해 새로운 기술을 습득하고 앤시블^{Ansible} 같은 구성 관리 도구^{Configuration Management Tool}를 익힐 필요가 있음을 설명할 것이다. 이 책에서는 이러한 도구로 인한 이점도 설명한다. 도구에서 제공하는 네트워크 모듈을 사용하는 내용도 포함하고 자동화를 손쉽게 할 수 있도록 도와준다. 이 책은 독학을 위한 입문서다.

네트워크 기능들마다 자동화 절차를 구현하고 영향력을 발휘하기까지 극복해야 할 문화적 도전들에도 초점을 맞출 것이다. 또한 장비 업체에서 제공하는 네트워킹 API들 대부분이 믿을 만하다는 신뢰를 네트워크 팀에게 줄 것이다.

AWS와 오픈스택 같은 퍼블릭 클라우드와 프라이빗 클라우드도 논의할 것이고, 사용자들에게 네트워킹을 제공하는 방식도 논의한다. SDN^{Software-defined Networking}(소프트웨어 정의 네트워킹) 솔루션의 출현도 다룬다. 주니퍼 콘트레일^{Juniper Contrail}, VMware NSX, 시스코 ACI 등이 대표적인 SDN 솔루션이다. 네트워킹 기능들을 셀프서비스 일용재^{Commodity}로 만들려는 노키아의 누아지^{Nuage} VSP에 초점을 맞춰볼 것이다.

이 책에서는 CI^{Continuous Integration}/CD^{Continuous Delivery}(소프트웨어의 연속적인 통합 및 배포) 절차와 배포 파이프라인이 네트워크 변경을 관리하는 데 어떻게 적용 가능한지 자세히 살펴본다. 또한 단위 테스트^{Unit Test}를 네트워크 변경 자동화에 적용하고 소프트웨어 개발 라이프사이클에 통합하는 방법을 보여준다.

책의 각 장별 세부 내용은 다음과 같다.

1장. 클라우드가 네트워킹에 미친 영향 퍼블릭 클라우드 영역에 AWS가 나타나고 프라이빗 클라우드 영역에 오픈스택이 나타나 개발자들이 네트워킹을 소비^{Consume}하는 방식이 바뀐 것을 살펴본다. AWS와 오픈스택에서 제공하는 네트워킹 서비스들과 네트워킹 기능들을 다루고, 또한 이러한 클라우드 플랫폼들로 인해 네트워킹도 다른 인프라스트럭처처럼 일용재로 된 것을 예시와 함께 살펴본다.

2장. 소프트웨어 정의 네트워킹의 출현 소프트웨어 정의 네트워킹이 어떻게 나타나게 됐는지 살펴본다. 방법론을 살펴보고 확장성 측면의 이점을 다룬다. AWS와 오픈스택을 통한 경험을 넘어서는 기능 사양들도 살펴본다. 시장을 선도하는 SDN

솔루션인 누아지^{Nuage}가 이러한 개념들과 원리들을 어떻게 잘 구현하고 있는지 보여준다. 시장의 다른 SDN 솔루션들에 대해서도 논의한다.

3장. 데브옵스를 네트워크 운영으로 상향식^{Bottom-up} 및 하향식^{Top-down} 데브옵스 운동의 장단점을 네트워킹 관점에서 상세하게 풀어내고, 전략 관점에서 독자들이 생각할 수 있는 재료들을 제공할 것이다. 일부의 경우 성공 사례도 있지만 다수가 실패했다. 이 장은 CTO, 선임 관리자, 엔지니어가 회사의 네트워크 부서에서 데브옵스 모델을 시작할 때 도움이 될 것이다. 원하는 문화적 변화를 달성하기 위해 사용할 여러 전략들도 훑어본다.

4장. 앤시블로 네트워크 장비 설정하기 설정 정보를 네트워크 장비에 구성하고 밀어넣을 때 구성 관리 도구^{Configuration Management Tool}를 사용함으로써 얻는 이점을 살펴본다. 이 작업을 할 때 사용할 수 있는 오픈소스 네트워크 모듈들을 살펴보고 동작 방식도 알아본다. 이를 통해 장비 설정 정보를 유지하기 위해 사용하는 프로세스 흐름을 예시와 함께 살펴본다.

5장. 앤시블로 부하 분산기 오케스트레이션하기 부하 분산기를 앤시블로 오케스트레이션할 때의 장점을 기술한다. 신규 소프트웨어 버전을 다운타임이나 수작업 개입 없이 서비스 환경에 배포하는 방식도 알아본다. 오케스트레이션을 통해 재사용이 불가능한 서버들과 정적인 서버들이 각각 별개의 부하 분산 기술들과 연계하는 프로세스 흐름을 예시로 살펴본다.

6장. 앤시블로 SDN 컨트롤러 오케스트레이션하기 앤시블로 SDN 컨트롤러를 오케스트레이션할 때의 장점을 살펴본다. SDN의 이점을 기술한 후 SDN 컨트롤러에서 노출하는 네트워크 기능들을 자동화하는 것이 왜 대단한지 살펴본다. 여기에는 ACL 규칙을 동적으로 설정하는 것도 포함한다. 이를 통해 네트워크 엔지니어들은 개발자들에게 NaaS^{Network as a Service}(네트워크를 서비스로 제공)를 제공함으로써 네트워킹 필요에 따라 셀프서비스로 사용할 수 있게 한다. 청색, 녹색 네트워크와 같은 배포 전략을 살펴보고 NaaS 방식을 구현하는 데 사용하는 프로세스 흐름도 일부 살펴본다.

7장. 네트워크 설정에 CI 빌드 사용하기 네트워크 설정 정보를 SCMS^{Source Control} Management System(소스 제어 관리 시스템)에 저장하는 모델로 이전하는 것을 다룬다. 이 경우 감사 및 버전 관리가 용이하고 변경 작업의 복구가 용이하다.

젠킨스^{Jenkins}와 깃^{Git} 같은 도구를 이용해 네트워크 설정 CI 빌드를 구성하는 데 쓸 워크플로우를 살펴본다.

8장. 네트워크 변경 작업 테스트하기 네트워크 변경 사항을 서비스 환경에 적용하기 전에 테스트 환경에서 테스트하는 것의 중요성을 살펴본다. 활용 가능한 오픈소스 도구를 살펴보고 테스트 전략들을 찬찬히 짚어본다. 이 전략들을 적용하면 네트워크 변경 사항들을 서비스 환경에 적용하기 전에 완벽하게 검증했는지 여부를 확실하게 파악할 수 있다.

9장. 네트워크 변경 사항 배포에 CD 파이프라인 사용하기 네트워크 변경 사항을 서비스 환경에 적용할 때 CI/CD 파이프라인을 사용하는 법을 독자들에게 알려주고, 연관된 테스트 환경에 어떻게 구성하는지도 살펴본다. 네트워크 변경 사항을 서비스 환경에 적용할 때 사용하는 프로세스 흐름을 예시와 함께 설명한다. 그것들이 인프라스트럭처 및 코드의 변경 사항들과 함께 배포 파이프라인에서 어떻게 쉽게 연동 가능한지도 알아본다.

10장. 컨테이너가 네트워킹에 미친 영향 도커^{Docker}와 같은 컨테이너 기술과 쿠버니티즈^{Kubernetes} 및 스웜^{Swarm} 같은 컨테이너 오케스트레이션 엔진을 다룬다. 이들은 마이크로서비스 아키텍처로 이동하는 회사들에게 점점 더 인기를 얻고 있다. 결과적으로 이에 따라 네트워킹 요구 사항들이 바뀌는 중이다. 이 장에서는 컨테이너가 어떻게 동작하는지 설명하고 네트워킹에 미친 영향을 살펴본다.

11장. 네트워크 보호하기 보안 엔지니어가 이 방식으로 네트워크 감사를 어떻게 더 용이하게 할 수 있는지 살펴본다. SDN 환경에서 가능한 침투 경로를 알아보고 보안 검사를 데브옵스 모델에 통합하는 방법을 다룬다.

준비 사항

이 책은 독자들이 중간 정도의 네트워크 관련 지식, 기초적 수준의 리눅스 지식, 클라우드 컴퓨팅 기술에 대한 기본 지식과 IT 관련 제반 지식 등을 갖췄다고 가정하며, 기반 기술보다는 바로 구현 가능한 특정 프로세스 워크플로우에 우선적으로 초점을 맞췄다. 따라서 어떤 기술을 사용하든 상관없이 아이디어와 내용을 어느 조직에든지 적용할 수 있다.

다시 말하지만, 다음의 기술들은 이 책의 내용을 소화하는 데 도움이 될 것이다.

- AWS(https://aws.amazon.com/free/)
- 오픈스택(http://trystack.org/)
- 누아지 VSP(http://nuagex.io/)

이 책의 대상 독자

이 책의 대상 독자층은 네트워크 엔지니어들과 개발자들, 또는 시스템 관리자들이다. 네트워크 엔지니어의 경우 본인의 업무 중 수작업과 반복적인 부분을 자동화하는 데 유용하며, 개발자와 시스템 관리자의 경우 모든 네트워크 기능들을 자동화하는 데 활용할 수 있다.

이 책은 또한 CTO와 관리자들에게 탁월한 통찰을 제공한다. 네트워크 부서를 더 신속한 조직으로 변모시키고 조직 내에 진정한 문화적 변화를 일으키는 방법을 알 수 있다.

이 책은 일반 독자들은 데브옵스, CI, CD에 대한 이해도를 높일 수 있고 실세계의 시나리오에서 이렇게 적용하는지 알 수 있다. 또한 자동화를 지원하는 많은 도구에 대한 깊이 있는 정보를 접할 수 있다.

편집 규약

이 책에서는 독자의 이해를 돕고자 다루는 정보에 따라 글꼴 스타일을 다르게 적용했다. 이러한 스타일의 예와 의미는 다음과 같다.

텍스트에서 코드 단어는 다음과 같이 표기한다.

"이러한 서비스들은 lbvserver 엔티티의 제약을 받는다."

명령행 입력이나 출력은 다음과 같이 표기한다.

```
ansible-playbook -I inevntories/openstack.py -l qa -e environment=qa
-e current_build=9 playbooks/add_hosts_to_netscaler.yml
```

화면상에 표시되는 메뉴나 버튼은 다음과 같이 표기한다.

"구글에서 **검색** 버튼을 클릭한다."

 경고나 중요한 노트는 이와 같이 나타낸다.

 팁과 요령은 이와 같이 나타낸다.

독자 의견

독자로부터의 피드백은 항상 환영이다. 이 책에 대해 무엇이 좋았는지 또는 좋지 않았는지 소감을 알려주길 바란다. 독자 피드백은 독자에게 필요한 주제를 개발하는 데 매우 중요하다. 일반적인 피드백을 우리에게 보낼 때는 간단하게 feedback@packtpub.com으로 이메일을 보내면 되고, 메시지의 제목에 책 이름을 적으면 된다.

여러분이 전문 지식을 가진 주제가 있고, 책을 내거나 책을 만드는 데 기여하고 싶다면 www.packtpub.com/authors에서 저자 가이드를 참조하길 바란다.

고객 지원

팩트출판사의 구매자가 된 독자에게 도움이 되는 몇 가지를 제공하고자 한다.

컬러 이미지 다운로드

이 책에서 사용된 스크린샷/다이어그램의 컬러 이미지를 PDF 파일로 제공한다. 컬러 이미지는 출력 결과의 변화를 이해하는 데 큰 도움이 될 것이다. 에이콘출판사의 도서정보 페이지인 http://www.acornpub.co.kr/book/devops-networking에서 컬러 이미지를 다운로드할 수 있다.

정오표

내용을 정확하게 전달하기 위해 최선을 다했지만, 실수가 있을 수 있다. 팩트출판사의 도서에서 문장이든 코드든 간에 문제를 발견해서 알려준다면 매우 감사하게 생각할 것이다. 그런 참여를 통해 그 밖의 독자에게 도움을 주고, 다음 버전의 도서를 더 완성도 높게 만들 수 있다. 오탈자를 발견한다면 http://www.packtpub.com/submit-errata를 방문해 책을 선택하고, 구체적인 내용을 입력해주길 바란다. 보내준 오류 내용이 확인되면 웹사이트에 그 내용이 올라가거나 해당 서적의 정오표 부분에 그 내용이 추가될 것이다. http://www.packtpub.com/support에서 해당 도서명을 선택하면 기존 정오표를 확인할 수 있다. 한국어판은 에이콘출판사 도서정보 페이지 http://www.acornpub.co.kr/book/devops-networking에서 찾아볼 수 있다.

저작권 침해

인터넷에서의 저작권 침해는 모든 매체에서 벌어지고 있는 심각한 문제다. 팩트출판사에서는 저작권과 사용권 문제를 아주 심각하게 인식한다. 어떤 형태로든 팩트출판사 서적의 불법 복제물을 인터넷에서 발견한다면 적절한 조치를 취할 수 있도록 해당 주소나 사이트명을 알려주길 부탁한다.

의심되는 불법 복제물의 링크는 copyright@packtpub.com으로 보내주길 바란다. 저자와 더 좋은 책을 위한 팩트출판사의 노력을 배려하는 마음에 깊은 감사의 뜻을 전한다.

질문

이 책과 관련해 질문이 있다면 questions@packtpub.com으로 문의하길 바란다. 최선을 다해 질문에 답하겠다. 한국어판에 관한 질문은 이 책의 옮긴이나 에이콘출판사 편집 팀(editor@acornpub.co.kr)으로 문의해주길 바란다.

1

클라우드가 네트워킹에 미친 영향

이 장에서는 네트워킹이 지난 수년간 어떻게 진화했는지, 사설 데이터센터에서는 어떻게 변천했는지 살펴볼 것이다. 아마존 웹 서비스^{AWS, Amazon Web Services}가 퍼블릭 클라우드로 등장한 것과 오픈스택^{OpenStack}이 프라이빗 클라우드로 등장한 것을 중심으로 설명한다. 이것으로 인해 개발자들이 네트워킹을 이용하는 방식이 변화한 것도 다룬다. AWS와 오픈스택에서 제공하는 몇몇 네트워킹 서비스와 그 특징을 살펴본다. 이 클라우드 플랫폼으로 인해 네트워킹이 서버 자원이나 스토리지 자원 같은 인프라스트럭처처럼 일용품^{Commodity}으로 된 것을 예시를 들어 설명한다.

이 장에서는 다음과 같은 주제를 다룬다.

- 클라우드에 대한 개요
- 스패닝 트리^{Spanning Tree} 네트워크와 리프-스파인^{Leaf-Spine} 네트워크의 차이
- 퍼블릭 클라우드의 등장으로 일어난 네트워킹의 변화
- 아마존 웹 서비스의 네트워킹
- 오픈스택의 네트워킹

클라우드의 개요

클라우드 사업자 시장은 현재 다양한 프라이빗, 퍼블릭, 하이브리드 클라우드 솔루션으로 포화 상태며 퍼블릭, 프라이빗 또는 하이브리드 클라우드 솔루션을 구축하려는 회사들의 입장에서 선택은 어렵지 않다.

다만 가능한 선택의 가짓수 조합이 너무 많아서 클라우드 솔루션을 선정하는 것이 때로는 아주 힘든 일이 될 수도 있다.

퍼블릭 클라우드와 프라이빗 클라우드 간의 전쟁은 이제 막 시작 단계다. 퍼블릭 클라우드는 아마존 웹 서비스, 마이크로소프트 어주어^{Azure}, 구글 클라우드 등이 대부분의 시장 점유율을 차지한다. 그 유명세에도 불구하고 산업계에서는 25%만이 퍼블릭 클라우드를 사용한다. 즉 75%의 클라우드 시장이 여전히 남아있고 클라우드 컴퓨팅 시장은 다가올 몇 년간 많은 변화를 거칠 것이다.

그럼 왜 많은 회사들이 퍼블릭 클라우드를 우선적으로 고려할까? 또 퍼블릭 클라우드는 프라이빗 클라우드, 하이브리드 클라우드와 어떻게 다른 것일까?

퍼블릭 클라우드

퍼블릭 클라우드는 간단하게 말하면 데이터센터와 그 인프라스트럭처의 모둠으로 인터넷을 통해 사용자들이 누구나 사용할 수 있게 구성된 것이다. 그 명칭에서 풍기는 것처럼 그렇게 이상하거나 실체가 없는 그런 것은 아니다. 아마존 웹 서비스에서 퍼블릭 클라우드를 시작한 것은 자신들의 서버를 사용하지 않을 때 업무가 바쁜 다른 회사들에게 빌려주는 것이 가능하겠다는 아이디어 때문이다.

퍼블릭 클라우드의 자원들은 GUI$^{Graphical\ User\ Interface}$를 통해 접근하거나 API$^{Application\ Programming\ Interface}$를 기반으로 프로그래밍을 통해 접근할 수도 있다. 이러한 방식으로 퍼블릭 클라우드 사용자들은 네트워킹 인프라스트럭처를 생성할 수 있고, 응용프로그램들을 연결할 수 있다.

퍼블릭 클라우드를 업무에 사용하는 이유는 다양하다. 준비하는 데 소요되는 시간이 적다는 것과 퍼블릭 클라우드 자원을 사용하면 상대적으로 저렴하다는 것 등의 이유가 있다. 퍼블릭 클라우드 포털에 신용카드 정보만 한 번 등록하면 사용자는 자유롭게 자신만의 인프라스트럭처와 네트워킹을 생성하고 자신의 응용 프로그램을 가동할 수 있다.

이 인프라스트럭처는 그 규모를 필요한 만큼 탄력적으로 상향 또는 하향으로 조정할 수 있다. 물론 신용카드 비용은 감수해야 한다.

IT 자원을 사용할 때 그림자처럼 항상 붙어서 장애가 되던 IT 부서의 장벽을 무너뜨린 것이 퍼블릭 클라우드의 대단한 인기 비결이다. 개발자들은 더 이상 공무원처럼 느리게 일을 처리하는 내부 IT 절차로 골치 아플 필요가 없다. 많은 비즈니스 팀들이 이런 장애물들을 피하려고 퍼블릭 클라우드를 찾는다. 당연히 더 신속하게 업무 처리를 할 수 있고 신규 상품들을 시장에 훨씬 더 자주 출시할 수 있게 된다.

비즈니스 가동을 퍼블릭 클라우드로 옮긴다는 것은, 자체적인 데이터센터 운영을 중단하고 공개적으로 사용 가능한 퍼블릭 클라우드 사업자를 이용하는 용기 있는 의사결정을 하는 것이다. 퍼블릭 클라우드 사업자로는 아마존 웹 서비스, 마이크로소프트 어주어, IBM 블루믹스BlueMix, 랙스페이스Rackspace, 또는 구글 클라우드 등이 있다.

퍼블릭 클라우드에 대한 요구 사항은 가동 시간uptime과 SLAService Level Agreements(서비스 수준 협약)다. 이것은 기존의 비즈니스 입장에서 아주 큰 문화적 변화다. 퍼블릭 클라우드로 이동하면 대규모의 사내 인프라 팀이나 네트워크 팀이 더 이상 필요하지 않게 된다. 모든 인프라스트럭처와 네트워킹은 제3의 퍼블릭 클라우드에서 제공받는다. 몇 분기가 지나면 내부 IT 조직 자체를 폐지해도 된다는 의견도 나올 수 있다.

퍼블릭 클라우드가 많은 스타트업들에게 아주 성공적인 통로가 될 수 있다는 것이 증명됐다. 스타트업들은 자체 데이터센터 구성에 신경 쓸 필요 없이 제품에만 집중해, 퍼블릭 클라우드의 신속성^{agility}을 기반으로 소프트웨어 정의 구조^{software-defined construct}를 이용해 상품들을 신속하게 출시할 수 있다.

하지만 비즈니스의 모든 인프라스트럭처를 퍼블릭 클라우드에서 운용하는 데 필요한 TCO^{Total Cost of Owership}(총소유비용)는 아주 뜨거운 논제다. 적절하게 관리 및 유지하지 않으면 큰 비용을 치를 수 있기 때문이다. 퍼블릭 클라우드와 프라이빗 클라우드 간의 TCO 논쟁은 퍼블릭 클라우드는 아주 단기적인 방안은 될 수 있지만 장기적으로 증가하는 비용 관점에서는 프라이빗 클라우드에 비할 바가 되지 못한다는 점에서 정점으로 치닫는다.

프라이빗 클라우드

프라이빗 클라우드의 실체는 가상화 솔루션의 몇 가지 장점들을 단순히 확장한 것이다. 가상화 시장의 초석이 된 VMware, Hyper-V, 시트릭스 젠^{Citrix Xen} 등이 대표적인 가상화 솔루션들이다. 프라이빗 클라우드는 단순히 가상 머신^{virtual machine}을 제공하는 데서 출발해 소프트웨어로 정의하는 네트워킹과 스토리지도 제공한다.

아마존 웹 서비스와 같은 퍼블릭 클라우드가 출시되자 프라이빗 클라우드 솔루션들도 비슷한 기능들을 제공하기 위해 기존 인프라스트럭처 위에 소프트웨어 정의 계층을 추가하기 시작했다. 인프라스트럭처들을 퍼블릭 클라우드와 동일한 방식, 즉 GUI나 API 프로그래밍으로 제어할 수 있게 됐다.

프라이빗 클라우드와 퍼블릭 클라우드의 간격을 메꾸기 위해 아파치 클라우드스택^{Apache CloudStack} 같은 프라이빗 클라우드 솔루션들과 오픈스택^{OpenStack} 같은 오픈소스 솔루션들이 생겨났다.

이를 통해 업체들은 자체 데이터센터에서 프라이빗 클라우드 운영을 민첩하게 할 수 있게 됐다. 기존의 하드웨어와 네트워크 위에 소프트웨어 정의 구조를 얹어서 구현하는 것이다.

하지만 프라이빗 클라우드의 큰 장점은 회사 자체의 데이터센터라는 안전한 테두리 내에서 이러한 것을 할 수 있다는 것이다. 모든 업무가 퍼블릭 클라우드에서 가동될 수 있는 것은 아니다. 규정 준수[compliance], 정해진 규격, 성능 이슈 등의 이유로 일부 비즈니스나 특정 업무에는 여전히 프라이빗 클라우드가 필요하다.

하이브리드 클라우드

하이브리드 클라우드는 일반적으로 여러 클라우드를 엮은 것을 말한다. 이렇게 하면 전체 비즈니스에서 개별 업무들을 여러 클라우드에 걸쳐서 매끄럽게 운용할 수 있다. 이 경우 여러 클라우드들을 하나의 네트워크 패브릭[network fabric](가상화된 단일 네트워크 스위치)으로 상호 연결한다. 전체 비즈니스 입장에서는 개별 업무 부하의 위치를 비용이나 성능 관점에서 선택할 수 있다.

하이브리드 클라우드는 일반적으로 프라이빗 클라우드와 퍼블릭 클라우드의 조합이다. 예를 들어 비즈니스에서 웹 응용프로그램이 있다면 퍼블릭 클라우드에 구성할 것이다. 웹 응용프로그램은 특정 과부하 시점에 용량을 상향 조정해야 하고, 이것은 퍼블릭 클라우드가 더 잘 맞기 때문이다. 한편으로, 비즈니스에서 고수준의 규제 적용을 받으며 PCI[Payment Card Industry] 규정을 준수해야 하는 데이터베이스가 필요하다면 사설의 자체 장비에 구성된 클라우드에 설치하는 것이 당연하다. 즉, 하이브리드 클라우드를 사용하면 비즈니스에 이러한 추가 대안과 유연성을 확보할 수 있다.

하이브리드 클라우드는 각각의 경우에 따라 다른 클라우드를 사용하는 것을 전제로 동작한다. 각각의 말들(응용프로그램 작업 부하들)이 개별적인 코스(클라우드)를 달리는 것과 유사하다. 때로는 업체에서 제공하는 PaaS[Platform as a Service] 계층을 사용해 여러 클라우드 간에 업무 부하를 배치한다. 여러 구성 관리 도구를 번갈아 쓰거나 컨테이너 오케스트레이션 기술을 사용해 클라우드 간 업무 부하 배치를 하기도 한다.

소프트웨어 정의

퍼블릭 클라우드, 프라이빗 클라우드, 또는 하이브리드 클라우드 중에서 하나를 선택하는 것에 대한 정답이나 오답은 없다. 단지 비즈니스에 따라 다를 뿐이다. 향후 수년간 회사들의 문화와 일하는 방식이 진화하면 아마도 대부분 하이브리드 클라우드를 사용할 것이다.

비즈니스에서 퍼블릭, 프라이빗, 또는 하이브리드 클라우드를 쓴다면, 어느 것이든지 구현에서 공통적인 것은 소프트웨어 정의 방식의 운영 모델로 변화해간다는 것이다.

그러면 '소프트웨어 정의^{software-defined}'는 무엇일까? 간단하게 말하자면 소프트웨어 정의는 하드웨어 위에 소프트웨어 추상화 계층을 가동하는 것을 의미한다. 이 소프트웨어 추상화 계층을 통해 하드웨어를 GUI나 프로그래밍 방식으로 제어할 수 있다. 인프라스트럭처, 스토리지, 네트워킹 등의 구조가 소프트웨어로 정의되면 인프라스트럭처와 네트워크의 용량을 확장할 때 운영과 관리를 단순화할 수 있다.

프라이빗 클라우드를 가동하려면 기존에 운영 중인 데이터센터가 프라이빗 클라우드를 준비하도록 변경해야 한다. 대부분의 경우 이것이 중요하다. 자체의 사설 데이터센터가 이러한 요건들을 충족하도록 고도화해야 한다.

스패닝 트리 네트워킹과 리프-스파인 네트워킹의 차이

기업들이 프라이빗 클라우드를 구성할 때 일반적으로 3계층의 L2 네트워크를 STP^{Spanning Tree Protocol}(스패닝 트리 프로토콜) 기반으로 구성했다. 이 방식은 최근의 소프트웨어 정의 방식 네트워크와는 어울리지 않는다. 지금부터 STP가 무엇인지 더 자세히 살펴보고 리프-스파인 네트워크 아키텍처도 살펴보자.

STP

STP 구현 방식은 요건에 따라 여러 가지 선택지가 있다. STP를 적용하면 네트워크의 복잡도가 늘어난다. STP를 적용하는 이유는 네트워크에서 L2 루프가 발생하는 것을 방지하려는 것이다.

3계층[3-tier]의 STP 기반 네트워크의 일반적인 구조는 다음과 같다.

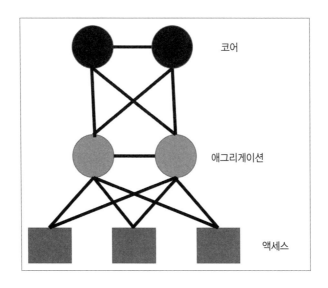

- 코어[Core] 계층은 코어 스위치로 구성되고, 코어 계층의 라우팅 서비스를 통해 데이터센터의 서로 다른 영역 간에 연동 가능하다.
- 애그리게이션[Aggregation] 계층은 스패닝 트리의 정점으로, 인접한 액세스 계층 스위치들을 연결한다.
- 액세스[Access] 계층은 네트워크의 맨 아래 단으로 물리 서버[Physical, Bare metal]나 VM[Virtual Machine](가상 머신)을 네트워크에 연결할 때 접점이다. 액세스 계층에서는 여러 VLAN을 사용해 영역을 분할힌다.

L2 네트워크와 STP를 사용하는 것은 액세스 계층 네트워크 전체에 여러 VLAN들을 쓰기 위해서다. VLAN은 VM이나 물리 서버가 연결되는 액세스 계층에 설정한다. 일반적으로 VLAN은 응용프로그램 유형에 따라 그룹을 만든다. 더 높은 격리도Isolation와 보안성이 필요하면 방화벽을 사용한다.

일반적으로 네트워크는 다음 세 가지의 조합들로 구분된다.

- 프론트엔드Frontend: 외부 접속을 수용하는 영역으로 일반적인 웹 서버의 위치
- 비즈니스 로직Business Logic: 실제 서비스를 담당하는 영역
- 백엔드Backend: 데이터베이스 서버가 위치하는 영역

응용프로그램들 상호 간에 통신이 가능하게 하려면 방화벽에서 ACL 정책을 설정해 허용한다. 이것은 보안 팀에서 관장하고 네트워크 팀에서 서비스를 제공한다.

L2 네트워크에 STP를 적용하면 스위치들 간에 루트 스위치Root Switch 결정을 위한 선정 절차Election Process가 진행된다. 브리지 IDBridge ID가 가장 낮은 스위치가 루트 스위치가 된다. 브리지 ID는 브리지 우선순위Bridge Priority(2바이트 값으로 낮을수록 우선순위가 높으며 기본값은 32768)와 MAC 주소의 조합이다.

선정 절차가 끝나면 루트 스위치는 스패닝 트리의 기반이 된다. 나머지 스위치들은 비루트Non-root 스위치로 작동하며 루트 스위치까지의 최단 경로를 찾는다. 최단 경로를 찾으면 다른 경로들은 모두 차단하며, 명확한 단 하나의 경로만 남는다. 최단 경로를 찾는 연산 절차를 네트워크 수렴Network Convergence이라고 한다(추가적인 상세 정보 참조: http://etutorials.org/Networking/Lan+switching+fundamentals/Chapter+10.+Implementing+and+Tuning+Spanning+Tree/Spanning-Tree+Convergence/).

네트워크 아키텍트가 스패닝 트리 기반의 L2 네트워크를 설계할 때는 루트 스위치의 위치에 주의해야 한다. 루트 스위치로 모든 네트워크 트래픽이 지나가기 때문이다. 네트워크 표준 아키텍처 설계를 참고해 루트 스위치를 선정하고 적절한 브리지 우선순위를 할당해야 한다. 동일한 브리지 우선순위를 가진 스위치들이 있으면 MAC 주소 값이 낮은 쪽이 선정된다.

네트워크 아키텍트는 네트워크 이중화Network Redundancy도 설계에 반영해야 한다. 루트 스위치에 장애가 발생하는 경우 지정된 백업 루트 스위치가 있어야 한다. 백업 루트 스위치의 우선순위 값은 루트 스위치보다 보통 1 작게 설정해 루트 스위치 장애 시 루트 기능이 넘어가도록 한다. 루트 스위치 장애가 발생하면 루트 선정 절차가 시작된다. 일정 시간이 지나고 나서 네트워크가 수렴한다.

STP를 사용하는 데 위험Risk이 전혀 없지는 않다. 사용자 설정 실수, 데이터센터 장비의 장애, 스위치의 소프트웨어 장애, 잘못된 설계 등으로 장애 발생은 있게 마련이며 네트워크에 미치는 그 영향은 매우 크다. 브리지로 연결된 네트워크에 루프가 생길 수도 있다. 이 경우 브로드캐스트Broadcast, 멀티캐스트Multicast, 비정상 유니캐스트Unknow-unicast가 대량으로 발생할 수 있다. 전체 네트워크 장애로 이어져 더 긴 시간 동안 네트워크를 쓸 수 없게 되기도 한다. 네트워크 아키텍트와 엔지니어가 STP 문제를 해결하는 것은 복잡도Complexity와 밀접하게 연관돼 있다. 즉, 네트워크 설계를 잘하는 것이 아주 중요하다.

리프-스파인 아키텍처

최근 몇 년간 클라우드 컴퓨팅이 나타나면서 도입된 리프-스파인 네트워킹 아키텍처 덕분에 데이터센터에서 STP는 사라졌다. 리프-스파인 아키텍처는 다음 다이어그램과 같다.

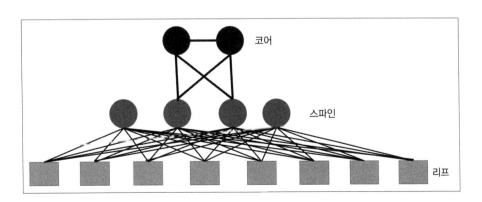

리프-스파인 아키텍처에서는 다음과 같다.

- 스파인 스위치는 코어 스위치군에 연결한다.
- 스파인 스위치는 리프 스위치에 연결한다. 리프 스위치는 서버 랙^{Rack} 상단에 설치한다. 리프 스위치는 모든 스파인 스위치와 단일의 홉^{Hop}으로 연결한다.

리프-스파인 아키텍처는 아리스타^{Arista}, 주니퍼^{Juniper}, 시스코^{Cisco} 등의 회사들이 주도했다. 리프-스파인 아키텍처는 L3 라우팅 원리를 기반으로 총처리량^{Throughput}을 늘리고 지연^{Latency}을 줄이는 목적으로 설계됐다.

리프 스위치, 스파인 스위치 모두 eBGP$^{external \ Border \ Gateway \ Protocol}$를 IP 패브릭^{Fabric} 간 라우팅 프로토콜로 사용한다. eBGP를 사용하면 스위치 간 BGP 갱신 사항 교환을 위해 BGP 피어^{Peer} 간에 TCP 연결을 생성한다. 리프 스위치는 서버 랙 상단에 설치하고 NIC$^{Network \ Interface \ Card}$(서버의 네트워크 카드) 본딩^{Bonding}을 위해 MLAG$^{Multichassis \ Link \ Aggregation}$을 설정한다.

MLAG은 두 개 이상의 스위치를 합쳐 가상의 단일 스위치처럼 동작하게 하는 기술이며, 이중화 목적으로 STP와 함께 사용한다. STP상에서는 하나의 스위치로 나타난다. MLAG으로 인접한 스위치들 간에 여러 개의 상향 연결^{Uplink}을 구성해 경로 이중화를 할 수 있다. 장애 발생 시에 추가적인 경로들을 비활성화하는 작업의 대안도 된다. 리프 스위치에는 iBPG$^{internal \ Border \ Gateway \ Protocol}$를 설정해 리프 스위치들 간에 탄력적으로 동작하도록 한다.

리프-스파인 아키텍처에서 스파인 스위치들은 다른 스파인 스위치들과 연결하지 않는다. 리프 스위치들도 다른 리프 스위치들과 직접 연결하지 않는다. MLAG NIC 본딩으로 ToR$^{Top \ of \ rack}$(서버랙의 상단 스위치, 리프-스파인 아키텍처에서는 리프 스위치)를 본딩하는 경우는 예외다. 리프-스파인 아키텍처의 모든 링크^{Link}들은 루프 없이 포워딩 가능하도록 구성한다. 일반적으로 ECMP$^{Equal \ Cost \ Multipathing}$ 방식을 사용한다. 이 경우 리프 스위치의 모든 경로를 L3 라우팅 패브릭인 스파인 스위치로 동일하게 연결할 수 있다.

ECMP를 사용하면 리프 스위치의 라우팅 테이블에서 다음 홉next-hop은 스파인 스위치 중 하나로 정해진다. ECMP 설정을 하면 각각의 리프 노드는 개별 스파인 스위치들에 대해 동일한 거리 값distance의 경로 여러 개를 가진다. 스파인 스위치나 리프 스위치에서 장애가 발생해도 인접한 다른 스파인 스위치로의 가용 경로가 존재하는 한 아무 영향이 없다. ECMP를 이용해 플로우flow의 부하를 분산하기도 하고 트래픽을 여러 개의 경로로 나눠 라우팅하기도 한다. 이것이 STP와 대비되는 것이다. STP에서는 네트워크가 수렴하면 루트로 가는 경로 외에는 모든 경로를 비활성화한다.

일반적으로 리프-스파인 아키텍처는 고성능을 목표로 설계해 리프 스위치의 10G 액세스 포트들과 스파인 스위치의 40G 포트를 연동한다. 장비의 포트 용량이 부족하면 신규로 리프 스위치를 추가한다. 신규 리프 스위치를 네트워크상의 모든 스파인 스위치에 연결하고 모든 스위치들에 신규 설정 정보를 적용한다. 이방식으로 네트워크 팀은 손쉽게 네트워크를 수평적으로 용량 확장Scale-out할 수 있다. 그동안 스위칭 프로토콜을 신경 쓸 필요도 없고 그로 인해 문제가 생기지도 않는다. 네트워크 성능에도 전혀 영향을 주지 않는다.

리프-스파인 아키텍처에서 사용하는 프로토콜들을 그림으로 설명한다. 스파인 스위치들과 리프 스위치들 사이에는 BGP와 ECMP를 사용한다. 서버랙 상단의 리프 스위치들 간에는 이중화를 위해 MLAG과 iBGP를 사용한다.

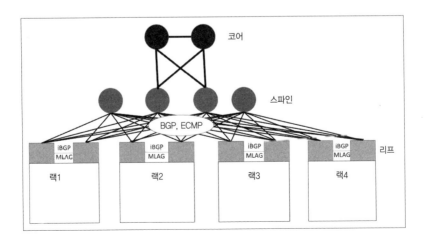

리프-스파인 아키텍처의 장점은 다음과 같다.

- 네트워크상에서 일관된 지연 및 총처리량 보장
- 모든 랙에 대해 일관된 성능 보장
- 네트워크 구성 이후 운영, 증설 복잡도 낮음
- 신규 랙 용량 증설이 ToR 리프 스위치만 추가하면 되므로 용이함
- 전체 랙에서 일관된 성능, 활용, 지연 시간 보장
- 수평East-West 트래픽 성능에 최적화(VM 간 통신)돼 마이크로서비스 응용프로그램에 적합
- VLAN의 확장성 문제를 제거하고 브로드캐스트 도메인과 장애 도메인을 제어

리프-스파인 구성의 유일한 단점은 데이터센터의 케이블을 많이 사용하는 것이다.

OVSDB

요즘의 스위치들은 오픈소스 표준으로 가고 있으므로 동일한 프레임워크에 연동해 사용 가능하다. 가상 스위치들에 대한 공개 표준은 오픈 vSwitch다. 동일한 물리 서버와 물리 네트워크상의 가상 머신들 간에 트래픽을 포워딩하는 가상의 스위치에 대한 공개된 표준이 필요해 태어났다. 오픈 vSwitch는 확장성 있는 표준 스키마Schema 기반의 OVSDBOpen vSwitch database를 사용한다.

오픈 vSwitch는 초기에 하이퍼바이저에 설치해 사용했으나 이제는 컨테이너 기술과도 함께 사용한다. 컨테이너 기술 규격은 네트워킹을 위한 오픈 vSwitch 구현 방안을 포함한다.

다음의 하이퍼바이저들이 가상 스위칭 기술로 현재 오픈 vSwitch를 사용한다.

- KVM
- 젠Xen
- Hyper-V

Hyper-V는 얼마 전부터 클라우드베이스^{Cloudbase}(https://cloudbase.it)에서 제정한 오픈 vSwitch를 지원한다. 이것은 오픈소스 진영에 기념비적인 작업이다. 최근 몇 년간 마이크로소프트의 비즈니스 모델이 진화해 오픈소스 기술과 표준을 융합한다는 증거다. 누가 이럴 것이라고 상상했을까? 이제 마이크로소프트 기술들은 100% 리눅스 기반에서 실행할 수 있다.

오픈 vSwitch는 오픈플로우^{OpenFlow} 정보를 가상 스위치와 물리 스위치들 간에 교환해 통신할 수 있게 한다. 오픈 vSwitch는 프로그래밍을 통해 확장 가능하며 장비 업체의 필요에 따라 맞춤 제작을 할 수 있다. 다음 다이어그램에서 오픈 vSwitch 아키텍처를 볼 수 있다. 오픈 vSwitch는 KVM, 젠^{Xen}, Hyper-V 등의 가상화 계층을 사용하는 서버에서 동작한다.

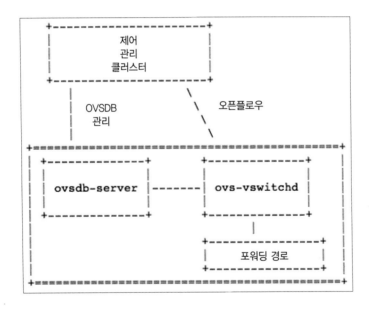

ovsdb-server는 OVSDB 스키마를 포함한다. OVSDB는 가상 스위치의 모든 스위칭 정보를 가지고 있다. ovs-vswitchd 데몬은 제어/관리 클러스터^{Control & Management Cluster}에 오픈플로우로 통신한다. 제어/관리 클러스터는 오픈플로우 프로토콜을 사용하는 SDN 컨트롤러다.

컨트롤러는 가상 스위치에서 플로우 상태를 설정하기 위해 오픈플로우를 사용한다. 오픈플로우는 가상의 스위치에 패킷이 들어올 때 어떻게 처리할지 알려준다.

오픈 vSwitch에서 이전에 보지 못한 패킷을 받았을 때 플로우 목록에 일치하는 것이 없으면 그 패킷을 컨트롤러로 보낸다. 컨트롤러는 이 패킷을 어떻게 처리할지 플로우 규칙에 따라 차단하거나 포워딩하는 결정을 내린다. QoS^Quality of Service 와 다른 통계 정보^Statistics를 오픈 vSwitch에 설정할 수도 있다.

하이퍼바이저 단의 스위치에서 보안 규칙이나 ACL을 설정하기 위해 오픈 vSwitch를 사용하기도 한다.

리프-스파인 아키텍처를 이용하면 오버레이^Overlay 네트워크를 쉽게 구성할 수 있다. 즉, 클라우드와 테넌트^Tenant 환경을 손쉽게 L3 라우팅 패브릭에 연결할 수 있다. 하드웨어 VTEP^Vxlan Tunnel Endpoints(VxLAN의 종단점)의 IP를 개별 리프 스위치나 MLAG 설정된 리프 스위치 쌍에 연동한다. 이것은 물리적 컴퓨트^Compute 호스트에 연결되며, VxLAN^Virtual Extensible LAN을 통해 하이퍼바이저에 설치된 각각의 오픈 vSwitch에 연결된다.

이 구조로 인해 시스코, 노키아, 주니퍼 등의 장비 업체에서 제공하는 SDN 컨트롤러로 오버레이 네트워크를 구성할 수 있다. 오픈 vSwitch를 사용하는 물리 하이퍼바이저로 VxLAN 터널을 생성하는 것이다. 새로운 컴퓨트 노드를 추가하면 새로운 VxLAN 터널을 추가한다. SDN 컨트롤러는 리프 스위치의 하드웨어 VTEP과 연결돼 있으므로 리프 스위치에 신규로 VxLAN 터널을 생성한다.

아리스타, 시스코, 큐물러스^Culmulus를 비롯한 다수의 최근 스위치 제조업체들은 OVSDB를 채용해 SDN 컨트롤러로 제어/관리 클러스터 단의 연동을 지원한다. SDN 컨트롤러가 OVSDB와 오픈플로우 프로토콜을 지원하기만 하면 스위치와 원활하게 연동할 수 있으며, 특정 장비 제조업체의 제약을 받지 않는다. 최종 사용자 입장에서는 스위치 제조업체나 SDN 컨트롤러를 선택할 때 아주 넓은 선택의 폭을 제공한다. 상호 간에 동일한 공개 표준 프로토콜을 지원하기만 하면 된다.

퍼블릭 클라우드로 네트워킹에 일어난 변화들

2006년 AWS가 출현하면서 네트워킹의 지형이 완전히 바뀌었다. 기업들은 AWS를 이용해 AWS 플랫폼에서 제품을 신속하게 개발할 수 있다. AWS는 최종 사용자들을 위한 혁신적인 서비스들을 창조했다. 인프라스트럭처^{infrastructure}와 부하 분산, 심지어 데이터베이스까지 관리할 수 있다. 이러한 서비스로 관념론이었던 데브옵스^{DevOps}가 현실이 됐다. 사용자들이 인프라스트럭처의 용량을 수시로 늘리거나 줄일 수 있게 됐으며, 제품을 즉시 개발할 수 있게 됐다. 인프라스트럭처 대기 시간은 더 이상 개발 팀을 가로막지 않는다. AWS의 풍부한 기술적 기능들로 사용자들은 포털에서 클릭하는 것으로 인프라스트럭처를 생성할 수 있다. 더 숙련된 사용자들은 프로그래밍을 통해 인프라스트럭처를 생성할 수 있다. 이 경우 앤시블^{Ansible}, 셰프^{Chef}, 퍼핏^{Puppet}, 솔트^{Salt} 등의 구성 관리 도구나 PaaS^{Platform as a Service} 솔루션을 사용한다.

AWS 개요

2016년 출시된 AWS VPC^{Virtual Private Cloud}(가상 프라이빗 클라우드)를 이용하면 아마존의 EC2 인스턴스(가상 머신)들을 안전하게 사용할 수 있다. VPN을 이용해 기존의 네트워크로 연결하는 것이다. 이 단순한 구조가 개발자들이 네트워크를 소비하길 원하고 기대하는 방식을 바꿨다.

2016년 우리는 소비자 중심의 사회에 살고 있다. 인터넷, 영화, 게임뿐 아니라 우리 개개인의 필요나 즉시적 만족을 채워주는 수많은 응용프로그램들을 휴대폰으로 바로 접근할 수 있다. AWS가 최종 사용자들에게 호소력을 갖춘 이유다.

AWS에서는 개발자들이 인스턴스(가상 머신)를 자신의 네트워크에 원하는 사양으로 구성할 수 있다. AWS 포털 GUI에서 몇 번의 버튼을 클릭해 여러 플레이버 ^{Flavor}(CPU/RAM/디스크의 규격 정의)를 선택하면 된다. 아니면 간단하게 API를 호출하거나 AWS에서 제공하는 SDK로 스크립트를 작성해도 된다.

그럼 이제 중요한 한 가지 질문을 던져보자. AWS를 쓸 수 있는데 개발자들이 자체 데이터센터에서 서비스하는 인프라스트럭처나 네트워크를 쓰기 위해 오랫동안 기다릴 이유가 있는가? 이에 대한 답변을 찾기는 그리 어렵지 않다. 해결책은 AWS로 옮겨가거나 동일한 신속성^{Agility}을 제공하는 프라이빗 클라우드 솔루션을 구축하는 것이다. 이 답이 모든 경우에 바로 딱 나오는 것은 아니다. AWS와 퍼블릭 클라우드를 사용하는 것에 대해 다음과 같은 논쟁이 있다.

- 데이터가 실제로 어느 데이터센터에 저장돼 있는지 알 수 없다.
- 민감한 데이터를 외부에 보관할 수 없다.
- 필요한 성능을 보장할 수 없다.
- 운영 비용이 높다.

이 모든 사항들은 일부 업계에서 진짜 걸림돌들이다. 고도로 규제를 받는 업종이나 PCI 준수가 필요한 업종이나 특정 규제 표준을 준수해야 하는 업종들이 그렇다. 이런 이유들로 일부 업종들은 퍼블릭 클라우드 사용의 장벽이 된다. 대부분의 해결책이 그러하듯이 하나의 사이즈로 모두가 맞을 수는 없다.

사설 데이터센터에서는 각 팀들이 개별적으로 일하는 방식이 정착돼 있다. 이는 신속한 비즈니스 모델로 성공하기에는 맞지 않는 문화적인 이슈다. AWS, 마이크로소프트 어주어, 구글 클라우드를 사용하는 데 많은 시간을 투자한다면 단절된 운영 모델을 신속하게 해결할 수 있다.

단절된 내부 운영 모델의 근원인 티켓팅 시스템은 그 자체로 신속함과는 맞지 않는 개념이다. IT 티켓을 협업 팀에게 발행하면 완료하기까지 수일에서 수 주가 걸린다. 가상 서버나 물리 서버들을 개발자들이 사용할 수 있을 때까지 요청 사항들이 대기큐에 쌓여 있다. 똑같은 상황이 네트워크 변경 관련 작업에서도 악명을 크게 떨치고 있다. 단순한 ACL 규칙 수정 같은 변경 작업조차도 기존에 쌓은 티켓들 때문에 적용까지 아주 오래 걸린다.

개발자들은 서버 용량 증설이나 신규 기능을 테스트해보는 것을 원하는 대로 해볼 수 있어야 한다. IT 티켓 처리에 시간이 너무 오래 걸리는 것은 신규 제품을 시장에 출시하거나 기존 제품의 버그를 수정하는 데 장벽이 된다. 한 주간 처리한 티켓 수를 일부 ITIL^{Information Technology Infrastructure Library} 담당자들이 성공적 운영의 지표로 의미를 두는 경우가 내부 IT 운영에서 종종 있다. 이것은 최종 고객인 개발자 입장의 경험을 완전히 배제하는 것이다. 운영 업무 중 일부는 개발자에게 이관돼야 한다. 기존에는 모두 내부 IT 팀이나 IT 지원 조직이 했다. 이러한 변화는 비즈니스 관점에서 운영 절차의 변화로부터 출발해야 한다.

단순하게 말해 AWS는 개발자들의 기대치를 바꿨고 그 기대치들은 인프라스트럭처 팀과 네트워크 팀에게 넘어갔다. 회사와 엮여 있는 느린 내부 IT 운영 모델에서 벗어나 자유롭게 개발자들이 필요에 따라 재빠르게 서비스할 수 있어야 한다. 휴대폰의 응용프로그램을 변경하는 것처럼 빠르게 말이다.

규제 요건의 제약을 받지 않아서 AWS를 사용하는 스타트업들이나 기업들은 서버를 쌓고 네트워크 장비를 관리할 팀을 고용할 필요를 느끼지 못한다. 데이터센터 운용 비용을 지불할 필요도 느끼지 못한다. 다시 말해, 아마존이나 이베이에서 책을 사는 것과 똑같이 신용카드 정보를 입력하는 것으로 경쟁력 있는 비즈니스를 시작하고 AWS에서 실행할 수 있다는 것이다.

오픈스택 개요

AWS가 클라우드 시장을 파괴했기 때문에 그에 대항한 경쟁자들은 전율을 느꼈다. 더 나아가 클라우드 파운드리^{Cloud Foundry}와 피보탈^{Pivotal} 같은 PaaS 솔루션 회사들이 하이브리드 클라우드 위에 추상화 계층을 제공하는 결실을 맺도록 이끌었다.

시장이 무너지자 다른 반작용이 일어났다. 새로운 프라이빗 클라우드에 대한 아이디어가 나왔다. 2010년 랙스페이스^{Rackspace}와 나사^{NASA}의 조인트 벤처가 오픈스택^{OpenStack}으로 알려진 오픈소스 클라우드 소프트웨어 이니셔티브를 시작했다. 나사는 내부 데이터를 퍼블릭 클라우드에 보관할 수 없어서 이것을 시작한 것이다.

오픈스택 프로젝트의 목적은 클라우드 컴퓨팅 서비스를 표준 하드웨어에서 실행하고 AWS에서 제공하는 모델을 동일하게 직접 사용할 수 있도록 기관들을 돕는 것이었다. 오픈스택의 가장 큰 차별점은 오픈소스 프로젝트라는 것이다. 업계의 선도 업체들이 사용해서 AWS 같은 기능과 신속성을 프라이빗 클라우드에 제공할 수 있다.

2010년 시작 이후 오픈스택은 오픈스택 재단^{OpenStack Foundation}의 일부로서 500개 이상의 회원사를 가질 정도로 성장했다. 플래티넘 멤버와 골드 멤버들은 세계에서 가장 큰 IT 업체들로 구성돼 있으며 커뮤니티를 적극적으로 이끌고 있다.

오픈스택 재단의 플래티넘 회원사들은 다음과 같다.

오픈스택인 오픈소스 프로젝트로 소스 코드를 누구나 사용할 수 있고 기반이 되는 아키텍처를 분석할 수도 있다. 트릭이 담긴 마법 상자 같이 동작하면서 멋진 외관 속의 동작 원리는 알려지지 않은 AWS와는 다르다.

오픈스택은 주로 프라이빗 클라우드에서 IaaS^{Infrastructure as a Service} 기능을 제공하기 위해 사용한다. 상용 x86 컴퓨트^{Compute}와 중앙 집중화된 스토리지 및 네트워크 기능을 최종 사용자들이 사용할 수 있도록 한다. 사용자들은 필요에 따라 셀프서비스로 사용한다. 호라이즌^{Horizon} 대시보드를 통해 쓰거나 공통 API를 이용해 사용한다.

이제 많은 회사들이 자체 데이터센터를 구성하는 데 오픈스택을 사용하고 있다. 일부 회사들은 자체적으로 스스로 하기보다는 커뮤니티 프로젝트 버전을 강화한 업체의 별도 배포판을 사용한다. 처음 시작할 때 업체의 강화된 오픈스택 배포판을 사용하면 오픈스택 적용의 성공 확률이 훨씬 더 높은 것으로 알려졌다. 어떤 회사들에서는 초기에 오픈스택 구현이 복잡한 것으로 인식된다. 회사에서 익숙하지 않은 완전히 새로운 기술들로 구성돼 있기 때문이다. 알려진 업체의 전문 지원 서비스를 이용하면 오픈스택 구현을 실패할 확률이 줄어든다. AWS나 마이크로소프트 어주어와 같은 기업용 솔루션의 필적할 만한 대안을 만들 수 있다.

레드햇, HP, 수세, 캐노니컬^{Canonical}, 미란티스^{Mirantis} 등과 같은 업체에서는 고객들에게 오픈스택의 다양한 배포판을 제공한다. 플랫폼을 설치하는 방법들도 완전히 다르다. 소스 코드와 기능들은 동일하지만, 이러한 오픈스택 업체들의 비즈니스 모델이 기업 용도에 맞게 오픈스택을 강화하고 고객에 대한 차별화 포인트로 전문 서비스를 제공하는 것이다.

고객들이 사용할 수 있는 오픈스택 배포판은 여러 종류가 있다. 다음의 업체들이 오픈스택 배포판을 제공한다.

- 브라이트 컴퓨팅Bright Computing
- 캐노니컬
- HPE
- IBM
- 미란티스
- O3LOracle OpenStack for Oracle Linux
- 오라클 솔라리스용 오라클 오픈스택Oracle OpenStack for Oracle Solaris
- 레드햇
- 수세Suse
- VIOVMware Integrated OpenStack

오픈스택 업체들은 구축, 지속적 유지 보수, 업그레이드, 고객 필요에 따른 주문 제작 등을 지원한다. 이 모든 것들은 모두 커뮤니티로 피드백된다. 오픈소스 프로젝트라는 오픈스택의 아름다움은 업체가 오픈스택의 다른 버전을 유지하거나 독자적인 특별한 기능을 팔 수 없다는 것이다. 고객을 위해 오픈스택을 변경해 차별화하고 경쟁력 우위를 점하더라도 안 되는 것이다. 대신에 그 업체는 그 소스코드를 원류의 오픈소스 오픈스택 프로젝트에 되돌려서 기부해야 한다.

이 말은 모든 경쟁 업체들이 오픈스택의 성공을 위해 기여하고 상호 간의 혁신적인 작업에서 혜택을 누린다는 것이다. 오픈스택 프로젝트는 업체들만을 위한 것이 아니다. 누구든지 코드나 기능에 기여할 수 있고 프로젝트에 반영할 수 있다.

오픈스택의 버전 공개 주기는 주 버전이 생성되는 6개월로 오픈스택 재단에서 관장한다. AT&T, 랙스페이스, 고대디^{GoDaddy} 등의 많은 퍼블릭 클라우드들이 오픈스택 기반이듯이 오픈스택이 프라이빗 클라우드 전용은 아니라는 것은 눈여겨 볼 만하다. 오픈스택은 누구도 부정할 수 없을 만큼 AWS 퍼블릭 클라우드의 프라이빗 클라우드 대안으로 점점 더 인기를 얻고 있다. 이제는 NFV^{Network Function Virtualization}(네트워크 기능 가상화)에도 널리 사용되고 있다.

그러면 AWS와 오픈스택이 네트워킹 관점에서는 어떻게 동작할까? AWS와 오픈스택은 둘 다 몇 개의 필수 프로젝트와 선택적 프로젝트로 구성돼 있다. 각 프로젝트들이 상호 간에 연동해 참조 아키텍처^{Reference Architecture}를 이룬다. 필수 프로젝트로는 모든 클라우드 솔루션의 핵심인 컴퓨트와 네트워킹이 있다. 나머지들은 기능을 개선하거나 확장하기 위한 추가적인 부분들이다. 최종 사용자들은 자체 포트폴리오를 구성하는 데 관심이 있는 프로젝트들만 쏙쏙 고를 수 있다는 말이다.

AWS의 네트워킹

AWS와 오픈스택을 살펴봤다. 우선은 AWS의 네트워킹을 살펴보고 오픈스택을 이용한 대안을 살펴볼 예정이다. 두 가지 방식의 비교도 해보자. AWS의 네트워킹을 처음 설정할 때 AWS의 테넌트 네트워크는 VPC^{Virtual Private Cloud}를 이용해 활성화된다. 2013년 이후 AWS 클래식 모드는 없어졌다. 그러면 VPC는 무엇일까?

아마존 VPC

VPC는 AWS를 사용하려는 신규 고객들에게 제공되는 새로운 기본 설정이다. VPC로 고객의 네트워크(사설 데이터센터)에도 연결할 수 있다. AWS 클라우드로 사설 데이터센터를 신속하게 확장할 수 있는 것이다. 사설 데이터센터를 AWS VPC에 연결할 때 AWS가 고객 게이트웨이^{Customer gateway}, 가상 사설 게이트웨이 ^{Virtual Private Gateway}라고 지칭하는 것들을 사용한다. 가상 사설 게이트웨이는 간단하게 말하면, 두 개의 이중화된 VPN 터널이다. 이들은 고객의 사설 네트워크에서 만들어진다.

고객 게이트웨이는 고객 사이트에 대한 외부용 고정 주소를 가진다. 일반적으로 NAT-T^{Network Address Translation-Traversal}(외부에서 NAT 환경 내부로 접근하기 위한 기술)며 소스 주소를 숨기기 위해 사용한다. 사설 데이터센터의 외부용 방화벽에서 UDP 포트 4500이 접근 가능해야 한다. 하나의 고객 게이트웨이 장비에서 여러 개의 VPC가 지원된다.

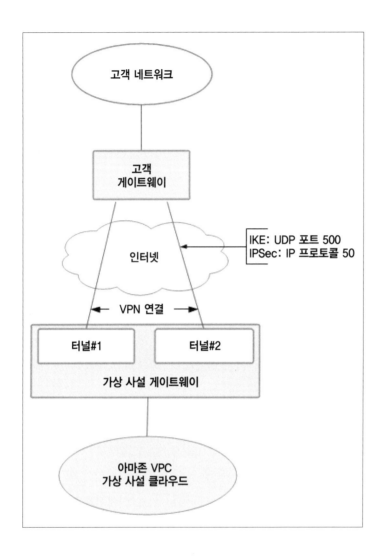

VPC 하나만 있으면 AWS 고객이 AWS 퍼블릭 클라우드에 배포한 모든 것을 격리된 채널로 볼 수 있다. AWS IAM^Identity and Access Management 서비스를 이용하면 VPC에 대해 다른 사용자 계정을 만들고 계정별 권한을 다르게 설정할 수 있다.

다음 VPC의 예에서 인스턴스(가상 머신)들이 하나나 그 이상의 보안 그룹과 다른 서브넷에 연결되고 서브넷들은 VPC 라우터에 연결되는 것을 볼 수 있다.

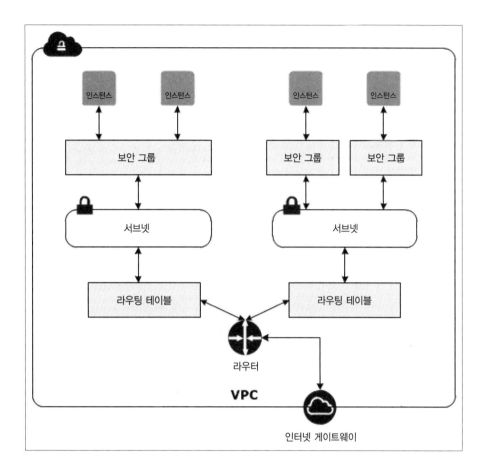

VPC를 사용하면 구조를 소프트웨어로 설정하므로 네트워킹이 아주 단순해진다. 사용자들은 다음의 네트워크 기능들을 실행할 수 있다.

- 서브넷에 연결된 인스턴스(가상 머신)들을 생성
- 인스턴스에 적용할 DNS^Domain Name System 항목 생성
- 공인 또는 사설 IP 주소 할당
- 서브넷 생성 또는 서브넷 할당
- 사용자 정의 라우팅
- 보안 그룹에 ACL 규칙 적용

기본적으로 인스턴스(가상 머신)가 VPC에서 만들어지면 기본 서브넷에 위치를 잡게 된다. 별도로 설정하면 정의된 서브넷에 위치하게 된다.

모든 VPC에는 VPC를 생성할 때 할당되는 기본 라우터가 있다. 이 라우터에 사용자는 별도로 루트를 정의해 추가할 수도 있고 특정 서브넷으로 트래픽을 보내도록 라우팅 우선순위도 설정할 수 있다.

아마존 IP 주소 할당

AWS에서 인스턴스가 실행될 때 별도로 설정하지 않으면 공인 IP, DNS 항목뿐 아니라 필수적인 사설 IP 주소가 DHCP^Dynamic Host Configuration Protocol를 통해 할당된다. AWS에서는 사설 IP를 사용해 인스턴스들 간에 수평적^East-west 트래픽을 처리한다. 가상 머신이 동일한 서브넷에 있는 인접한 가상 머신과 통신하는 경우다. 반면에 공인 IP는 인터넷을 경유할 때 사용한다.

특정 인스턴스에 고정된 공인 IP 주소가 필요한 경우 AWS의 일래스틱^Elastic IP 주소 기능을 사용하면 된다. VPC 계정당 다섯 개까지 제공되며 장애가 발생한 인스턴스의 IP 주소는 즉시 다른 인스턴스에 설정된다. 공인 IP 주소의 DNS TTL^Time To Live(유지 시간)이 최대 24시간으로 AWS 사용 시 동기화에 그만큼 걸릴 수 있음을 명심해야 한다.

총처리량을 위해 AWS 인스턴스의 MTU^Maximum Transmission Unit 값을 1,500으로 설정할 수 있다. 응용프로그램 성능이 중요한 경우 검토할 필요가 있다.

아마존 보안 그룹

AWS의 보안 그룹은 허용 ACL 규칙들을 그룹 짓는 방법이며, 명시적으로 막을 수는 없다. AWS 보안 그룹은 인스턴스들에 대한 가상 방화벽과 같이 동작하며, 하나 이상의 인스턴스들의 네트워크 인터페이스와 연동된다. VPC에서 하나의 네트워크 인터페이스는 최대 다섯 개의 보안 그룹과 연동할 수 있다. VPC당 최대 500개의 보안 그룹, 보안 그룹당 최대 50개의 규칙이 가능하다. AWS 계정의 VPC는 자동적으로 기본 보안 그룹을 가진다. 다른 보안 그룹을 지정하지 않으면 이것이 자동으로 적용된다.

기본 보안 그룹은 아웃바운드 트래픽을 모두 허용한다. 인바운드 트래픽은 기본 보안 그룹을 사용하는 VPC에 있는 다른 인스턴스에서 오는 것만 허용한다. 기본 보안 그룹은 삭제가 불가능하다. 맞춤형 보안 그룹을 처음 생성하면 인바운드 트래픽은 하나도 허용하지 않고 아웃바운드 트래픽은 전면적으로 허용한다.

보안 그룹에 설정한 허용 ACL 규칙들은 인바운드 트래픽을 통제한다. 이후 살펴 보겠지만 AWS GUI 콘솔에서 추가할 수 있으며, API 프로그래밍으로 추가할 수도 있다. 보안 그룹에 설정하는 인바운드 ACL 규칙들을 추가할 때 유형, 프로토콜, 포트 범위, 소스 주소 등을 지정한다. 다음의 스크린샷을 참조하길 바란다.

아마존 리전과 가용 영역

여러 리전^{Region}과 공유된 컴퓨팅의 가용 영역^{Availability Zone}들은 하나의 VPC에서 접속할 수 있다. 리전, 가용 영역에 따라 AWS 인스턴스(가상 머신)를 실행할 데이터 센터가 결정된다. AWS에서 리전은 지리적인 영역으로 설계 기준상 완전히 독립된 것이다. 가용 영역은 특정 리전 내에서 독립된 위치를 나타낸다. 가용 영역은 리전의 부분 집합이다.

AWS 사용자는 이중화 목적으로 자원을 다른 위치에 둘 수 있다. 특정 리전이나 가용 영역에서 문제가 발생하는 경우를 대비하는 것이다. AWS에 상용 워크로드를 배포하는 경우 가급적이면 하나 이상의 가용 영역을 사용하도록 권장한다. 사용자들은 인스턴스들과 데이터를 리전 간에 복제하도록 설정할 수도 있다.

각각의 독립된 AWS 리전에는 딸린 가용 영역들이 있다. 각각의 가용 영역은 인접한 가용 영역과 저지연 링크로 연결된다. 리전 간의 통신은 공용 인터넷을 경유한다. 지리적으로 멀리 떨어진 리전 간에는 지연이 발생한다. 리전 간에 데이터를 주고받는 응용프로그램을 실행한다면 데이터 암호화도 고려해야 한다.

아마존 탄력적 부하 분산

AWS의 VPC 내에서 추가 ELB^{Elastic Load Balancing}(서비스로 탄력적 부하 분산)를 설정할 수 있다. ELB는 내부용, 외부용 모두 가능하다. ELB가 외부용인 경우 VPC로 들어오는 인터넷 쪽 진입점을 생성해 DNS에 등록할 수 있다. 다른 인스턴스들 간에 부하를 분산 처리한다. 보안 그룹을 ELB에 할당해 사용할 접근 포트를 제어한다.

다음 그림은 세 개의 인스턴스에 부하를 분산하는 탄력적 부하 분산기^{Elastic Load Balancer}를 나타낸다.

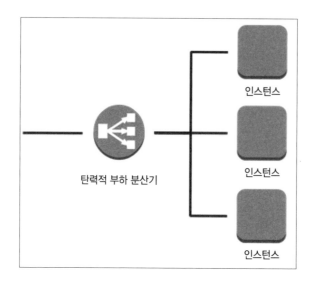

오픈스택의 네트워킹

AWS 네트워킹을 살펴봤으니 이제 오픈스택의 네트워킹을 알아볼 차례다. 그 서비스들을 설정하는 것을 살펴보자.

오픈스택은 여러 컨트롤러를 가지며 하나의 데이터센터에 배포한다. 이 컨트롤러들은 모든 오픈스택 서비스를 포함하며 가상 머신, 물리 서버^{Bare metal server} 또는 컨테이너^{Container} 등에 설치 가능하다. 상용 환경을 구성하는 경우 오픈스택 컨트롤러들이 모든 오픈스택 서비스들을 고가용성 및 이중화 방식으로 실행하도록 구성해야 한다.

오픈스택 업체가 다르면 오픈스택을 설치하는 인스톨러가 다르다. 가장 유명한 오픈스택 배포판의 인스톨러로는 레드햇 디렉터^{Director}(오픈스택 TripleO 기반), 미란티스 퓨얼^{Fuel}, HP의 HPE 인스톨러(앤시블 기반), 캐노니컬의 주주^{Juju} 등이 있으며 모두 다 오픈스택 컨트롤러들을 설치한다. 이는 오픈스택 워크플로우 관리 도구며 오픈스택 클라우드에서 컴퓨트 노드를 확장하는 데도 쓴다.

오픈스택 서비스

오픈스택 컨트롤러에 설치되는 핵심 오픈스택 서비스를 구분하면 다음과 같다.

- 키스톤^{Keystone}은 오픈스택 계정 서비스로 토큰을 발행해 사용자 접근을 관리한다. LDAP이나 액티브 디렉터리와 연동할 수 있다.
- 히트^{Heat}는 오픈스택 인프라스트럭처의 오케스트레이션 배포 도구다.
- 글랜스^{Glance}는 오픈스택의 이미지 서비스로 가상 머신이나 물리 서버용의 모든 이미지 템플릿들을 보관한다.
- 신더^{Cinder}는 오픈스택의 블록 스토리지 서비스로 중앙 집중화된 스토리지 볼륨을 제공하며, VM들이나 물리 서버에 배포하고 할당해 마운트할 수 있다.
- 노바^{Nova}는 오픈스택의 컴퓨트^{Compute} 서비스로 VM들을 배포하는 용도다. 이는 가용한 컴퓨트에 가상 머신을 배포할 장소를 찾는 다양한 스케줄링 알고리즘을 사용한다.

- 호라이즌^{Horizon}은 오픈스택의 대시보드로 테넌트 네트워크에서 운영 중인 VM들이나 물리 서버들의 상태를 보기 위해 사용자들이 접속한다.
- 래빗-MQ^{Rabbit-MQ}는 오픈스택의 메시지 큐 시스템이다.
- 갈레라^{Galera}는 노바(컴퓨트)와 뉴트론(네트워킹) 데이터베이스에 있는 모든 오픈스택 데이터를 저장하기 위한 데이터베이스다. VM 정보, 포트 정보, 서브넷 정보를 보관한다.
- 스위프트^{Swift}는 오픈스택의 오브젝트 스토리지 서비스다. 오브젝트의 복사본을 복제해 여러 서버들에 저장하기 때문에 다중화된 스토리지 백엔드로 사용할 수 있다. 스위프트는 기존의 블록 스토리지나 파일 기반의 스토리지와는 다르다. 구조화되지 않은 데이터도 오브젝트가 될 수 있다.
- 아이로닉^{Ironic}은 오픈스택의 물리 서버 배포 서비스다. 원래는 노바 코드의 부분적 곁가지본^{fork}으로 출발했으며, 이미지를 물리 서버에 배포하는 것을 지원한다. 물리적 하드웨어 관리를 위해 IPMI, ILO나 DRAC 인터페이스를 사용한다.
- 뉴트론^{Neutron}은 오픈스택의 네트워킹 서비스다. ML2와 L3 에이전트를 포함하며 네트워크 서브넷과 라우터의 설정을 지원한다.

뉴트론 네트워킹 서비스의 관점에서 뉴트론의 아키텍처는 AWS의 구조와 아주 흡사하다.

 다음은 오픈스택 서비스들을 설명하는 유용한 링크들이다.
- http://docs.openstack.org/admin-guide/common/get-started-openstack-services.html
- https://www.youtube.com/watch?v=N90ufYN0B6U

오픈스택 테넌트

오픈스택에서 테넌트를 뜻하는 프로젝트를 통해 팀에서 오픈스택 클라우드에 배포한 모든 것을 독립적인 뷰로 볼 수 있다. 키스톤 계정 서비스를 이용하면 동일한 프로젝트(테넌트)에서 여러 사용자 계정을 설정할 수 있다. 키스톤 서비스를 LDAP^{Lightweight Directory Access Protocol}이나 액티브 디렉터리와 연동해 사용자 정의 권한 모델을 사용할 수도 있다.

오픈스택 뉴트론

오픈스택 뉴트론을 통해 오픈스택의 모든 네트워킹 기능을 실행한다.

뉴트론 프로젝트 덕분에 다음의 네트워크 기능들을 오픈스택 클라우드에서 사용할 수 있다.

- 네트워크에 연결된 인스턴스(가상 머신) 생성
- 내장된 DHCP 서비스를 이용한 IP 주소 할당
- 지정된 서버의 인스턴스들에 DNS 항목 적용
- 사설 또는 플로팅^{Floating}(공인) IP 주소 할당
- 네트워크 서브넷 생성 및 연동
- 라우터 생성
- 보안 그룹 적용

오픈스택을 설치하면 ML2^{Modular Layer 2} 에이전트와 L3^{Layer 3} 에이전트가 오픈스택 컨트롤러에 설정된다. 오픈스택 ML2 플러그인을 통해 오픈스택을 스위치 장비 업체와 연동할 수 있다. 플러그인은 스위치 장비 업체에 종속성이 없는 독립적인 구조로 동작한다. 스위치 장비 업체들은 오픈 vSwitch나 리눅스 브리지를 사용할 수도 있고, 플러그인을 만들어서 자사의 스위치들을 오픈스택과 호환되게 할 수도 있다. ML2 에이전트는 하이퍼바이저상에서 구동되며 컴퓨트 호스트 서버와 RPC^{Remote Procedure Call}(원격 프로시저 호출)로 통신한다.

오픈스택 컴퓨트 호스트는 일반적으로 오픈 vSwitch를 사용하는 하이퍼바이저를 이용해 배포한다. 대부분의 오픈스택 상용 업체의 배포판들은 참조 아키텍처Reference Architecture에서 기본적으로 KVM 하이퍼바이저를 사용한다. 선정한 오픈스택 인스톨러에 따라 이들을 각각의 컴퓨트 호스트에 배포하고 설정한다.

오픈스택의 컴퓨트 호스트들은 STP 3계층 모델의 액세스 계층에 연결된다. 요즘의 네트워크에서는 리프 스위치들에 연결된다. VLAN은 각각의 개별적인 오픈스택 컴퓨트 호스트에 연결된다. 테넌트 간에 격리하기 위해 테넌트 네트워크를 사용하기도 한다. VxLAN과 GRE 터널링으로 2계층 네트워크를 연결하는 것이다.

오픈 vSwitch는 KVM 하이퍼바이저상의 커널 공간에서 구동된다. 오픈스택 보안 그룹을 활용해 방화벽 룰 기능을 처리할 수 있다. 보안 그룹은 OVSDB를 통해 플로우 데이터를 스위치에서 내려준다. 뉴트론 L3 에이전트를 통해 오픈스택 내에서의 테넌트 네트워크 간 경로 처리를 할 수 있다. 이 경우 뉴트론 라우터를 사용하며 테넌트 네트워크에 배포하는 방식으로 이뤄진다. 뉴트론 라우터 네트워크가 없으면 각 테넌트를 비롯한 모든 것으로부터 격리된다.

오픈스택 네트워크 배포

프로젝트(테넌트) 네트워크에서 뉴트론 기반으로 간단한 네트워크를 설정하는 경우 내부 네트워크와 외부 네트워크, 두 개를 설정한다. 내부 네트워크는 인스턴스들 간의 수평 트래픽 용도다. 다음 그림처럼 적당한 네트워크 이름Network Name을 호라이즌 대시보드에서 입력한다.

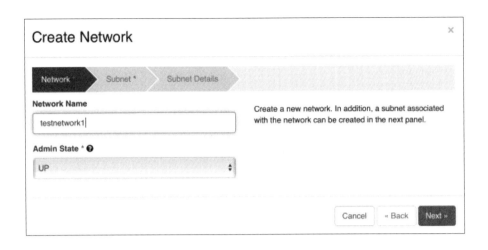

다음 그림처럼 서브넷^{Subnet} 섹션에서는 서브넷 이름^{Subnet Name}과 서브넷 범위
^{Network Address}를 입력한다.

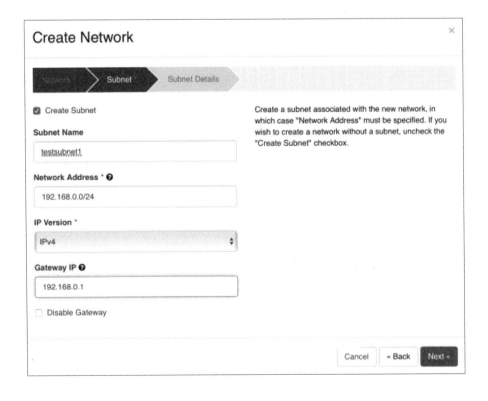

마지막으로 다음 그림과 같이 네트워크에 DHCP를 올리고 필요에 따라 할당 풀 (서브넷에서 사용할 주소의 범위만 명시)과 함께 DNS 네임 서버를 설정할 수 있다.

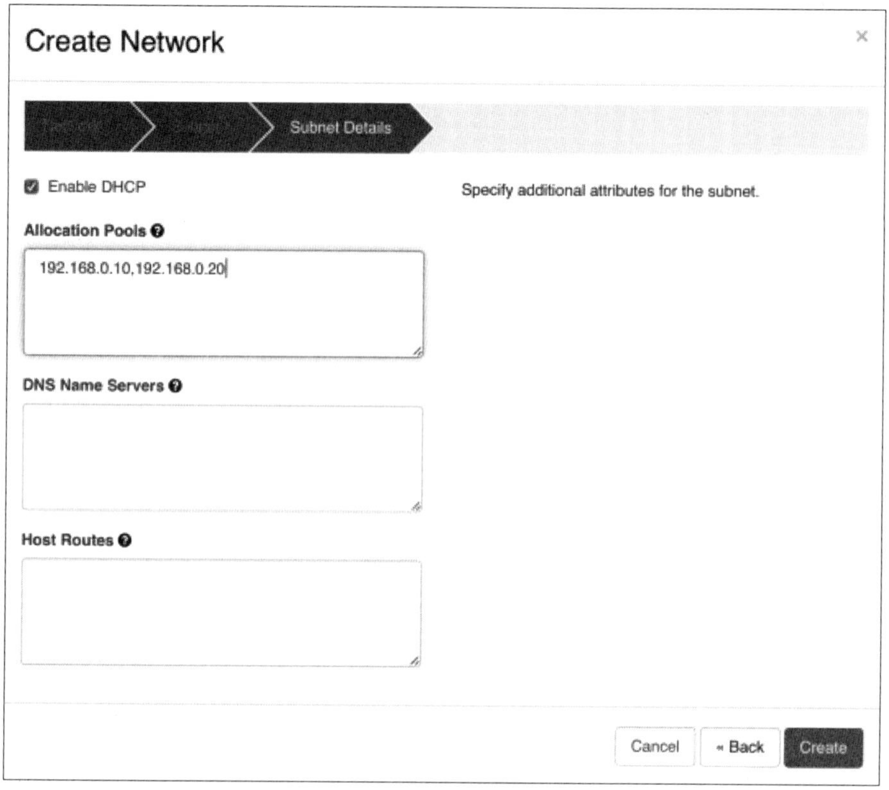

내부 네트워크에서 오픈스택이 외부로 통신 가능하도록 하려면 외부 네트워크도 설정해야 한다. 외부 네트워크 설정은 운영자 계정으로 하며 다음 스크린샷과 같 이 외부 네트워크 설정set External Network 체크박스를 선택한다.

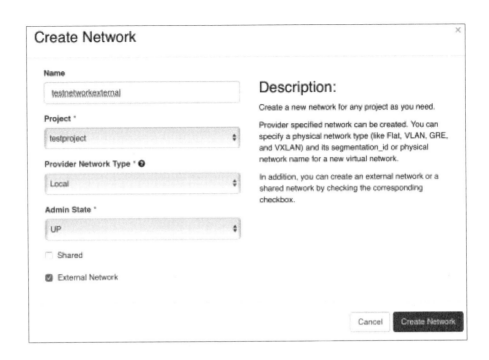

그다음에는 다음 그림과 같이 오픈스택의 라우터를 생성해 패킷을 라우팅함으로써 네트워크 간에 전달할 수 있도록 한다.

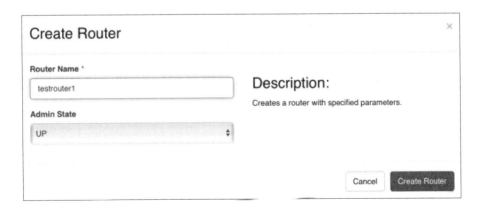

라우터를 생성한 후 네트워크와 연동해야 한다. 다음 그림에서 보는 바와 같이 사설 네트워크 연동을 위해 인터페이스를 라우터에 추가한다.

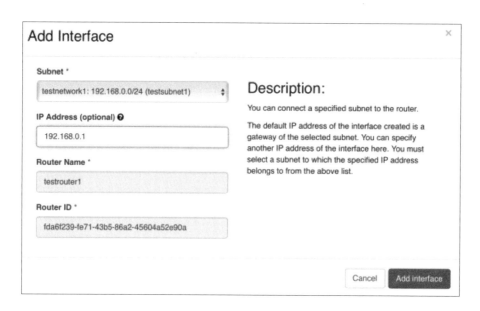

외부 네트워크External Network를 생성했으므로 다음 스크린샷과 같이 라우터의 게이트웨이Gateway를 설정해야 한다.

이제 네트워크 설정이 끝났다. 내부 네트워크와 외부 네트워크의 최종 구성이 다음과 같이 나타난다. 하나의 라우터가 내부 네트워크와 외부 네트워크를 연결하고 있다.

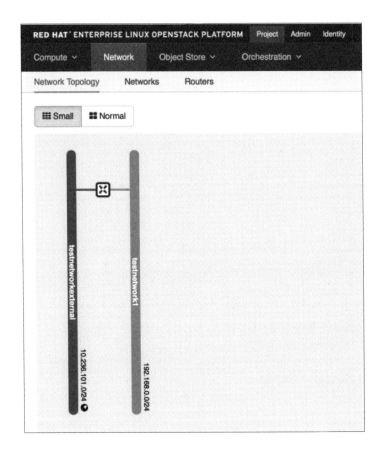

오픈스택에서 인스턴스들은 내부 사설 네트워크에 배포한다. 인스턴스들을 배포할 때 사설 네트워크 NIC을 선택한다. 오픈스택에서 외부 네트워크의 공인 IP(플로팅 IP) 주소의 풀을 인스턴스들에 할당해 오픈스택 외부로 라우팅이 필요한 것을 처리한다.

플로팅 IP 주소 세트를 설정하려면 오픈스택 관리자는 다음 스크린샷과 같이 외부 네트워크에서 할당 풀^{allocation pool}을 설정한다.

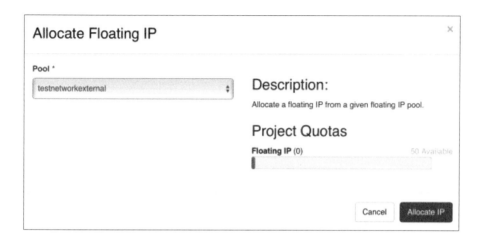

오픈스택은 AWS와 마찬가지로 인스턴스들 간의 방화벽 룰을 설정할 때 보안 그룹을 사용한다. AWS와 다른 점은 오픈스택은 입수부^{ingress}와 출수부^{egress} ACL 규칙을 모두 다 지원하는 것이다. AWS에서는 아웃바운드 통신만 지원한다. ACL 규칙들을 그룹화한 맞춤형 보안 그룹을 생성하는 내용은 다음과 같다.

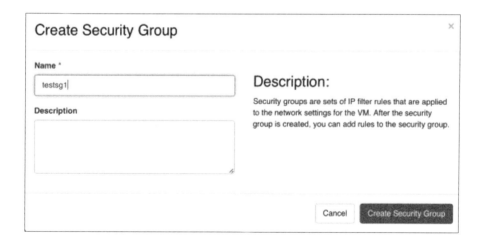

그다음에는 보안 그룹에 입수부와 규칙Rule들을 생성할 수 있다. 부모 보안 그룹에 ACL 규칙을 설정해서 SSH 접근을 설정한다. 그 정책은 하이퍼바이저상에서 커널 공간에 있는 오픈 vSwitch로 하달된다.

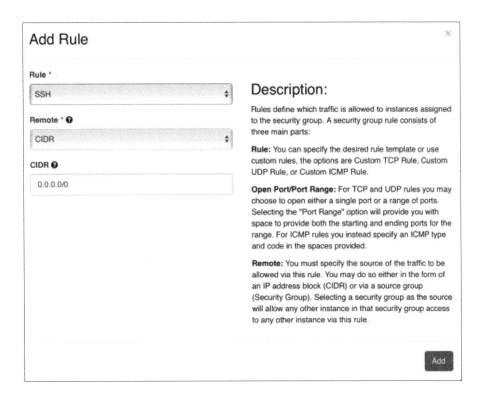

프로젝트(테넌트)에 내부 네트워크와 외부 네트워크, 두 개의 네트워크를 구성하고 보안 그룹을 적절하게 설정하면 사설 네트워크에서 인스턴스를 실행할 준비가 된다.

호라이즌에서 인스턴스 실행하기Launch Instance를 선택하고 다음의 변수들을 설정하면 인스턴스를 실행할 수 있다.

- 가용 영역Availability zone
- 인스턴스명Instance Name

- 플레이버[Flavor](CPU/RAM/디스크 공간)
- 이미지명[Image Name](기반 운영체제)

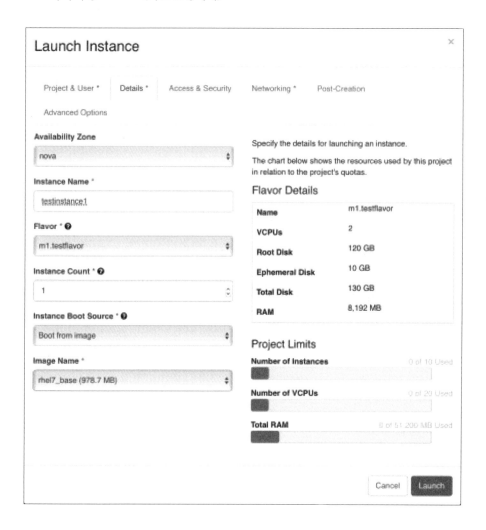

네트워킹[Networking] 탭에서 인스턴스에 대한 NIC으로 사설 네트워크를 선택한다.

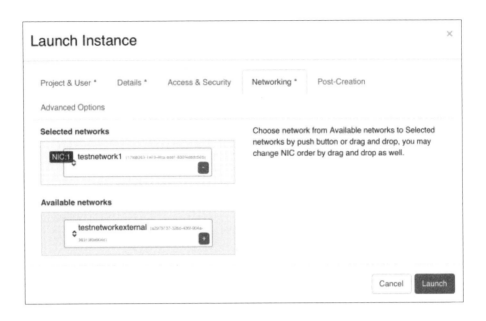

이렇게 하면 인스턴스가 시작할 때, 오픈스택의 내부 DHCP 서비스를 통해 사전 할당한 서브넷 범위에서 가능한 IP 주소를 받게 된다.

인스턴스의 ACL 규칙을 설정하려면 보안 그룹도 선택해야 한다. 다음 스크린샷 에서는 인스턴스에 대해 testsg1 보안 그룹을 선택했다.

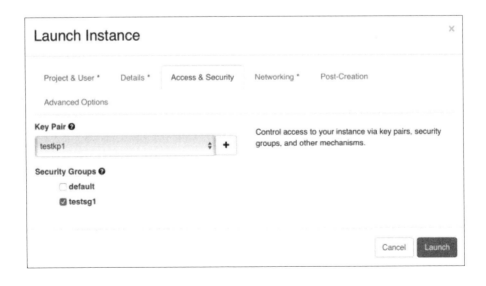

인스턴스를 배포하면 외부 네트워크의 플로팅 IP가 연결될 수 있다.

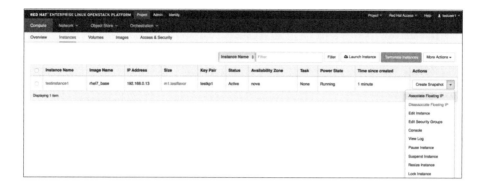

외부 네트워크의 플로팅 IP 주소 풀의 플로팅 IP 주소를 선택하고 연결하는 것을 보여준다.

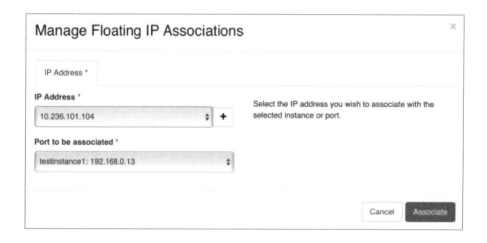

내부의 공인 IP 주소 영역에 배포한 오픈스택 인스턴스의 네트워크 주소를 변환 NAT, Network Address Translation 하는 것이 플로팅 IP 주소다. 이는 외부 네트워크 플로팅 IP 주소로 변환하는 것이다. 이를 통해 인스턴스에서 오픈스택 외부로 접속할 수 있다.

오픈스택 리전과 가용 영역

AWS처럼 오픈스택에서도 인스턴스 생성 시에 리전과 가용 영역을 사용한다. 오픈스택(하이퍼바이저)의 컴퓨트 호스트들을 다른 가용 영역에 할당할 수 있다.

오픈스택의 가용 영역은 컴퓨트 자원을 단지 가상으로 분리하는 것이다. 오픈스택에서는 가용 영역을 다시 호스트 어그리게이트$^{Host\ Aggregate}$로 더 나눌 수 있다. 컴퓨트 호스트는 단 하나의 가용 영역에만 할당할 수 있지만, 동일 가용 영역에서 여러 개의 호스트 어그리게이트에 속할 수 있다는 점은 반드시 명심해야 한다.

노바^{Nova}에서는 노바 스케줄러 룰$^{nova\ scheduler\ rules}$이라는 개념을 사용한다. 배포 시점에 인스턴스의 컴퓨트 호스트 위치를 정하는 실행 규칙이다. 노바 스케줄러 룰의 간단한 예로 AvailabilityZoneFilter 필터가 있다. 배포 시점에 사용자가 가용 영역을 선택한 경우, 해당 가용 영역 내에 있는 것이라면 그룹핑된 컴퓨트 인스턴스들 중 어디든지 인스턴스가 자리잡을 수 있다.

다른 예로 AggregateInstanceExtraSpecsFilter 필터가 있다. 사용자 정의 플레이버(CPU, RAM, 디스크)를 키-값$^{key-value}$ 쌍으로 태깅하고, 호스트 어그리게이트를 동일한 키-값 쌍으로 태깅하는 경우를 예로 들 수 있다. 사용자가 그 플레이버로 배포하면 AggregateInstanceExtraSpecsFilter 필터로 인해 컴퓨트 호스트들에 있는 모든 인스턴스들이 동일한 호스트 어그리게이트로 속하게 된다.

이러한 호스트 어그리게이트들은 특정 팀에 할당할 수 있다. 팀들은 어느 응용프로그램이 컴퓨트 자원을 공유하도록 할지 선택할 수 있는 것이다. 다른 응용프로그램 인스턴스의 영향을 받는 것을 막을 수도 있다. 인스턴스 스케줄링을 아주 다양한 방법으로 할 수 있도록 오픈스택에는 필터에 대한 선택의 폭이 매우 넓다. 오픈스택을 이용하면 클라우드 운영 팀은 컴퓨트 리소스를 경합 방식으로 공유하는 커다란 그룹의 전통적 클라우드 모델을 만들 수 있다. 더 나아가서 특정 응용프로그램 워크로드에 필요한 컴퓨트 리소스를 별도로 분리하는 맞춤형 모델도 가능하다.

다음 예는 그룹핑된 호스트 어그리게이트다. 호스트 어그리게이트 이름은 1-Host-Aggregate고 DC1이라는 가용 영역에 그룹핑돼 있다. 여기에 속한 두 컴퓨트 호스트들(하이퍼바이저들)은 특정 팀에 할당할 수 있다.

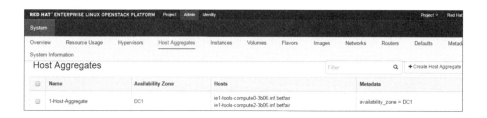

오픈스택 인스턴스 배포 워크플로우

오픈스택에서 인스턴스(가상 머신)를 배포하는 경우 상위 수준에서의 단계는 다음과 같다.

- 노바 컴퓨트 서비스에서 신규 인스턴스(가상 머신)에 대한 요청을 보낸다. 이때 글랜스 이미지 서비스를 통해 선택한 이미지를 사용한다.
- 노바의 요청은 래빗-MQ^{Rabbit-MQ}를 통해 큐에 들어간 후 처리된다(래빗-MQ를 통해 오픈스택에서는 동시다발적인 여러 배포 요청들을 처리할 수 있다).
- 신규 인스턴스에 대한 요청이 처리되면 노바 데이터베이스에 있는 노바 갈레라^{Galera} 데이터베이스에 신규로 행이 추가된다.
- 오픈스택 컨트롤러에 정의된 노바 스케줄러 룰들을 노바에서 살펴본 후 그룰들에 따라 가용한 컴퓨트 노드(KVM 하이퍼바이저)로 인스턴스 위치를 정한다.
- 노바 스케줄러 룰을 만족하는 가용한 하이퍼바이저를 찾으면 배포 절차가 시작된다.
- 노바에서는 찾은 하이퍼바이저에 그 이미지가 이미 있는지 확인한다. 없다면 하이퍼바이저에서 이미지를 전송받은 후 로컬 디스크에서 부팅한다.

- 노바에서 뉴트론 요청을 보낸다. 뉴트론 요청은 신규 vPort를 오픈스택에 생성하고 그것을 뉴트론 네트워크에 연동한다.
- 갈레라에 있는 노바 데이터베이스, 뉴트론 데이터베이스에 vPort 정보를 기록해 인스턴스와 네트워크를 연결한다.
- 뉴트론에서 DHCP 요청을 보낸다. 인스턴스에 사설 IP 주소가 할당된다. 인스턴스가 연결된 서브넷에서 할당되지 않은 IP 주소 중에서 IP 주소가 할당된다.
- 사설 IP 주소가 할당되면 인스턴스가 사설 네트워크에서 실행을 시작한다.
- 뉴트론 메타데이터 서비스는 부팅 시에 cloud-init 정보를 받기 위한 용도다. 별도 지정을 하면 DNS 항목을 지명된 서버named server의 인스턴스로 할당할 수 있다.
- cloud-init을 실행하면 인스턴스는 사용 준비 상태가 된다.
- 플로팅 IP를 인스턴스에 할당할 수 있다. 목적은 외부 네트워크로 주소를 변환해 그 인스턴스에 누구나 접근 가능하도록 하는 것이다.

오픈스택 LBaaS

AWS처럼 오픈스택에서도 LBaaSLoad-Balancer-as-a-Service 옵션을 제공한다. 이는 가상 IPVIP, Virtual IP를 사용하는 지정된 인스턴스들로 들어오는 모든 요청들을 골고루 배분하는 기능이다. LBaaS에서 지원하는 사양과 기능은 사용하는 제조업체의 플러그인에 따라 다르다.

오픈스택에서 많이 사용하는 LBaaS는 다음과 같다.

- 시트릭스 넷스케일러Citrix NetScaler
- F5
- HA 프락시HA Proxy
- 애비 네트웍스Avi Networks

이 부하 분산기들은 모두 오픈스택 LBaaS 에이전트에 여러 가지 다양한 규격으로 연결할 수 있다. 오픈스택의 LBaaS를 이용하는 가장 큰 이유는 사용자들이 LBaaS를 통해 부하 분산 솔루션들을 연동할 수 있기 때문이다. 이 경우 사용자들은 오픈스택 API나 호라이즌 GUI를 통해 부하 분산기들을 설정할 수 있다.

오픈스택의 LBaaS로 테넌트 네트워크 안에 부하 분산 기능을 구성할 수 있다. 무슨 이유에서든지 현재 사용하는 것과 다른 새로운 부하 분산 장비 업체를 선택하는 경우에도 오픈스택의 LBaaS를 이용하면 아주 쉽게 할 수 있다. 모든 작업이나 운영 관리를 LBaaS API나 호라이즌을 통해 하므로 부하 분산기의 배포, 운영에 대한 오케스트레이션 스크립트를 그대로 사용할 수 있다. 스크립트가 특정 장비 업체의 맞춤형 API나 특정 부하 분산기에 종속되지 않는 일용품Commodity이 되는 것이다.

요약

이 장에서는 요즘의 데이터센터에서 사용하는 기본적인 네트워킹 원칙들을 살펴봤다. 특히 가장 많이 사용하는 두 가지 클라우드 솔루션인 AWS와 오픈스택을 중심으로 다뤘다.

이 장을 읽고 나면 리프-스파인 네트워크 아키텍처와 스패닝 트리 네트워크 아키텍처의 차이점을 알 수 있다. 이제 AWS 네트워킹에 대한 안개도 걷혔을 것이다. 오픈스택에서 사설 네트워크와 공인 네트워크를 설정하는 방법에 대한 기본적인 내용도 이제 이해했을 것이다.

나머지 장에서는 이러한 기본 네트워킹 구조를 기반으로 풀어갈 예정이다. 구성 관리 도구Configuration Management Tool를 이용해 프로그래밍 방식으로 제어하는 것과 네트워크 기능을 자동화하는 것을 살펴본다. 그 전에 먼저 SDN 컨트롤러Software-defined Networking Controller(소프트웨어 정의 네트워킹 컨트롤러)를 다룬다. SDN 컨트롤러를 사용하면 오픈스택의 다양한 기능을 상당 부분 확장할 수 있다. 특히 프라이빗 클라우드의 뉴트론과 몇 가지 지원 규격들, 그리고 유용한 기능들을 개선해 네트워크 운영 관리의 어려움을 해소할 수 있다.

 다음은 아마존 관련 내용을 다룬 유용한 링크들이다.

- https://aws.amazon.com/
- https://www.youtube.com/watch?v=VgzzHCukwpc
- https://www.youtube.com/watch?v=jLVPqoV4YjU

다음은 오픈스택 관련 내용을 다룬 유용한 링크들이다.

- https://wiki.openstack.org/wiki/Main_Page
- https://www.youtube.com/watch?v=Qz5gyDenqTl
- https://www.youtube.com/watch?v=Li0Ed1VEziQ

2
소프트웨어 정의
네트워킹의 출현

이 장에서는 소프트웨어 정의 네트워킹^{SDN} 솔루션들에 도움을 준 오픈 프로토콜들의 출현을 다룬다. 특별히 과거 알카텔-루슨트였던 노키아의 SDN 플랫폼인 누아지^{Nuage} VSP SDN 솔루션을 알아본다. 이는 사용자들이 가상의 오버레이 네트워크를 만들 때 사용하는 플랫폼이다. 우리는 여기서 누아지 VSP가 확장성의 장점과 기능들을 제공하고 더 나아가 AWS와 오픈스택^{OpenStack}의 특별한 경험까지 제공하는 것을 살펴본다. 또한 복잡하기로 악명 높은 프라이빗 클라우드 네트워크에서 이 네트워킹 솔루션이 왜 필요한지 명확히 규명한다. 일련의 프로그래밍 가능한 API와 SDK들을 제공해 네트워크 자동화에 도움을 주는 소프트웨어 구조^{Software Construct}로 네트워킹을 단순화하는 네트워킹 솔루션의 필요성을 살펴본다.

이 장에서는 다음 주제를 자세히 살펴본다.

* 왜 SDN 솔루션이 필요한가?
* 누아지 SDN 솔루션은 어떻게 동작하는가?
* 오픈스택과 누아지 VSP 플랫폼의 연동
* 누아지 VSP 소프드웨어 정의 객체 모델
* 누아지 VSP에서 신규 환경 및 기존 환경을 어떻게 지원하는가?
* 누아지 VSP의 멀티캐스트 지원

왜 SDN 솔루션이 필요한가

SDN 솔루션으로 비즈니스를 위한 네트워크 운영을 단순하게 할 수 있고 네트워크 기능을 자동화할 수 있다. 이는 네트워크를 민첩하게 운영해야 하거나 데브옵스를 구현하는 경우에 찰떡궁합이다.

또한 SDN 덕분에 하이퍼바이저에 새로운 가상 서버를 만들 때 네트워크 기능들을 정확하게, 그리고 반복적으로 구성할 수 있게 됐다.

SDN 제조사 솔루션들은 중앙 집중식 컨트롤러로 구성되며 네트워크 신경체계의 중심 역할을 수행한다. 프로그래밍이 가능하며 오픈플로우^{OpenFlow} 프로토콜의 공개 표준 스키마 구조인 오픈 가상 스위치 데이터베이스^{OVSDB, Open vSwitch Database}에 SDN 컨트롤러들이 많은 부분 바탕을 두고 있다. 오픈플로우 프로토콜은 네트워크에서 패킷 경로를 만드는 스위치 장비와 직접 연동되며 특정 가상 서버와 물리 서버 또는 컨테이너에 ACL 정책을 적용한다.

스위치 장비가 OVSDB, 오픈플로우와 통신할 수 있으면 일반적인 SDN 컨트롤러와도 연동 가능하다. 시중에는 다음과 같이 다양한 SDN 컨트롤러들이 있다.

- 시스코^{CISCO} ACI

  http://www.cisco.com/c/en/us/solutions/data-centervirtualization/application-centric-infrastructure/index.html

- 노키아 누아지^{Nokia Nuage} VSP

  http://www.nuagenetworks.net/products/virtualized-servicesplatform/

- 주니퍼 콘트레일^{Juniper Contrail}

  http://www.juniper.net/uk/en/products-services/sdn/contrail/

- VMWare NSX

  http://www.vmware.com/products/nsx.html

- 오픈 데이라잇^{Open Daylight}

  https://www.opendaylight.org/

- 미도넷 미도쿠라^{MidoNet Midokura}

  http://www.midokura.com/midonet/

기업을 위한 SDN 컨트롤러는 다음과 같은 기능들을 제공한다.

- 하드웨어 기기로부터 네트워크 기능을 추상화한 SDN 컨트롤러들로 네트워크 기능들을 쉽게 사용할 수 있도록 한다. GUI와 API 종점들을 통해 네트워크 운영을 프로그래밍 방식으로 수정하고 제어할 수 있다.
- SDN 컨트롤러들을 데브옵스 모델에 적용해 개발자를 위한 셀프서비스 네트워크 운영이 가능하다. 네트워크 기능의 CD^{Continuous Delivery}가 가능하고 팀 간의 협업 효율을 강화한다.
- 이해하기 쉬운 소프트웨어 구조로 네트워크 설정을 기술하므로 네트워크 설정의 가시성을 높인다.
- 오픈 네트워킹 표준을 사용하므로 인프라스트럭처와 더 쉽게 연동할 수 있고 연동할 스위치 제조사에 대한 선택의 폭이 넓다.
- 프라이빗과 퍼블릭 클라우드에 걸쳐 일관된 일련의 정책을 사설 데이터센터에서 적용하게 되며 개별 업무 부하를 다양한 클라우드 공급자들에게 배포할 수 있다. 또한 보안 팀은 하이브리드 클라우드에 대한 보안 관리 방식이 더 쉬워진다.

네트워크 장비 업체들이 솔루션을 하드웨어 중심에서 벗어나게 하고 소프트웨어 방식의 네트워크에 집중하게 하는 데 AWS의 출현은 분명 영향을 미쳤다. 이는 후속으로 네트워크 운영을 단순하게 하고 대규모 네트워크 구성을 용이하게 했다.

제조사들은 중앙 집중형 네트워크 기능 관리를 위한 오픈 프로토콜을 채택 및 적용했다. 네트워크 운영자는 SDN 컨트롤러를 사용해 모든 네트워크를 관리하게 됐다.

소프트웨어 정의 네트워킹은 비즈니스 관점의 네트워크 성능을 최대화한다. 또한 하이퍼바이저 가상화가 인프라 팀의 서버 제공 및 관리 자동화에 기여한 것처럼 네트워크 운영을 위한 반복적인 워크플로우를 자동화한다.

개인적인 경험으로 보면, 프라이빗 클라우드에서 대규모 오픈스택OpenStack을 가동하는 경우에는 소프트웨어 정의 네트워킹을 활용한다. 월마트와 이베이, 페이팔, 고대디GoDaddy, 그리고 내가 근무하고 있는 패디 파워 벳페어Paddy Power Betfair 등 많은 주요 기업들이 오픈스택 프로젝트에서 연속적으로 SDN 솔루션을 채용하고 있다. 필요한 확장성 목표를 충족하고 운영을 단순하게 할 수 있는 SDN 솔루션으로 고개를 돌리고 있다는 뜻이다.

누아지 SDN 솔루션은 어떻게 동작하는가

시장을 선도하는 SDN 솔루션들 중 하나인 누아지 SDN (VSP) 플랫폼은 노키아 (구 알카텔루슨트Alcatel Lucent)의 솔루션이다. 시장을 선도하는 이 SDN 솔루션이 어떻게 동작하지 살펴본다.

누아지 VSP 플랫폼은 VSD, VSC, VRS라는 세 개의 컴포넌트로 구성된다.

- VSDVirtualized Services Directory(가상화 서비스 디렉터리): 플랫폼 정책 엔진이며 그래픽 사용자 인터페이스 및 RESTful API로 네트워크 엔지니어가 네트워크 기능을 사용하고 상호작용할 수 있도록 한다.
- VSCVirtualized Services Controller(가상화 서비스 컨트롤러): 누아지 SDN 컨트롤러로 하이퍼바이저와 베어 메탈Bare Metal 서버 또는 컨테이너에 스위칭 정보와 라우팅 정보를 배포하기 위해 오픈플로우 프로토콜과 OVSDB 관리 프로토콜을 사용한다.
- VRSVirtualized Routing and Switching(가상 라우팅/스위칭): 오픈 vSwitch를 누아지에서 최적화한 버전이며 컴퓨트 노드의 하이퍼바이저에 설치된다.

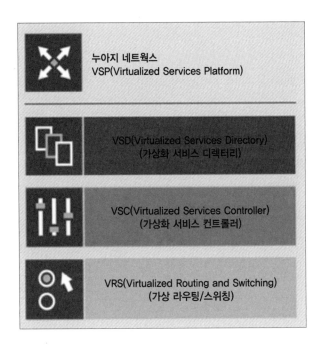

누아지 VSP는 오픈스택, 클라우드스택^{CloudStack}, VMware 등 프라이빗 클라우드 플랫폼 또는 AWS와 같은 퍼블릭 클라우드 솔루션과 연동 가능하다. 누아지로 오버레이 네트워크를 만들면 가상 서버와 베어 메탈 서버, 컨테이너를 테넌트 네트워크에 격리해 보호할 수 있다. 이 오버레이 네트워크는 어떤 종류의 업무 부하를 구현하든지 매우 유연하다.

물론 가상 서버는 물리적 하이퍼바이저들 위에서 가상으로 추상화돼 배포된다. 컨테이너는 가상 서버 또는 물리 서버상에서 동작한다. 컨테이너는 운영체제에서 자원을 분할하는 리눅스 네임스페이스와 제어 그룹을 이용해 특정 프로세스와 리소스를 격리하기 위해 사용된다. 즉 가상 서버와 컨테이너에 대한 네트워킹 요구 사항들은 매우 다르다.

컨테이너는 이동성이 좋고 가상 서버 또는 베어 메탈(물리) 서버에서 운영된다. 추가적인 장점은 리눅스 운영체제에서 캡슐화돼 다중 컨테이너들이 하나의 가상 서버 또는 물리 서버에서 운영될 수 있다는 것이다.

누아지는 또한 테넌트 네트워크 간 멀티캐스트를 지원한다. 멀티캐스트 트래픽을 언더레이 네트워크상의 하이퍼바이저나 물리 서버를 거쳐 라우팅하고, 테넌트 네트워크 내의 특정 가상/물리 서버로 보내준다. 이것은 클라우드 솔루션들에서 일부 문제가 있는 것이었는데 누아지가 이를 해결해준다.

누아지 VSP의 SDN 컨트롤러VSC는 OVSDB를 이용해 스위치와 연동된다. 네트워크 액세스 또는 리프 계층 스위치에 연결된 하드웨어 VTEP을 통해 연동된다. VSC들은 이중화 구조로 구성하며 MP-BGPMultiprotocol Border Gateway Protocol로 통신하며, 하드웨어 VTEP과 통신되는 스위치에 VXLAN으로 감싸도록 지시한다.

VSD 컴포넌트는 세 대의 서버에 활성화된 클러스터로 설치돼 자체 부하 분산 솔루션을 사용해 부하 분산을 한다. 또한 VIP(가상 IP)를 제공해 순차적 방식으로 세 개의 VSD 서버 간에 부하를 분산 처리한다.

VSD의 VIP는 누아지 VSP 플랫폼의 그래픽 사용자 인터페이스와 API 진입점에 존재한다. 이를 통해 REST 호출을 하고 프로그래밍 가능한 오버레이 네트워크를 제어한다. 누아지 VSD GUI에서 작업을 수행하면 VSD에 REST API 호출이 일어난다. GUI와 REST API 모두 동일한 프로그램을 호출하며 REST API로 모든 작업이 가능하다.

누아지 VSD는 2계층 도메인Domain, L3 도메인, 존Zone, 서브넷Subnet, 그리고 ACL 정책을 관장한다. VSD는 정책 정보를 XMPPeXtensible Messaging and Presence Protocol(확장 가능한 메시징/자리 표시 프로토콜) 방식으로 VSC에 전달한다. 응용프로그램을 위한 방화벽 정책을 구성할 때 VSC는 오픈플로우를 이용해 컴퓨트 호스트(하이퍼바이저)상의 오픈 가상 스위치VRS 최적화 버전으로 플로우 정보를 내려준다.

누아지 VSP는 또한 베어 메탈 서버가 오버레이 네트워크에 연결될 수 있도록 오픈플로우 데이터를 VSGVirtualized Services Gateway(가상 서비스 게이트웨이)에 내려주고 라우팅 정보를 오버레이 네트워크로 흘려준다.

VSP 플랫폼의 프로토콜 연동에 대한 개요는 다음 그림과 같다.

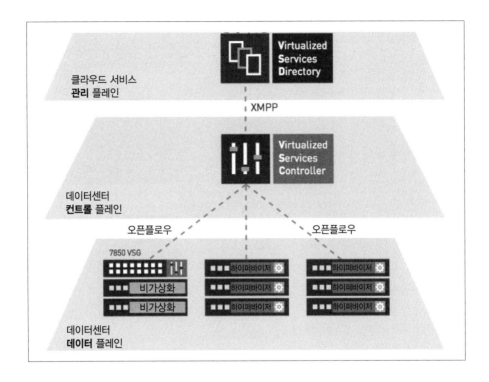

오픈스택과 누아지 VSP 플랫폼의 연동

사설 데이터센터 네트워크는 매우 복잡하므로 오픈스택 뉴트론의 내장 버전으로는 모든 구성 방안들에서 필요한 모든 세부 기능들을 제공하기 어렵다. 뉴트론 기능들이 오픈스택 신규 버전이 나올 때마다 빠른 속도로 성숙되고 있으므로 향후에 상당히 많은 기능들을 보유한 전용 SDN 컨트롤러가 될 것이라는 점을 주지해야 한다.

REST API 확장 기능이 있는 SDN 컨트롤러와의 연동을 뉴트론에서 지원하므로, 매우 풍부한 네트워킹 기능이 필요한 경우 SDN 컨트롤러로 뉴트론의 기본적인 네트워킹 기능을 쉽게 확장할 수 있다.

SDN 솔루션을 사용함으로써 오픈스택 규모를 크게 확장할 수 있다. 오픈스택 네트워킹 측면에서는 중앙에 집중된 L3 에이전트를 사용하지 않고 분산 방화벽 기능을 제공하는 전용 SDN 컨트롤러로 대체할 수 있다.

즉 이 말은 하나의 오픈스택 클라우드에서 수평 확장성 관점에서 지원할 수 있는 컴퓨트 인스턴스 수를 잠재적으로 크게 늘릴 수 있다는 뜻이다. 따라서 현재의 뉴트론 네트워크가 안고 있는 병목 현상과 확장성 문제를 걱정할 필요가 없게 된다.

오픈스택은 가장 많이 알려진 프라이빗 클라우드 솔루션이며 누아지 VSP 플랫폼은 누아지 플러그인을 사용해 이 오픈스택과 연동된다. 누아지 플러그인은 고가용성HA 구성의 오픈스택 컨트롤러들 각각에 설치된다.

컨트롤러상에서 누아지 플러그인이 뉴트론 ML2와 L3 에이전트들의 해당 역할을 수행하므로 뉴트론 서비스를 중지한다. 다음 그림은 오픈스택 뉴트론 SDN 컨트롤러 프레임워크의 아키텍처며 SDN 컨트롤러는 REST API 호출을 통해 뉴트론과 통신하게 된다.

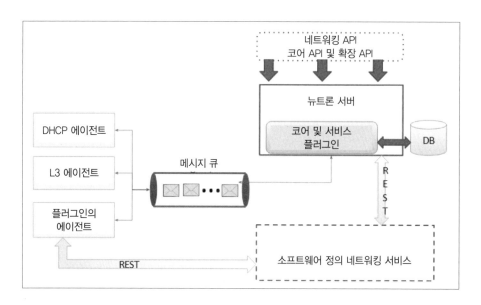

누아지 VSP와 오픈스택 클라우드를 연결할 수 있도록 넷 파티션을 할당하고 REST API 호출로 뉴트론과 통신하도록 해서 누아지 정책 엔진 VSD와 오픈스택을 연동한다.

오픈스택을 다중으로 구성하는 경우 이러한 파티션들을 활용해 하나의 누아지 VSP 플랫폼과 연동된다. 파티션들은 누아지 VSP 플랫폼과 연결돼 서브넷에 오픈스택 인스턴스가 할당되고 오픈스택 노바 컴퓨트 서비스를 표시하는 vPort 명령어가 생성되길 기다린다. 노바 컴퓨트 서비스에서 가상 서버 인스턴스가 생성되면 누아지 ACL$^{Access Control List}$(접근 통제 목록) 정책이 적용된다.

누아지 VSP가 오픈스택과 연동하는 경우 오픈스택 제조사 인스톨러는 기본적으로 누아지를 지원하기도 하고 오픈스택 컨트롤러상에 누아지 플러그인을 설치하도록 약간의 수정이 필요한 경우도 있다. 누아지 버전의 오픈 가상 스위치^{VRS}는 또한 오픈스택 클라우드 내에 배포되는 컴퓨트 노드(하이퍼바이저)별로 설치된다.

누아지 플러그인은 오픈스택 컨트롤러와 KVM 컴퓨트 노드에 연동돼 다음과 같은 워크플로우로 동작한다.

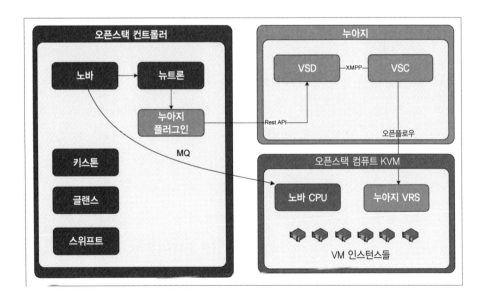

오픈스택에서 뉴트론 명령어가 동작하면, REST API 호출을 사용하는 뉴트론 플러그인은 누아지 VSD와 통신하게 된다. 그리고 신규 네트워크가 생성되거나 네트워크 내에 신규 가상 포트가 생성된다. 이는 뉴트론 SDN 컨트롤러를 연동할 수 있는 뉴트론의 REST API 아키텍처 덕분에 가능하다.

누아지 VSD 정책 엔진은 VSC와 XMPP 프로토콜로 통신해 플로우 데이터를 내리도록 한다. SDN 컨트롤러 VSC는 누아지 VRS(오픈 가상 스위치)에 전달하는 (오픈플로우) 플로우 데이터를 관리하며 누아지 VRS는 미리 정의된 방화벽 정책에 따라 오픈스택 가상 서버 또는 물리 서버를 보호한다.

방화벽 정책은 오픈스택 관리 모드에서는 오픈스택 보안 그룹이고 누아지 VSD 관리 모드에서는 누아지 ACL 룰이다.

누아지 네트워크와 오픈스택 네트워크

오픈스택에서 사용하는 네트워크를 관리하기 위해 누아지 오픈스택 플러그인을 두 가지 운영 모드로 사용할 수 있다.

- 누아지 VSD 관리 모드
- 오픈스택 관리 모드

누아지 VSD 관리 모드인 경우 누아지는 네트워크 프로비저닝 주체가 된다. 누아지 VSP 플랫폼은 오픈스택 환경에서 네트워크를 관리하기 위한 일련의 풍부한 기능들을 제공한다. 네트워크 기능들은 누아지 REST API를 사용하는 VSD를 통해 바로 제공된다. 이 VSD는 그래픽 사용자 인터페이스GUI를 사용하거나 오픈스택 서브넷들과 일대일로 연결된 직접적인 API 호출을 사용한다.

다른 운영 모드로는 오픈스택 관리 모드가 있으며 VSD의 직접적인 프로비저닝이 필요하지 않다. 모든 명령어가 뉴트론을 통해 동작하지만, 그 지원 기능이 오픈스택 뉴트론이 지원하는 명령어 한도 내로 제한된다.

VSD 관리 모드에서 누아지 내에 생성된 모든 네트워크는 누아지 VSD를 주체로 누아지와 일대일 연결이 돼 오픈스택 내에서 복제된다. 반면, 오픈스택 관리 모드에서는 오픈스택 뉴트론이 설정 주체가 된다.

오픈스택 관리 모드에서 모든 ACL 룰은 오픈스택 보안 그룹에 따라 제어되며, VSD 관리 모드에서 ACL 룰은 보안 그룹의 동작을 정지한 상태에서 누아지 VSD를 통해 제어된다.

넷 파티션을 구성해 누아지와 오픈스택을 연동한다. 넷 파티션을 사용해 하나의 누아지 VSP 플랫폼을 오픈스택 다중 인스턴스와 연결할 수도 있다. 넷 파티션은 오픈스택 클라우드를 누아지 조직 엔티티에 매핑하는 방법 중 하나다.

누아지 VSP 플랫폼에 Company라는 조직 이름을 사용하게 되면 조직 내 서브넷이 생성될 때마다 고유의 nuage_subnet_uuid가 할당된다. 조직과 누아지 서브넷을 오픈스택 뉴트론에 연결하기 위해 다음의 명령어를 사용한다.

```
neutron subnet-create "Subnet Application1" 10.102.144.0/24 --nuagenet
nuage_subnet_uuid --net-partition "Company" --name "Subnet Application1"
```

누아지 VSP 플랫폼과 오픈스택 간에 넷 파티션을 만들면 누아지 VRS를 사용하는 컴퓨트 호스트(하이퍼바이저)에 방화벽 정책이 적용된다. 다음 워크플로우는 신규 인스턴스가 누아지가 관리하는 서브넷에 생성되는 과정을 설명한다.

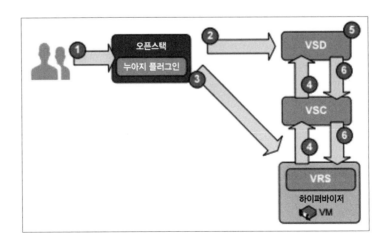

1. 누아지 VSP 플랫폼을 통해 오픈스택 네트워크 및 서브넷에 인스턴스가 추가된다.

2. 지정된 L3 도메인 내에서 누아지 플러그인이 VSD에 연동용 가상 포트를 생성한다(VM id, MAC).

3. 노바 서비스가 하이퍼바이저에 가상 서버를 생성한다. VRS는 VM id, MAC 등으로 이를 인지한다.

4. VRS는 VSC에, 그리고 VSC는 VSD에 해당되는 네트워크 정보를 연동용 가상 포트로부터 얻기 위해 질의를 보낸다.

5. VSD는 생성한 가상 포트 중에서 VM id, MAC가 일치하는 것을 찾아 VM을 해당되는 네트워크 서비스와 연계한다.

6. 정책은 VSD에서 VSC, VRS로 다운로드되며 오픈플로우 방식으로 전달된다. 이제 필요한 플로우들이 동적으로 생성됐다.

누아지 VSP 소프트웨어 정의 객체 모델

누아지는 소프트웨어 방식으로 오버레이 네트워크를 생성하므로 네트워크 운영자가 관리하기 위한 단순한 객체 모델이 필요하다. 누아지 VSP의 소프트웨어 정의 객체 모델은 그래픽 형태의 계층 구조를 제공해 오버레이 구조를 보거나 감사하는 것이 쉽다.

객체 모델 개요

- 조직Organization: 모든 L3 도메인을 관장한다.

- L3 도메인 템플릿: L3 도메인 템플릿은 하위 L3 도메인을 만들기 전에 필수적으로 필요하다. 이 템플릿은 모든 하위 L3 도메인에 적용되는 기본 정책을 관장한다. L3 도메인 템플릿이 업데이트되면 생성되는 하위 L3 도메인에 모두 적용된다.

- L3 도메인: 다른 환경을 나누는 데 사용한다. L3 도메인, Test의 하위에 구성한 서브넷에 있는 사용자는 인접한 L3 도메인, Production에 접근할 수 없다.

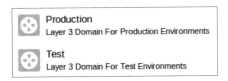

- 존^{Zone}: 존은 응용 계층에서 방화벽 정책을 분리한다. 각 마이크로서비스 응용 프로그램은 고유의 존을 가지며 L3 도메인별로 입수부^{Ingress}/출수부^{Egress} 정책이 연관된다.

- L3 서브넷: 설치될 가상 서버와 물리 서버에 구성된다. 예를 들면 Application1과 Application2 서브넷을 다음과 같이 구성할 수 있다.

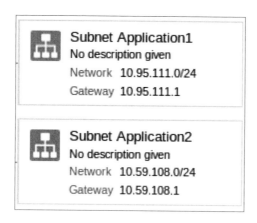

누아지 VSD 계층 구조는 다음과 같다.

- Company라는 이름의 조직을 생성한다.
- Test와 Production이라는 두 개의 L3 도메인을 Company 아래에 생성한다.
- Test L3 도메인은 Application1과 Application2라는 존을 가지고 각각 한 개씩 하위 서브넷을 가진다.
- L3 도메인 Production에 Application1과 Application2 존을 구성하고 Application1에만 하위 서브넷을 구성한다. Application2 밑에는 서브넷을 구성하지 않는다.

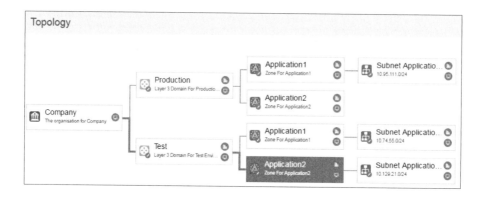

보안과 규제 준수Compliance 관점에서 개발 환경과 서비스 환경을 분할해 보안 감사자들에게 제공하는 것은 매우 중요하다. 개발 환경은 서비스 환경만큼 통제가 엄격하지 않다. 서비스 환경의 응용프로그램은 통상적으로 최소 권한을 부여함으로써 안전성을 확보한다. 이는 접근을 최소화하고 보안 침해의 가능성을 줄일 수 있다.

누아지 VSP 플랫폼에서는 L3 도메인 템플릿 구조를 활용해 각 환경을 분리해 구성할 수 있다. 도메인 템플릿은 기본적으로 전수 거부Deny All 정책으로 입수부와 출수부에 구성된다. 특정한 응용프로그램에 대한 정책을 허용하지 않는 한 모든 정책에 가장 우선으로 적용되며 들어오거나 나가는 모든 패킷을 명시적으로 차단한다. 기본값인 전수 거부 정책은 ACL 룰을 응용프로그램에 적용할 때 가장 기본이 되는 정책이다.

출수부 보안 정책Egress Security Policy 도메인 템플릿의 명시적인 폐기Drop 정책을 다음의 예에서는 기본 정책Bottom Policy으로 설정했다.

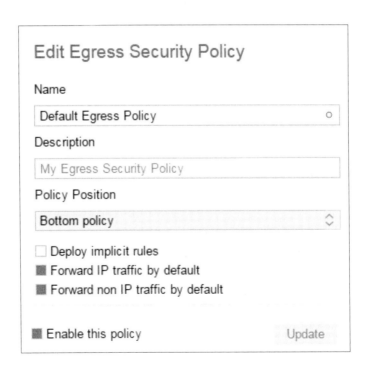

다음에서 출수부 보안 정책Egress Security Policy의 내용은 우선순위 값이 최대치로 설정된 것을 예시로 보여준다.

마찬가지로 입수부에서도 명시적인 폐기[Drop]를 기본 정책[Bottom Policy]으로 도메인 템플릿에 적용한다.

이와 더불어 입수부 보안 정책Ingress Security Policy에 대한 도메인 템플릿에서 명시적으로 폐기Drop를 설정하는 것이 다음에 나타나 있다.

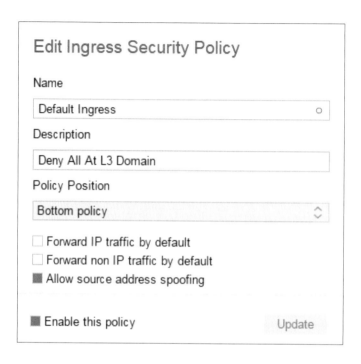

도메인 템플릿 Company L3 Domain Template에 적용되는 기본적인 입수부와 출수부 정책은 다음 그림과 같으며, Production과 Test 같은 하위 L3 도메인에 일괄 적용되는 것을 알 수 있다.

도메인 템플릿 Company L3 Domain Template은 하위 L3 Production과 Test 도메인에 연결돼 도메인 템플릿으로부터 출수부 정책이 상속되는 것을 확인할 수 있다.

유사하게 도메인 템플릿 Company L3 Domain Template은 하위 L3 도메인
Production과 Test에 연결돼 입수부 정책을 상속해준다.

정책들은 오픈플로우를 사용해 VRS에 내리며 누아지에서 입수부와 출수부의
ACL 룰들은 다음의 원칙들에 따라 동작한다는 것을 명심해야 한다.

- 출수부: VRS로부터 서브넷 또는 존으로 흐르는 패킷
- 입수부: 서브넷 또는 존으로부터 VRS로 흐르는 패킷

예를 들면, 다음 그림은 출수부 ACL 룰이 80포트로부터 VRS를 거쳐 들어오는 출수부 트래픽이 서브넷 Application1으로 전달되는 것을 명시하고 있다.

다음 예에서는 서브넷 Application1의 80포트에서 나가는 입수부 트래픽이 VRS로 전달되도록 입수부 ACL 룰에 설정한 것을 확인할 수 있다.

응용프로그램 소유자가 응용프로그램이 있는 L3 서브넷에서 개별 응용프로그램 정책에 따라 소스 또는 목적지에 ACL 룰을 명시하는 원칙을 적용하면, 응용프로그램 ACL 룰은 자신의 정책만 유지하게 된다. 이 개념을 준수하면 L3 도메인 내에서 개별 응용프로그램에 대한 ACL 룰을 개별적 단위로 분리해 관리할 수 있다. 이 말은 다시 말하자면 보안 팀이 감사하는 것이 훨씬 더 간결해진다는 뜻이다. 또한 응용프로그램들은 최소한의 권한만을 지원하게 돼 필요한 포트만 열어서 통신한다. 이러한 룰 외에는 명시적으로 모두 차단하게 된다.

지금부터는 두 가지 응용프로그램들에 대한 두 가지 정책들을 보여준다. 입수부와 출수부에 대해 Application1과 Application2가 각자의 정책을 갖고 있으며, 명시적으로 허용하지 않은 플로우를 모두 폐기하는 기본 입수부 정책^{Default Ingress Policy}을 확인할 수 있다.

입수부 보안 정책들은 다음과 같다.

출수부 보안 정책들은 다음과 같다.

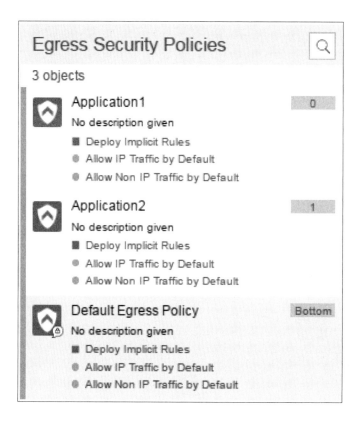

누아지 VSP 플랫폼은 L3 도메인 템플릿에서 존을 사용해 두 번째 단계를 구분하고 전통적으로 세 개의 존을 구성해 응용프로그램이 다음 계층들로 전개될 수 있게 한다.

- 프론트엔드 Frontend
- 비즈니스 로직 Business Logic
- 백엔드 Backend

마이크로서비스 아키텍처가 중요해지면서 각 응용프로그램들의 프로파일들이 상기 세 개의 큰 영역 프로파일에 항상 적합하지는 않다. 때로는 응용프로그램 하나에 프론트엔드 응용프로그램과 비즈니스 로직이 함께 구성될 수 있다. 그러면 마이크로서비스 응용프로그램은 전통적인 3계층 구조로 대체될 수 있을까?

프론트엔드와 비즈니스 로직, 백엔드 분리 정책을 존 단계에서 적용하는 방식 대신에 응용프로그램을 각 서브넷 간에 유의미하게 마이크로 분할$^{Micro-segmentation}$할 수 있다. 그러면 이 경우 누아지에서는 어떻게 되는가?

응용프로그램이 다른 응용프로그램과 통신하려면 ACL 룰을 가져야 한다. L3 도메인의 인접한 서브넷에 있는 응용프로그램들의 수평$^{East-west}$ 방향 통신을 위해 이 룰은 서브넷에서 존 방향으로 통신을 규정한다. 누아지는 응용프로그램이 서브넷에서 존으로 통신하도록 해서 이것을 구현한다.

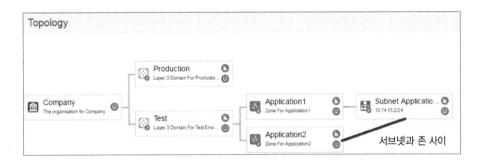

이 통신을 위해 Application2 존에서 Application1 서브넷의 22번 포트로 수평 간 통신 트래픽이 흐를 수 있도록 Application1에 ACL 정책을 설정한다. 이후 다수의 다른 서브넷들이 사용되더라도 Application1은 항상 Application2 존 아래에 있는 응용프로그램들의 통신을 허용한다.

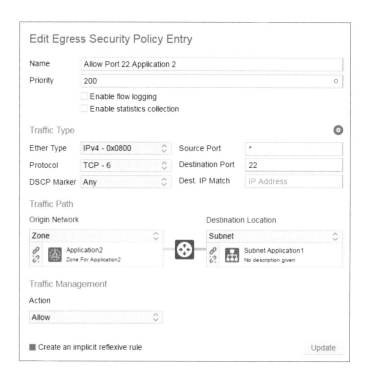

보안 정책 관점에서 보면 개발 및 보안 팀의 이해도를 높인다. 응용프로그램 정책을 검토해 어떤 응용프로그램들이 상호 통신하고 사용하는 포트는 무엇인지 알 수 있다.

누아지 VSP 플랫폼에서 신규 환경과 기존 환경을 어떻게 지원하는가

오버레이 네트워크는 보통 신규 네트워크Greenfield를 구축할 때 구성한다. 그러나 단번에 신규 네트워크로 기존 네트워크의 모든 응용프로그램을 이전하는 대규모의 계획된 응용프로그램 이전이 아니라면, 신규 네트워크를 완벽하게 격리해서 사용하기는 어렵다.

단계별 응용프로그램 이전 대신 일부 응용프로그램들만 이전하는 경우 신규 오버레이 네트워크는 기존 네트워크와 통신이 필요하다. 또한 기존 네트워크 구성 하에서 동작할 수 있다.

기존 환경 구성Brownfield Setup이란 일반적으로 응용프로그램들을 신규 플랫폼으로 단계별로 이전하는 것을 의미한다. 신규 네트워크와 관련된 새로운 기술에 확신이 선 경우 단번에 이전하는 것과는 상반된다. 응용프로그램을 신규 플랫폼으로 이전할 때는 일반적으로 신규 네트워크 응용프로그램의 성능 테스트를 수행한다. 이 테스트는 기존 네트워크를 벗어나는 실 트래픽을 막고 신규 오버레이 네트워크로 이전된 응용프로그램으로 옮기기 전에 수행한다.

단계별 이전을 할 때 주요 요구 사항 중 하나는 기존 네트워크와의 후방 연결이다. 그곳에서 운용하고 있는 응용프로그램들과의 연관성 때문이다. 이전한 응용프로그램이 효과적으로 동작하는 데 이 연결이 필요하다.

누아지 VSP 플랫폼은 VSGVirtualized Service Gateway(가상화된 서비스 게이트웨이)를 사용해 신규 오버레이와 기존 네트워크 간 연결성을 제공한다. 한 쌍의 VSG는 가상 샤시 모드로 이중화 연결되며 기존 네트워크에 있는 라우터 인터페이스들과 연결된다. VSG는 연결된 라우터 인터페이스로부터 VLAN상으로 들어오는 패킷의 목적지 IP 기반 라우팅 테이블을 참조한다. 이후 다음 홉 주소의 목적지 MAC을 업데이트하고 상응하는 VXLAN에 대한 패킷을 전달한다. 기존 네트워크로부터 오는 모든 패킷들은 언더레이Underlay 네트워크를 통해 VSG로 라우팅된다.

이와 같이 VSG에서 신규 오버레이 네트워크와 기존 네트워크가 연결되고 VXLAN 종단 처리가 일어난다.

한 쌍의 활성화된 VSG들을 다음의 누아지 VSD에서 보여준다.

누아지 VSG는 경로들을 오버레이 네트워크로 전달해 기존 네트워크와 통신하게 된다. 개별 VSG는 BGP 세션을 사용해 IPv4 경로를 받고 전파[Advertise]하며, 이 BGP 세션은 VSG와 VSC에 맺어진다. iBGP를 적용한 리프 스파인 토폴로지[leaf spine topology]를 사용할 경우 리프[leaf] 스위치에도 설정된다.

VSG는 내부 시스템의 IP를 기존 네트워크에 있는 기존 라우터에 전파하고, 자체 네트워크의 경로들 수령분은 언더레이 네트워크를 통해 내부 네트워크에서 오버레이에 있는 지정된 L3 도메인으로 전달한다.

경로를 전달하기 위해 누아지 VSP 플랫폼에서는 L3 도메인 GRThubDomain 생성이 필요하다. 이 경우 호스트 인터페이스들은 기존 네트워크의 프론트엔드, 비즈니스 로직, 그리고 백엔드 라우터에 연결된다.

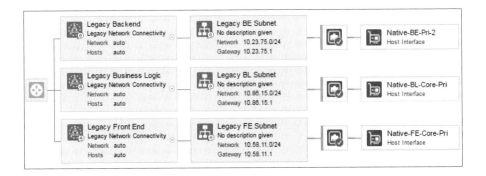

누아지 VSP 플랫폼은 신규 생성된 GRThubDomain을 L3 도메인인 Production 과 Test에 경로를 전달하는 도메인으로 연동한다.

다음 예를 보면, GRThubDomain은 L3 도메인인 Production과 연계된다.

누아지 GUI에 있는 경로 전달 도메인은 다음과 같은 경로 전달 도메인 아이콘으로 표시하며 GRThubDomain이라는 이름의 예시를 보여준다.

연결된 경로 전달 도메인과 Production 도메인은 누아지 GUI에서 다음과 같이 표현된다.

경로 전달 도메인과의 연결은 누아지 VSP 플랫폼이 신규 오버레이 네트워크를 통해 기존 네트워크와 경로를 전달하게 한다. 이는 특정 입수부와 출수부 ACL 룰이 적합할 경우에 한해 오버레이 네트워크에 있는 응용프로그램들이 기존 네트워크에 있는 응용프로그램들과 통신할 수 있음을 의미한다.

앞서 설명한 바와 같이 L3 도메인 Test와 Production은 Company L3 Domain Template의 일부인 입수부와 출수부에 대한 전수 차단[Deny All] 정책을 갖고 있다. 즉 모든 경로들이 오버레이로 전달되더라도 명시적으로 언급하지 않을 경우에는 모두 차단된다.

누아지 VSP 플랫폼은 네트워크 매크로[Network Macros]라는 이름의 개념을 사용해 외부 레거시 네트워크로부터 들어오는 경로들에 ACL 룰을 적용한다. 누아지 VSP 플랫폼에서 네트워크 매크로는 단순히 외부 네트워크 범위에 대한 예명이라고 할 수 있다.

만약 기존 네트워크에 하나의 응용프로그램, 예를 들어 Application3가 있고 경로 전달 도메인인 GRThubDomain 역할로 경로 정보가 L3 도메인 Test로 넘어간 경우를 살펴보자. 이 경우 네트워크 매크로를 설정해서 누아지 ACL 룰을 기반으로 필요한 네트워크 범위를 제시하고 연결을 격리하도록 구성할 수 있다.

이 예에서 네트워크 범위는 10.58.11.0/24고 Application3는 오버레이 네트워크로 경로를 전달하는 GRThubdomain상의 프론트엔드 부분에 있다. 누아지에 표시되는 Application3의 Network Macros는 다음 그림과 같다.

출수부 ACL 정책은 네트워크 매크로를 생성해 Application1이 Application3와 통신할 수 있게 설정한다. Application3의 네트워크 매크로가 8080포트로 Application1 서브넷과 연결된다.

Application3의 네트워크 매크로가 8080포트로 Application1 서브넷과 통신하는 출수부 보안 정책을 다음 그림에 예시한다.

생성 완료 후, ACL 목록을 갱신하면 신규 네트워크 매크로 ACL을 볼 수 있다.

누아지 VSP는 차단 정책을 적용하고, 오버레이 네트워크는 동일한 L3 도메인에 있는 서브넷 또는 존 간 ACL 정책들을 제어하는 것과 같은 방식으로 기존 네트워크로부터의 특정 플로우 데이터를 허용한다. 네트워크 매크로는 다중 클라우드 기술들 간의 라우팅과 다른 데이터센터 간 라우팅에 사용할 수 있으며 네트워크 연결 및 정책 제어의 강력한 방법이라고 할 수 있다.

다중 네트워크 매크로는 네트워크 매크로 그룹에 속해서 ACL 룰이 다중 범위를 제어할 수 있게 한다. 이후 이 매크로 그룹은 하이퍼바이저의 VRS에 오픈플로우를 통해 쏟아지게 된다. 누아지는 3.x 버전에서 가상 포트별로 100개의 ACL 룰 적용 제한이 있고 하나의 인스턴스(가상 서버)에 100개의 ACL 룰만 적용되므로 네트워크 매크로를 그룹핑하는 경우에 주의가 필요하다. 누아지 플랫폼 4.x 버전에서부터는 ACL 룰 한도가 500개로 증가했다.

다음에서는 네트워크 매크로 그룹을 예시로 보여준다. Application3와 Application4에 개별 정책들을 설정하는 대신에 프론트엔드 서비스의 네트워크 매크로 그룹을 출수부 ACL 룰에서 사용한다.

프론트엔드 서비스 네트워크 매크로 그룹과 Application1 서브넷 간의 8080포트 연결을 허용하는 출수부 보안 정책은 다음과 같다.

프론트엔드 서비스 네트워크 매크로를 구현하는 적용된 ACL은 다음과 같다.

누아지 VSP 멀티캐스트 지원

누아지 VSP 플랫폼은 다음의 누아지 VSD 엔티티 간에 멀티캐스트 라우팅을 할 수 있다.

- L2 및 L3 도메인
- 존
- 서브넷
- 가상 서버에 생성되는 가상 포트

멀티캐스트를 오버레이 네트워크로 라우팅할 수 있다. 이는 누아지 VSP 플랫폼의 고유한 기능이다. 컴퓨트 노드에 연결된 언더레이 L2 네트워크에서 전용의 VLAN들을 설정해 누아지 오버레이 네트워크로 멀티캐스트 트래픽을 라우팅한다. 이렇게 하면 언더레이 네트워크상의 컴퓨트(하이퍼바이저)에서 전용의 VLAN을 사용할 수 있다. 이 VLAN들은 멀티캐스트 트래픽을 송/수신하기 위한 랙 단위로 IP가 할당돼 있다.

언더레이를 통과하는 멀티캐스트 트래픽의 라우팅은 누아지 VRS에서 담당한다. VRS에서 멀티캐스트 패킷을 복제해 적절한 통제하에 오버레이 네트워크로 전달한다. 따라서 오버레이 네트워크가 불필요한 멀티캐스트 트래픽으로 넘치지 않는다. 만약 통제되지 않을 경우에는 오버레이 네트워크의 성능에 문제를 야기할 수 있다. 이러한 방식으로 인해 누아지 멀티캐스트 구성의 확장성이 높다. 멀티캐스트 트래픽을 오버레이 네트워크상에서 필요한 곳으로만 전달하기 때문이다.

누아지 VSP는 멀티캐스트 전송을 위한 전용 VLAN과 컴퓨트 노드(하이퍼바이저)의 멀티캐스트 수신을 위한 VLAN을 각각 사용한다. 이 개별 VLAN들은 멀티캐스트를 필요로 하는 이벤트 응용프로그램에서 각 하이퍼바이저별로 설정할 수 있다.

멀티캐스트 송수신을 위해 VLAN과 고유한 IP 주소를 개별 하이퍼바이저들에 할당한다. 이들은 하이퍼바이저들이 설치된 랙에 따라 할당되며 연관된 스위치들을 사용한다.

포트 채널 맵Port Channel Map은 누아지 VSD에서 사용하는 엔티티로 언더레이 네트워크에서 오버레이 네트워크로 멀티캐스트를 하기 위해 사용된다. 포트 채널 맵은 오버레이 네트워크 내에서 서브넷 간에 멀티캐스트를 라우팅해야 하는 경우에만 필요하다. 동일 서브넷에서 멀티캐스트가 필요한 경우에는 포트 채널 맵이 필요하지 않다. 이 경우 멀티캐스트 트래픽을 하이퍼바이저의 VLAN으로 라우팅할 필요 없이 격리된 L3 서브넷 내에서 멀티캐스트가 동작한다.

다음 예에서 멀티캐스트 채널 맵Multicast Channel Map을 사용해 Application2의 멀티캐스트 범위를 생성한다. 이 범위 내에서 멀티캐스트를 브로드캐스트한다. 하이퍼바이저의 언더레이 VLAN을 통해 Application2 서브넷으로부터 누아지 VRS로 멀티캐스트 라우팅을 하고 Application1 서브넷으로 그 트래픽을 쏟아낸다.

멀티캐스트 채널 맵의 아이콘은 다음과 같다.

다음의 시나리오는 응용프로그램이 오버레이 L3 서브넷에서 다른 서브넷으로 멀티캐스트 트래픽을 라우팅할 때 통과하는 워크플로우를 묘사하고 있다.

Application1을 L3 도메인에 배포하고 그 자신의 존 아래에 26비트의 마이크로 서브넷을 구성했다. 서브넷에는 두 개의 가상 서버를 두고 두 개의 가상 포트와 연결했다. 누아지 가상 포트 하나에 가상 서버의 멀티캐스트 송신자나 수신자 또는 둘 다를 구성할 수 있다.

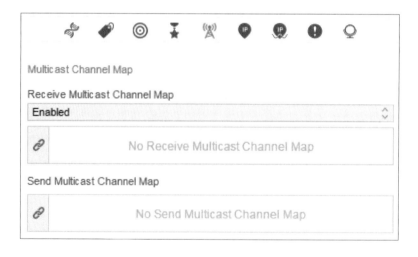

예시의 Application1은 멀티캐스트 송신자며 멀티캐스트 스트림을 Application2로 보내려고 한다. Application2는 L3 도메인에 배포하고 그 자신의 존 아래에 26비트의 마이크로서브넷을 구성한다. 그 서브넷상에 한 개의 가상 서버를 만들고 한 개의 가상 포트에 연결한다.

112

따라서 포트 채널 맵을 Application1에 구성해 개별 가상 포트들과 상호 연동한다. 이 구성으로 누아지에서는 Application1이 멀티캐스트 송신자인 것을 알게 된다.

Application2는 포트 채널 맵 구성 시 가상 포트를 설정하고 멀티캐스트를 수신할 수 있게 된다.

Application1의 두 가상 서버가 멀티캐스트 트래픽을 브로드캐스트하는 것을 가정하자. 누아지는 Application1이 있는 하이퍼바이저와 일치하는 포트 채널 맵을 찾는다. 포트 채널 맵에서 명시한 멀티캐스트 범위로 멀티캐스트 트래픽을 라우팅하는 것을 누아지가 알 수 있다.

누아지는 송신자의 VLAN을 이용해 해당 하이퍼바이저 L2 도메인으로 멀티캐스트를 전송한다.

각 하이퍼바이저의 수신자 IP들에 딸려 있는 개별 수신자 VLAN들은 전송되는 멀티캐스트를 골라 잡는다.

하이퍼바이저상의 가상 서버들 중에 포트 채널 맵이 설정돼 있고 설정된 멀티캐스트 범위가 Application2와 일치한다면, 누아지 VRS에서 멀티캐스트 패킷들을 복제해 오버레이 네트워크의 Application2로 흘려보낸다.

이것이 언더레이 네트워크와 송신자 VLAN, 수신자 VLAN을 이용해 누아지가 멀티캐스트 트래픽을 오버레이 네트워크로 흘려보내는 방법이다.

요약

이 장에서는 누아지 VSP SDN이 제공하는 고도화된 네트워킹 기능들을 살펴봤고 시중에 나와 있는 타 SDN 솔루션들을 다뤘다. 이 장을 읽으면서 여러분은 누아지 SDN 컨트롤러가 이제 친숙해지고 SDN 컨트롤러가 오픈스택과 프라이빗 클라우드에 제공하는 일련의 풍부한 기능들을 이해하게 됐다.

SDN 컨트롤러와 AWS, 오픈스택 솔루션들이 가져온 프로그래밍 지원 기능에 이어서 우리는 이제 초점을 옮겨보려 한다. 이러한 환상적인 기술들을 최대한 활용하기 위해 조직 내에서 필요한 문화적 변화를 살펴볼 것이다. 운영 모델의 변화 없이 새로운 기술들을 적용하는 것은 충분하지 않으므로, 사람과 프로세스는 성공적인 데브옵스 모델의 핵심이다.

네트워크 엔지니어의 역할은 수년간 가장 큰 진화를 겪고 있다. 사람과 문화적 문제를 다루지 않고는 업무 팀에서 단순히 신기술을 적용할 수 없고 더 빠른 실행 결과를 기대할 수도 없다. 데브옵스 변혁을 적용해 네트워크 팀이 성공하는 발판을 만들 책임이 최고기술책임자^{CTO}에게 있다. 이 말은 네트워크 조직과 네트워크 팀들도 코딩과 같은 신기술을 배울 필요가 있다는 것도 포함하는 말이다. 바닥에서부터 출발하는 자동화에 대한 강력한 동기가 필요하다.

 다음은 누아지 네트워크의 실제 사례들에 대한 유용한 링크들이다.

- https://www.youtube.com/watch?v=_ZfFbhmiNYo
- https://www.youtube.com/watch?v=aKa2idHhk94
- https://www.youtube.com/watch?v=OjXll11hYwc

3
데브옵스를
네트워크 운영으로

이 장에서는 초점을 기술에서 사람과 프로세스로 옮긴다. 데브옵스의 초기 관심사는 개발 팀과 운영 팀 간의 소통 단절을 깨뜨리고 회사의 운영 모델을 변화시키는 것이었다. 데브옵스는 IT 직원들의 업무 장애물을 제거하며 더 생산적인 방식으로 일하는 방법을 알려준다. 이러한 사고방식을 QA 테스팅, 보안으로 확장해 이제는 네트워크 운영까지 이르렀다. 이 장에서는 주로 네트워크 엔지니어 업무의 진화를 중점적으로 다룰 예정이다. 그들보다 앞서 운영 엔지니어가 진화한 것처럼 그들도 변화해야 한다. 완전한 프로그래밍 제어 기반의 운영 모델로 변화하는 요즘의 업계에서 네트워크 엔지니어가 여전히 가치 있게 살아남기 위해 신규 기술들을 배워야 할 필요성들도 중점적으로 다룰 예정이다.

이 장에서는 두 가지의 다른 업무를 들여다볼 것이다. CTO/선임 관리자의 업무와 엔지니어의 업무다. 원하는 문화적 변화를 촉진하는 데 활용할 수 있는 초기의 동인들에 대해 충분하게 논의할 것이다. 전체 조직을 대상으로 데브옵스 혁신을 성공적으로 적용하려면 문화적 변화가 필요하다. 심지어는 일개 부서의 모든 업무를 자동화해 내부 업무 전차를 개선하는 데도 문화적 변화가 필요하다.

이 장에서는 다음의 주제를 다룬다.

- 행동의 변화가 일어나도록 하기
- 네트워크 팀을 위한 하향식Top-down 데브옵스 시작
- 네트워크 팀을 위한 상향식Bottom-up 데브옵스 시작

행동의 변화가 일어나도록 하기

네트워킹의 OSI 모델은 7계층으로 이뤄져 있다. OSI 모델에 추가로 사용자 계층이라는 여덟 번째 계층이 있다고 많이들 이야기한다. 사용자 계층은 최종 사용자가 네트워크를 어떻게 통합할지, 어떻게 상호작용할지 규정한다. 알아가고 관리하는 측면에서 기술과 비교하자면 사람은 단연코 훨씬 더 힘든 야수 같은 존재다. 사람 관련 이슈들이 엄청나게 많이 존재하는데 이들에 대한 만병통치약은 있을 수 없다. OSI 7계층은 다음 그림과 같다.

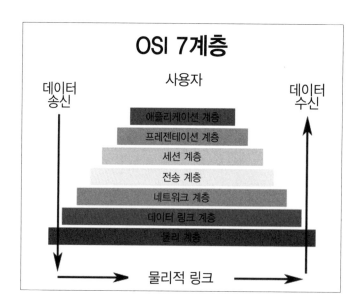

문화적 변화와 행동의 변화를 이끌어내는 것은 조직이 직면하는 가장 어려운 일이다. 밤샘을 한다고 일어나는 것이 아니다. 행동이 바뀌려면 먼저 명확한 비즈니스적 이점이 있어야만 한다. 이러한 문화적 변화로 조직이 얻을 수 있는 이점들을 먼저 대략적으로 짚어보는 것이 중요하다. 이렇게 하면 관리자나 변화 관리 담당자[Change Agent]가 필요한 변화를 실행하기 전에 비즈니스적 관점에서 소명할 수 있다.

사람, 업무 절차를 상대하는 것이나 문화적 변화는 힘들기로 악명이 높다. 도구들을 멀리하고 사람이나 업무 절차를 잘 처리하는 것이 데브옵스 시작과 프로젝트를 성공적으로 이끄는 데 중요하다. 문화적 변화는 주의 깊게 계획을 세워야 하고 회사 차원에서 움직여야 한다. 가트너[Gartner]의 최근 연구에 따르면, 클라우드 프로젝트가 실패하는 주요 이유는 도구를 잘못 선정한 것이 아니다. 가장 큰 이유는 운영 모델의 변경에 실패한 것이었다.

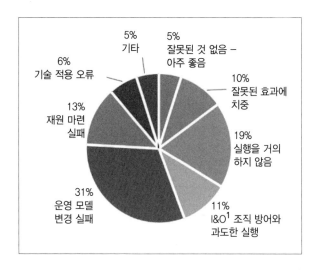

데브옵스를 적용해야 하는 이유

데브옵스를 적용할 때 종종 떠도는 루머들이 있다. 데브옵스는 신생 기업들에게 만 맞는 것이라거나 특정 팀에게는 아무런 가치도 없다는 것 등이다. 또는 그냥 단지 화제의 단어나 광팬들의 단어라고도 한다.

데브옵스를 제대로 적용했을 때 정량적인 이점은 부인할 수 없다. 이러한 이점들 은 다음 사항들에 대한 개선을 포함한다.

- 변경 작업의 속도
- 이슈 해결의 평균 시간
- 가동 시간Uptime 향상
- 배포 횟수 증가
- 팀간 상호 기술 습득
- 버스 인자[2]가 1인 것 해소

IT 업계의 어느 팀이든지 이러한 개선으로 혜택을 볼 것이다. 정말로 팀들이 데브 옵스를 받아들이지 않을 수 없다. 의심의 여지없이 그들의 업무 기능을 향상시켜 줄 것이기 때문이다.

데브옵스를 적용하면 반복성, 측정, 자동화 등을 장려한다. 자동화를 구현하면 자 연스럽게 변경 작업의 속도를 향상하게 되고 팀이 하루에 배포하는 건 수가 증가 하게 된다. 자동화는 또한 TTMTime to Market(제품을 시장에 출시하는 데 걸리는 시간) 도 개선한다. 배포 절차를 자동화하면 조직 차원에서 신규 상품과 기능을 시장에 출시하는 것뿐 아니라 팀들이 수정판을 서비스 환경에 반영하는 것을 즉각 할 수 있게 된다.

자동화의 덤으로 인프라스트럭처 이슈 해결의 평균 시간도 더 짧아진다. 인프라 스트럭처나 네트워크의 변경 작업을 자동화하면 수작업으로 할 때보다 훨씬 더

---

2 버스 인자(Bus factor). 팀 간의 정보 공유나 소통이 원활하지 않아 문제가 발생할 수 있는 위험 정도를 나타내는 지수로 프 로젝트나 팀 단위 작업이 중지되는 데 필요한 최소의 작업 불가능 인력 수를 나타낸다. 한 사람이 없을 때 일이 안 된다면 버스 인자는 1이다. 버스 사고로 인한 위험도라는 의미에서 버스 인자라는 명칭이 유래했다. - 옮긴이

효율적으로 변경 내용을 반영할 수 있다. 수작업 기반의 변경 작업은 작업을 수행하는 엔지니어의 속도에 좌우된다. 반면에 자동화 스크립트로 하게 되면 더 정확하게 측정할 수 있다.

데브옵스를 구현한다는 의미는 또한 측정과 모니터링도 효율적으로 한다는 것이다. 인프라스트럭처와 네트워킹의 모든 부분에서는 효율적인 모니터링이 아주 중요하다. 문제의 근본 원인을 찾는 시간이 효율적인 모니터링을 통해 줄어들기 때문이다. 기존에는 이슈를 디버깅하려고 수많은 엔지니어들이 서버들과 콘솔에 로그인해서 처리했다. 모니터링을 효율적으로 하면 이슈 해결에 걸리는 업무 절차의 평균 시간도 좋아진다. 서비스 환경에서 이슈가 발생했을 때 이슈의 원인을 더 빨리 찾게 된다.

모니터링 시스템을 잘 구현하면 이슈의 근원지 범위를 좁히는 알림을 신속하게 받을 수 있다. 최초 근본 원인에서 파생되는 다른 결과들을 억제할 수 있으므로 이슈를 효과적으로 하이라이트하고 수정할 수 있다.

그다음에는 모니터링이 반복 작업의 자동화로 연결된다. 수정판을 서비스 환경에 자동화 기반으로 밀어넣는다. 이 프로세스는 상당히 정확한 피드백 루프를 포함한다. 프로세스가 매일 개선되기 때문이다. 알람이 누락되더라도 시간이 지나면서 모니터링 시스템에 반영된다. 인시던트Incident 종료 이후에 후속 조치로 말이다.

효율적인 모니터링과 자동화로 이슈 해결의 평균 시간을 줄일 수 있다. 고객이 더 행복하게 되고 제품의 가동 시간Uptime이 늘어나게 된다. 자동화를 활용하고 효과적으로 모니터링을 하면 팀의 모든 멤버들이 접속해서 일의 흐름을 볼 수 있게 된다. 작업이 어떻게 처리되는지, 수정판과 신규 기능들이 어떻게 배포되는지 등을 볼 수 있다.

이 말은 개별 핵심 인력에 대한 의존성이 줄어든다는 것이다. 버스 인자가 1인 문제 상황을 해소하는 것이다. 버스 인자가 1인 상황은 핵심 엔지니어 한 명이 팀 내 대부분의 작업을 하는 것을 말한다. 그것은 그 사람이 가장 숙련된 한 명이고 모든 시스템 지식을 머릿속에 가지고 있기 때문이다.

데브옵스 모델을 채용하면 바로 그 고도로 숙련된 엔지니어는 그 재능을 다른 데 쓸 수 있으며, 다른 팀 멤버들이 유관 기술을 배울 때 도움을 줄 수 있다. 근본 원인 분석 작업^{Root Cause Analysis}을 수작업으로 하는 다른 팀 멤버들을 도와줄 효과적인 모니터링 시스템을 만들 수도 있다. 이 경우 뛰어난 엔지니어의 전문적인 지식이 모니터링 시스템에 녹아들게 된다. 이슈 발생 시에 재능이 뛰어난 엔지니어가 아니라 모니터링 시스템이 첫 번째 확인처가 된다. 이상적으로는 모니터링 시스템이 진실의 출처^{Source of truth}가 되고, 이벤트에 대한 알람을 발생시켜 고객이 이슈를 접하지 않도록 방지한다. 기술 조직 간 교류를 개선하는 측면에서 뛰어난 엔지니어는 자동화 스크립트를 작성하는 것을 도와줘야 한다. 특정 업무를 수행하는 사람으로서 팀 내에만 있는 유일한 존재가 아니라는 것이다.

네트워킹에 데브옵스를 적용해야 하는 이유

그러면 이러한 데브옵스 이점들이 전통적인 네트워크 팀에는 어떻게 적용될까? 외톨이 섬인 네트워크 팀과 관련된 오늘날의 공통적인 불만은 다음과 같다.

- 사후 대응적이다.
- 느리다. 협업 용도로 종종 티켓팅 시스템을 사용한다.
- 관리자 터미널을 이용해 수작업 기반으로 업무를 수행한다.
- 서비스 환경 전^{Preproduction} 테스팅이 부족하다.
- 수작업으로 인한 실수가 쌓여 네트워크 단절에 이른다.
- 변함없이 항상 화재 진압 모드
- 매일 하는 업무의 자동화 부족

과거의 인프라스트럭처 팀처럼 네트워크 팀도 대부분 외톨이 섬처럼 일을 한다. 큰 조직 내의 다른 팀들과 협업할 때 티켓팅 시스템을 쓰거나 최적화되지 않은 업무 절차를 따라서 한다. 매끄러운 일 처리 방식도 아니고, 최적화되지도 않은 업무 스타일이다. 데브옵스 적용이 필요할 수밖에 없는 상황이며, 개발 조직과 운영 조직 사이의 벽을 깨뜨려야 한다.

처음에는 네트워크 팀이 데브옵스 운동에 동참하지 않는 것처럼 보인다. 소프트웨어 개발이 진행되는 속도는 가장 느린 부서의 속도에 맞춰진다. 가장 느린 부서가 결국은 전체 개발 프로젝트의 병목이나 장애물이 된다. 가장 느린 곳은 외톨이 섬인 팀의 스타 엔지니어인 경우가 대부분이다. 티켓을 수작업으로 처리하므로 매일 쌓이는 요청 사항을 충분히 감당하지 못하는 것이다. 바로 버스 인자가 1이 되는 것이다. 그 엔지니어가 하루 휴가를 쓰거나 아프면 모든 일이 막혀버린다. 조직이 너무 의존적이었기 때문에 그가 없는 상황에서는 제대로 돌아가지 않는 것이다.

어느 한 팀이 나머지 팀들과 다른 방식으로 돌아간다면 모든 다른 부서들의 업무 처리가 늦어지게 된다. 그 외톨이 팀이 재빠르게 업무를 처리해도 충분하지 않기 때문이다. 단적으로 말하자면, 대부분의 회사에서 네트워크 팀의 존재 이유는 개발 팀들에게 서비스를 제공하려는 것이다. 개발 팀들이 네트워킹을 구성하도록 요청한다. 제품 변경 사항들을 점검하고 또한 제품을 서비스 환경에 배포하려는 것이다. 서비스 환경에 배포되면 사업 팀은 그 제품으로 돈을 버는 것이다.

ACL 정책, 부하 분산 규칙, 신규 애플리케이션에 대한 신규 서브넷 생성 등에 대한 네트워크 변경 작업이 며칠, 수 주 또는 몇 달이 걸린다면 이제는 더 이상 문제없다고 할 수 없다. 변경 작업의 속도, 이슈 해결 평균 시간, 가동 시간, 배포 건수 등에 직접적인 영향을 네트워킹 쪽도 받는다. 바로 이 네 가지가 성공적인 데브옵스 적용의 KPI^{Key Performance Indicator}(핵심 성과 지표)들이다. 따라서 네트워킹도 회사의 데브옵스 모델에 포함해야 한다. 그렇지 않으면 이런 모든 측정 가능한 이점들이 기대에 미치지 못할 것이다.

프라이빗 클라우드나 퍼블릭 클라우드에서 네트워크 기능을 구성할 때 AWS, 마이크로소프트 어주어, 오픈스택, SDN^{Software-defined Networking}(소프트웨어 정의 네트워킹)에서 제공하고 사용하는 빠른 방법이 이미 주어져 있는데, 네트워크 팀도 운영 절차를 그것에 맞추지 않거나 신기술을 배우지 않을 이유가 없다. 중요한 것은 네트워킹의 진화가 아주 빨라서 네트워크 팀이 변화하고 적응하는 데 지원과 시간이 필요하다는 것이다.

클라우드 솔루션을 적용하면서도 운영 모델을 바꾸지 않으면 조직 관점에서는 이점들이 실질적인 수치로 나타나기 어렵다. 일반적으로 클라우드 프로젝트가 실패하는 이유는 기술 때문이 아니라 익숙한 운영 모델 때문이다. 그것이 성공을 가로막는다. 컴퓨트, 네트워킹, 스토리지에 대한 개방형의 확장 가능 API를 제공하는 오픈스택 프라이빗 클라우드를 신규로 구축해서 최종 사용자들에게는 API를 이용해 셀프서비스로 요구 사항들을 처리하라고 한다. 이렇게 해도 운영 모델이 바뀌지 않으면 이 신규 클라우드에서 얻을 수 있는 가치는 '0'이다.

네트워크 엔지니어들이 여전히 마우스를 옮기고 클릭해 C&P^{Cut and paste}(잘라내기와 붙여넣기)를 GUI상에서 하고 있다면 C&P가 가장 느린 병목이 돼 네트워크 엔지니어는 비즈니스에 진정한 가치를 전혀 제공하지 못하게 된다. 프라이빗 클라우드 솔루션을 구축하면서도 회사 차원에서 현재의 기술과 업무 절차를 고집해 수작업으로 일을 처리한다면 시장 출시 시간이나 장애 복구 평균 시간을 줄이는 것은 불가능하다.

내부 네트워크 인력들을 바보 취급할 구실로 클라우드를 쓰면 안 된다. 회사의 굳어진 운영 모델은 현재의 인력들이 설계하거나 만든 것이 아니고 그 전부터 물려받은 것이기 때문이다. 퍼블릭 클라우드로 옮긴다고 해서 회사 네트워크 팀의 운영 업무 속도가 빨라지는 것은 아니다. 오히려 현존하는 더 뿌리 깊이 박힌 문화적 난관을 슬쩍 위장하는 단기적 처방이고 땜빵일 뿐이다.

자동화^{Automation}, 측정^{Measurement}, 모니터링^{Monitoring}을 업무에 활용해 더 스마트하게 일한다면 네트워크 팀도 내부 업무 절차를 개선할 수 있다. 매일 함께 일하는 개발자들과 운영 조직을 잘 지원해줄 수 있는 것이다. 문화적 변화는 두 가지 다른 방식으로 시작할 수 있다. 엔지니어들로부터 시작하는 풀뿌리 방식의 상향식^{Bottom-up} 변화와 관리자들 주도의 하향식^{Top-down} 변화가 있다.

네트워크 팀 대상 하향식 데브옵스 적용

하향식 데브옵스 변화는 회사의 운영 모델을 변화시키기 위해 CTO, 임원, 선임 관리자 등이 주도적으로 나서는 것이다. 현재의 운영 모델이 적절하지 않고 경쟁사보다 소프트웨어 출시가 늦는 이유가 되는 경우 이런 방식의 변화가 필요하다. 소프트웨어 출시가 늦어짐에 따라 신규 제품이나 중요한 수정판을 시장에 출시하는 것이 지연되기 때문이다.

관리자 계층에서 하향식으로 데브옵스 전환을 할 때 관계된 팀들과 사전에 눈높이를 맞추는 작업을 반드시 해야 한다. 운영 모델을 대폭적으로 변경하는 경우 최종 말단의 인력들에게는 종종 불편함과 스트레스를 야기하기 때문이다.

운영 관련 변경을 진행할 때 상위 관리자들은 운영 모델에서 상시 운영을 담당하는 최종 말단 인력들의 동의를 구해야 한다. 팀들의 동의를 이끌어내는 것도 아주 중요한 부분이다. 그렇지 않으면 실무 인력들이 만족하지 못해 최고의 인력들은 마침내 회사를 떠나는 상황이 발생할 것이다.

새로운 운영 업무 절차를 도입할 때 상위 관리자들은 반드시 실무진과 함께해야 한다. 외부로 가서 관리자들 대상의 워크샵을 하고 일방적인 계획을 가져오는 너무나도 흔한 그런 식으로는 안 된다. 처음부터 모든 우려 사항들을 투명하게 처리해야 한다.

관리자들은 팀들에게 설문조사를 해서 일일 운영에 대해 얼마나 이해하고 있는지 파악해야 한다. 현재의 업무 절차에서 좋아하는 것이 무엇인지, 힘들어 하는 부분은 어떤 것인지 등도 파악해야 한다. 운영 모델을 변화시킬 때 가장 큰 장애물은 바로 현재의 운영 모델을 제대로 이해하지 못하는 것이다. 모든 변화의 시작은 이상적이라고 할 만큼 조력을 바탕으로 이뤄져야지 강압적으로 해서는 안 된다. 그러면 하향식 방식에서 활용할 수 있는 내용을 구체적으로 살펴보자.

성공적인 팀들 분석하기

관리자들이 할 수 있는 한 가지 방식은 조직 내의 다른 팀들을 살펴보는 것이다. 업무 절차가 잘 돌아가고 점점 더 신속한 업무 성과를 내는 팀을 대상으로 선정한다. 조직 내에 그런 팀이 없다면 외부의 다른 회사를 살펴본다.

다른 회사에서 운영하는 것을 하루 동안 가서 볼 수 있는지 확인한다. 대부분의 회사들은 성공적인 프로젝트를 컨퍼런스나 미팅에서 참고 사례로 기꺼이 공개한다. 스스로 이룬 성과를 보여주는 것은 즐거운 일이기 때문이다. 동일한 문화적 어려움을 극복한 회사들을 찾아 나서는 것을 어려워할 필요가 없다. 데브옵스 컨퍼런스에 참석해 누가 발표하는지 살펴보는 것도 좋다. 발표자에게 요청하면 당연히 기쁜 마음으로 도와줄 것이다.

관리자들은 초기에 성과가 우수한 팀과 미팅을 해야 한다. 다음에 나오는 사항들 중심으로 질의 및 응답을 해야 한다. 외부 업체인 경우 초기 전화 통화 시에 쓰기에 충분하다.

초기 미팅에서 물어볼 중요한 질문들은 다음과 같다.

- 보통 어떤 업무 절차가 잘 돌아가는가?
- 일상 업무에서 실제로 사용하는 도구는 무엇인가?
- 업무 배정은 어떻게 하는가?
- 업무 진행 관리는 어떻게 하는가?
- 팀 조직 구조는 어떻게 돼 있는가?
- 다른 팀들이 이 팀에게 업무 요청을 어떻게 하는가?
- 업무의 우선순위는 어떻게 설정하는가?
- 업무를 갑자기 중단해야 하는 경우 어떻게 하는가?
- 미팅을 어떤 방식으로 하는가?

쓸데없는 데 시간을 낭비하지 않는 것이 중요하다. 조직 내의 어느 팀이 잘 돌아가는 이미 검증된 틀을 가지고 있다면 네트워크 팀의 문화적 변화를 도와주는 데는 그 팀이 최고의 사례다. 선도 사례가 외부 팀인 경우 조금 어려운 부분이 있을 수 있다. '우리 회사는 이래서 어려워, 저래서 안 돼.'라는 구실들이 나오기 쉽기 때문이다.

조직 내의 팀을 선도 사례로 활용할 때 네트워크 엔지니어를 그 팀에 배치하는 것도 좋은 전략이다. 몇 주 동안 그 팀을 관찰하고 다른 팀이 어떻게 업무를 하는지 피드백하도록 한다. 알게 된 것은 문서로 남기도록 한다. 이것은 필수로 해야 한다. 이렇게 해야 말단의 네트워크 엔지니어가 업무 절차를 이해할 수 있다.

유연하게 대응하는 것도 중요하다. 성공적인 팀의 업무 절차도 일부만 네트워크 팀에 적용할 수 있을 뿐이다. 두 팀이 일을 완전히 똑같이 할 수는 없다. 팀은 여러 부분들과 개인들의 업무들로 이뤄지므로 현실에서는 모든 팀이 다르다. 그러므로 적용할 때 절차에 너무 얽매이지 말고 목표에 초점을 맞춰야 한다. 동일한 결과를 달성하는 데 팀마다 조금씩 다른 방법으로 할 수도 있다. 관리자 입장에서 업무 진행을 관리할 수 있고 가시성을 보장하는 방식으로 쉽게 보고가 가능하다면 문제가 되지 않는다.

진행 속도도 잘 조절해야 한다. 변화 관리 담당자를 지정해 팀들이 새로운 업무 절차에 불편을 겪지 않도록 해야 한다. 네트워크 팀의 변화 관리 담당자에게 힘을 실어줘서 팀과 협업하는 방법을 직접 선택할 수 있도록 해야 한다. 팀과의 협업을 위해 신규 업무 절차를 만들고 최종적으로는 필요한 도구를 선정하는 것까지도 변화 관리 담당자들이 할 수 있도록 한다. 하지만 도구를 선택하기 전에 중요한 것이 있다. 반드시 업무 절차에서 출발하도록 하고 모두가 동의하는 새로운 운영 모델을 만드는 것이 중요하다. 도구를 중심으로 업무 절차를 만들어가는 일이 일어나지 않도록 해야 한다. 이것이 IT에서 가장 흔한 실수다.

액티비티 다이어그램으로 작성하기

좋은 방안 중 하나가 액티비티 다이어그램을 사용하는 것이다. 가시적인 방법을 통해 팀이 업무 소통을 어떻게 하는지, 어느 부분이 개선되는지 알 수 있다.

전형적인 개발 액티비티 다이어그램은 다음과 같다. 수기 방식으로 QA 팀에게 이관하는 절차를 나타낸다.

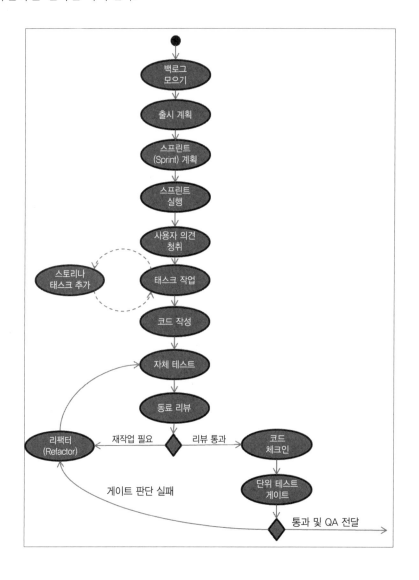

시각적 도구를 이용해 액티비티 다이어그램을 활용하는 것은 중요하다. 최적화되지 않은 비즈니스 업무 절차 흐름을 구별할 수 있기 때문이다. 예시에서 개발 팀의 액티비티 다이어그램을 봤다. 이 업무 절차는 최적화가 필요하다. 자체 테스트 단계와 동료 리뷰 단계에서 QA 팀을 포함하지 않고 있기 때문이다. 그 대신에 형식화된 QA 이관 단계를 포함하고 있다. 전체 개발 사이클 관점에서는 아주 늦은 시점이다. 개발 팀과 QA 팀이 개별적으로 일하도록 만드는 비효율적인 방식으로, 데브옵스에 거스르는 것이다.

좀 더 나은 방법은 개발 팀이 코드 작성 태스크를 하는 동안 QA 엔지니어는 테스트 작성 태스크와 자동화된 테스트 생성 태스크를 하는 것이다. 이렇게 하면 개발의 동료 리뷰 절차에서 QA 엔지니어가 리뷰를 할 수 있고, 개발 라이프사이클의 앞 단계에서 개발자의 코드를 테스트할 수 있다. 작성된 코드가 체크인되기 전에 적절한 테스트 커버리지를 확보하게 된다.

상기 업무 절차의 또 다른 부족한 점은 소프트웨어 버그에 대한 처리가 없는 것이다. 소프트웨어 버그는 QA 팀이 찾거나 서비스 환경에서 고객이 찾아낸다. 이러한 업무 흐름을 액티비티 다이어그램에 포함하면 모든 잠재적인 피드백 루프를 볼 수 있으므로 유용하다.

피드백 루프가 전반적인 액티비티 다이어그램에서 빠져 있다면 업무 절차 흐름을 쪼개야 한다. 업무 절차를 지원하는 도구를 매핑하기 전에 먼저 할 것이 있다. 연결되는 흐름들의 모든 조합을 빠뜨리지 않고 작성하는 것이 매우 중요하다.

각 팀은 이슈 해결 시간을 줄이고자 상호 소통을 줄이는 방법을 살펴봐야 한다. 전체 업무 절차를 통해 업무가 흘러갈 수 있도록 해서 변경 작업의 속도를 개선하는 것도 필요하다.

관리자들은 스케줄의 일부 시간을 개발 팀, 인프라스트럭치 팀, 네드워크 딤, 네스트 팀 등을 위해 100% 할당해야 한다. 팀 간 업무 절차 가운데 개별 팀에 연관된 것을 찾아내서 그려야 한다. 상위 수준으로 작성한 단순한 액티비티는 출발대를 사용하는 수영 레인이 된다. 팀에서 업무를 받은 후 팀 내의 업무 절차에 따라 업무를 수행하는 것이다.

각 팀별로 한 번씩 도식화하고 나면 최적화에 초점을 맞추고 원치 않는 업무 절차의 부분들을 제거해야 한다. 업무 절차를 개선하는 방안을 한 팀으로서 논의해야 한다. 효율적으로 도식화된 결과에 이르기까지 여러 번의 반복이 필요할 수도 있다. 이 절차는 너무 서두르면 안 된다. 이때를 각 팀에 대해 서로 배울 수 있는 기회로 활용해야 한다.

최종 마무리된 액티비티 다이어그램에는 일반적으로 관리적인 기능과 기술적인 기능이 적절하게 섞여 있으므로 전체적인 업무 절차의 흐름을 잘 볼 수 있다. BPM^Business Process Management(비즈니스 프로세스 관리) 소프트웨어를 쓰려고 이 단계에서 시간을 낭비할 필요는 없다. 간단히 형식에 구애받지 않고 쓸 수 있는 화이트보드 하나면 충분하다.

액티비티 다이어그램을 2계층으로 작성하면 아주 쓸모가 있다. 첫 번째 계층은 그냥 '동료 리뷰' 같은 것을 나타내는 박스다. 이 박스는 포함된^Nested 액티비티 다이어그램을 참조하고 팀의 동료 리뷰 절차가 무엇인지 간단히 기술한다. 둘 다 세분화해야 하지만 포함된 업무 절차는 개별 팀들이 각자의 필요에 따라 구체적으로 작성해야 한다. 이 단계에서 각 팀들이 필요한 만큼 유연하게 할 수 있도록 허용하는 것이 중요하다.

두 계층을 분리해 나누는 것도 중요하다. 그렇지 않으면 전체적인 상위 계층의 액티비티 다이어그램이 너무 복잡하게 돼서 실질적인 가치를 인정받을 수 없다. 상위 계층에서는 가급적이면 복잡성을 최소화해야 한다. 이 단계에서는 팀들 간의 업무 절차와 연계해야 하기 때문이다. 액티비티가 팀의 구체적인 내용을 반드시 담아야 하는 것은 아니다. 동료 리뷰 절차가 팀 내에서 어떻게 이뤄지는지와 같은 것을 넣을 필요는 없다. 이런 것은 팀마다 항상 차이가 있기 때문이다. 이 내용도 포함해야 하지만 공유하지는 않는, 포함된 계층의 액티비티로 분리해야 한다.

팀의 상위 계층 액티비티 다이어그램은 다른 팀에서 볼 수 있어야 하고 추가적인 설명 없이도 업무 절차를 이해할 수 있어야 한다. 성과가 좋은 팀의 상위 계층 액티비티 다이어그램을 먼저 작성해서 통합적으로 잘 맞춰진 업무 절차가 어떻게 생겼는지 보여주는 것도 종종 유용하다.

이렇게 하면 그 개념들을 어려워하는 팀들에게 도움을 줄 수 있다. 그 팀의 액티비티 다이어그램을 지침으로 사용할 수도 있다. 이를 참조점Point of reference 으로 쓸 수도 있다. 팀 간 소통 문제를 어떻게 풀었는지, 또한 하나 이상의 팀들 간의 소통에 마찰이 없도록 어떻게 지원했는지 알 수 있다. 이 과정의 주요 목표는 업무 절차를 합쳐서 팀 간의 단절을 없애는 것이다. 업무의 계획과 실행이 가능한 한 최대로 통합돼 협업으로 이뤄지도록 하는 것이다.

각 팀이 개별적인 액티비티 다이어그램을 완료하고 팀이 원하는 방식으로 최적화를 마치면 두 번째 단계의 절차를 시작할 수 있다. 여기서는 각 팀의 상위 계층 액티비티 다이어그램을 합해 연결된 업무 절차를 만들게 된다.

팀들은 이 합치는 단계에서 두 가지를 반드시 해야 한다. 효율적이지 않은 절차를 논의해야 하고 업무 절차가 처음부터 끝까지 어떻게 되는지도 살펴봐야 한다. 이 과정을 활용해 팀 간에 병목을 찾아 없애야 한다. 현재 사용 중인 도구와 도구의 제약 사항들은 완전히 무시하고 논의해야 한다. 이 전체 과정에서 도구 사용이 아니라 업무 절차에 집중해야 한다.

도구로 제약을 받는 비효율적인 업무 절차 흐름의 좋은 예는 상위 계층 액티비티 다이어그램에 티켓팅 시스템에 티켓을 발행하는 단계가 있는 것이다. 이것을 세분화해 업무가 사람 중심으로 구성되도록 해야 한다. 사람이 변경 작업을 요청하기 위해 실제로 필요로 하는 것은 무엇일지를 고민해야 한다.

개발자가 매일 하는 일은 코드를 작성하고 대단한 기능과 제품을 만드는 것이다. 새로운 기능에서 네트워크 변경이 필요하면 네트워킹도 기능 변경의 일부로 다뤄야 한다. 네트워크 변경 작업에 필요한 시간도 당연히 그 기능의 계획과 일정

예측에 포함해야 한다. 나중에 사후 대응식으로 티켓을 요청해 처리해서 변경 작업의 속도를 가로막으면 안 되는 것이다.

이것은 협업만 잘한다면 아주 좋은 실습이 된다. 각 팀의 선임 엔지니어와 관리자를 활용해 액티비티 다이어그램 합치기 실습을 하고 관련 후임 엔지니어들은 팀별 액티비티 다이어그램 실습을 하면 좋다.

네트워크 팀의 운영 모델 바꾸기

액티비티 다이어그램 실습을 하면 마지막에는 네트워크 팀의 운영 모델이 회사의 다른 부분들과 완전히 통합되는 것이 이상적이다. 새로운 운영 모델을 모든 팀들이 합의하면 이제 실제로 적용할 시간이다.

운영 모델을 만들고 연결된 액티비티 다이어그램들을 작성하는 것은 실무 팀들이 했다. 관계된 모든 팀들이 이 신규 업무 절차에 대해 서명 동의하도록 하는 것이 아주 중요하다. 이렇게 하면 사용할 사람들이 그것을 만드는 데도 참여한 것이므로 관리자들에 의한 강제적인 방식이라는 이슈를 없앨 수 있다. 운영 모델은 시간이 지남에 따라 다시 점검해서 개선할 수 있다. 하지만 상호 소통 지점이 초기에 누락된 부분이 있어서 신규로 추가한다 하더라도 상호 소통이 크게 바뀌면 안 된다. 그러고 나면 업무 절차의 마스터본을 하나 저장하고 갱신한다. 이제 회사에 신규로 입사하는 사람은 누구나 다른 팀과 소통하는 법을 정확하게 알 수 있다.

요약하자면, 네트워크 기능들에 자동화Automation를 적용하지 않았으므로 새로운 방법이 개발 예상 시간을 지연시키는 것처럼 보일 수 있다. 개발자가 기능 개발 시간을 예상할 때 네트워크 변경이 포함돼 있다면 더 길게 나올 것이다.

이것은 종종 현실을 더 정확하게 반영한다. 소요 시간을 예상할 때 네트워크 변경을 감안하지 않았는데 티켓 기반 처리로 인해 장애물이 되기 때문이다. 한 번만 확인하면 최적화할 수 있고 시간이 지남에 따라 개선할 수 있다.

전반적인 액티비티 다이어그램을 모두 통합하고 모든 팀이 그 내용에 동의한 후에도 상위 수준이 여러 페이지면 안 된다. 업무 절차를 적절히 최적화했다면 상위 수준의 절차를 나타내는 다이어그램은 여러 페이지가 되면 안 된다는 것을 반드시 기억하라. 상호 소통에 대한 설명이 너무 길면 액티비티 다이어그램의 각 단계를 지날 때마다 몇 시간씩 걸릴 것이다.

뒤에 나오는 액티비티 다이어그램에서는 합쳐진 업무 절차를 보여준다. 이 예에서 업무는 모든 팀을 위한 사용자의 스토리를 만드는 단일 로드맵으로 정의됐다. 업무의 단위가 되는 새로운 사용자의 스토리는 여러 업무 기능의 팀들이 소요 시간을 예상한다. 개발자들, 인프라스트럭처, QA 그리고 네트워크 엔지니어들을 포함한다. 모든 팀들은 사용자의 스토리를 리뷰하고 해당 기능을 제공하기 위해 어느 팀의 태스크를 가동해야 할지 찾아낸다.

사용자의 스토리는 여러 팀들이 함께하는 속행^{Sprint} 작업의 일부다. 체크인하기 전에 필요한 모든 일을 빠짐없이 챙기며 모두 함께 사용자 스토리에 대한 작업을 한다. 동료 리뷰^{Peer review}를 하고 나면 신규 기능이나 변경 사항은 자동화된 절차로 넘어간다. 코드, 인프라스트럭처, 네트워크 등에 대한 변경 사항이 서비스 환경으로 전달된다.

체크인 이후의 흐름은 단위 테스트, QA, 통합^{Integration}, 성능 테스트 등의 품질 게이트로 이어진다. 이 흐름은 체크인 이전에 QA 팀에서 작성한 모든 신규 테스트를 포함한다. 모든 단계를 통과하면 버튼 클릭으로 자동화 단계가 시작된다. 변경 사항들이 서비스 환경으로 전달되는 것이다. 각각의 환경들에는 동일한 네트워크 변경을 반영한다. 서비스 환경보다 테스트 환경에 먼저 네트워크 변경이 이뤄진다.

이것은 네트워킹을 코드와 동일하게 다룰 때 가능하다. 네트워크 업무 절차들을 자동화해 네트워크 팀이 개발자들만큼 신속한 조직이 되는 것이다.

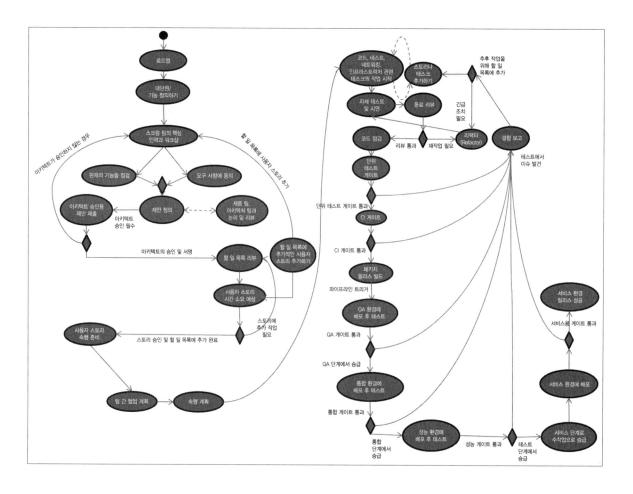

운영 모델에 모두 합의하고 다이어그램이 완성돼야만 데브옵스 전환이 시작되는
것이다. 각 단계별로 가장 적합한 도구를 선정하는 것도 필요하다. 다음의 이점들
을 주는, 원하는 결과물을 이루기 위해 필요하다.

- 변경 작업의 속도
- 이슈 해결의 평균 소요 시간
- 개선된 가동 시간^{uptime}
- 배포 횟수 증가
- 팀간 상호 기술 습득
- 버스 인자가 1인 것 제거

모든 업무 절차는 회사마다 다르며, 각 부서가 참여하는 것이 중요하다. 이 활동을 성공시키겠다는 동의를 모든 관리자들에게 받는 것이 중요하다.

네트워크 팀의 행동 양식 변화시키기

새로운 운영 모델이 업무 절차에 확립되면, 데브옵스 중심의 CD^Continuous Delivery^(지속적 배포) 모델에서 네트워크 팀이 병목이 되지 않도록 도와주는 것이 중요하다.

전통적으로 네트워크 엔지니어들은 변경 작업을 할 때 네트워크 장비에 로그인해서 명령어로 처리하는 것에 익숙하다. 인프라스트럭처 엔지니어들은 자동화에 적응했다. 리눅스나 윈도우 운영체제에 익숙하고 본셸^bash^이나 파워셸^PowerShell^로 스크립트를 짜는 것에 이미 익숙하기 때문이다. 그들에게 구성 관리 도구를 사용하는 것이 아주 큰 변화는 아닌 것이다.

하지만 네트워크 엔지니어들에게 처음부터 동일한 변화를 바란다면 그것은 더 어려울 것이다. API로 코딩하는 것이나 구성 관리 도구를 사용하는 것은 네트워크 엔지니어에게 초기에는 아주 큰 두려움으로 다가올 수 있다. 초기 진입 장벽이 더 높은 것이다. 자동화에 대한 실습 경험이 있는 엔지니어가 있다면 네트워크 엔지니어들의 변화에 도움이 될 수 있다.

인내하는 것이 중요하다. 네트워크 팀의 목표에 부분적으로 자동화에 대한 동기를 부여해 점진적으로 행동 양식을 바꾸도록 하라. 이렇게 하면 올바른 행동 양식과 시도를 부추기게 된다. 또한 그 자체가 인센티브로 작용한다. 자동화를 시작할 때 교육을 제공하거나 팀을 위한 특정 코딩 책을 사는 것도 좋은 방법이다.

또한 '초심자를 위한 자동화 파헤쳐보기' 같은 이벤트를 하는 것도 좋다. 네트워크 엔지니어들이 하루 정도 일상 업무에서 벗어나 소규모 업무 절차를 자동화해보는 시간을 가지는 것이다. 네트워크 엔지니어들이 매일 반복적으로 하는 업무를 대상으로 하면 더 좋다. 가능하다면 이것을 의무적인 실습으로 못박아라. 그래야만 엔지니어들이 참여한다. 또한 네트워크 팀과 관련된 다른 팀들도 시간을 할애하고 집중할 수 있다. 데브옵스와 자동화를 먼저 적용하고 알리는 데 네트워크 팀원 중 누가 마음을 열고 있는지 살펴보는 것도 좋은 방법이다. 그러한 팀원이 보이면 그들을 업무 절차 자동화의 챔피언으로 만들어라. 자동화 작업을 팀의 나머지 사람들에게까지 전파하도록 그들을 도와서 함께 일하라.

팀들이 자동화 성과를 발표할 수 있는 내부적 데브옵스 자리를 가지는 것도 네트워크 팀이 자동화를 더 적극적으로 할 수 있게 하는 좋은 방법이다. 이렇게 하면 시작한 기세를 쭉 유지할 수 있다. 전체 비즈니스에 관련된 모든 팀들이 발표하도록 독려하라. 달성한 성과 중 흥미로운 것들을 분기별로 공유하도록 하라. 발표에 참석하는 팀은 그 시간 동안 일상 업무를 면제해줘서 참여 동기를 부여하라. 이렇게 하면 공동체라는 느낌을 가지게 된다. 비즈니스에 실질적인 금전적 이득을 주는 더 큰 변화의 일부분으로서 각자가 역할을 하고 있음을 각 팀들에게 보여주는 기회도 된다. 이 자리는 또한 팀들이 공동의 목표에 집중하도록 도움을 준다. 그것은 더 나은 회사를 만드는 것이다. 업무 중 팀들 간에 있는 벽을 이 자리를 통해 없앨 수 있다.

네트워크 자동화를 네트워크 팀이 아닌 다른 팀이 모두 작성하도록 하는 것은 무슨 일이 있더라도 피해야 한다. 이상적인 관점에서는 네트워크 팀이 진화해야 하고 자동화를 받아들여야 한다. 네트워크 자동화에 대해 네트워크 팀이 주인의식을 가지도록 하는 것은 아주 중요하다. 하지만 여기에는 네트워크 팀의 온전한 동의가 필수다. 어떤 상황에서라도 수작업으로 후퇴하지 않기로 하는 원칙도 필수 요건이다. 심지어 이슈가 발생하더라도 말이다.

이 변화를 쉽게 넘어가게 하려면 인프라스트럭처 팀이나 개발 팀의 자동화 엔지니어를 네트워크 팀에 투입하는 것을 제안하라. 다만 이것은 임시적 조치로만 해야 한다. 중요한 것은 네트워크 팀에서 인정하는 사람으로 네트워킹에 대한 지식이 있는 자동화 엔지니어를 선정해야 하는 것이다. 스스로도 직접 운영할 수 없는 네트워크 업무 절차를 자동화해보려고 시도한 사람은 없기 때문이다. 따라서 네트워킹에 정통한 사람이 네트워크 자동화를 도와주는 것이 아주 중요하다. 그래야만 네트워크 팀을 교육하고 나서 존경받을 수 있다. 자동화 엔지니어를 네트워크 팀에 배정했는데 네트워크를 전혀 모르거나 존경받지 못한다면 데브옵스 시작은 거의 실패할 것이다. 현명하게 선택하라.

데브옵스와 자동화로 넘어가는 것이 모두에게 해당하는 것은 아님을 초기에 받아들이는 것이 중요하다. 모든 네트워크 엔지니어가 이 여정을 마칠 수 있는 것은 아니다. 네트워크 팀이 기회를 놓치지 않고 시작 동기를 보여주는 것이 중요한 것이다. 신기술을 선정하고 배우려는 의지를 보여주는 것에 대한 이야기다. 새로운 자동화 시작에 대한 파괴적이거나 부정적인 행동은 초기에 뿌리뽑아야 한다. 네트워크 팀에 좋지 않은 영향을 줄 수 있기 때문이다.

사람들이 처음에 냉소적이고 회의적인 반응을 보이는 것은 당연하다. 하지만 변하지 않으려고 하거나 새로운 기술을 습득하지 않으려는 태도는 그냥 두면 안 된다. 팀 전체의 역동성을 해칠 수 있기 때문이다. 이 부분을 잘 관찰해서 자동화 시작 동기가 실패하거나 정체되지 않도록 해야 한다. 이러한 사람들은 결국 장애물이 되거나 파괴적인 영향을 주기 마련이다.

모든 조직은 각자의 독특한 문화를 가지고 있다. 한 회사의 변화 속도는 새로운 업무 절차와 일하는 방식을 문화적으로 받아들이는 것에 달려 있다. 문화적 변화를 촉발할 때 변화 담당자들이 필요하다. 변화 담당자는 내부 IT 조직에서 올 수도 있고 외부에서 영입될 수도 있다. 조직원들이 변화하고자 하는 욕구와 역량에 따라 선택해야 한다. 모든 변화 관리 프로젝트는 다르다. 하지만 성공적으로 마무리하기 위해서는 적임자가 동참하게 하는 것이 중요하다. 적절한 관리 계층의 조력과 후방 지원도 당연히 함께 있어야 한다.

네트워크 팀 대상 상향식 데브옵스 적용

상향식 데브옵스 적용은 엔지니어, 팀 리더, 노는 하급 관리자가 회사 차원의 동의 없이 운영 모델을 변경하는 경우를 말한다. 그들이 깨달은 것이 현재의 운영 모델 전체를 변경할 수는 없을지라도 팀 내에서 데브옵스 철학을 활용해서 긍정적인 변화를 시도하고 지원할 수 있다. 팀이 더 나은 성과를 내고 더 효율적으로 생산성을 높이도록 도움을 줄 수 있음을 깨달은 것이다.

상향식 데브옵스 적용을 구현할 때 때때로 상당히 많이 어렵고 감당하기 힘든 것은 일하는 방식이나 운영하는 방식을 바꿀 필요를 일부 개인이나 팀들이 느끼지 못하고 동참하지 않는 것이다. 이때 중요한 것은 낙담하지 말고 비즈니스를 위해 가능한 한 최선의 일을 하는 것이다.

변화된 업무 절차로 실제 비즈니스에 이득이 발생하는 것을 상위 관리자에게 보여줘서 마침내는 풀뿌리 방식의 상향식 변화로 데브옵스를 적용하도록 확신을 주는 것이 여전히 가능하다.

네트워크 팀에서 데브옵스 알리기

상향식으로 적용하는 것은 때때로 지치는 일이므로 시도하고 나서 항상 긍정적인 입장을 유지하라. 펀치 공격을 피하고 일들을 너무 개인적으로 받아들이지 않는 것이 중요하다. 항상 긍정적이도록 하라. 데브옵스 업무 절차로 인한 이점들을 알리는 데 초점을 맞춰라. 당신의 팀에서 먼저 긍정적인 행동을 하도록 하라. 데브옵스 방식을 수용했을 때의 장점들을 당신 자신의 팀이 확신하도록 하는 것이 첫 번째 도전 목표다. 그다음 순서가 비즈니스에 관련된 다른 팀들을 설득하는 것이다.

이를 위해 좋은 방법이 다른 회사들에서 데브옵스 방식을 적용해 얻은 혜택들을 보여주는 것이다. 구글, 페이스북, 엣시^{Etsy} 등에서 네트워킹과 관련해 한 것에 초점을 맞춰라. 그 회사들은 유니콘^{Unicorn}(IT 스타트업 중에서 1조 원 이상의 시가 총액 가치를 가진 기업)이기 때문에 데브옵스가 가능한 회사였다고 일부 개인들은 부정적인 답변을 할 수도 있다. 이런 도전에 대한 준비가 돼 있어야 한다. 이러한 회사들이 구현한 내용들 중에서 네트워크 팀에서 수용 가능하면서도 당신의 회사에서 실제로 적용 가능한 것들을 찾아라.

변화의 환경을 조성하기 위해 당신 동료의 동인^{Driver}이 무엇인지 찾아내라. 무엇이 그들을 움직이게 하는가? 개인들의 동기를 유발하기 위해 각자에게 맞춤식으로 시도하라. 엔지니어에게 하는 것과 매니저에게 하는 것은 완전히 다를 것이다. 맨 말단의 엔지니어는 다음의 사항들로 동기를 얻을 것이다.

- 더 흥미로운 일을 하는 것
- 기술을 개발하고 경험을 쌓는 것
- 자질구레한 일일 작업들을 자동화하는 것 돕기
- 필요를 느끼던 구성 관리 기술 배우기
- 개발 라이프사이클 이해하기
- 코딩하는 것 배우기

반대로 매니저는 팀이 더 낫게 보이도록 하는 KPI들을 측정하는 법에서 아마도 더 동기를 얻을 것이다.

- 변경 사항을 적용하는 데 걸린 시간
- 장애 해결에 소요된 평균 시간
- 향상된 네트워크 가동 시간

참여율을 올리는 또 다른 방법은 선도적인 네트워크 장비 업체에서 진행하는 데브옵스 세션에 네트워크 팀을 초청하는 것이다. 대부분의 네트워킹 업체와 부하 분산 장비 업체에서 이제 적극적으로 자동화와 데브옵스를 지원하고 있는 것을 보고 깜짝 놀랄 것이다. 그들이 어쩌면 아직도 이것을 모르고 있을 수도 있다. 이 분야의 새로운 혁신들 중 일부로 그들의 의견을 바꾸기에 충분할 수도 있다. 그러면 새로운 방식을 선택하는 데 흥미를 가질 수 있다. 업계와 수준을 맞출 수 있게 되는 것이다.

존경받는 매니저나 엔지니어의 후원 찾기

네트워크 팀이 데브옵스를 적용하는 것을 알고 나면 다음 단계로 할 중요한 것에 대해 살펴보자. 네트워크 팀 내에서 존경받는 매니저나 선임 엔지니어를 찾아라. 데브옵스와 자동화를 시도하는 것에 마음이 열린 사람이어야 한다. 이 사람에게 꿈을 심어주고 당신이 얼마나 열정적인지 잘 설명하는 것이 중요하다. 팀에 도움을 줄 수 있는 변화를 일으키는 데 대한 열정 말이다. 다른 회사에서 성공적으로 잘 적용한 검증된 BP^{Best Practices}(최선 사례)를 활용하고 싶다는 것도 잘 설명해야 한다.

겸손하게 하는 것도 중요하다. 동료들에게 일반적인 데브옵스 설교를 외치거나 내뱉지 않도록 하라. 아주 불편할 수 있다. 항상 합리적인 수준에서 논쟁하되 모든 것을 아우르는 문장이나 일반론은 피해서 정당성을 입증하라. 매니저나 선임 엔지니어를 깎아내리는 것처럼 보이지 않도록 주의하라. 오히려 이 시작이나 아이디어를 지원하도록 승인을 요청해 목표를 이루는 것을 그들에게 도와달라고 하라. 매니저나 선임 엔지니어가 이 좋은 아이디어를 확신하도록 만들기 위해 이 단계에서 약간의 입발린 소리가 필요할 수도 있다. 하지만 조금씩 쌓아가서 요청하는 것은 도움이 되겠지만 그렇지 않고 갑자기 요청한다면 신뢰감이 없어 보일 수도 있다. 점심식사를 함께하거나 음료수를 같이 마시면서 상황을 찬찬히 살펴보라. 그들이 관심을 가질 만한 것인지 곰곰이 재보라. 윗선에서 지시가 없으면 한 발짝도 움직이지 않을 완고한 사람을 확신시키려고 노력할 필요는 없다.

이 주제를 탁상 위로 올릴 용기가 생겼으면 이제 많은 제안을 가지고 움직일 시간이다. 제안 내용은 프로젝트 매니저와 비슷한 중재자^{Mediator}의 도움을 받아 팀이 어떻게 다른 방식으로 일할지에 대한 것들이다. 이것을 작은 규모로 시도해볼 수 있도록 기회를 요청하라. 이 시작을 리드하게 해달라고 요청하라. 지원과 후원을 해달라고 요청하라. 매니저나 선임 엔지니어는 당신의 시작 동기를 인상 깊게 느낄 것이며, 당신이 그 아이디어를 실행하도록 허용할 것이다. 당신이 구현한 것을 선택할지도 모른다. 그러므로 당신이 달성할 수 없는 것은 절대로 제안하지 말라. 당신은 이것에 단 한 번의 기회만 가질지도 모른다. 따라서 좋은 인상을 주는 것은 중요하다.

시작할 때는 작은 태스크를 시도하고 그곳에 집중하라. 항상 어려움이었던 것을 골라서 자동화하도록 시도하라. 누구나 자동화 스크립트를 작성할 수 있다. 하지만 자동화 업무 절차를 쓰기 쉽도록 시도하고 만들어라. 현재의 업무 절차에서 팀이 좋아하는 것을 찾으라. 그것의 한 부분을 시도하고 녹여내도록 하라. 예를 들어 특정한 방식으로 출력되는 명령어 창에서 결과물을 종종 확인한다면 자동화 스크립트에서도 동일한 결과물을 나타내도록 작성하라. 그러면 업무 절차가 그들에게 외계어처럼 완전히 다르게 보이지는 않을 것이다.

값들을 스크립트에 하드코딩(프로그램 코드 내에 특정 값을 명시적으로 쓰는 것)하지 않도록 주의하라. 모두 설정 파일로 빼서 자동화가 더 유연하게 하라. 그러면 나중에 다른 방식으로 재활용할 수 있다. 엔지니어들에게 자동화의 유연성을 보여주면 그들은 더 자주 사용할 용기를 얻을 것이다. 팀 내의 다른 사람들에게 당신이 자동화를 어떻게 썼는지 보여주라. 다른 업무에도 적용하기 위해 그들이 적용할 수 있는 방법도 보여주라. 이것을 슬기롭게 하면 팀의 열성 멤버들이 자동화를 받아들일 것이다. 이제 충분한 동력을 얻은 것이다. 더 복잡한 태스크로 나아가기에 충분할 만큼 조력자에게 좋은 인상을 남긴 것이다.

네트워크 팀의 복잡한 문제 자동화하기

소규모의 반복 태스크들을 자동화해서 자신감을 쌓고 나면 이제 더 복잡한 문제에 착수할 차례가 된다. 네트워크 팀이 전진하면서 자동화의 사례들을 결합하는 데 이것을 사용할 수도 있다.

전체 절차 중에서 이 부분은 시간이 더 많이 필요하다. 다른 사람들이 책임을 지도록 권한을 이양해 향후에 스스로 자동화 적용을 이끌 수 있도록 하는 것이다. 자동화 적용 초기에 의도적으로 피했던 엔지니어들과 함께 진행하는 것이 더 어렵지만 이 차례에서는 반드시 함께해야 한다.

이 단계에서 이 엔지니어들은 자동화에 더더욱 전혀 관여하지 않으려 한다. 자동화가 어렵지 않고 마침내 가치를 느낄 수 있을 것이란 말은 팀의 가장 실력 있는 사람이나 선임자조차도 하지 않을 것이다. 데브옵스와 자동화의 장점에 냉소적인 사람들을 설득하는 것은 꿈도 꾸지 못한다. 이 단계에서는 성공적인 적용 유형들을 소개해 네트워크 팀 내에서 자동화에 대해 충분한 신뢰와 추진력을 유지하도록 함으로써 자동화를 주요 주제로 만들어야 한다

업무 절차 수립이 끝날 즈음에 전체 아이디어를 가지고 비협조적인 사람들에게 보여주는 것은 바람직하지 않다. 오히려 업무 절차를 수립할 때 참여시키는 것이 더 쉽다. 비협조적인 선임 엔지니어나 매니저라 할지라도 초기 업무 절차 수립 시에 관여했거나 어떻게든 기여했다면 동료들 앞에서 당신의 아이디어를 공격할 가능성이 줄어들 것이다.

상대방의 관점에 동의하지 않더라도 노력하고 존중해야 한다. 하지만 자신이 맞다고 생각하는 부분에서는 물러서지 않아야 한다. 물러선다는 것은 포기하는 것이다. 사실을 기반으로 토론을 하고 감정을 배제하라. 장단점을 써내려가라. 우려되는 부분이 있다면 그냥 넘기지 말고 기록으로 남겨라. 조정 가능한 입장을 유지하되 해결 방안의 가치를 낮추지 않도록 하라.

반드시 다뤄야만 하는 진짜 위험 요소들이 실제로 있을 수 있다. 의미 있는 것들이라면 간과하거나 무시하면 안 된다. 어떤 부분에서 확신이 서지 않거나 특정 개인이 막무가내 식이라면 후원자에게 가능한 방안을 요청해보라.

복잡한 자동화 태스크를 개인 차원이 아니라 팀 차원에서 구현할 때는 당신 자신뿐만 아니라 다른 사람들에게도 경험으로 배우는 기회가 된다. 네트워크 팀에게 구성 관리 도구를 적용해보고 가르치라. 새로운 것을 시도하는 것 자체를 두려워할지도 모른다. 부드럽게 다가가도록 하라. 도구를 모두에게 익숙하게 하려고 온라인 안내서로만 시도하는 것은 바람직하지 않다. 문제를 해결할 때 가능한 한 가장 쉬운 방법으로 접근하도록 다양한 접근법을 시도하라.

구성 관리 도구를 사용하는 것이 얼마나 쉽고 그 장점이 무엇인지 네트워크 엔지니어에게 보여주라. 너무 복잡한 구성 관리 도구는 그들의 사기를 떨어뜨릴 수 있으니 사용하지 말라. 대부분의 네트워크 엔지니어들은 아직 코드를 작성할 줄 모른다. 향후 몇 년 안에 바뀔 것이지만 말이다. 앞에서도 썼지만 인프라스트럭처 엔지니어들은 기본적으로 본셸^{bash}이나 파워셸^{PowerShell} 등의 기초를 가지고 있어서 쉽게 시작할 수 있었다. 네트워크 엔지니어들이 선호하는 도구를 선택할 수 있도록 하라. 어렵게 느끼는 도구를 강제로 쓰게 하지 말라. 자동화를 활용할 때 네트워크 엔지니어들이 가장 두려워하는 것은 동료의 리뷰 의견이다. 자동화 작업에 대한 본능적인 불신을 가지고 있기 때문이다. 이런 우려를 해소하도록 업무 절차의 곳곳에 확인을 위한 게이트 절차를 넣도록 하라. 자동화를 한다고 해서 동료 리뷰가 없어지는 것은 아니다. 간단한 업무 절차를 넣어서 해결하라. 자동화 작업의 리뷰를 쉽게 할 수 있도록 하라. 소스 관리 도구를 이용해 바뀐 것의 차이를 검사^{show diffs}하도록 하라. 네트워크 엔지니어들에게 사용법을 가르쳐라.

코드 작성이 처음에는 두려운 일이다. 팀 전체 실습으로 매주 코드 작성이나 구성 관리 작업을 해보도록 제안하라. 팀 단위로 작업하게 하라. 이렇게 하면 느끼는 부담을 줄일 수 있다. 피드백을 듣는 것이 중요하다. 잘 안 돌아간다거나 별로 장점이 없다고 대부분이 느낄 수도 있다. 그럴 경우 팀 전체에 의미가 있는 목표를 이룰 수 있도록 여러 가지 방안들을 찾아보라. 새로운 자동화된 업무 절차를 적용하기 전에 테스트 환경에서 숙련된 엔지니어와 함께 테스트하라. 함께 동료 리뷰를 하고 다양한 테스트 케이스에서 실패하는 것을 만들어보려고 노력하라. 신규 업무 절차에 대해 첫인상을 줄 수 있는 기회는 단 한 번뿐이니 반드시 성공적으로 만들도록 하라.

팀 내의 지식 공유 세션을 만들어 자동화에 대한 토론을 하도록 하라. 수작업으로 운영하는 것 역시 모든 사람이 알도록 하라. 그렇게 해야 향후의 어떠한 이슈도 쉽게 해결할 수 있고 자동화를 확장하거나 수정할 수도 있다. 실행 결과의 출력이나 로그 기록이 모든 사용자들에게 명확하도록 하라. 서비스 환경에 적용하면 모든 사용자들이 자동화를 지원해야 하기 때문이다.

요약

이 장에서는 실제 적용의 시작을 다뤘다. 다룬 내용들을 종합적으로 적용하면 IT 조직이 성공적으로 데브옵스 모델을 구현할 수 있을 것이다. 단순하게 부서의 문제들에 초점을 맞추지 않고 팀을 옥죄는 일일 운영 모델을 변화시키는 실질적인 전략들을 기술했다. 네트워크 엔지니어들이 신규 운영 모델을 최대한 활용하고 서비스 구현에 병목이 되지 않도록 새로운 기술과 테크닉을 배우는 것도 다뤘다.

이 장에서 선임 관리자와 엔지니어들이 회사를 개선하는 데 도움이 되는 실질적인 현실의 예들을 제공했으며, 팀 간의 협업을 강조했다. 네트워크 부서가 이제는 모든 네트워크 운영을 자동화해 비즈니스에서 필요로 하는 속도에 맞춰 업무를 해야만 한다는 것을 기술했다.

이 장에서 반드시 기억할 내용은 데브옵스가 개발 조직과 운영 조직에만 관련된 것이 아니라 네트워크 팀에도 적용돼야 한다는 것이다. 데브옵스 적용을 시작하기 전에 그것을 이해하는 것이 중요하다. 성공적인 팀이나 회사의 사례를 분석하는 데 시간을 투자하라. 성공의 이유가 무엇인지에 초점을 맞춰라. 보통은 상위 관리자들의 후원이 데브옵스 모델을 성공적으로 안착시키는 핵심 열쇠다.

당신 회사의 모델은 다른 회사의 것과 그대로 똑같을 수는 없다. 똑같은 것을 복제하려고 하지 말라. 그 모델을 적용, 변형해 당신의 조직에서 실제로 작동하도록 만들어라. 팀들이 자신들의 업무 절차를 만들 수 있도록 하라. 업무 절차를 그대로 받아서 수용하는 것은 피하라. 팀에서 어렵지 않게 수행할 수 있는 변화들을 변화 관리 담당자가 시작할 수 있도록 하라.

모든 운영 작업들을 자동화하도록 노력하라. 작게 시작하라. 팀이 새로운 업무 방식에 익숙해지면 더 크고 복잡한 문제들로 늘려가도록 하라. 항상 기억할 것은 성공적인 변화는 하룻밤 사이에 일어나지 않는다는 것이다. 지속적으로 개선하는 방법 외에는 어떤 방법도 통하지 않는다.

이어지는 장에서는 네트워킹에 자동화를 적용하는 방법을 살펴볼 것이다. 앤시블^{Ansible} 같은 구성 관리 도구들도 집중적으로 살펴볼 것이다. 이러한 구성 관리 도구를 사용하면 네트워크 엔지니어들이 변경 사항을 처리하는 속도를 올릴 수 있다. 또한 수행한 모든 네트워크 변경 사항들이 동일한 방식으로 처리되고 실수가 발생할 여지를 줄이는 것은 확실하다.

 다음은 데브옵스와 관련된 유용한 링크들이다.

- https://www.youtube.com/watch?v=TdAmAj3eaFl
- https://www.youtube.com/watch?v=gqmuVHw-hQw

4

앤시블로 네트워크 장비 설정하기

이 장에서는 요즘 시장에서 가장 인기 있는 네트워크 장비 업체들인 시스코, 주니퍼, 아리스타를 살펴본다. 그리고 네트워크 운영을 제어하기 위해 각자의 독자적인 운영체제를 개발한 시장 선도 장비 업체들의 이야기를 살펴본다. 이 책의 목적은 어느 네트워크 장비 업체의 솔루션이 더 나은지 토론하는 것이 아니다. 네트워크 장비를 관리하기 위해 요즘의 네트워크 운영자들이 구성 관리 도구를 활용하는 것을 살펴보는 것이 목적이다. 대부분의 네트워크 장비 업체들은 API와 SDK를 제공하기 때문에 프로그래밍으로 네트워크를 제어할 수 있으며 이에 대한 내용도 살펴본다.

각 운영체제의 기본적인 내용을 살펴본 후 아주 대중적인 레드햇의 오픈소스 구성 관리 도구인 앤시블^{Ansible}로 초점을 옮길 것이다(https://www.ansible.com).

앤시블을 이용해 프로그래밍 방식으로 네트워크 장비들을 설정하고 네트워크 운영에 도움을 줄 수 있는 방법들을 살펴볼 것이다. 네트워크 장비들을 관리하는 데 사용하는 실제적인 구성 관리 업무 절차들도 이 장에서 소개할 것이다.

이 장에서는 다음의 주제를 다룬다.

- 네트워크 장비 업체들의 운영체제
- 앤시블 소개
- 네트워크 자동화에 현재 사용할 수 있는 앤시블 모듈들
- 네트워크 장비들을 관리하는 구성 관리 업무 절차들

네트워크 장비 업체들의 운영체제

시스코, 주니퍼, 아리스타와 같은 시장 선도 네트워크 장비 업체들은 모두 자체적인 운영체제를 개발했다. 이를 기반으로 네트워크 운영자들은 CLI^{Command-line interface}(명령행 인터페이스)를 통해 네트워크 장비에 일련의 명령어들을 실행할 수 있다.

각 장비 업체들의 CLI를 가동하는 맞춤형 운영체제들은 다음과 같다.

- 시스코 IOS, NXOS
- 주니퍼 JUNOS
- 아리스타 EOS

위의 모든 운영체제들을 만든 이유는 스위치, 라우터, 보안 장비 등 이 장비 업체들이 공급한 것들을 프로그래밍으로 더 쉽게 제어하려는 것이다. 즉 네트워크 장비 운영을 단순하게 하려는 것이다.

업계에서 데브옵스가 출현함에 따라 자동화를 돕기 위해 프로그래밍을 지원하는 API나 SDK를 제공하지 않을 수 없게 됐다. 네트워크 장비 업체들은 이제 퍼핏^{Puppet}, 셰프^{Chef}, 앤시블^{Ansible}, 솔트^{Salt} 같은 구성 관리 도구들을 연동해 데브옵스 도구들의 연결에 끼워 넣는다.

시스코 IOS, NXOS 운영체제

시스코가 IOS 운영체제를 처음 출시했을 때 이는 네트워크 장비의 운영체제로는 최초였다. 네트워크 운영자들이 네트워크의 상태를 변경할 수 있도록 명령 창을 제공했지만, 아직 한계를 내포하고 있었다. 단일 아키텍처로 돼 있어 모든 프로세스들이 동일한 메모리 공간을 공유했고 동시 수행 프로세스들 간의 보호가 전혀 되지 않았다. 병렬적으로 갱신하는 것과는 맞지 않았다. 하지만 그 당시에는 부인할 수 없는 시장의 리더였다. 이로 인해 네트워크 운영이 바뀌었다. 네트워크 엔지니어들은 각 네트워크 스위치와 라우터에 로그인해 모든 기능을 지원하는 CLI를 통해 설정을 변경했다.

그 당시에는 이것만으로도 네트워크 운영의 복잡성을 엄청나게 해소했다. 네트워크 업계의 데이터센터 네트워크 운영 방식을 시스코가 표준화했다. 라우터나 스위치에 변경 작업을 할 때 네트워크 운영자들은 그 해당 어플라이언스에 로그인해 업계 표준의 명령어들을 실행했다. 시스코에서는 인증 프로그램을 가동해 운영자들이 장비를 운영하는 방법과 모든 명령어들을 배우는 방법을 가르쳤다.

오늘날 비즈니스를 지속 가능하게 하고 더 신속한 업무 절차로 변모하게 해주는 핵심은 효율성과 원가 절감이다. 위의 시스코 모델은 현대의 데이터센터에서 명백하게 확장성의 문제가 따른다. 네트워크 장비마다 네트워크 엔지니어의 손길이 일정 부분 필요하다.

프라이빗 클라우드가 출현함에 따라 각각의 네트워크 엔지니어가 담당해야 하는 네트워크 장비의 숫자가 엄청나게 늘어났다. 수많은 장비들을 일관된 방식으로 관리하려면 자동화가 필수다. 비즈니스 경쟁자가 운영 모델을 자동화했다면 시장에 제품을 더 빨리 출시할 수 있을 것이다. 수작업으로 변경 처리를 하는 회사보다 더 빨리 출시할 수 있는 것이다. 네트워크에 필요한 변경 작업들이 빠른 속도로 쏟아지는 것에 대처하려면 자동화는 필수 요소다. IT가 변화하고 진화함에 따라 자동화는 그 진화를 가능하게 하는 선결 조건이 됐다.

최근 몇 년간 네트워크 시장이 진화함에 따라 시스코는 NXOS라는 새로운 운영 체제를 개발했다. 이 운영체제는 오픈소스 기술과 쉽게 연동할 수 있고 자동화도 용이하다. NXOS 운영체제는 완전히 새로운 넥서스^Nexus 스위치와 라우터에 장착된다. 이 운영체제를 통해 시스코는 개방적이고 모듈 방식인 표준으로 한발 더 나아갔다. BGP, EVPN, VxLAN과 같은 개방형 프로토콜을 지원하고 심지어 이 장비들에서 LXC 컨테이너를 실행할 수도 있다. LXC 컨테이너 기술은 운영체제 수준의 가상화 기술로, 이를 이용하면 가상 머신이나 물리 서버상에서 여러 개의 독립된 프로세스들을 실행할 수 있다.

또한 시스코는 REST API 세트를 제공한다. 이를 통해 네트워크 운영자들은 순수 리눅스와 본셸^bash shell을 실행해 서버 쪽에서 사용하는 일반적인 운영 관리 명령어를 사용할 수 있다. AWS와 오픈스택 API로 네트워크 인프라스트럭처를 변경할 수 있는 세상이다. 네트워크 장비 업체들은 생존을 위해 적응해야 한다. 그러지 않으면 뒤처져 위험에 처할 것이다. 이에 시스코는 자사의 스위치와 라우터를 경쟁사의 가상 장비만큼 설정과 운영이 쉽도록 만들었다.

NXOS 운영체제를 사용하면 소프트웨어 업데이트를 관리하는 데 레드햇 엔터프라이즈 리눅스의 RPM 패키지 관리자를 사용할 수 있다. 이 말은 NXOS에서 소프트웨어 업데이트는 업계의 표준 방식으로 가능하다는 것이다. 인프라스트럭처 시스템 관리자가 리눅스 게스트 운영체제의 소프트웨어 업데이트를 하는 것과 똑같은 방식이다. 따라서 시스코 네트워크 장비는 이제 리눅스 시스템 관리자들에게 더 직관적이다. 최종 사용자들에게는 순수 리눅스와 더 유사하다. 의심의 여지없이 관리가 더 단순해졌다.

시스코 NXOS 운영체제가 의미하는 것은 네트워크 변경의 속도가 더 올라가게 된다는 것이다. 운영 조직은 자체적인 일련의 도구들을 사용할 수 있고 구성 관리 도구들을 이용해 변경을 자동화할 수 있기 때문이다. NXOS 운영체제는 장비 업체에 대한 의존성이 더 낮다. 따라서 네트워크 제품들을 사용하는 초기 장벽을 낮췄고 그 제품군들의 자동화가 더 쉬워졌다.

주니퍼 JUNOS 운영체제

네트워크 운영 관리를 할 때 주니퍼 JUNOS 운영체제 드라이버는 프로그래밍으로 제어한다. 사용자가 가동 중인 시스템의 정보를 얻는 방법으로 주니퍼 JUNOS 운영체제에서도 초기에는 CLI를 제공했다. JUNOS 운영체제는 관련성이 없는 여러 개의 설정 파일을 사용하지 않으며 명확하게 정의된 계층적 모델에 바탕을 두고 있다. 또한 운영할 때 두 가지 모드, 즉 운영 모드 및 설정 모드가 제공돼 계층적 모델이 완전하게 된다.

직관적으로 떠오르는 것과 같이 운영 모드는 운영체제를 업그레이드할 때, 시스템을 관제할 때, 또는 주니퍼 장비의 상태를 확인할 때 사용한다. 한편 설정 모드에서는 사용자의 접근이나 보안, 인터페이스, 하드웨어, 장비에서 사용할 프로토콜 등을 네트워크 운영자가 설정할 수 있다. 따라서 시스템을 설치하는 것과 그것을 운영하는 권한을 명확하게 분리할 수 있다. JUNOS 운영체제는 다시 하기$^{roll\ forward}$ 기능과 롤백$^{roll\ back}$ 기능을 자체적으로 지원한다. 그뿐 아니라 BPG, VxLAN, EVPN과 같은 모든 개방형 프로토콜들을 지원한다.

주니퍼는 JUNOS 운영체제용으로 PyEZ라는 파이썬^{Python} 라이브러리를 제공할 뿐 아니라 윈도우 관리자들을 위해 파워셸^{PowerShell} 옵션도 제공한다. 파이썬으로 구현한 파워셸을 사용할 수 있는 것이다. 파이썬 라이브러리 PyEZ의 테이블^{table}, 뷰^{view} 기능으로 어떤 설정 정보든지 조회할 수 있다. 그리고 네트워크 운영자들은 JUNOS 운영체제에서 제공하는 런타임^{runtime} 정보를 스크립트로 처리할 수 있다. 파이썬 스크립트 get () 메소드로 테이블 항목들을 추출하면 이 테이블은 파이썬의 딕셔너리^{dictionary}처럼 다룰 수 있고 분기 처리^{iterate}도 가능하다. 사용자는 필요한 만큼 복잡한 스크립팅도 할 수 있고, 네트워크 운영자 입장에서는 모든 네트워크 운영을 자동화할 수 있게 된다. 또한 JUNOS PyEZ 라이브러리는 완전한 확장성을 보장하기 때문에 네트워크 운영자들은 위젯 시스템$^{widget\ system}$을 이용해 필요한 기능을 추가할 수도 있다.

아리스타 EOS 운영체제

아리스타 EOS 운영체제는 네트워크 기능의 자동화를 촉진하기 위한 개방형 표준인 중앙 집중형의 CVX^{CloudVision eXchange}에 기반을 두고 있다. CVX 서버들은 네트워크에 대한 중앙 집중화된 상태를 관리한다. EOS 운영체제에서 기능적 제어는 각 스위치의 Sysdb를 이용해 분리돼 있다. Sysdb는 아리스타 EOS 운영체제의 데이터베이스다. 아리스타 Sysdb는 사용자 공간^{user space}에서 실행되는 인메모리^{in-memory} 데이터베이스로 아리스타 스위치의 모든 상태 정보를 가지고 있다. Sysdb는 장비의 메모리상에 존재한다. 아리스타 스위치를 재시작하거나 전원을 차단하면 그 스위치의 모든 정보는 사라진다.

CVX 서버는 총집계 역할을 수행한다. 각 스위치의 Sysdb에 있는 모든 상태 정보를 관리하며 네트워크 전체 데이터베이스로 모으는 역할을 한다. CVX 서버들의 클러스터에 설정한 서비스의 종류에 따라 집계하며, 특정 스위치의 Sysdb에서 상태 변경이 발생하면 그 변경 사항은 CVX의 중앙 집중형 데이터베이스로 전송된다. CVX 데이터베이스의 해당 설정을 변경하고 그 변경을 처리하는 에이전트, CVX에서 실행 중인 에이전트에게 알려준다.

아리스타 EOS 운영체제는 MLAG, ECMP, BGP, VxLAN 등과 같은 현대적인 개방형 프로토콜들을 지원한다. VxLAN과 같은 오버레이^{overlay} 기술을 활용해 애플리케이션들을 배포할 수 있으므로 요즘의 데이터센터에서 이동성이 용이하다. 아리스타는 수평 확장^{scale-out} 모델 구현이 가능한 ECMP 방식의 리프-스파인 아키텍처를 아주 많이 강조한다. 이것은 오픈스택과 같은 요즘의 클라우드 솔루션과 궁합이 잘 맞는다. 또한 이 아키텍처 구성은 SDN 컨트롤러 솔루션에 독립적이다.

아리스타 EOS 운영체제는 프로그래밍으로 제어 가능하도록 설계한 운영체제며 리눅스에 기반을 두고 있다. EOS 운영체제의 가장 큰 장점은 네트워크 운영자들이 네트워크를 운영할 때 잘 설계된 API뿐만 아니라 다양한 SDK 포트폴리오를 사용할 수 있는 것이다. eAPI, CLI 명령어 등의 API와 파이썬, 루비^{Ruby}, GO 라이브러리 등의 SDK 포트폴리오를 지원한다.

EOS 운영체제는 또한 SSU^{Smart System Upgrade}(무중단 업그레이드)를 지원한다. 아리스타 장비를 서비스 가동 중에 수평 확장할 수 있고 패치도 적용할 수 있다. 업그레이드가 간단하며 더 직관적으로 되는 것이다. 또한 비즈니스의 99.99% 가동 시간이라는 목표를 달성하는 데 도움이 된다. 추가 장비를 도입할 때는 데이터센터에서 데이터센터 운영 팀이 스위치들을 랙에 장착하고 케이블을 연결한다. 그러고는 스위치 초기화 작업을 자동화하는 아리스타의 ZTP^{Zero Touch Provisioning} 절차로 차례를 넘긴다. ZTR^{Zero Touch Replacement} 기능을 사용하면 데이터센터 스위치를 교체할 수도 있다.

스위치와 라우터에 대한 시각적인 뷰를 사용자가 요구하는 경우에 네트워킹 업무 절차의 작업들을 포털에서 자동화하는 데도 아리스타 EOS 솔루션의 CVX 제품을 사용할 수 있다. CVX를 이용하면 OVSDB, eAPI나 오픈플로우^{OpenFlow}를 이용해 SDN 컨트롤러와 연동할 수 있다. EOS API가 있고 여러 가지 SDK 선택지가 있으므로 시스코, 주니퍼처럼 퍼펫, 셰프, 앤시블, 솔트와 같은 구성 관리 도구로 아리스타 제품들을 쉽게 관리할 수 있다. 어떤 네트워크 운영 작업도 수작업으로 할 필요가 없다.

앤시블 소개

앤시블은 대표적인 푸시 기반^{push-based} 구성 관리 도구로 단일의 앤시블 컨트롤 호스트^{Ansible Control Host}를 사용하며, SSH로 여러 개의 리눅스 게스트 운영체제를 연결해 설정 작업을 한다. 최근에는 WinRM 지원을 추가해 윈도우 게스트 시스템들도 리눅스 기반 운영체제와 동일한 방식으로 설정할 수 있다. 앤시블을 이용하면 여러 개의 서버들에 동시에 접속할 수 있으므로 운영자는 동일한 운영 작업을 여러 개의 리눅스나 윈도우 서버들을 대상으로 동시에 수행할 수 있다. 앤시블에서는 반복석인 작업들을 YAML로 정의해 자동화를 단순하게 관리할 수 있다. 여러 대상 서버들에 동일한 방식으로 실행되는 것이다. 앤시블을 중앙 집중식 오케스트레이션 도구로 사용할 수도 있다. API 종단점에 연결해 API 작업들을 차례로 보낼 수 있다.

여기서 앤시블 컨트롤 호스트가 서버들에 연결하는 방식과 중앙 집중식 오케스트레이션 도구로 동작하는 방식의 예를 볼 수 있다.

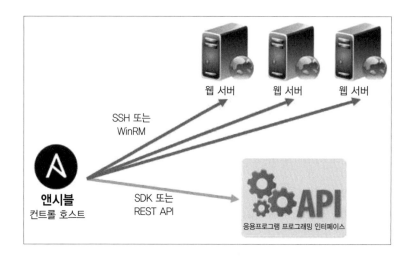

앤시블로 실행하는 모든 작업들은 표준 관점에서 항등적^{idempotent}이어야 한다. 다시 말해 대상 서버에 필요한 설정이 이미 돼 있다면 앤시블에서 플레이북^{playbook}이나 롤^{role}에서 설정하려는 상태를 사전에 확인하고 이미 정확한 상태에 있는 서버에는 아무 조치도 취하지 않는 것을 의미한다. 플레이북이나 롤에 규정된 것과 다른 상태에 있는 경우에만 작업을 실행해서 그 서버의 상태를 변경한다.

앤시블은 파이썬 기반의 설정 관리 도구로 리눅스 기반의 앤시블 컨트롤 호스트에서 서버들을 제어한다. 결과 상태에 대한 정의와 상술은 YAML 파일을 이용한다. 앤시블에는 확장 가능한 모듈들이 아주 풍부하게 패키지로 들어있다. 대부분 파이썬으로 작성돼 있지만 사용자가 원하는 모든 언어로 작성할 수 있다. 앤시블 모듈들 덕분에 파이썬 SDK나 REST API가 앤시블 플러그인 구조에 포함돼 있고 앤시블 롤이나 플레이북이라는 사용하기 쉬운 방식으로 제공되는 것이다. 더 자세한 예시들로 가기 전에 앤시블 용어를 이해하는 것이 중요하다.

앤시블 디렉터리 구조

앤시블은 일련의 YAML 파일들로 구성돼 있고, 사용자가 정의할 수 있는 디렉터리 구조에 그 파일들이 배치돼 있다.

이 사용자 정의 가능한 구조에서 앤시블 컨트롤러 노드[Ansible Controller Node]는 다음의 디렉터리 구조를 가진다.

- 인벤토리[inventories] 폴더는 앤시블 인벤토리를 가지고 있다.
- 라이브러리[library] 폴더는 사용자 정의 파이썬 플러그인을 가지고 있다.
- 플레이북[playbooks] 폴더는 모든 플레이북을 가지고 있다.
- 롤[roles] 폴더는 모든 앤시블 롤을 가지고 있다.

다음은 전체적인 디렉터리 구조를 보여준다.

여기에 앤시블 구성 요소들이 논리적으로 묶여 있어서 플레이북[playbook]이나 롤[role]의 규모가 커지더라도 관리가 용이하다. 깃[Git]과 같은 소스 관리 도구로 ansible 폴더의 하위 디렉터리를 버전 관리하는 것이 가장 좋다. 깃은 분산 방식 오픈소스형의 소스 관리 도구로 설계 철학의 초점이 개발 코드의 버전 관리를 빠르게, 효율적으로 하는 데 맞춰져 있다(https://en.wikipedia.org/wiki/Git).

앤시블 인벤토리

앤시블 인벤토리 파일은 단순히 DNS 호스트명과 IP 주소를 YAML 파일로 정의한 것이다. 이를 통해 앤시블에서 그 대상 호스트들에 접속해 서버에 필요한 특정한 명령어들을 실행할 수 있다.

서버의 특정 유형이나 서버를 사용하는 목적에 따라 인벤토리 파일에서 서버 그룹을 지정할 수 있다. 예를 들어 네트워크 팀에서 앤시블로 리프-스파인 아키텍처를 구성할 때 사용하는 경우, 네트워크 운영자는 리프 스위치들을 하나의 그룹으로 하고 스파인 스위치들을 다른 그룹으로 설정할 수 있다. 이렇게 하는 이유는 각각을 설정하는 데 실행할 명령어의 종류가 다르기 때문이다. 따라서 일부 몇 개의 서버들만을 대상으로 명령어를 실행해야 할 때 특정 그룹의 서버들에만 적용하면 된다.

다음 이미지에서 리프, 스파인 스위치들에 대해 정의한 인벤토리 파일 예시를 볼 수 있다. 인벤토리 파일에는 두 개의 그룹이 있다. 하나는 리프 스위치들을 정의한 leaf 그룹이고, 다른 하나는 스파인 스위치들을 정의한 spine 그룹이다. 이 인벤토리 파일은 해당 스위치들의 DNS 항목을 등록한 것이다.

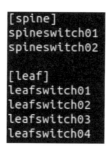

동일한 인벤토리를 다음과 같이 요약된 형식으로 표기할 수도 있다.

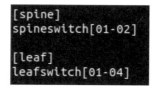

앤시블 모듈

앤시블 모듈은 일반적으로 파이썬으로 작성하지만 다른 프로그래밍 언어로 작성하기도 한다. 앤시블 모듈의 코드는 게스트 운영체제에 기능을 추가하거나 제거하는 일련의 작업을 정의한다. 오케스트레이션 용도로 사용하는 경우 API로 명령어를 순차적으로 수행하기도 한다. 앤시블 모듈을 사용해 단순한 명령어나 API 호출 및 기타 작업들을 래핑wrapping할 수도 있다. 사용자가 원하는 것을 프로그래밍해 코드로 작성하는 것이다. 모듈을 한 번 작성하면 여러 플레이북이나 롤에서 재사용할 수 있다. 이렇게 하면 코드의 재사용성을 높일 수 있고 운영을 표준화할 수 있다.

앤시블 모듈에 정의한 코드는 앤시블 모듈 보일러플레이트boilerplate에서 래핑해 모듈의 짜임새layout를 구조화한다. 보일러플레이트의 목적은 표준화다. 각 모듈들의 디자인을 동일하게 하는 것이다. 코드가 동작할 때 시스템의 상태를 맨 처음 확인하고 상태의 변경이 필요한지 판단한 후에 작업을 실행하거나 실행하지 않는 것이다.

앤시블에서 상태 변경을 실행하면 콘솔에서 노란색으로 표기된다. 아무것도 하지 않으면 상태 변경 없이 작업이 성공적으로 완료된 것을 초록색으로 보여준다. 모듈에서 에러가 발생하면 콘솔에 빨간색으로 표기된다.

앤시블 모듈들은 명령행에서 사용할 수 있는 인자들을 가진다. 필수 인자도 있고 생략 가능한 인자들도 있으며 기본값을 가지고 있는 것들도 있다. 앤시블 표준을 따르는 모듈은 present나 absent를 포함하는 상태 변수state variable를 명령행 변수로 가진다. 모듈을 present로 설정하면 플레이북에서 설정한 기능을 추가한다. absent로 설정하면 그 기능을 제거한다. 일반적으로 모든 모듈들은 이 두 가지 용례를 처리하는 코드를 가지고 있다.

앤시블 모듈을 삭성하면 library 폴더에 둔다. 이는 라이브러리로 사용할 수 있다는 뜻이며, 앤시블 플레이북이나 롤에서 정의하면 파이썬 인터프리터나 코드에서 활용할 수 있다. 앤시블에는 미리 포함된 핵심 모듈들과 추가 모듈들이 있다.

필요한 작업을 YAML로 작성하면 이 모든 모듈들을 사용할 수 있다. 모든 모듈들은 문서가 함께 들어있다. 이는 보일러플레이트의 일부며 앤시블 웹사이트에서도 볼 수 있다.

핵심 모듈들은 소프트웨어 제조업체와 공동으로 앤시블 코어 팀이 담당하며 전반적으로 품질이 높다. 추가 모듈들도 좋은 품질을 가지고 있으나 제조업체가 관여하지는 않는다. 추가 모듈들은 보통 사용자들이 개발해 앤시블로 올려서 오픈소스 커뮤니티의 도움으로 만들어진다.

yum: 이라는 사용자가 기증한 간단한 코어 모듈 yum은 다음 스크린샷에서 보듯이 두 개의 명령행 변수를 가지고 있다. name은 설치할 rpm을 나타내고 state는 대상 서버에 설치할 것인지 제거할 것인지를 나타낸다.

```
- name: install the latest version of Apache
  yum: name=httpd state=present
```

앤시블 롤

롤roles은 앤시블에서 사용하는 한 단계 높은 추상화로 역시 YAML 파일로 정의한다. 롤은 플레이북playbooks에서 호출할 수 있으며, 플레이북을 최대한 단순하게 하려는 목적을 가진다. playbooks에 점점 더 기능을 추가하면 내용이 흐트러지고 하나의 파일로 관리하기가 어렵게 된다. 운영자는 롤을 사용해 플레이북을 아주 작고 간단하게 만들 수 있다. 모든 정보를 앤시블의 디렉터리 구조 안에서 끌어올 수 있고 각각의 설정 단계를 서버에서 실행할지, 로컬에서 실행할지 결정할 수 있다.

앤시블 롤은 플레이북에서 반복되는 부분을 줄이고 그룹화하기 위한 것이며, 필요하면 여러 플레이북에서 사용할 수도 있다. 롤은 서버의 프로파일을 일목요연하게 그룹화하는 것이며, 체계 없이 여러 개의 명령어를 사용하는 것을 방지해준다. spine.yml이라는 플레이북을 만들고 스파인 스위치를 정의하는 실행 목록에 필요한 모듈화된 롤들을 넣은 후 실행하면 앤시블 인벤토리에 정의된 대상 서버들에 스파인 스위치가 만들어진다. 제대로 설계해서 이 롤들을 잘 모듈화하면 리프 스위치를 만들 때도 재사용할 수 있다.

앤시블 플레이북

앤시블 플레이북은 지정된 서버들에서 실행할 실행 목록을 나타내는 YAML 파일이다. 서버들은 인벤토리 파일에 미리 등록한다. 플레이북에는 앤시블 컨트롤러 노드에서 명령어를 실행할 지시 사항을 순차적으로 기술한다. 또는 앤시블 인벤토리 파일에 등록한 호스트들 중 대상 서버들에서 실행할 사항들을 담을 수도 있다.

앤시블 플레이북으로 모듈이나 특정 롤을 호출하는 실행 목록을 만들 수도 있다. 그 내용들은 특정 서버를 대상으로 실행할 작업을 나타낸다.

다음 예시는 인벤토리 파일의 spine 호스트를 대상으로 스파인 서버를 구성하는 여러 개의 롤을 실행하는 것이다.

```
---
- hosts: spine
  gather_facts: no
  connection: local

  roles:
    - common
    - interfaces
    - bridging
    - ipv4
    - bgp
```

다른 방법으로 구성한 다음의 플레이북 예시에서는 롤을 전혀 사용하지 않고 앤시블의 yum 코어 모듈을 직접 호출해 아파치 httpd-2.2.29 yum 패키지를 server 라는 인벤토리 그룹에 설치하는 것이다.

```
---
- hosts: server
  remote_user: root
  tasks:
  - name: ensure apache is at the latest version
    yum: name=httpd-2.2.29 state=present
```

플레이북에서는 when 조건을 명시해 선행 작업의 결과에 따라 플레이북의 실행 사항을 실행하거나 실행하지 않도록 할 수 있다. 작업의 실행 결과가 JSON 형식인 경우 register 명령어를 사용해 저장한 후 플레이북이나 롤에서 활용할 수 있다. JSON 출력을 읽어서 when 조건을 확인한 후 이어지는 작업을 실행할 것인지 검증하는 것이다.

버전 2.x 이상의 앤시블 플레이북에서는 이제 블록 단위 에러 처리 기능block rescue functionality을 사용할 수 있다. 블록 명령어에 포함된 작업이 실패하는 경우 플레이북의 rescue 섹션이 호출된다. 이는 실패한 작업의 뒤처리를 하는 데 유용하며 플레이북을 더 튼튼한 구조로 만든다.

블록 단위 에러 처리 작업의 유용성을 절대 과소평가하면 안 된다. 큰 데이터베이스 dmp 파일을 백업 장소로 복사할 때 이 작업은 복사할 데이터의 양이 커서 에러가 나기 쉽다. 대상 디렉터리의 디스크 공간이 거의 없는 경우 이 작업은 중간에 실패해 복사된 파일의 일부가 대상 서버에 남게 되고, 서버의 가용 디스크 공간이 없어져 사용할 수 없는 상태가 된다. 이 경우 에러 처리 명령어를 이용해 복사된 파일을 즉각 삭제함으로써 복사 작업 실패로 서버가 비정상 상황에 이르는 것을 방지할 수 있다. 에러 처리 명령어 실행을 완료하면 플레이북은 에러로 종료되지만 실행 전의 원래 상태로 돌아가게 된다.

다음의 예시에서는 플레이북에서 copy: 모듈을 사용해 원본 파일 /var/files/db.dmp를 /backups/db.dmp로 복사한다. 명령이 실패하는 경우 file: 모듈을 사용해 그 파일을 삭제한다.

```
---
- hosts: servers
  remote_user: root
  tasks:
  - block:
      - copy: src=/var/files/db.dmp dest=/backups/db.dmp owner=armstrongs group=admin mode=0644
    rescue:
      - file: path=/backups/db.dmp owner=armstrongs state=absent group=admin mode=0644
```

앤시블 플레이북 실행하기

지정된 폴더 구조를 이용해 플레이북과 인벤토리 파일을 만들고 나면 이제
ansible-playbook 명령어로 실행할 차례다.

다음의 예를 살펴보자.

- ansible-playbook은 지정된 YAML 플레이북 파일을 앤시블에 알려준다.
- -i 플래그는 인벤토리 파일을 지정할 때 쓴다.
- -l 플래그는 인벤토리 그룹(servers 그룹)에 속한 서버들에서만 실행하도록
  제한을 둔다.
- -e 플래그는 추가적인 변수들을 플레이북으로 넘겨준다. 다음 예에서는
  production이다.
- -v 플래그는 진행 사항 출력 여부를 설정한다.

  ```
  ansible-playbook -i inventories/inventory -l servers -e
  environment=production playbooks/devops-for-networking.yml -v
  ```

앤시블 var 파일과 jinja2 템플릿

앤시블 var 파일은 또 다른 YAML 파일로 변수를 설정하는 데 사용한다. 앤시
블의 include_vars 구문을 사용하면 실행 시에 플레이북의 내용을 대체해 실행
한다.

var 파일은 플레이북이나 롤을 실행할 때 필수적인 변수들을 별도로 분리하는 방
법 중 하나다. 이 말은 플레이북이나 롤에 변수를 하드코딩하지 않고 실행 시에
여러 종류의 var 파일을 넘겨줄 수 있다는 뜻이다.

var 파일의 구문 예시는 다음 스크린샷에서 볼 수 있다. common.yml이라는 var 파일의 내용으로 단 하나의 변수 cert_name을 정의한다.

```
# sslcert vars
cert_name: cert1
```

다음 예시는 위의 common.yml 변수와 다른 environment.yml 변수들을 플레이북에서 동시에 로딩하는 것을 보여준다. {{ environment }} 표기는 ansible-playbook 명령행에서 다양한 변수 값을 넘겨주는 것을 나타내며 아주 유용하게 사용할 수 있다. 실행 시에 -e "environment=production" 옵션을 사용해 플레이북에 임포트한 변수를 제어할 수 있다.

```
- name: Include vars
  include_vars: "../roles/networking/vars/{{ item }}.yml"
  with_items:
    - "common"
    - "{{ environment }}"
```

common.yml var 파일의 변수 값인 cert1은 플레이북에서 {{ cert_name }} 변수를 써서 사용할 수 있다.

```
"{{ cert_name }}"
```

앤시블은 또한 파이썬 jinja2 템플릿을 활용하는 기능을 제공한다. 실행 시에 변환하는 방식으로 동작하며 여러 개의 var 파일들을 활용해 설정 파일들 정보를 전달하는 데 사용한다. 예를 들어 앞의 예시에서 {{ environment }} 변수를 실행 시에 지정해 특정한 환경 정보를 전달하는 변수를 로딩하도록 할 수 있다. 템플릿 모듈을 이용해 jinja2 템플릿을 일단 변환 처리하면 파라미터 기반으로 동작한다. environment.yml 파일에 규정한 변수를 사용하는 것이다.

다음의 예시에서 앤시블의 `template:` 모듈을 실행하는 롤의 일부분을 볼 수 있다. jinja2 템플릿인 network_template.j2를 복사해 /etc/network.conf로 변환하는 작업이다.

```
- template: src=/networking/network_template.j2 dest=/etc/network.conf owner=bin group=admin mode=0644
```

앤시블 기반 네트워크 장비 설정의 선수 조건들

이 장의 '앤시블 소개' 절에서 다룬 기본 개념들은 모두 앤시블 네트워킹 모듈에 의미가 있다. 앤시블로 설정 관리를 하고자 하는 네트워크 팀에게도 마찬가지다. 시작하기 전에 네트워크 장비 제조업체들에게 확인할 중요한 사항이 있다. 앤시블을 지원하는 네트워크 운영체제의 버전이다. 다음 단계는 앤시블 컨트롤 호스트^{Ansible Control Host}로 활용할 작은 설정 배포용 시스템을 구성하는 것이다. 보통 관리망에 구성해 모든 스위치들에 접속 가능하다.

설정 배포 서버는 규모가 상대적으로 작다. 역할이 SSH로 리눅스 기반의 네트워크 운영체제에 접속하는 단순한 것이기 때문이다. 네트워크 장비에서 API 명령행을 반드시 켜라. 각 네트워크 장비에 임시 사용자 계정을 만드는 것도 좋은 생각이다. 앤시블 컨트롤 호스트에서 공개 키^{public key}를 생성한 후 만들어진 id_rsa.pub 파일을 네트워크 장비로 옮긴다. 임시 계정으로 로그인한 후 SCP^{Secure Copy}(SSH 기반 파일 전송)를 이용해 네트워크 장비의 authorized_keys 폴더로 옮긴다. 이렇게 하면 앤시블에서 비밀 키^{private key}를 이용해 모든 호스트들로 연결할 수 있다. 패스워드를 관리하거나 사용할 필요가 없다. 이 설정 절차가 완료되면 네트워크 장비에서 임시 패스워드를 삭제해도 된다. 앤시블로 하는 첫 번째 작업으로 이것을 해도 된다.

모든 것이 순조롭다면 다음 단계는 설정 배포 서버에 앤시블의 폴더 구조를 만드는 것이다. 앤시블 인벤토리 파일을 만들어서 모든 네트워크 장비들의 DNS 이름을 채운다. 마지막으로 앤시블을 설치하면 이제 플레이북을 실행할 준비가 된 것이다. 앤시블은 레드햇에서 rpm 형식으로 묶어서 배포하므로 손쉬운 yum 설치 작업이 가능하다. 단, 센트OS^{CentOS}나 RHEL^{Red Hat Enterprise Linux}을 사용하고 앤시블 컨트롤 호스트에서 외부 인터넷으로 레드햇 저장소에 접속 가능해야 한다. 앤시블은 물론 현재 PyPi 패키지 설치가 가능한 모든 리눅스 기반 운영체제에서 동작한다. 우분투^{Ubuntu}에도 설치할 수 있다.

앤시블 갤럭시

네트워크 운영자가 코딩에 익숙하지 않고 어떻게 시작할지 고민하고 있다면 앤시블 갤럭시에서 예제들을 찾으면 된다. 앤시블 갤럭시는 수많은 복잡한 명령어들을 수행하는 오픈소스 커뮤니티 롤^{role}들의 장이다.

네트워크 엔지니어가 앤시블 갤럭시 저장소를 볼 수 있는 곳은 https://galaxy.ansible.com/이다.

앤시블 갤럭시에는 오픈소스 커뮤니티에서 개발한 수천 개의 앤시블 롤들이 있다.

네트워크 롤 중 가능한 예제로 아리스타 EOS 롤이 있다. 이는 아리스타 스위치 장비를 자동화하는 데 사용할 수 있다. 다른 예로 시스코 EVPN VxLAN 스파인 롤이 있으며, 시스코 스파인 스위치를 구성할 때 사용할 수 있다. 주니퍼 JUNOS 롤로는 주니퍼 네트워크 장비를 자동화할 수도 있다. 다양한 기술들과 사례별로 아주 많은 모듈들이 있다.

다음의 유용한 링크들을 살펴보라.

- 아리스타 EOS(https://galaxy.ansible.com/arista/eos-system/)

- 시스코(https://galaxy.ansible.com/rogerscuall/evpn_VxLAN-spine/)

- 주니퍼(https://galaxy.ansible.com/Juniper/junos/)

사용자들은 롤들을 둘러볼 수도 있고 특정 네트워크 장비 업체를 찾아볼 수도 있다. 다음 예로 주어진 스크린샷은 아리스타를 검색해 eos 롤을 찾은 결과다.

각각의 롤은 각각에 해당하는 깃허브[GitHub] 저장소 링크를 포함한다.

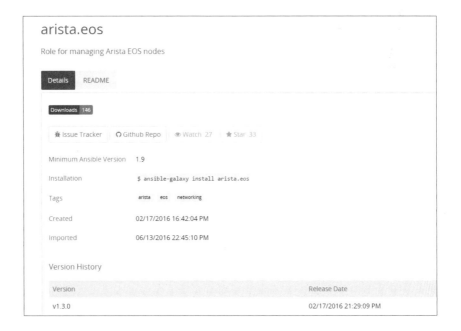

앤시블 갤럭시는 아주 유용한 도구다. 사용자들은 롤을 고른 후 그것을 시작점으로 해서 필요에 맞게 고쳐 쓸 수 있다. 단순히 커뮤니티에서 가져오는 것뿐만 아니라 다른 사람들에게도 유용한 새로운 롤들을 만들어서 앤시블 커뮤니티로 공유한 후 공헌도 해야 한다.

네트워크 운영에 필요한 앤시블 핵심 모듈

앤시블 2.0 발표 이후 앤시블 구성 관리 도구는 핵심 네트워킹 모듈을 일부 포함하고 있다. 아리스타, 시스코, 큐뮬러스^{Cumulus}, 주니퍼 등을 지원하며, 앤시블을 이용해 모든 네트워크 장비의 설정을 변경할 수 있다. 기포함된 모듈들로 제한되는 것은 아니다. 앤시블 갤럭시에는 오픈소스 커뮤니티에서 개발한 폭 넓은 롤들이 있다.

앤시블 2.x 네트워킹 모듈들의 일부는 다음 스크린샷에서 볼 수 있다. 주니퍼 JUNOS, 아리스타 EOS, 시스코의 NXOS 및 IOS 중심이다.

앤시블 2.x에서는 표준 운영 절차를 따라서 모든 네트워킹 모듈들을 단순화했다. 네트워크 엔지니어 입장에서는 더 직관적으로 느낄 것이다. 많은 네트워크 엔지니어들이 구성 관리 도구에 익숙하지 않지만 모든 모듈들이 표준을 따르도록 해서 처음 시작할 때의 장벽을 낮췄다. 네트워크 엔지니어 입장에서는 매일 사용하는 명령어들을 플레이북이나 롤의 각 부분에서 볼 수 있으므로 처음에는 앤시블을 스케줄링 도구로 활용할 수도 있다. 네트워크 운영자들이 더 복잡한 모듈들로 들어가기 전에 말이다.

네트워크 엔지니어들이 구성 관리 도구를 처음 사용할 때 느끼는 큰 두려움 가운데 하나가 시스템을 신뢰하지 못하고 물밑에서 무슨 일이 일어나는지 알지 못하는 것이다. 플레이북이나 롤을 쉽게 읽을 수 있게 되고 실행하는 작업을 알 수 있게 되면, 도구를 사용하는 것에 확신이 쌓이게 되고 도구를 받아들이는 것이 더 쉽게 이뤄진다.

시간이 지남에 따라 오픈소스 커뮤니티에서 더 복잡한 네트워킹 모듈들을 만들 것이 확실하다. 일부 롤들은 이미 아리스타, 주니퍼, 시스코에서 만들어 앤시블 갤럭시에서 사용 가능한 상태다. 하지만 향후의 앤시블 핵심 모듈들은 구조를 표준화해 아리스타, 시스코, 주니퍼 등의 네트워크 장비들을 동일한 방식으로 설정할 수 있다. 이 모듈들은 모든 플레이북이나 롤에서 사용할 수 있을 것이다.

_command 모듈

앤시블 2.x에서 장비 업체의 네트워킹 모듈에 포함된 중요한 모듈로 _command 모듈이 있다. 앤시블에서는 이것을 의도적으로 선택했다. 이를 이용하면 네트워크 명령어를 그대로 사용할 수 있어 구성 관리 도구로 전환하는 초기에 네트워크 엔지니어들이 더 직관적으로 다가갈 수 있다.

이 모듈에서 앤시블과 네트워크 장비는 SSH로 통신한다. 네트워크 장비의 운영체제는 대부분 리눅스 기반의 운영체제다.

_command 모듈을 사용해 네트워크 운영자는 앤시블 컨트롤 호스트에서 스위치들에 접속해 설정을 변경할 수 있다. 앤시블에서 이 명령어들에 사용하는 구문 구조는 네트워크 운영자가 네트워크 장비에서 CLI를 사용할 때 실행하는 것과 완전히 동일하다.

다음의 예에서 EOS 명령어인 `show ip bgp summary`를 `eos_command`에서 실행한다. 앤시블의 특별한 변수인 `{{ inventory_hostname }}`에서 지정한 모든 서버들에 연결한다. 이 변수는 인벤토리 파일에서 지정한 호스트 그룹에 속한 모든 노드들의 DNS 이름으로 대체된다. 그리고 이 명령어의 실행 결과를 `eos_command_output` 변수에 입력한다.

```
tasks:
    - name: execute show ip bgp
      eos_command:
        commands:
          - show ip bgp summary
        host={{ inventory_hostname }}
      register:
        eos_command_output
```

JUNOS의 구문 구조도 동일하다. 다음의 예제에서는 인터페이스를 확인하기 위해 JUNOS상에서 유사한 명령어를 실행하고 JSON 형태의 실행 결과를 `junos_command_output` 변수에 보관한다.

```
tasks:
    - name: show interfaces and capture in variable
      junos_command:
        commands:
          - show interfaces
      register:
        junos_command_output
```

시스코 예시는 NXOS에 대한 것이지만 설정은 IOS에서도 동일하다. `nxos_command` 명령에서는 `show version` 명령어를 실행하고 그 결과를 `nxos_command_output` 변수에 담는다.

```
tasks:
  - name: show version and capture in variable
    nxos_command:
      commands:
        - show version
    register:
      nxos_command_output
```

_config 모듈

_config 모듈은 업데이트를 정해진 방식으로 수행할 때 사용한다. 여러 개의 명령
어들을 묶어서 변경 요청을 처리할 때 사용한다.

이 모듈로 운영자는 네트워크 장비에서 가동 중인 구성 정보^{running configuration}를 프
로그래밍으로 몇 줄 또는 블록 단위로 변경할 수 있다. 이 모듈에서는 장비에 연
결한 후 먼저 가동 중인 구성 정보를 가져온다. 그다음에 완전히 확정된 순서에
따라 일괄 변경을 수행한다.

다음의 예에서 아리스타 스위치의 구성 정보를 모듈에서 로딩한다. 가동 중인 구성
정보가 현재의 상태와 일치하지 않는다면 no spanning-tree vlan 4094 명령어를
EOS 운영체제에서 실행할 것이며, 원하는 최종 상태가 스위치에 구현될 것이다.

```
tasks:
  - name: set no spanning tree on vlan
    eos_config:
      lines:
        - no spanning-tree vlan 4094
      host={{ inventory_hostname }}
    register:
      eos_command_output
```

_template 모듈

_template 모듈은 jinja2 템플릿을 활용해 구성 정보를 변경할 때 사용한다. 네트워크 장비들의 가동 중인 구성 정보를 가져와서 변경한 후 장비로 다시 보낸다.

_template 모듈의 또 다른 사용 용도는 네트워크 관리자가 가동 중인 구성 정보를 jinja2 템플릿으로 받아낸 후 다른 스위치로 적용해 똑같은 변경 작업을 하는 것이다.

_template 모듈은 기본적으로 추가된 변경 사항만 실행한다. 명령행 변수로 강제 옵션force를 설정해 덮어 쓰기를 실행할 수도 있다.

다음의 예는 eos_config jinja2 템플릿을 아리스타 장비로 밀어넣는 것이다. jinja2 템플릿에 설정 변경 사항이 있다면 구성 정보에 추가적인 변경을 실행할 것이다.

```
tasks:
    - name: push eos_config.j2 template to EOS
      eos_template:
        src: eos_config.j2
      register:
        eos_command_output
```

네트워크 장비를 관리하기 위한 구성 관리 절차

데브옵스는 일차적으로 사람과 업무 절차에 대한 것이 전부다. 스위치 또는 방화벽에 대한 플레이북이나 롤의 예제를 몇 개만 분리해 파헤치는 것은 네트워크 엔지니어가 현실에서 매일 마주치는 네트워크와 관련된 도전적 상황에는 전혀 도움이 되지 않는다. 프로젝트의 실제 목표를 정하고 나면 업무 절차를 지원할 수 있는 적절한 도구를 선택하는 것도 중요하다. 비즈니스 요구 사항을 명확하게 한 후에 도구를 선정해야 한다. 그 반대로 하면 안 된다.

앤시블 플레이북에 입력할 명령어를 네트워크 엔지니어는 네트워크 운영체제에 쉽게 입력할 수 있기 때문에 실제 비즈니스의 가치를 더하려면 어느 부분에서 앤시블 같은 구성 관리 도구를 사용해야 할지 살펴보는 것이 중요하다.

새로운 도구만 따로 떼서 독립적 업무로 구현하는 것은 네트워크 팀의 효율을 개선하는 데 도움이 되지 않는다. 앤시블에서 아리스타, 주니퍼, 시스코 장비를 관리하도록 만든 모듈들이 업무 절차에 도움을 줄 수 있다. 업무 절차와 접근 방법을 단순화하고 표준화하는 데 도움을 준다. 하지만 핵심 차별 요소^{key differentiator}는 이 모듈들을 감싸고 활용하는 업무 절차다.

앤시블을 사용하면 네트워크 운영에 다양한 방법으로 도움을 줄 수 있다. 이를 위해 업무를 다음의 범주로 시도하고 나누는 것이 좋다.

- 기대 상태^{desired state}
- 변경 요청
- 셀프서비스 운영

기대 상태

구축 시점의 플레이북은 네트워크의 기대 상태를 만들 때 사용한다. 여러 롤들과 모듈들을 활용해 신규 네트워크 장비들을 구축하고 네트워크를 원하는 상태로 제어한다. 구축 시점의 플레이북 예시로 네트워크 엔지니어가 아리스타 리프, 스파인 스위치로 리프-스파인 아키텍처를 처음 구성하는 것을 들 수 있다. 처음에는 아주 공포스러운 일처럼 느껴진다. 하지만 다음 네트워크의 모든 상태를 앤시블로 기술할 수 있다는 것이 진정한 아름다움이다. 방화벽이나 다른 어떤 장비에 대해서도 동일하다.

리프-스파인 네트워크의 경우 여러 개의 리프, 스파인 스위치들을 구성하는 업무들이 있다. 공통 운영 업무를 추상화하는 롤들을 만들고 플레이북에서 호출하는 것이 바람직하다. 여러 개의 서버들을 대상으로 동일한 설정 작업을 수행해야 하기 때문이다.

네트워크 엔지니어가 앤시블 컨트롤 호스트를 구성하는 것에서 시작한다. 이는 앤시블의 사전 준비 사항을 다룬 부분에서 기술했다. 그리고 나서 리프-스파인 아키텍처에 대한 인벤토리 파일을 만들어 네트워크 장비를 설정할 준비를 한다.

네트워크 엔지니어는 인벤토리에 설정하려고 하는 모든 네트워크 장비를 정의한다. 다음의 예에서 두 개의 스파인 스위치들과 네 개의 리프 스위치들을 포함하는 두 개의 호스트 그룹, spine과 leaf를 볼 수 있다.

```
[spine]
spineswitch[01-02]

[leaf]
leafswitch[01-04]
```

스파인 스위치를 원하는 구성으로 초기 구축하기 위해 네트워크 운영자는 실행할 롤들을 포함하는 플레이북을 spine.yml 파일에 다음의 스크린샷처럼 작성한다.

다음의 예시 플레이북에서는 플레이북의 대상이 spine 호스트 그룹인 것을 알 수 있다. 해당 서버들에 대해 common, interfaces, bridging, ipv4, bgp 등의 롤들을 실행하는 것도 알 수 있다.

```
---
- hosts: spine
  gather_facts: no
  connection: local

  roles:
    - common
    - interfaces
    - bridging
    - ipv4
    - bgp
```

실행하는 롤들은 다음의 설정들을 수행한다.

- common 롤: 스파인의 IP 라우팅 테이블을 구성한다.
- interfaces 롤: 스파인의 인터페이스들을 구성한다
- bridging 롤: 필요한 모든 VLAN들과 스파인의 스위치 포트들을 구성한다.
- ipv4 롤: 스파인의 IP 인터페이스를 구성한다.
- bgp 롤: 스위치들이 상호 엮일 수 있도록 BGP 프로토콜을 구성한다.

이 모든 재사용 가능한 롤들을 조합해 아리스타 스파인 스위치들을 구성한다. 이들은 eos_command 모듈을 아주 많이 활용한다.

동일하게 리프 스위치들을 구성하는 leaf.yml 플레이북에서 동일한 모듈들을 사용할 수 있다. 인벤토리의 leaf 호스트 그룹을 대상으로 common, interfaces, bridging, ipv4, bgp, ecmp, mlag 롤들을 실행한다. 다음의 스크린샷에서 볼 수 있다.

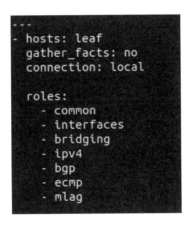

```
---
- hosts: leaf
  gather_facts: no
  connection: local

  roles:
    - common
    - interfaces
    - bridging
    - ipv4
    - bgp
    - ecmp
    - mlag
```

실행하는 롤들은 다음의 설정들을 수행한다.

- common 롤: 리프의 IP 라우팅 테이블을 구성한다.
- interfaces 롤: 리프의 인터페이스들을 구성한다.
- bridging 롤: 필요한 모든 VLAN들과 리프의 스위치 포트들을 구성한다.

- ipv4 롤: 리프의 IP 인터페이스를 구성한다.
- bgp 롤: 스위치들이 상호 엮일 수 있도록 BGP 프로토콜을 구성한다.
- ecmp 롤: 리프-스파인 구조에서 ECMP^{Equal Cost Multipathing}(동일 비용 복수 경로 구성)를 구성한다.
- mlag 롤: MLAG^{Multi-link aggregation}(여러 개의 링크를 논리적 단일 링크로 구성하는 것)을 이용해 TOR^{Top of rack} 스위치의 이중화를 구성한다.

롤들을 적절하게 잘 나눠서 구성하면 재사용할 수 있다는 것을 여기서 알 수 있다. 이 경우에 var 파일로 필요한 설정 변경 정보를 롤들로 넘겨주게 되며, 값들을 하드코딩하지 않는 것이 중요하다.

리프-스파인을 만드는 예제는 구축 단계의 플레이북이다. 구축할 때 단 한 번 사용하는 이것에 네트워크 엔지니어가 이렇게 시간을 많이 쏟고 관심을 가져야 하는 이유가 무엇일까? 물론 이것은 공통적으로 발생하는 잘못된 생각이다. 플레이북과 롤들로 전체 네트워크의 기대 상태를 기술한 것 때문에 발생하는 것이다. 롤들을 처음에 한 번 작성하면 향후에 언제라도 네트워크의 기대 상태를 변경할 때 사용할 수 있다.

또한 두 번째 데이터센터를 동일한 방식으로 지을 때도 앤시블 플레이북들과 롤들을 사용할 수 있다. 재해 복구 솔루션^{Disaster recovery solution}으로도 활용 가능하고 데이터센터의 IP를 재설정해야 하는 경우 상태를 변경하는 데도 쓸 수 있다. 심지어 데이터센터에서 리프, 스파인 스위치를 더 도입해 수평 확장^{scale-out}하는 경우에도 사용할 수 있다.

마지막의 예인 데이터센터를 수평 확장하는 관점에서 살펴보자. 이것은 앤시블 인벤토리에 스파인 스위치와 리프 스위치를 추가하는 아주 간단한 것일 뿐이다. 데이터센터 운영 팀에서 아리스타 스위치들을 랙에 장착하고 케이블을 연결하면 그 추가된 장비들 대상으로 딱 한 번 ZTP^{Zero Touch Provisioning}(직접적인 명령어 실행 없이 자동으로 구성을 배포, 설정하는 것)를 하면 된다.

네트워크 운영자들은 사용할 VLAN을 표기하도록 var 파일만 약간 변경하고 인벤토리만 갱신하면 된다.

다음의 예에서는 인벤토리 파일을 수정해 인프라스트럭처를 확장함으로써 스파인 스위치가 15대, 리프 스위치가 44대로 늘어났다.

실행하는 롤들은 다음의 설정들을 수행한다.

```
[spine]
spineswitch[1-15]

[leaf]
leafswitch[1-44]
```

이것은 아주 극단적인 수평 확장 예시지만 자동화를 검토할 만한 핵심 항목과 혜택을 잘 보여준다. 위와 같은 수평 확장 작업을 네트워크 엔지니어가 하려면 몇 주가 걸릴 수도 있지만 앤시블로 동일한 작업을 하면 몇 분 만에 끝난다. 물론 처음에 롤들을 만들어뒀어야 한다.

이것은 정말로 투자할 가치가 있다. 또한 스위치들을 일관된 방식으로 다른 스위치들과 동일하게 구축하므로 수작업으로 인한 에러를 없애고 네트워크 변경 작업을 더 간결하게 수행할 수 있다. 어떤 사람들은 자동화는 전적으로 수행 속도 때문에 하는 것이라고도 한다. 하지만 네트워킹에서는 정말로 일관성이 더 중요한 이유다.

수평 확장을 할 때는 동일한 spine.yml, leaf.yml 플레이북들을 기존의 스위치들을 대상으로 실행할 수도 있다. 앤시블은 구조적으로 항등적[idempotent]이며, 설정이 변경된 경우에 변경된 부분들만 스위치들에 반영하기 때문이다. 롤들이 항등적이지 않다면 호출한 모듈들에서 문제가 발생할 것이다.

이 항등성[idempotency]이 의미하는 것은 구축 단계의 플레이북 site.yml을 만들어서 spine.yml과 leaf.yml을 호출하도록 하고, 그것을 그대로 기존 스위치들 대상으로 실행할 수 있다는 것이다. 변경할 스위치들만 대상으로 한정하지 않고 재사용하더라도 기존 설정은 건드리지 않는다. 서비스 환경에서 실행하기 전에 테스트 환경에서 앤시블의 모든 변경 사항들을 검증하도록 기억하는 것이 중요하다.

변경 요청

이러한 자동화에도 네트워크 엔지니어들은 별도의 업무 절차로 수작업 기반의 변경 요청을 여전히 필요로 한다. 정말 그런가? 간단한 대답은 '필요하지 않다.' 다. 수작업 기반의 변경을 하게 되면 구축 시점에 플레이북에서 기술한 기대 상태가 깨진다. 앞으로 수행하는 모든 네트워크 변경 작업은 동일한 구성 관리 메커니즘으로 처리해야 한다. 별도의 작업 처리나 명령어 한두 개로 처리하는 그런 일은 절대 있으면 안 된다.

업무 절차를 벗어나서 변경 처리를 하면 기대 상태를 지키는 데 사용하는 앤시블 플레이북과 롤을 깨뜨리는 데 일조할 뿐이다. 자동화도 깨뜨리는 것이다. 네트워크 자동화를 활용하는 것은 모든 팀 멤버들이 수용해야 하는 전체 아니면 아무것도 없는 그런 접근 방식임을 반드시 명심해야 한다. 어떤 변경이라도 업무 절차를 벗어나서 하면 안 된다. 반복성과 믿을 만한 변경 처리의 모델을 깨뜨리는 것이다. 지원 기능이 부족하면 구축 단계의 플레이북들을 확장해 변경 업무를 수용할 수 있도록 해야 한다.

셀프서비스 운영

앤시블을 네트워크 운영에 사용할 때 병목이 발생하는 전형적인 사례 중 하나가 있다. 네트워크 변경 작업을 개발자들이 직접 수행하도록 접근 권한을 주는 데 네트워크 엔지니어들이 인색한 것이다. 일반적으로 회사에는 개발자들이 네트워크 엔지니어들보다 많기 때문에 이로 인해 네트워크 팀에서 병목이 발생한다.

이런 저항이 생기는 이유는 네트워크 변경 작업이 예로부터 아주 복잡했고, 개발자의 업무는 코드를 개발하고 응용프로그램을 만드는 것이지 네트워크 장비에

로그인해서 자신의 응용프로그램을 위해 방화벽 변경 작업을 하는 것이 아니었기 때문이다.

하지만 네트워크 엔지니어가 워크플로우 항목들의 안전성을 검증하고 정의한 셀프서비스 플레이북을 만든다면 개발자들이 안전하게 네트워크 장비들을 이용하는 데 그것을 사용할 수 있다. 이렇게 하면 병목이 없는 완전한 기회의 땅이 열리는 것이다.

네트워크 엔지니어는 아키텍트를 도우는 SME^{Subject Matter Expert}(특정 영역 전문가) 역할로 입지를 다지게 된다. 자신들의 네트워크 경험을 활용해 네트워크 자동화를 만들어서 네트워킹의 BP^{Best Practices}(최선 참고 사례)를 구현할 수 있고, 개발 팀의 필요를 지원할 수 있게 된다.

이것은 개발자가 티켓을 올리면 방화벽 포트를 수작업으로 여는 것과 같이 네트워크 엔지니어들이 수작업 기반으로 실행했던 것을 대체하는 것이다. 이것은 당연히 역할의 변동이며 업계가 진화하는 자동화된 방식의 접근이다.

방화벽 요청을 예로 살펴보자. 개발자가 새로운 응용프로그램을 만들고 테스트 환경에 그것을 배포하려고 한다. 테스트 환경을 구성할 때 네트워크 구성이 필요하면 네트워크 엔지니어가 방화벽에서 개방해야 하는 포트를 개발자에게 물어본다.

개발자는 아직 응용프로그램을 완료하지 않았으므로 이 질문에 어떻게 답변해야할지 알지 못한다. 개발자 입장에서는 테스트 환경에서 점진적으로 개발하고 싶어 한다. 따라서 매번 신규로 포트를 개방해야 한다. 개발 팀에서 추가로 개방할 포트가 나올 때마다 신규로 네트워크 티켓이 필요하다. 이것은 네트워크 엔지니어나 개발자들의 시간을 최적으로 활용하는 것이 아니다. 이는 양쪽 모두를 좌절하게 한다. 네트워크 엔지니어가 시간을 사용한다면 방화벽 포트를 개방하는 티켓 처리가 아니라 네트워크를 최적화하거나 향상된 경고 기능을 추가하는 쪽이 더 낫다.

앤시블로 셀프서비스 파일을 만들 수 있다. 개발자는 jinja2 템플릿을 만들어서 소스 관리 시스템에 체크인한 후 `template:` 모듈을 사용해 방화벽 변경 처리를 하는 설정 파일을 찾아낼 수 있다. 이렇게 하면 현재의 방화벽 설정 행들을 찾을 수 있고 개발자들이 신규로 행을 추가한 후 방화벽에 포트를 개방하는 요청을 입력할 수 있다.

네트워크 엔지니어는 그 변경 사항을 검토하고 승인하거나 거절할 수 있다. 승인하는 경우 앤시블에서는 자동적으로 변경 사항을 테스트 환경으로 전송한다. 그리고 설정이 반영돼 동작하기 시작한다.

다음의 예에서는 플레이북 파일을 보여준다. firewall.config 파일을 갱신된 firewall.j2 템플릿 파일로 교체하고 새로운 템플릿에서 방화벽 구성 정보를 다시 로딩하는 것을 수행한다.

```
tasks:
  - name: Replace firewall module
    template: src=/firewall_template/firewall.j2 dest=/etc/firewall.conf owner=bin group=admin mode=0644
  - name: Reload config
    fw_config: state=reload
```

이를 통해 네트워크 팀은 셀프서비스 모델을 만들 수 있다. 이로써 네트워크 변경 처리의 속도가 증가한다. 네트워크 팀이 병목되는 것 또한 사라진다. 네트워크 변경에 필요한 검증과 통제를 만드는 것이 그다음 할 일들이다.

셀프서비스는 네트워크 엔지니어가 더 이상 필요하지 않다는 의미가 아니다. 매일매일 튀어나오는 요청들의 끊임없는 흐름을 지원하려고 항상 전력으로 질주하던 상황 대신에 업무 절차의 길목 지킴이가 된다는 의미다.

요약

이 장에서는 앤시블을 이용해 네트워크 장비들을 서버 측면에서 구성 관리하는 것을 살펴봤다. 또한 업계를 선도하는 네트워크 장비 업체들인 아리스타, 시스코, 주니퍼 등도 살펴봤다. 이들은 자동화에 잘 어울리는 개방형 표준과 프로토콜들을 사용해 운영 모델을 완전히 바꿨다.

이제 시스코, 주니퍼, 아리스타 등의 네트워킹 운영체제에 친숙할 것이다. 앤시블 구성 관리 도구와 개념들도 마찬가지다. 앤시블 인벤토리, 앤시블 모듈, 앤시블 플레이북, 앤시블 롤, 앤시블 var 파일, 그리고 jinja2 템플릿 등이다. 독자들은 앤시블 갤럭시도 알게 됐다. 앤시블로 네트워크 장비 관리를 할 때 앤시블 갤럭시는 핵심 앤시블 모듈로서 네트워크 자동화 및 방법론에 유용하다.

이 장에서는 독자들에게 앤시블 같은 도구를 사용해 네트워크 엔지니어가 수행하는 매일매일의 네트워크 운영 작업들을 자동화하는 사례를 보여줬다. 또한 구성 관리 도구를 활용해 자신들의 네트워크를 자동화하고 개선하는 방법에 대한 통찰력도 제공했다.

이 장에서 강조한 핵심 사항은 앤시블 같은 구성 관리 도구들이 이제는 네트워크 운영을 내재적으로 지원한다는 것이다. 또한 시스코, 주니퍼, 아리스타와 같은 장비 업체들이 네트워크 운영 자동화를 위해 모듈을 만들었다는 것도 기억해야 한다. 선도 네트워크 장비 업체들이 완전하게 지원하는 이러한 방법으로 네트워크 운영을 자동화하는 것을 시작하지 않을 이유가 이제는 전혀 없다. 장비 업체들은 미래의 네트워크 운영이 SDN 작업이라는 것을 알고 있다.

앤시블이 아주 유연한 도구라는 것을 우리는 함께 확인했다. 주요 강점 가운데 하나가 바로 API를 오케스트레이션해 소프트웨어 배포를 계획적으로 적용하는 데 도움을 줄 수 있는 기능이다. 부하 분산 응용프로그램은 소프트웨이 개발 배포 절차에서 기본적인 구성 요소다. 따라서 다음 장에서는 부하 분산기들을 관리하고 복잡한 부하 분산 솔루션들을 네트워크 팀이 쉽게 관리하는 데 도움을 줄 수 있는 구성 관리 원칙들을 살펴볼 예정이다.

다음은 앤시블의 네트워크 자동화에 유용한 링크들이다.

- https://www.youtube.com/watch?v=7FphWEFQbac
- https://www.youtube.com/watch?v=VYEVjKvMKqU

다음은 시스코에 대한 유용한 링크들이다.

- https://pynet.twb-tech.com/blog/automation/cisco-ios.html
- http://www.cisco.com/c/en/us/support/switches/nexus-7000-series-switches/products-command-reference-list.html

다음은 주니퍼에 대한 유용한 링크들이다.

- https://www.juniper.net/documentation/en_US/junos15.1/topics/concept/junos-script-automation-overview.html
- http://www.juniper.net/techpubs/software/junossecurity/junos-security10.4/junos-security-clireference/junos-security-cli-reference.pdf

다음은 아리스타에 대한 유용한 링크들이다.

- https://www.arista.com/en/products/eos/automation
- https://www.arista.com/docs/Manuals/ConfigGuide.pdf

5

앤시블로 부하 분산기
오케스트레이션하기

이 장에서는 요즘 시장에서 인기 있는 부하 분산 솔루션들을 집중적으로 살펴보고 부하 분산 응용프로그램들에 대한 접근법을 알아본다.

또한 AWS, 마이크로소프트 어주어, 구글 클라우드, 오픈스택과 같은 클라우드 솔루션들의 출현이 부하 분산 기능에 가져온 영향을 살펴본다(분산형 부하 분산 전략과 중앙 집중식 부하 분산 전략이다). 이 장에서는 응용프로그램에서 필요로 하는 부하 분산 기능을 자동화하는 데 도움이 되도록 앤시블^{Ansible}로 부하 분산기들을 오케스트레이션하는 실제적인 구성 관리 업무 절차를 알려준다.

이 장에서는 다음의 주제를 다룬다.

- 중앙 집중식 및 분산형 부하 분산기들
- 인기 있는 부하 분산 솔루션들
- 재사용 불가^{Immutable} 서버들과 고정적인 서버들 부하 분산하기
- 앤시블로 부하 분산기 오케스트레이션하기

중앙 집중식 및 분산형 부하 분산기들

마이크로서비스 아키텍처를 도입하면 개발 팀에서는 서비스 환경의 응용프로그램들을 더욱 자주 변경하게 된다. 개발자들은 더 이상 소프트웨어 배포를 분기별로 할 필요가 없다.

지속적 개발[CD, Continuous Delivery]과 데브옵스로 전환함에 따라 응용프로그램들은 이제 매주, 매일 또는 심지어 매시간 배포된다. 또는 마이크로서비스의 일부를 갱신하거나 배포하기도 한다.

여러 조직들에서는 마이크로서비스 아키텍처가 관리하기에 더 쉽다는 것을 알았다. 이에 따라 거대한 일체형 응용프로그램을 만드는 것에서 떠나가기 시작했다. 마이크로서비스 응용프로그램들은 거대한 단일의 응용프로그램을 더 작은 관리 가능한 단위로 쪼갠 것이다. 이를 통해 응용프로그램의 기능들을 고객들에게 더 자주 배포할 수 있다. 배포할 때 전체 제품을 모두 재배포할 필요가 없기 때문이다. 하나의 기능을 배포하려면 단지 하나의 작은 마이크로서비스만 재배포하면 된다는 의미다. 배포 절차가 더 잦고 연속적이기 때문에 정상적으로는 완전히 자동화되고 궁극적으로는 부하를 잘 분산하는 방식이 더 잘 어울린다.

마이크로서비스 아키텍처는 또한 대형 회사에 많은 도움이 된다. 보통 여러 개의 사무실과 나라들에 흩어져 있고 여러 팀들이 각각의 마이크로서비스들을 가지고 있으므로 각자 독립적으로 배포한다.

이는 물론 개발 팀에서 의존성 관리를 검증할 방법이 필요하다는 뜻이다. 따라서 마이크로서비스가 배포됐을 때 다른 마이크로서비스를 깨뜨리지 않는다는 것을 적절한 테스트로 확실하게 검증할 업무 부담이 생긴다.

결과적으로 개발자들은 모조품 서비스[Mocking Services]나 기본형 서비스[Stubbing Services]를 만들 필요가 있다. 그렇게 하면 서비스용으로 전체를 배포하지 않고도 여러 소프트웨어 버전들에 대해 마이크로서비스 응용프로그램들을 효과적으로 검증할 수 있다.

마이크로서비스 아키텍처를 만드는 것은 비즈니스에 대한 거대한 인식의 전환이다. 하지만 경쟁에서 살아남으려면 필요한 것이다. 거대한 단일 응용프로그램을 배포하는 것은 보통 어렵고 조직의 시간을 많이 잡아먹는 일이다. 분기별로 배포 주기를 가져가는 회사는 새로운 기능을 더 빨리 더 세밀하게 출시하는 경쟁자에게 결국은 지고 말 것이다.

마이크로서비스 아키텍처를 사용함에 따라 테스트 환경에서도 서비스 환경과 동일한 부하 분산 기능을 활용하는 것이 더 중요하게 됐다. 얼마나 역동적인 환경을 제공하는지가 중요하기 때문이다.

테스트 환경의 부하 분산 구성을 서비스 환경과 가능한 한 유사하게 하는 것이 필수가 됐으며, 구성 관리 도구를 이용해 부하 분산기의 기대 상태$^{Desired\ state}$를 관리할 수 있다.

마이크로서비스 아키텍처를 지원하기 위해 또한 책임을 위임하는 것도 점검해야 한다. 부하 분산 기능을 네트워크 팀에 요청해 관리하는 것이 아니라 그 반대로 개발 팀을 방해하지 않도록 개발 팀에 그 관리 권한을 넘기는 것이다. 물론 이것은 문화적 변화다. 운영 모델에서 필요한 변화가 일어나도록 하려면 선임 관리자들의 후원이 필요하다.

마이크로서비스 응용프로그램들을 사용할 때의 부하 분산 요건은 응용프로그램을 개발해감에 따라 또는 규모를 확대하거나 줄이는 것에 따라 진화한다. 따라서 중앙 집중화된 네트워크 팀에서 부하 분산 변경 처리를 하도록 기다리는 것이 아니라 개발자들이 셀프서비스로 작업할 수 있도록 기능을 제공하는 것이 중요하다.

마이크로서비스 아키텍처로 바뀜에 따라 응용프로그램의 배포를 하이브리드 클라우드와 부하 분산 대상들 전체를 대상으로 하기 위해 많은 업체들이 PaaS 솔루션들을 내놓았다. 이러한 솔루션들을 지원할 수 있도록 네트워킹과 부하 분산의 전반적인 것들 역시 진화해야 한다.

업체에서 제공하는 PaaS 솔루션들은 기술이 부족하고 스스로 배포 파이프라인을 만들 수 없는 회사들에게 좋은 선택 방안이다. 스스로 하는 경우 구성 관리 도구는 셰프Chef, 퍼핏Puppet, 앤시블Ansible, 솔트Salt 등을 사용하며 응용프로그램을 클라우드 환경에 배포할 때 사용한다.

배포에 대한 접근 방식에 상관없이 스스로 하는 PaaS나 업체에서 제공하는 PaaS 중 하나를 반드시 사용하라. 마이크로서비스든 대형 단일 응용프로그램이든 퍼블릭, 프라이빗, 하이브리드 클라우드를 고려한다면 PaaS가 필요하다.

결론적으로 네트워킹과 부하 분산은 다양한 업무 부하를 지원하기 위해 적응 및 변화할 수 있어야 한다. 조직의 최종 목표가 궁극적으로는 마이크로서비스 아키텍처라 하더라도 현실적으로는 대부분의 회사들에서 복합적인 접근법을 수용해야 한다. 단일형과 클라우드 방식의 마이크로서비스를 모두 지원할 수 있도록 중앙 집중식과 분산형 부하 분산 방식을 준비해야 한다.

중앙 집중식 부하 분산

전통적으로 부하 분산기들은 매우 복잡한 구조와 함께 외부에 물리적인 장비로 설치했고 매우 비싼 장비들을 사용했다. 웹 콘텐츠를 제공할 때는 SSL 요청을 비싼 물리적 장비에서 처리하면서 부하 분산 기능을 처리하도록 구성했다.

컨텍스트 스위칭 방식으로 요청을 응용프로그램으로 라우팅하도록 구성하기 때문에 부하 분산기들은 복잡한 설정을 가진다. 요청 사항들은 백엔드의 물리적 서버들에서 직접 처리한다.

이것은 단일 방식의 구성에서 적절한 것으로, 응용프로그램들은 일반적으로 외부 연결이 없으며 다음과 같은 3계층 모델이다.

- 프론트엔드 웹 서버
- 비즈니스 로직 계층
- 데이터베이스 계층

이 구조에서는 트래픽이 프론트엔드, 비즈니스 로직, 데이터베이스로 이어지는 수직North to South 방향이므로 네트워크에서 수평East to west 트래픽이 그리 많이 발생하지 않는다. 요청 사항을 처리하고 최종 사용자에게 결과를 제공하는 시간을 최소화하도록 네트워크를 설계한다. 항상 코어 네트워크를 통해 서비스가 제공된다.

분산형 부하 분산

마이크로서비스 아키텍처로 진화함에 따라 응용프로그램이 동작하는 방식도 어느 정도 바뀌었다. 응용프로그램들이 자체적으로 처리하는 정도가 낮아졌고 동일한 테넌트 네트워크에 존재하는 관련 있는 마이크로서비스 응용프로그램들과 통신하게 됐다. 심지어는 여러 다른 테넌트까지 연결되기도 한다.

이 말은 데이터센터에서 수평 트래픽이 아주 많이 늘어났다는 것이다. 예전에는 트래픽이 항상 코어 네트워크를 지나갔지만 이제는 데이터센터의 트래픽이 항상 코어 네트워크를 지나는 것은 아니다.

그 대신에 마이크로서비스 응용프로그램들의 클러스터를 가동하고 x86 소프트웨어 부하 분산 솔루션들로 테넌트 네트워크 내에서 부하를 분산한다. 마이크로서비스 클러스터의 가상 IPVIP, Virtual IP의 종단점을 노출해 인접한 마이크로서비스에서 필요하면 사용할 수 있도록 구성한다.

가상 머신, 컨테이너, 소프트웨어 정의 오버레이 네트워크 등이 점점 더 인기를 얻음에 따라 이제는 테넌트 네트워크에서 응용프로그램의 부하를 분산하는 데 소프트웨어 부하 분산 솔루션들을 사용한다. 중앙 집중 방식의 부하 분산 솔루션을 꽂아야만 하는 것과는 반대되는 것이다.

결과적으로 부하 분산 장비 업체들은 이에 적응해 물리적 장비의 가상화 버전 또는 컨테이너화된 버전을 출시할 수밖에 없었다. 마이크로서비스에서 일반적으로 사용하는 소프트웨어 방식의 오픈소스 부하 분산 솔루션보다 경쟁력을 유지하려는 목적이다.

인기 있는 부하 분산 솔루션들

응용프로그램들이 단일형에서 마이크로서비스로 옮겨감에 따라 부하 분산 요건들도 의심의 여지없이 바뀌었다. 오늘날 우리는 오픈소스 부하 분산 솔루션들로 옮겨가는 것을 많이 볼 수 있다. AWS의 VPC 내에서 또는 오픈스택의 테넌트 네트워크 내에서 수평 트래픽을 지원할 목적으로 오픈소스 부하 분산 솔루션들이 가상 머신이나 컨테이너들과 밀결합돼 연동된다. 중앙 집중식 물리적 장비를 꽂는 것과는 반대되는 것이다.

오픈소스 부하 분산 솔루션들 중 현재 가능한 것으로는 Nginx, HAProxy, AWS의 일래스틱 부하 분산 기능Elastic Load Balancing feature(https://aws.amazon.com/elasticloadbalancing/)이 있다. 앞의 두 가지는 개발자들이 자신들의 응용프로그램들을 부하 분산하는 데 많이 사용한다.

몇 년 전에는 시트릭스의 넷스케일러NetScalers(https://www.citrix.com/products/netscaler-adc/)와 F5의 빅-IPBig-IP(https://f5.com/products/big-ip) 솔루션들이 기업의 부하 분산 시장을 독점하고 있었다. 지금은 수많은 신규 솔루션들이 출시돼 부하 분산 시장의 판도가 많이 바뀌었다.

애비 네트웍스Avi Networks(https://avinetworks.com/)와 같은 새로운 부하 분산 스타트업들은 x86 컴퓨트와 소프트웨어 솔루션에 초점을 맞춰 부하 분산 솔루션을 제공하려고 노력한다. 분산 방식 및 중앙 집중식 부하 분산 전략을 지원해 현대적인 마이크로서비스 응용프로그램뿐만 아니라 기존의 단일형 응용프로그램도 동시에 지원하도록 만들어졌다.

이 책의 목적은 부하 분산 장비 업체의 솔루션을 평가하는 것이 아니다. 하나로 모두를 만족시키는 솔루션은 없다. 부하 분산 솔루션의 선정은 회사에서 필요로 하는 트래픽의 패턴, 성능, 이동성 등에 따라 이뤄진다.

이 책에서는 성능 지표를 깊이 다루지 않을 것이다. 이 책의 목표는 각 장비 업체들로부터 지금 가용한 다양한 부하 분산 전략들을 살펴보는 것이다. 그리고 부하 분산기들을 완전히 자동화하고 오케스트레이션하는 데 활용할 수 있는 구성 관리 방법들도 살펴본다. 이는 반대로 네트워크 팀이 부하 분산 네트워크 작업을 자동화하는 데도 도움을 준다.

시트릭스 넷스케일러

시트릭스 넷스케일러는 조직의 부하 분산 요건들을 충족하기 위해 제품들의 포트폴리오를 제공한다. 시트릭스는 다양한 여러 제품들을 최종 사용자에게 제공하며 MPX, SDX, VPX 등이 있고 가장 최근에는 CPX 어플라이언스를 제공한다. 제품이 지원하는 총처리량^{throughput}을 기반으로 각 제품마다 유연한 라이선스 가격을 제공한다.

MPX와 SDX는 넷스케일러의 하드웨어 어플라이언스며 VPX는 가상화된 넷스케일러, CPX는 컨테이너화된 넷스케일러다.

이 제품들은 모두 구매한 라이선스에 따라 여러 종류의 총처리량을 지원한다 (https://www.citrix.com/products/netscaler-adc/platforms.html).

시트릭스 넷스케일러 제품군은 모두 동일한 공통 API와 코드를 공유해 소프트웨어가 완전히 일관성을 지닌다. 넷스케일러는 REST API 외에도 파이썬, 자바, C# 니트로 SDK도 가지고 있다. 이들은 GUI로 최종 사용자가 할 수 있는 모든 넷스케일러의 작업들을 지원한다. 모든 넷스케일러 제품들의 넷스케일러 객체와 엔티티는 프로그래밍으로 제어할 수 있다. MPX, SDX, VPX, 또는 CPX상에서 부하분산이나 라우팅을 제어하기 위해 설정해야 하는 것들은 모두 가능하다.

넷스케일러 MPX 어플라이언스는 중앙 집중식 물리적 부하 분산기로 대규모의 초당 트랜잭션$^{TPS, Transactions per second}$을 처리하는 데 사용한다. MPX는 다양한 보안 기능을 가지고 있고 RoHS$^{Restriction of Hazardous Substances}$(유해 물질 제한 지침, EU 제정)와 FIPS$^{Federal Information Processing Standard}$(보안 정보 처리 표준, NIST 제정)를 준수하므로 특정한 규제 기준에 따라 비즈니스 요건의 규제가 많이 엄격한 산업 분야에서 사용한다.

MPX는 일반적으로 SSL 오프로딩을 할 때도 사용한다. 대규모의 SSL 총처리량을 지원해 매우 높은 성능을 발휘하는 응용프로그램에 아주 유용하다. SSL 오프로딩을 하드웨어 어플라이언스 기반으로 수행하는 것이다.

MPX는 4계층의 부하 분산이나 7계층의 컨텍스트 스위칭을 사용해 트래픽을 다른 테넌트 네트워크로 보낼 수 있다. 또는 트래픽을 두 번째 부하 분산 계층으로 보낼 수도 있다.

넷스케일러 SDX 어플라이언스도 중앙 집중식의 물리적 어플라이언스로 대량의 TPS를 처리하는 데 사용한다. SDX에서는 여러 개의 VPX 어플라이언스들을 HA 쌍으로 구성해 SDX의 총처리량과 장애 탄력성을 높일 수 있다.

넷스케일러는 또한 GSLB^Global Server Load Balancing(데이터센터 간 부하 분산)를 지원해 수평 확장 모델에서 여러 개의 VPX HA 쌍들 간에 분산형으로 부하를 배분할 수 있다. 트래픽을 여러 개의 HA 쌍들 간에서 보낼 때는 CNAME을 활용한다.

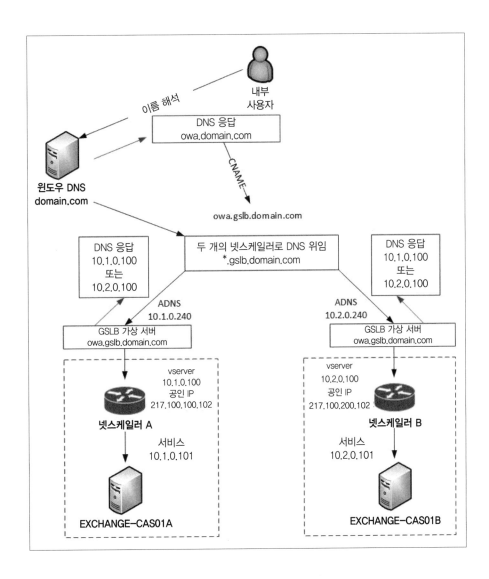

VPX는 모든 x86 하이퍼바이저에 설치 가능하며 VM 어플라이언스로 활용할 수 있다. 이제 새로 나온 CPX는 넷스케일러를 도커^{Docker} 컨테이너에 넣는다. 기존의 중앙 집중식 모델로 구성하는 것과는 다르게 테넌트 네트워크 내에 배포할 수 있는 것이다. 모든 어플라이언스들은 SSL 인증서를 할당해 사용할 수 있다.

모든 넷스케일러 어플라이언스들은 MPX, SDX, VPX, CPX 어느 것이든지 동일한 객체 모델과 코드를 활용한다. 다음에 나오는 대표적인 엔티티들을 소프트웨어로 정의해 애플리케이션 부하 분산을 실행한다.

- 서버^{Server}: 넷스케일러의 서버 엔티티는 가상 머신이나 물리적 서버의 IP 주소를 서버 엔티티에 엮는 역할을 한다. 이 말은 IP 주소가 다른 넷스케일러 엔티티에 일단 엮이게 되면 부하 분산의 후보가 된다는 뜻이다.

- 모니터^{Monitor}: 넷스케일러의 모니터 엔티티는 서비스나 서비스 그룹^{Service Group}에 연결하며 가동 상태 점검 기능을 제공한다. 연결된 서버 엔티티들의 가동 상태를 지켜보는 데 사용하며, 가동 상태를 점검하는 것은 web-ping처럼 아주 단순하다. 점검 결과가 좋지 않으면 서비스나 서비스 그룹을 정지된 것으로 표기하고 트래픽을 그리로 보내지 않는다.

- 서비스 그룹^{Service Group}: 넷스케일러의 서비스 그룹 엔티티는 하나 이상의 서버들로 구성된 그룹을 lbvserver 엔티티에 엮는 데 사용한다. 서비스 그룹은 하나 이상의 모니터를 가질 수 있고 관련된 서버들의 가동 상태를 점검하도록 설정할 수 있다.

- 서비스^{Service}: 서비스 엔티티는 하나의 서버 엔티티와 하나 이상의 모니터 가동 상태 점검 기능을 하나의 lbvserver 엔티티에 엮는 데 사용한다. 또한 서버가 가동 중인지 점검하기 위한 프로토콜과 포트를 규정할 때 사용한다.

- lbvserver: lbvserver 엔티티는 순차 방식^{Round Robin}이나 최소 연결^{Least Connection}과 같은 부하 분산 정책을 결정한다. 하나 이상의 서비스 그룹 엔티티와 연결돼 있고 가상의 IP 주소를 외부로 노출한다. 최종 사용자는 웹 응용프로그램들이나 웹 서비스 종단점에 접근할 때 가상의 IP 주소를 경유한다.

- gslbvserver: 넷스케일러 어플라이언스들 간에 DNS 기반 부하 분산을 하는 경우 필수적으로 필요하다. gslbvserver 엔티티는 gslb 도메인 명칭과 TTL을 지정할 때 사용한다.

- csvserver: csvserver 엔티티는 gslbvserver 도메인이나 lbvserver IP 주소에서 다른 lbvserver들로 7계층 컨텍스트 스위칭을 제공할 때 사용한다. 또한 넷스케일러 어플라이언스를 사용해 트래픽을 라우팅할 때 사용한다.
- gslbservice: gslbservice 엔티티는 gslbvserver 도메인을 하나 이상의 gslbserver 엔티티들에 엮어서 트래픽을 넷스케일러 어플라이언스들 간에 배분하는 데 사용한다.
- gslbserver: gslbserver 엔티티는 넷스케일러 어플라이언스의 GSLB 적용 IP 주소다.

단순한 부하 분산은 서버, 모니터, 서비스 그룹/서비스, lbvserver의 조합으로 구성할 수 있다. gslbvserver와 csvserver를 사용하면 컨텍스트 스위칭으로 복잡한 라우팅과 장애 탄력성에 대한 더 복잡한 요구 사항들에 대응할 수 있다.

F5 빅-IP

F5 빅-IP 스위트는 F5 자체의 TMOS 실시간 운영체제에 기반을 두고 있다. 자체적으로 모든 것을 포함하고 있으며 리눅스상에서 가동된다. TMOS는 운영체제와 펌웨어로 구성되며 빅-IP 하드웨어 어플라이언스 위에서 또는 빅-IP 가상 머신 내에서 실행 가능하다. 빅-IP와 TMOS(심지어는 TMM까지)는 적용 사례에 따라 상호 혼용해 사용한다.

TMOS는 F5 어플라이언스의 핵심으로 모든 트래픽에 대한 검사 기능을 제공한다. 방화벽과 동일한 방식으로 트래픽의 유형에 따라 포워딩 결정을 하며, 사전에 정의한 프로토콜들만 F5 시스템을 통과하도록 허용한다. TMOS에는 또한 iRules 기능이 있다. 이는 F5 자체의 TCL[Tool Command Language]로 작성된 프로그래밍 스크립트다. 이를 이용해 사용자들이 자신만의 필요한 기능을 만들고 특정 이벤트 발생 시 실행되도록 설정할 수 있다. 또한 콘텐드 스위치를 통과하는 트래픽이나 중요한 HTTP 쿠키 등에 적용할 수 있다. TCL은 확장성이 높고 프로그래밍이 가능해 수많은 작업에 적용할 수 있다.

F5 빅-IP 솔루션은 대표 제품이 하드웨어 부하 분산 솔루션이다. 여러 개의 물리적 하드웨어 세트로 구성되며 사용자는 총처리량에 따라 구매할 수 있다. 또한 이중화를 위해 하드웨어 간에 상호 클러스터링으로 구성할 수 있다.

F5 빅-IP 스위트는 여러 종류의 제품으로 구성되며 부하 분산, 트래픽 관리, 방화벽 기능 등의 서비스 지원 기능들을 제공한다.

F5 빅-IP 스위트에서 제공하는 주요 부하 분산 서비스는 다음과 같다.

- 빅-IP DNS: F5의 GLB^Global Load Balancing (광역 부하 분산) 솔루션
- 로컬 트래픽 매니저: F5 빅-IP 스위트^suite의 주요 부하 분산 제품

F5 빅-IP 솔루션도 시트릭스 넷스케일러와 같이 객체 모델을 제공한다. 부하 분산을 프로그래밍으로 정의할 수 있고 가상화할 수 있다. SSL 인증서를 엔티티와 연동할 수도 있다.

F5 빅-IP는 다음에 기술한 로컬 트래픽 매니저의 객체와 엔티티로 응용프로그램의 부하를 분산 처리한다.

- 풀 멤버^Pool members: 풀 멤버 엔티티는 가상 서버나 물리 서버의 IP 주소에 할당할 수 있고 하나 이상의 풀^Pool에 한정할 수 있다. 풀 멤버는 헬스 모니터^Health monitor와 연동된다.
- 모니터^Monitor: 모니터 엔티티는 특정한 풀 멤버의 상태를 알려주며 가동 상태를 점검하는 기능을 담당한다.
- 풀^Pool: 풀 엔티티는 풀 멤버들로 구성된 클러스터를 나타내는 논리적 그룹이다. 풀 단위로 헬스 모니터와 QoS^Quality of Service를 연동할 수 있다.
- 가상 서버^Virtual servers: 가상 서버 엔티티는 단일 풀 또는 여러 개의 풀들과 연동할 수 있다. 가상 서버는 순차 방식^Round robin, 연결 개수 방식^Least Connection과 같은 부하 분산 정책을 결정한다. F5 솔루션은 또한 용량 기반의 부하 분산 방식이나 가장 빠른 연결로의 부하 분산 방식을 지원한다. iRules를 활용해 7

계층 프로파일을 가상 서버에 설정할 수 있다. 이는 풀 멤버들에 접근하는 IP 주소를 외부에 노출할 때 사용한다.

- iRules: iRules는 프로그래밍 가능한 TCL을 사용한다. 사용자들은 특수한 부하 분산 규칙을 작성할 수 있다. 예를 들어 다른 풀로 컨텍스트 스위칭하는 것과 같은 특정 이벤트에 기반한 부하 분산이 가능하다.
- 레이트 클래스^{Rate classes}: 레이트 클래스로 전송 속도를 제어할 수 있다. 총처리량의 전체 용량 중에서 특정 부하 분산 작업에서 사용할 대역폭 사용량을 제어할 수 있다.
- 트래픽 클래스^{Traffic classes}: 트래픽 클래스 엔티티는 특정 이벤트에 따라 트래픽 플로우를 제어할 때 사용한다.

애비 네트웍스

애비 네트웍스^{Avi Networks}는 상대적으로 역사가 짧은 스타트업 회사지만 아주 흥미로운 부하 분산 제품을 가지고 있다. 소프트웨어 정의의 기준을 진정으로 엄격하게 준수하는 제품이다. 이는 기업용 부하 분산 솔루션으로, 애비 컨트롤러^{Avi Controller}가 있으며 x86 컴퓨터에 설치할 수 있다. 애비 제품은 완전한 소프트웨어 솔루션이다. 분산형의 애비 서비스 엔진^{Avi Service Engine}을 테넌트 네트워크에 설치하면 AWS VPC 및 오픈스택 테넌트와 연계할 수 있다.

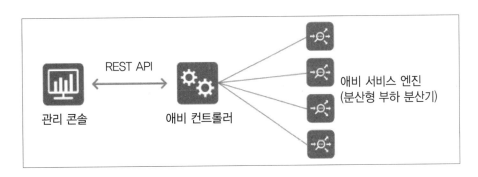

애비 네트웍스 솔루션에서는 부하 분산 서비스를 x86 하이퍼바이저에 자동화 방식으로 배포할 수 있다. 부하 분산 요구 사항에 맞춰 탄력적으로 자동 수평 확장이 가능하다. 이는 사용률 규칙에 따라 동작하며 사용자가 설정할 수 있다.

애비 네트웍스 솔루션은 여러 테넌트를 동시에 지원할 수 있으며 독립된 테넌트들도 지원한다. 실시간 응용프로그램 모니터링과 어낼리틱스 엔진^{Analytics Engine}을 가지고 있으며, 이를 통해 네트워크에서 지연이 발생하는 곳을 찾아낼 수 있고 패킷들이 어떻게 라우팅되는지 알 수 있다.

애비 네트웍스는 부하 분산 객체들을 보여주는 풍부한 그래픽 인터페이스를 제공한다. 사용자들은 부하 분산을 시각적으로 볼 수 있다. 추가적으로 안티 DDoS 기능도 지원한다.

GUI나 API를 이용해 실행하는 모든 명령어들은 동일한 REST API를 호출한다. 애비 네트웍스 솔루션은 파이썬과 REST API를 지원한다. 넷 네트웍스^{Net Networks} 객체 모델에는 수많은 엔티티들이 있어서 부하 분산 기능을 넷스케일러 및 F5와 완전히 동일한 방식으로 정의할 수 있다.

- 헬스 모니터 프로파일^{Health monitor profile}: 헬스 모니터 프로파일 엔티티는 가동 상태 속성들을 사용해 서버들의 풀^{Pool}에 대한 가동 상태 점검을 규정한다.
- 풀^{Pool}: 풀 엔티티는 가상 서버와 물리 서버들의 IP 주소들로 구성된 서버 목록이며, 헬스 모니터 프로파일과 연계된다. 풀이 가동 중지된 경우 데이터 스크립트를 이용하면 이벤트를 정의해 발생하도록 할 수 있다. 하나 이상의 풀들은 버추얼 서비스^{Virtual Service} 엔티티에 종속된다.
- 커스텀 폴리시^{Custom Policy}: 커스텀 폴리시를 이용해 사용자들은 프로그래밍으로 버추얼 서비스의 정책들을 정의할 수 있다.
- 앱 프로파일^{App Profile}: 앱 프로파일 엔티티는 각각의 응용프로그램을 모델링하는 데 사용한다. 앱 프로파일을 규정할 때 사용하는 속성 값으로는 http 속성 값들, 보안 속성, DDoS, 캐싱, 압축, PKI 속성 등이 있다. 버추얼 서비스와 연계할 수 있다.

- 어낼리틱스 프로파일^{Analytics Profile}: 어낼리틱스 프로파일은 애비 어낼리틱스 엔진^{Avi Analytics Engine}을 사용한다. 위협, 측정치^{Metrics}, 가동 상태 점수^{Health Score}뿐 아니라 지연 임계 값과 실패 코드 등을 수집한다. 이는 버추얼 서비스 엔티티와 연결된다.

- TCP/UDP 프로파일: TCP/UDP 프로파일은 사용하는 프로토콜이 TCP인지 UDP인지를 관장한다. 또 DDoS 관련 L3/L4 프로파일을 설정하는 것도 관장한다.

- SSL 프로파일: SSL 엔티티는 버추얼 서비스 엔티티에서 사용하는 SSL 암호화 ^{SSL Ciphers}를 관장한다.

- PKI 프로파일: PKI 프로파일 엔티티는 버추얼 서비스 엔티티에 종속되며, 버추얼 서비스의 인증 기관^{CA, Certificate Authority}을 나타낸다.

- 폴리시 세트^{Policy Set}: 폴리시 세트 엔티티는 보안 팀이 각각의 버추얼 서비스별로 정책을 설정하는 데 사용한다. 요청^{Request}과 응답^{Response} 정책을 관장한다.

- 버추얼 서비스^{Virtual Service}: 버추얼 서비스 엔티티는 서버들의 부하 분산 풀로 들어가는 진입 IP 주소다. 응용프로그램 풀의 부하 분산을 정의하는 모든 프로파일들과 연관되고 TCP/UDP 프로파일, 앱 프로파일, SSL 프로파일, SSL 인증서, 폴리시 세트, 어낼리틱스 프로파일 등에 종속된다.

Nginx

Nginx(https://www.nginx.com/)는 상용 버전과 오픈소스 버전을 동시에 지원하는 x86 기반의 소프트웨어 부하 분산 솔루션이다. Nginx는 HTTP 부하 분산기 및 TCP 부하 분산기로 동작하고 HTTP, TCP, UDP까지 지원하며 SSL/TLS 종단 기능을 지원한다.

Nginx는 keepalived를 사용해 고가용성 방식으로 이중화를 지원한다. 하나의 Nginx 부하 분산기에 장애가 발생하면 중단 없이 제로 다운타임^{Zero Downtime}으로 백업 절차가 이뤄진다.

Nginx 플러스^{Nginx Plus}는 상용 제품으로 오픈소스 버전보다 더 많은 기능들을 지원한다. 능동적 가동 상태 점검^{Active Health Check}, 세션 유지^{Session Persistence}, 캐싱 등의 기능들을 지원한다.

Nginx에서 부하 분산 설정은 nginx.conf 파일에서 구문을 선언하는 방식으로 한다. 동작 방식은 부하 분산 설정을 단순하게 하려는 원칙을 준수한다. 넷스케일러, F5나 애비 네트웍스와는 달리 부하 분산 규칙을 정의하는 데 객체 모델을 사용하지 않는다. 대신에 Nginx는 부하 분산 대상인 물리 서버나 가상 머신을 백엔드 서버들로 기술한다. 이때 선언적 구문^{Declarative Syntax}을 사용한다.

다음의 간단한 예에서는 세 개의 서버들인 10.20.1.2, 10.20.1.3, 10.20.1.4가 있다. 모두 다 선언적 구문을 사용해 80포트에서 부하 분산을 한다. 부하 분산을 제공하는 URL은 http://www.devopsfornetworking.com/devops_for_networking이다.

```
http {
upstream backend {
        server 10.20.1.2;
        server 10.20.1.3;
        server 10.20.1.4;
}

server {
  listen 80;
  server_name www.devopsfornetworking.com;
  location / {
    proxy_pass http://devops_for_networking;
  }
}
```

기본적으로 Nginx는 순차적 방식으로 서버 간 부하 부산을 수행한다. 물론 다른 부하 분산 방식도 지원한다.

Nginx의 least_conn 부하 분산 방식은 특정 시점에 연결 개수가 가장 적은 백엔드 서버로 트래픽을 보내는 것이다. ip_hash 방식은 사용자의 요청 전체에 대해 동일한 발신지 주소를 동일한 백엔드 서버로 연결한다.

스틱키 세션^{Sticky Session}을 사용하면 유용할 때가 있다. 트랜잭션이 처리되는 동안 모든 요청들을 동일한 서버에 보내는 것으로, 응용프로그램에 따라 필요할 때가 있다.

하지만 상용 버전인 Nginx 플러스 버전은 부하 분산 방식으로 `least_time` 방식도 지원한다. 이는 활성화된 연결의 개수에 기반해 백엔드 서버로의 최소 지연 시간을 계산한다. 그러한 계산을 바탕으로 요청들을 적절하게 전달한다.

Nginx 부하 분산기는 부하 분산을 처리할 때 항상 가중치 시스템을 사용한다. 모든 서버는 기본적으로 가중치로 1 값을 가진다. 가중치 값이 1이 아닌 값을 서버에 설정하면 백엔드의 다른 서버들이 요청들을 처리하지 못하는 상황이 되기 전에는 그 서버로 요청을 보내지 않는다. 이것은 백엔드 서버로 가는 트래픽을 특정 용량까지로 한정하는 데 유용하다.

다음의 예에서 백엔드 서버로 최소 연결 방식의 부하 분산을 설정한 것을 볼 수 있다. 서버 10.20.1.3은 가중치 값으로 5를 가진다. 이는 10.20.1.2와 10.20.1.4가 최대치를 넘어섰을 때만 10.20.1.3 백엔드 서버로 요청들이 보내진다는 뜻이다.

```
http {
  upstream backend {
        least_conn;
        server 10.20.1.2;
        server 10.20.1.3 weight=5;
        server 10.20.1.4;
  }

  server {
    listen 80;
    server_name www.devopsfornetworking.com;
    location / {
      proxy_pass http://devops_for_networking;
    }
```

Nginx에서의 순차식 부하 분산을 기본 설정으로 하면 응답하지 않는 서버들로도 요청들을 계속 보낸다. 이에 대한 보완으로 `max_fails`와 `fail_timeouts`를 활용하면 된다.

다음의 예에서 10.20.1.2와 10.20.1.4는 `max_fail` 횟수 값으로 2, `fail_timeout` 값으로 1초를 가진다. 이 값을 초과하면 Nginx에서는 이 서버들로 트래픽을 보내지 않을 것이다.

```
http {
  upstream backend {
        server 10.20.1.2 max_fails=2  fail_timeout=1s;
        server 10.20.1.3 weight=5;
        server 10.20.1.4 max_fails=2  fail_timeout=1s;
  }

  server {
    listen 80;
    server_name www.devopsfornetworking.com;
    location / {
      proxy_pass http://devops_for_networking;
    }
}
```

HAProxy

HAProxy(http://www.haproxy.org/)는 오픈소스 x86 소프트웨어 부하 분산기로 세션 인지가 가능하며 4계층 부하 분산도 지원한다. HAProxy 부하 분산기는 요청의 내용에 기반한 7계층 컨텍스트 스위칭도 수행할 수 있으며 SSL/TLS 종단점 역할도 가능하다.

HAProxy는 주로 HTTP 부하 분산 용도로 사용한다. 또한 두 개의 아파치^{Apache} 설정을 사용하는 keepalived 설정을 이용해 이중화 방식으로 구성할 수 있다. 마스터^{Master}에 장애가 발생하면 슬레이브^{Slave}가 마스터가 돼서 최종 사용자의 서비스에는 단절이 없도록 한다.

HAProxy는 선언적 설정 파일을 사용해 상용 부하 분산 솔루션들의 객체 방식에 반하는 부하 분산을 지원한다. 객체 방식은 넷스케일러, F5, 애비 네트웍스에서 사용한다.

HAProxy 설정 파일은 다음과 같은 선언적 설정 섹션들이 있어 부하 분산 설정을 지원한다.

- 백엔드^{Backend}: 백엔드 선언은 그 안에 하나 이상의 서버들을 가진다. 백엔드 서버들은 DNS 레코드나 IP 주소 형식으로 추가할 수 있다. 여러 개의 백엔드 선언들을 하나의 HAProxy 서버에 설정할 수 있다. 순차적 방식이나 최소 연결 방식 등의 부하 분산 알고리즘도 선택할 수 있다. 다음의 예에서는 두 개의 백엔드 서버, 10.11.0.1과 10.11.0.2가 있고 80포트에 대해 순차적 방식으로 부하 분산을 한다.

```
backend web-backend
    balance roundrobin
    server netserver1 10.11.0.1:80 check
    server netserver1 10.11.0.2:80 check
```

- 체크^{Check}: 어떤 이유든 간에 서버가 사용 불능 상태가 됐을 때 사용자들이 백엔드에서 서버를 수동으로 제거하지 않아도 되도록 도와주는 것이 체크 기능이다. 이는 서비스 단절이 발생하는 것을 방지한다. HAProxy의 기본적인 방식은 서버의 기본 포트와 IP로 TCP 연결을 항상 시도한다. 요청을 처리하지 못하는 서버들에 대해서는 서비스 단절을 피하기 위해 HAProxy에서 자동적으로 해당 서버들을 비활성화한다. 서버들은 점검을 통과해야만 다시 활성화할 수 있다. 백엔드의 모든 서버들에 대한 가동 상태 점검을 실패했을 때 HAProxy는 전체 백엔드가 가용 불가하다고 알려준다.

  여러 다양한 가동 상태 점검들은 백엔드 서버들에 설정할 수 있다. { health_ check } 옵션을 줄 항목으로 추가하면 된다. 예를 들어, 다음의 예처럼 tcp-check를 설정하면 부하 분산은 443포트에 대해 하지만, 8080포트에 대한 가동 상태를 점검할 수 있다.

```
backend web-backend
    balance roundrobin
    option tcp-check
    server netserver1 10.10.0.1:443 check port 8080
    server netserver2 10.10.0.2:443 check port 8080
```

- ACL^{Access Control List}(접근 제어 목록): ACL 선언을 사용하면 헤더를 검사하고 그 헤더에 따라 특정 백엔드 서버로 트래픽을 보낼 수 있다. HAProxy의 ACL을 설정하면 조건을 찾으려 하고 그에 따른 수행 사항을 시행한다.

- 프론트엔드^{Frontend}: 프론트엔드를 선언하면 HAProxy 부하 분산기에서 여러 종류의 트래픽을 처리할 수 있다.

  다음의 예에서는 HAProxy가 80포트로 http 트래픽을 받는다. /web-network로 시작하는 요청만 처리하도록 ACL이 설정돼 있으며, 해당 ACL에 일치하면 그 트래픽은 high-perf-backend로 보낸다.

```
frontend http
  bind *:80
  mode http
  default_backend web-backend
  acl www.devopsfornetworking.com /web-network
  use_backend high-perf-backend if web-network
```

재사용 불가 인프라스트럭처와 고정적인 인프라스트럭처 부하 분산하기

AWS와 오픈스택 같은 퍼블릭, 프라이빗 클라우드 솔루션들이 나타남에 따라 기존의 고정적인 서버들 대신에 재사용 불가^{Immutable}한 인프라스트럭처를 활용하는 방식으로 일대 전환이 일어났다.

이로 인해 '애완동물과 목장소^{Pets versus Cattle}' 논쟁이 촉발됐다. 이는 가트너에서 정의한 '바이모달^{Bi-modal}'과 동일하다(http://www.gartner.com/it-glossary/bimodal/).

가트너에 따르면 두 가지 다른 전략을 수용할 필요가 있다. 하나는 새로운 마이크로서비스, '목장소'를 위한 것이고, 다른 하나는 기존 인프라스트럭처인 '애완동물'을 위한 것이다. 목장소는 원래의 목적을 달성했거나 이슈가 발생하면 없애 버리는 서버들을 말한다. 일반적으로 단 한 번의 배포 주기 동안만 지속된다. 반대로 애완동물은 수개월에서 수년의 가동 시간^{uptime}을 가져가는 서버들이다. 운영 조직에서 패치도 하면서 잘 관리해야 하는 서버들이다.

가트너는 애완동물을 모드-1로, 목장소를 모드-2로 정의한다. 애완동물은 거대한 한 통짜리의 모든 응용프로그램을 처리할 수 있다. 외부에서는 단일 어플라이언스처럼 보이는 기능의 집합체도 처리 가능하고 데이터베이스처럼 데이터를 저장하는 서비스도 가능하다. 반면에 목장소 접근법은 상태를 인지하지 않는^{Stateless} 마이크로서비스 방식의 클라우드형 응용프로그램에 적합한 것으로 평가한다.

오픈스택, AWS 같은 솔루션과 재사용 불가 인프라스트럭처는 목장소들에게만 좋다고 많이들 말한다. 거대 단일 응용프로그램과 데이터베이스는 여전히 애완동물로 남기 때문에 장수하는 서버들로 구성된 플랫폼이 필요하다고 말한다.

개인적으로 애완동물이냐 목장소냐 하는 논쟁은 아주 게을러터진 논쟁이고 지루한 것이라고 생각한다. 응용프로그램을 두 개의 통(애완동물, 목장소)에 쑤셔 넣기보다는 소프트웨어 전달 문제로 다뤄야 한다. 그러면 이것은 상태를 인지하지 않는^{Stateless} 읽기 응용프로그램과 캐싱 및 데이터 처리를 담당하는 상태 인지^{Stateful} 응용프로그램의 문제가 된다. 클라우드형 마이크로서비스 응용프로그램들은 여전히 데이터와 상태 정보가 필요하다. 나는 그 차이에 혼돈이 왔다.

하지만 부하 분산기가 재사용 불가 인프라스트럭처의 핵심이라는 사실은 반박의 여지가 없다. 최소한 한 개 버전의 응용프로그램은 항상 고객에게 노출해야 한다. 다른 마이크로서비스들은 그 응용프로그램이 제로 다운타임으로 항상 운영되도록 지원해야 한다.

고정적 서버와 재사용 불가 서버

역사적으로 기업의 운영 팀은 다음의 서버 운영 작업들을 수행했다.

- 랙과 케이블
- 펌웨어 업데이트 제공
- RAID 설정
- 운영체제 설치
- 운영체제 패치하기

개발자들에게 서버를 제공하기 전에 이 모든 작업들을 수행한다. 클라우드 환경 내에서도 고정적인 인프라스트럭처는 여전히 존재한다. 예를 들어 대량의 데이터를 가진 데이터베이스는 대표적으로 여전히 고정식의 물리 서버에 설치된다. 그 데이터들은 디스크에 영구적으로 보관한다.

고정적 서버들은 상태를 가진 장수 서버들을 말한다.

반면에 재사용 불가 서버들에서는 상시로 가상 머신이 변경되고 신규 가상 머신의 배포, 신규 운영체제의 설치, 신규 소프트웨어의 배포 및 삭제가 발생한다. 재사용 불가 인프라스트럭처는 그대로 둔 채로 서버의 상태를 변경하는 것이 없다는 의미다.

이 덕분에 그대로 둔 채 업그레이드하는 어려움에서 벗어날 수 있다. 얼기설기 엮인 서버 설정은 옛말이 됐다. 과거에는 아무리 잘해도 어느 정도 기간 동안은 각각의 서버들이 이상적인 상태에서 살짝 벗어날 수밖에 없었다.

과거에 소프트웨어를 배포할 때 다섯 대 중 네 대에서 동작한 버전인데, 특정 한 대의 서버에서 특정 소프트웨어 업그레이드가 동작하지 않아 몇 시간 또는 몇 날을 허비한 적이 몇 번인가?

재사용 불가 인프라스트럭처에서는 이미 아는 상태^{Known State}를 기반으로 서버들을 구성한다. 이에 따라 QA 환경, 통합 테스트 환경, 성능 및 테스트 환경, 서비스 환경까지 모두 동일한 설정을 적용할 수 있다.

클라우드 인프라스트럭처의 일부는 완전히 재사용 불가 방식으로 구성해 이러한 혜택을 누릴 수 있다. 운영체제가 그러한 후보 중 하나다. 서버를 그대로 둔 채로 패치하지 않고 단일의 골든 이미지Golden Image를 만들어서 패커Packer와 같은 자동화 도구로 완전히 자동화된 방식으로 패치할 수 있다.

캐싱 계층을 필요로 하는 응용프로그램들은 속성상 상태 인지가 더 필요하므로 여러 응용프로그램을 지원하는 항상 가용한 캐시가 필요하다. 이러한 캐싱 응용프로그램들은 클러스터로 구성해야 한다. 부하 분산이 되면서 순차적 업데이트Rolling update도 돼야 한다. 순차적 업데이트는 최소한 한 종류의 캐시 데이터는 항상 가용하도록 보장한다. 캐싱 계층에 신규 소프트웨어 배포가 필요한 경우 기존 버전을 삭제하기 전에 신규 버전으로 캐시를 반드시 동기화해야 한다.

반면에 데이터는 항상 영속적Persistent이므로 영구적 스토리지에 보관하고 운영체제에서 마운트한다. 재사용 불가 자원을 순차적으로 업데이트하는 경우 배포 절차의 중간에 운영체제 계층에서 데이터를 영구적 스토리지나 공유 스토리지에 마운트할 수 있다.

운영체제와 데이터를 분리해 모든 가상 머신들을 상태 인지하지 않도록 만들 수 있다. 예를 들면, 오픈스택 신더Cinder(https://wiki.openstack.org/wiki/Cinder)를 이용해 가상 머신들에 붙일 수 있는 볼륨Volume들에 영속적인 데이터를 저장할 수 있다.

이러한 모든 사용 사례들을 고려하고 적절한 구성 관리를 한다면 대부분의 응용프로그램들을 재사용 불가한 방식으로 배포하도록 설계할 수 있다. 장애의 단일 지점SPoF, Single Point of Failure만 아니라면 거대 단일 응용프로그램도 가능하다. 만일 어떤 응용프로그램이 장애의 단일 지점이라면 설계를 새로 해서 소프트웨어 배포 시점에 다운타임이 발생하지 않도록 해야 한다. 응용프로그램이 상태 인지가 필요하더라도 각각의 상태는 단계별로 갱신할 수 있으므로 전체적으로는 재사용 불가 인프라스트럭처 모델로 관리할 수 있다.

청색/녹색 배포

청록 배포^{Blue Green Deployment} 절차는 새로운 개념이 아니다. 클라우드 솔루션들의 열기가 퍼지기 전에 이미 존재했던 것으로, 서비스 환경의 서버들은 통상적으로 청색(실제 트래픽이 없는)과 녹색(고객 트래픽에 서비스를 제공하는)으로 이뤄진 서버들의 모음이었다. 이들은 일반적으로 청색 서버, 녹색 서버로 불렀고 배포할 때마다 교대로 변경됐다.

간단하게 말하는 청록 모델의 의미는 소프트웨어 업그레이드를 해야 할 때 청색 서버들을 최신 소프트웨어 버전으로 업그레이드한다는 것이다. 업그레이드가 끝나면 청색 서버들이 새로운 녹색 서버들이 되고, 실트래픽의 경로는 변경돼 신규로 업그레이드한 서버들에서 처리한다.

실트래픽의 경로 변경은 보통 DNS 항목을 변경해 신규로 업그레이드한 서버들을 향하도록 한다. 따라서 DNS의 TTL^{Time To Live}이 전파되기만 하면 최종 사용자의 요청들은 신규로 업그레이드한 서버들이 처리하게 된다.

이 말은 소프트웨어 배포에 문제가 있을 경우 DNS 항목을 원래대로 복구해서 기존의 소프트웨어 버전으로 롤백^{Rollback}할 수 있다는 뜻이다.

일반적인 청록 배포 절차를 다음에 기술했다.

배포 버전 1.1을 서버들 1, 2와 3에 배포하고 부하 분산기를 통해 고객들에게 서비스를 제공하며 녹색(서비스 중)이 된다.

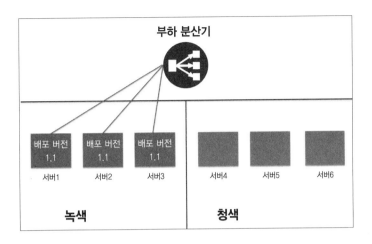

배포 버전 1.2를 서버들 4, 5와 6에 배포하고 최신의 패치 버전을 이용해 최신 배포 버전으로 업그레이드해 테스트한다. 준비되면 운영 팀은 부하 분산기를 토글^{Toggle}해 4, 5, 6번 서버가 신규 서비스 환경으로서 서비스를 제공하도록 한다. 다음 그림에서처럼 기존의 녹색(서비스 중) 배포분이 청색이 되고 반대로도 전환이 이뤄진다.

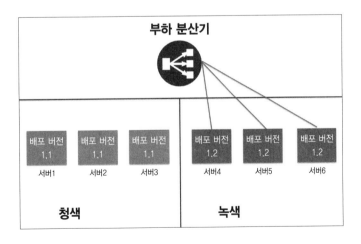

운영 팀이 다음 배포 버전을 배포할 때가 되면 서버 1, 2와 3을 최신 버전으로 패치하고 배포 버전 1.1을 배포 버전 1.3으로 업그레이드하고 테스트한다. 준비가 완료되면 운영 팀은 부하 분산기를 사용해 트래픽을 신규 배포 버전으로 보낸다.

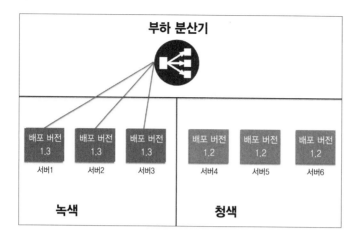

이는 고정식 서버들을 사용할 때 통상적으로 청록 배포를 운영하는 절차다.

하지만 재활용 불가 모델을 채용한 경우 서버 1, 2, 3, 4, 5, 6과 같이 장수하는 고정식 서버를 사용하지 않는다. 신규 버전의 배포에 성공한 시점에 다음 그림처럼 서버들을 폐기 처리한다. 그 서버들이 목적을 달성했기 때문이다.

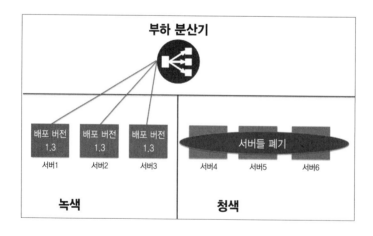

다음 번에 서버 4, 5, 6이 필요하면 그대로 둔 채로 업그레이드하는 것이 아니라 클라우드 환경에서 골든 기본 이미지로 세 개의 신규 가상 머신들을 생성할 수 있다. 이 골든 이미지들은 사전에 이미 최신 버전으로 패치를 완료한 상태다. 기존 서버들을 폐기한 후 신규로 서버 7, 8, 9를 생성해 다음 그림처럼 배포 버전 1.4를 그곳에 배포한다.

서버 7, 8, 9가 일단 서비스 중으로 전환하면 서버 1, 2, 3은 목적을 달성했으므로 폐기된다.

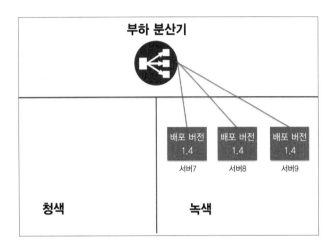

앤시블로 부하 분산기 오케스트레이션하기

4장, '앤시블로 네트워크 장비 설정하기'에서 앤시블의 기본적인 사항들을 다뤘고 네트워크 장비의 구성 관리를 위해 앤시블 컨트롤 호스트^{Ansible Control Host}, 플레이북, 롤을 사용하는 법도 다뤘다. 앤시블은 부하 분산기를 오케스트레이션하는 데 도움이 되는 여러 종류의 핵심 작업들을 보유하고 있으며 이 장에서 살펴볼 예정이다.

위임

앤시블 위임^{Delegation}은 플레이북이나 롤에서 파생된 아주 강력한 메커니즘이다. 앤시블은 인벤토리 파일에 기재된 대상 서버들에 SSH나 WinRM 방식으로 연결해 명령들을 수행한다. 또는 앤시블 컨트롤 호스트에서 명령어를 실행한다. WinRM은 마이크로소프트의 원격 관리 표준으로 윈도우에 대한 SSH라고 보면 된다. 관리자들은 윈도우 게스트로 접속해 프로그램을 실행한다.

다음의 다이어그램은 앤시블 컨트롤 호스트에서 가능한 두 가지의 연결 방법을 보여준다. 한 가지는 설정을 하기 위해 SSH나 WinRM을 사용해 서버들에 로그인 하는 것이다. 다른 한 가지는 앤시블 컨트롤 호스트에서 직접 API 호출을 실행하는 것이다.

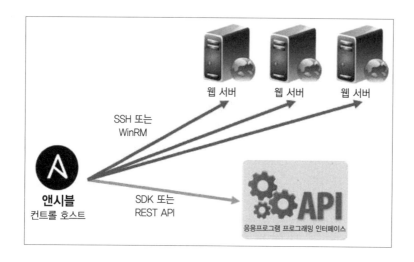

delegate_to를 사용하면 이 두 가지 방법을 모두 동일한 롤이나 플레이북에서 수행할 수 있다. 이 옵션을 사용하면 API 호출과 서버 쪽에서의 구성 관리 작업을 결합할 수 있으므로 플레이북이나 롤을 엄청나게 유연하게 활용할 수 있다.

앤시블의 추가 HAProxy 모듈을 사용하는 데서 위임의 예를 볼 수 있다. 인벤토리 파일에 있는 모든 백엔드 서비스들을 비활성화하는 오케스트레이션 작업을 호출하는 데 delegate_to를 사용한다.

```
tasks:
- name: disable server in networking backend pool
  haproxy: state=disabled host={{ inventory_hostname }} backend=networking
  delegate_to: 127.0.0.1
```

시리얼을 활용해 순환 비율 제어하기

서비스를 중단하지 않으면서 소프트웨어를 배포하려면 제로 다운타임 방식이 좋다. 변경 작업이나 배포 작업을 계획하는 유지 보수 윈도우^{Maintenance Window}가 필요 없기 때문이다. 앤시블은 시리얼^{Serial} 옵션을 제공한다. 이는 플레이북에 백분율 값을 넘겨준다.

시리얼 옵션을 사용하면 앤시블 실행을 인벤토리 중간에서 분기할 수 있다. 전체 서버들 중에서 일부를 대상으로만 작업을 수행해 인벤토리의 다음 부분으로 넘어가기 전에 필요한 플레이북을 완료하는 것이다. 앤시블에서는 인벤토리를 순서 없는 딕셔너리^{Dictionary}로 넘기므로 인벤토리의 일부를 처리하면 정해진 순서대로 하는 것이 아니다. 이것을 명심해야 한다.

시리얼 옵션을 사용하면 청록 전략을 앤시블로 구현할 수 있으며, 서버들을 부하 분산기에서 분리하고 서비스로 다시 투입하기 전에 업그레이드할 수 있다. 서버의 수량을 두 배로 하기보다는 세 개의 서버가 필요하다. 다음 그림에서 보다시피 배포 버전 1.4로 모두 서비스를 제공하고 있다.

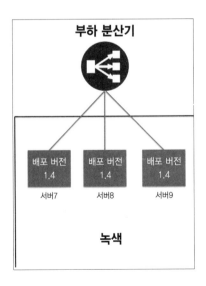

다음의 앤시블 플레이북을 활용하면 delegate_to와 serial을 조합해 순환 업데이트 방식으로 각각의 서버들을 업그레이드할 수 있다.

```
---
- hosts: application1
  serial: 30%

  tasks:

  - name: take out of load balancer pool
    haproxy: state=disabled host={{ inventory_hostname }} backend=backend_nodes
    delegate_to: 127.0.0.1

  - name: actual steps would go here
    yum: name=application1-1.5 state=present

  - name: add back to load balancer pool
    haproxy: state=enabled host={{ inventory_hostname }} backend=backend_nodes
    delegate_to: 127.0.0.1
```

플레이북은 다음의 단계로 실행된다.

1. serial 30%는 한 번에 하나의 서버를 업그레이드한다는 의미다.[1] 따라서 HAProxy의 backend_nodes 풀에서 서버 7을 떼어낸 후 앤시블 컨트롤 호스트에서 로컬의 delegate_to 액션을 사용해 HAProxy를 호출함으로써 서비스를 비활성화한다. yum 업데이트가 실행돼 다음 그림과 같이 서버 7에서 서버 버전을 application1 배포 버전 1.5로 업그레이드한다.

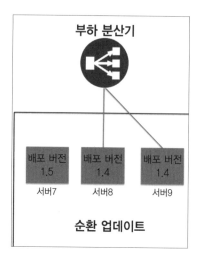

---

1 서버 7, 8, 9인 세 대 기준으로 30%인 한 대다. - 옮긴이

2. 이제 서버 7을 다시 활성화한다. 로컬의 `delegate_to` 액션을 사용해 부하 분산기로 연결하고 서비스 상태로 투입한다. 시리얼 명령어가 서버 8로 넘어가 HAProxy에서 서버 8을 비활성화하고, 다음과 같이 서버 버전을 신규 버전인 `application1` 배포 버전 1.5로 `yum` 업데이트가 업그레이드한다.

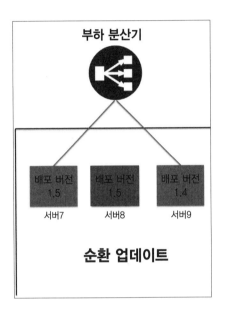

3. 순환 업데이트 규칙에 따라 서버 8을 부하 분산기에서 활성화한 후 시리얼 명령어는 서버 9로 넘어간다. HAProxy에서 서버 9를 비활성화하고 `yum` 업데이트를 실행한다. 서버를 신규 버전인 `application1` 배포 버전 1.5로 업그레이드한다. 필요에 따라 명령어를 로컬 서버나 대상 서버에서 실행한다. 최종 결과는 다음 그림과 같다.

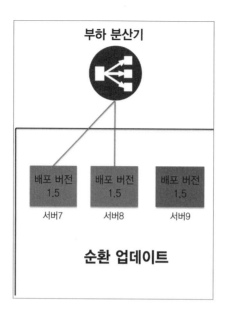

4. 마지막으로 서버 9를 부하 분산기에서 활성화하는 것으로 플레이북 실행이 끝난다. 앤시블로 모든 서버들이 다음 그림과 같이 배포 버전 1.5로 업그레이드된다.

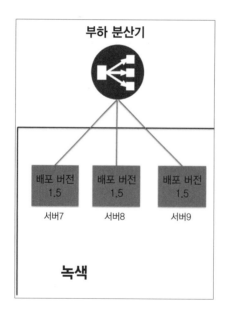

동적 인벤토리

클라우드 플랫폼을 처리할 때 고정적인 인벤토리를 사용하면 종종 부족한 부분이 발생한다. 따라서 이미 배포된 서버들의 인벤토리와 그중의 대상 서버 일부들을 특징과 프로파일에 기반해 파악하면 유용하다.

앤시블은 고급 기능으로 동적 인벤토리^{Dynamic inventory}를 지원한다. 사용자들은 이를 통해 파이썬 스크립트상에서 질의로 클라우드 플랫폼에서 선택 작업을 수행할 수 있다. 이는 마치 AWS나 오픈스택에 연결된 자동 탐색 도구^{Autodiscovery tool}처럼 동작하며, 실행 결과로 서버 인벤토리를 JSON 형식으로 반환한다.

이를 통해 앤시블에서는 이 JSON 파일을 플레이북이나 롤로 적재할 수 있다. 그리고 그다음 단계로 진행할 수 있다. 동일한 방식으로 고정적인 인벤토리 파일도 변수로 처리할 수 있다.

다음의 고정적 인벤토리를 넘기는 방식 대신에 동적 인벤토리도 동일한 명령행 구조에 맞게 동작한다.

```
ansible-playbook -i inevntories/inevtontory -l qa -e current_build=9
playbooks/add_hosts_to_netscaler.yml
```

대신에 오픈스택 클라우드 사업자를 위한 동적 인벤토리 스크립트인 openstack. py를 인자로 넘겨줄 수 있다.

```
ansible-playbook -i inevntories/openstack.py -l qa -e current_build=9
playbooks/add_hosts_to_netscaler.yml
```

동적 인벤토리 스크립트는 구체적인 제약 조건을 충족하는 것들만 허용하도록 설정할 수 있다. 앞의 예에서 반환된 서버 인벤토리는 QA 서버들이다. 제약 조건으로 -l qa를 사용한 결과다.

앤시블을 제시용 불가 서버를 대상으로 사용할 때 고정적 인벤토리 파일을 활용해 신규 가상 머신들을 생성할 수 있다. 일단 파일을 만들고 나면 서버 자산을 질의하고 추가적인 조치를 하는 데 고정적 인벤토리를 사용할 수 있다.

메타데이터 붙이기

동적 인벤토리를 앤시블에서 사용할 때 메타데이터는 아주 중요한 구성 요소다. 클라우드 환경에 배포된 서버들을 정렬하거나 일부를 추출할 때 가상 머신이나 물리 서버에 붙여진 메타데이터를 사용하기 때문이다.

AWS, 마이크로소프트 어주어나 오픈스택의 인스턴스를 퍼블릭 클라우드나 프라이빗 클라우드에서 배포할 때 서버들을 그룹 지을 목적으로 메타데이터를 붙일 수 있다.

다음의 플레이북 예에서는 오픈스택의 os_server 모듈을 이용해 오픈스택 서버를 신규로 생성한다. 고정적인 인벤토리를 하나씩 처리하며, 각각에 신규로 생성된 그룹 정보를 붙이고 메타데이터를 서버에 배포한다.

```
tasks:

- os_server:
    state: present
    name: "{{ inventory_hostname }}"
    image: centos6
    flavor: 4
    nics:
      - net-name: network1
    meta:
      group: qa
      release: 9
```

그리고 나면 -i 인자를 사용해 group: qa로 대상 서버를 명시해 걸러낼 수 있다. 해당 서버 전체 목록을 반환받을 수 있다.

jinja2 필터

앤시블에서 jinja2 필터로 플레이북이나 롤을 걸러낼 수 있다. 이는 특정 명령어나 모듈을 실행하기 전에 충족해야 하는 조건들을 제어할 때 사용한다. 앤시블에 내장된 jinja2 필터들이 아주 다양하게 많이 있고 자기만의 필터도 작성할 수 있다.

다음의 플레이북 예시는 jinja2 필터를 사용해 메타데이터 openstack.metadata. build 값이 현재의 빌드 버전과 같은 경우에 그 서버를 넷스케일러에 추가하는 것이다.

```
---

- hosts: application1
  serial: 30%

  tasks:

  - name: "add into load balancer pool"
    server_add_netscaler:
      state: present
      name: "{{ inventory_hostname }}"
      ns_proto: "http"
    delegate_to: 127.0.0.1
    when: openstack.metadata.build == {{ current_build }}
```

제약 조건 -l을 qa로 주어 ansible-playbook add_hosts_to_netscaler.yml 명령 어를 실행하면 인벤토리에서 qa 메타데이터 그룹에 있는 서버들만 반환한다. 그 리고 플레이북이나 롤에서 한 번 더 걸러낼 수 있다. jinja2 필터를 사용해 서버의 openstack.metadata.build 번호가 current_build 변수 값인 9와 일치하는 경우 에만 add into load balancer pool 명령을 실행할 수 있다.

ansible-playbook -I inventories/openstack.py -l qa -e environment=qa -e current_build=9 playbooks/add_hosts_to-netscaler.yml

이 실행의 결과로 신규 서버들만 넷스케일러 lbserver VIP에 추가된다.

동일한 플레이북을 사용해 동일한 방식으로 하되, 조건을 비동등 조건으로 줘서 서버들을 제거할 수 있다.

```
- name: "remove from load balancer pool"
  server_add_netscaler:
    state: absent
    name: "{{ inventory_hostname }}"
    ns_proto: "http"
  delegate_to: 127.0.0.1
  when: openstack.metadata.build != {{ current_build }}
```

동적 인벤토리, 위임, jinja2 필터와 시리얼 순환 업데이트 기능 등 앤시블의 기능들을 모두 활용해 부하 분산기를 단순하게 오케스트레이션할 수 있다. 이들 모두를 시리얼 백분율과 결합하면 부하 분산기에서 신규 배포 버전의 서버들을 서비스로 투입하고 구 배포 버전을 절체하는 방식으로 백분율 기반의 순환 작업을 할 수 있다.

앤시블 네트워킹 모듈 생성하기

시트릭스 넷스케일러, F5 빅-IP, 애비 네트웍스 등과 같은 대중적인 네트워킹 솔루션이 활용하는 부하 분산기 객체 모델은 앤시블로 쉽게 만들 수 있으며, 앤시블로 부하 분산기의 API 명령어를 실행하도록 스케줄링하는 데 사용할 수 있다.

마이크로서비스 아키텍처로 옮겨감에 따라 부하 분산 설정의 운영 관리가 가능하려면 부하 분산 설정들이 잘게 쪼개져야 한다. 중앙 집중 방식으로 거대한 단일의 설정 파일로 운영하던 방식과는 다르게 응용프로그램 중심Application-centric으로 바뀐다.

이 말은 부하 분산 변경 작업을 수행할 때 운영상의 고려 사항이 있다는 뜻이다. 네트워크 운영자들은 앤시블을 활용해 복잡한 부하 분산 규칙들을 작성하고 SSL 인증서를 적용하고 더 복잡한 7계층 컨텍스트 스위칭이나 공인 IP 주소 설정을 할 수 있다. 그리고 이것을 개발자들에게 aaS as a service로 제공할 수 있다.

부하 분산 장비 업체에서 제공하는 파이썬 API를 활용해 모든 운영 작업들을 모듈로 작성할 수 있다. 부하 분산기의 원하는 상태를 기술하는 YAML var 파일들의 세트를 만드는 것이다.

뒤에 나오는 예시에서는 앤시블 var 파일을 활용해 개발자들이 넷스케일러상의 모든 신규 가상 서버들을 대상으로 서비스를 생성하고 가동 상태 점검 기능을 활성화하는 것을 살펴본다. 이 서비스들은 네트워크 팀에서 생성한 lbvserver 엔티티에 한정된다. 플레이북 `serial` 명령어에서 사용할 `roll_percentage` 값은 10%다. 플레이북이나 롤을 활용하면 서비스와 `lbmonitor`, 34개 서버들을 생성하고 서비스를 `lbvserver`에 바인딩할 수 있다. var 파일은 관련된 넷스케일러 객체의 목적 상태를 기술한다.

```
---
netscaler:
    lbvserver:
        name: "devops_for_networking"
        subnet: "10.20.124.0/23"
        servicetype: "HTTP"
        lbmethod: "TOKEN"
        rule: HTTP.REQ.HEADER("x-ip").VALUE(0)
        persistencetype: "NONE"
        port: 80

    lbmonitor:
        monitorname: "mon-devops_for_networking"
        type: "HTTP-ECV"
        send: "GET /www/networking/v1.0/health"
        recv: "OK"
        lrtm: "ENABLED"
        downtime: 5

    service:
        servicetype: "HTTP"
        maxclient: 0
        port: 80

    roll_percentage: 10%
```

요약

이 장에서는 자체적인 장비 업체의 부하 분산 솔루션부터 오픈소스 솔루션까지 다양한 솔루션들이 가용하다는 것을 알았다. 마이크로서비스가 부하 분산에 가져온 영향도 논의했다. 중앙 집중 방식에서 수평 트래픽 지원을 위해 분산형 방식으로 옮겨가고 있는 것이다.

그다음에는 청록 배포 모델을 살펴보고 재사용 불가 서버 및 고정식 서버들의 장점들을 알아봤다. 그 모델들에서 앤시블을 사용해 소프트웨어 배포를 오케스트레이션하는 방법을 살펴봤다. 부하 분산기를 오케스트레이션하는 데 앤시블이 얼마나 유용한지 자세히 설명했다. 동적 인벤토리 활용하기, 순환 업데이트하기,

위임, jinja2 필터 등을 모두 사용해 부하 분산에 대한 요구 사항들을 충족할 수 있다는 것을 확인했다.

이 장에서 반드시 기억할 것은 마이크로서비스 응용프로그램들로 인해 응용프로그램에 대한 부하 분산 방식이 변화했다는 것이다. 그리고 마이크로서비스 응용프로그램들은 수평 트래픽 양상이 더 많이 나타나며 이들을 배포하는 데는 분산형 부하 분산이 더 적합하다는 것도 잊지 말아야 한다.

재사용 불가 인프라스트럭처가 마이크로서비스 응용프로그램과 찰떡궁합인 이유가 이제는 아주 명확할 것이다. 또한 이 장에서는 상태^{state} 및 데이터를 운영체제와 분리할 수 있는 길을 기술했다. 상태를 인지하지 않는, 또는 상태를 인지하는 응용프로그램들을 지원하기 위해 다양한 순환 업데이트 모델들이 필수적이라는 것도 다뤘다.

다음 장에서는 동일한 자동화 원칙들을 SDN 컨트롤러에 적용하는 것을 살펴본다. 주로 누아지^{Nuage} 솔루션에 초점을 맞출 것이며, 방화벽 규칙을 설정하는 것과 다른 SDN 명령어들을 다룰 예정이다. 그러면 모든 네트워크를 프로그래밍으로 제어하고 자동화할 수 있게 된다.

6
앤시블로 SDN 컨트롤러 오케스트레이션하기

이 장에서는 SDN 컨트롤러를 소개하고 SDN 컨트롤러를 통해 네트워크 팀의 일상적인 업무를 어떻게 단순화할 수 있는지 살펴본다.

이 장을 통해 SDN 컨트롤러를 채택한 이유를 살펴보고 제대로 이용할 경우 얻을 수 있는 즉각적인 경제적 혜택을 일부 살펴본다. 자동화를 통해 네트워크 운영 규모를 확대할 때 어떤 부분의 네트워크 운영 업무를 분리하는 것이 적합한지도 강조할 것이다.

이 장에서는 소프트웨어 정의 네트워크를 활용할 때 얻을 수 있는 이점을 알아본다. 또한 SDN 컨트롤러 API 및 객체 모델의 오케스트레이션을 이용한 실제적인 구성 관리 프로세스를 설명한다. 마지막으로, 앤시블을 구성 관리 프로세스에 어떻게 적용하고 실행하는지 누아지 VSP를 이용한 실사례를 통해 알아본다.

이 장에서는 다음과 같은 주제를 다룰 예정이다.

- 소프트웨어 정의 네트워크에 대한 논의
- 왜 기업들은 SDN이 필요한가?
- 네트워크 작업 분할
- 재사용 불가Immutable 네트워크
- 앤시블을 이용한 SDN 컨트롤러 오케스트레이션

소프트웨어 정의 네트워크에 대한 논의

AWS, 마이크로소프트 어주어, 구글 클라우드 등의 퍼블릭 클라우드가 등장함에 따라 네트워크는 일개 일용재Commodity로 취급되고 있으며, 실리콘 기반에서 소프트웨어 기반으로 옮겨가고 있다. 이를 통해 개발자는 최신 마이크로서비스 응용 프로그램에 최적화돼 있지 않은 기존 네트워크에 맞춰 응용프로그램을 변경하기보다는 애플리케이션에 적합하게 네트워크를 변경할 수 있게 됐다.

따라서 어떤 사업이 데이터센터 네트워크를 다른 식으로 처리하고자 한다면[1] 이를 터무니없게 여길 것이다. 그러나 새로운 아이디어를 수용하고 채택하기까지는 새롭고 다른 방식의 일 처리에 대한 두려움과 불확실성이 오게 마련이다.

클로스Clos 기반의 리프-스파인 아키텍처와 SDN 컨트롤러의 일반적인 주제는 하나의 공통 주제로 집중된다. 이 주제는 변화를 요구하고 수용하기에 쉽지 않다. OSI 모델의 신화적인 여덟 번째 계층을 다시 언급하기로 한다. 이 여덟 번째 계층은 바로 사용자 계층이다.

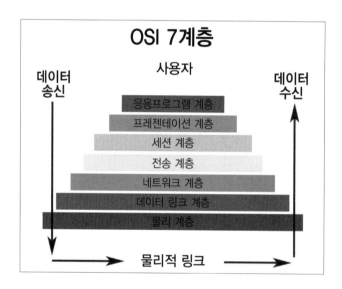

---

1 네트워크 운영자 입장인 경우다. – 옮긴이

네트워크 운영자는 구현된 솔루션에 익숙해야 한다. 이는 매우 중요하다. 그러나 사용자 계층도 최종 사용자에게 네트워크 팀이 제공하는 네트워크 서비스이므로 역시 매우 중요하다. 따라서 네트워크 이용자에게 네트워크 서비스를 제공하는 데 네트워크 운영자와 셀프서비스 운영자 측면에서의 이용 편의성은 매우 중요하다.

기업이 소프트웨어 정의 네트워크 도입을 고려할 때는 정당한 도입 사유와 자체 요구 사항에 기반한 도입 계획을 가지고 추진해야 한다. 단순히 SDN 컨트롤러와 같은 새로운 운영 툴을 도입하는 것만으로는 운영상의 이슈를 제대로 해결할 수 없다.

기업들은 새로운 운영 모델이 무엇인지 알아내고, 새로운 비즈니스 모델을 위한 촉매제로서 소프트웨어 정의 네트워크를 활용하는 것을 계획해야 한다. 응용프로그램 배포 시 병목으로 작용하는 네트워크를 삭제할 목표를 가지고, 전반적인 운영 속도를 높이는 데 중점을 둬야 한다. 간단히 말해서, 네트워크 운영은 데브옵스와 친숙할 필요가 있다. 그렇지 않으면 네트워크 운영은 소프트웨어 배포에 걸림돌이 되고 전체적인 응용프로그램 라이프사이클의 지연을 초래할 것이다.

네트워크 복잡도의 가중

오버레이 네트워크를 사용하는 것에 대한 일부 논란은 오버레이 네트워크는 전통적인 L2 네트워크에 비해 더 복잡하다는 것이다. 유동적인 부분이 많아서 더 크고 다양한 장애들을 일으킬 수 있다는 것이다.

오버레이와 언더레이의 구성은 다르지만, 소프트웨어 정의 네트워크가 여전히 비교적 새로운 개념이다 보니 많은 사람들이 이에 대한 변화를 두려워한다. 소프트웨어 네트워크가 네트워크의 가용성, 이중화, 성능 및 변화의 속도에 대한 기본 요구 사항을 충족하는 한, 소프트웨어 정의 네트워크를 구현하지 않을 이유가 없다.

소프트웨어 정의 오버레이 네트워크에 대한 두려움은 서버 가상화에 대한 운영진의 초기 회의론의 경우와 같다. 그들은 초기에 하이퍼바이저의 도입을 반대했으며, 이런 새로운 개념에 대해 처음에는 복잡성이 추가된 계층 또는 성능이 떨어지는 추상적 계층으로 간주했다.

그러나 하이퍼바이저를 실행함으로써 도입된 이식성^{Portability}과 기회는 대다수의 응용프로그램 사용 사례에 대한 성능 영향을 크게 능가했다. 이로 인해 이식성, 유연성, 운영 속도를 향상시켰다.

물론 가상화 모델에 맞지 않는 일부 사례와 일부 응용프로그램이 있지만, 데이터 센터의 99%에 가상화가 가져다주는 이점을 볼 때, 가상화 모델은 비즈니스 솔루션으로서 더 이상 무시할 수 없음을 의미한다.

오버레이 네트워크는 하이퍼바이저가 서버에 제공하는 것과 같은 네트워크상의 이점을 제공한다. 물론 소프트웨어 정의 오버레이 네트워크를 구현할 때는 언더레이를 중복으로 구성해야 한다. 그래야만 오류 발생 시 언더레이에만 제한적으로 발생하고 오버레이에는 별다른 영향을 주지 않는다.

스파인 스위치를 랙 상단에 있는 리프[2]와 연결한 형태인 리프-스파인 아키텍처의 경우, 언더레이 네트워크는 수평 확장이 가능해야 하고 단순해야 한다. 또한 리프 스위치가 부착된 랙의 증설이나 링크의 과도한 등록 방지를 위한 수평적인 확장이 가능해야 한다.

복잡성이 가중된 오버레이 네트워크 이슈에 대해 L2 스패닝 트리 네트워크에서 오동작하는 링크를 디버깅하느라 많은 시간을 소비해본 시스템 엔지니어 또는 네트워크 엔지니어라면 스패닝 트리 네트워크 그 자체가 태생적으로 매우 복잡하다는 것을 알고 있을 것이다. 또한 시스템 엔지니어 또는 네트워크 엔지니어는 복잡성의 증거로 문제를 해결하기 위해 그려야만 했던 네트워크 다이어그램을 보여줄 수도 있다.

---

2 ToR 스위치 – 옮긴이

그래서 이런 네트워크는 아무리 좋게 표현해도 복잡한 덩치 큰 야수와 같다. 그러나 언더레이 및 오버레이 네트워크를 사용할 때 언더레이 네트워크의 주요 초점은 수평 확장성과 성능이다. 네트워크 사업자는 수요에 따라 네트워크를 쉽게 확장할 수 있어야 한다.

또한 오버레이 네트워크의 초점은 단순성이다. 직관적인 소프트웨어 구조를 가져야 하는 동시에 API 종단점은 동시 요청자 수에 대응할 수 있어야 한다.

제대로 구현한다면, 네트워크를 두 가지 별개 영역으로 구성해야 한다. 오버레이는 사용자와 친화적인 소프트웨어로 AWS, 마이크로소프트 어주어, 구글 클라우드 또는 오픈스택과 매우 유사해야 하며, 언더레이는 네트워크 설계자가 잘 설계하고 규모에 맞게 제작하는 튼튼한 하드코어 네트워크여야 한다.

소프트웨어 정의 네트워크에 대한 기술 부족

소프트웨어 정의 네트워크를 구현하지 않는 또 다른 논의는 현재 업계의 기술 부족이다. 새로운 기술이 도입되면 초기에는 그 기술을 지원할 숙련된 인력이 부족하다. 한 가지 관점은 기업이 소프트웨어 정의 네트워크를 구현하기 위해 완전히 새로운 직원을 고용해야 한다는 점이다.

그러나 이것은 SDN 벤더와 제휴하거나 직원을 위해 교육 프로그램을 제공함으로써 상쇄시킬 수 있다. 비즈니스 변화에 대해 네트워크 담당자는 일정 기간 동안 새로운 기술을 익혀야 한다.

네트워크 담당자는 소프트웨어 정의 네트워크의 변화에 따라 진화해야 IT의 다른 팀과 같이 새로운 기술을 도입하고 구축할 수 있다. 소프트웨어 정의 네트워크를 구현하는 것이 처음에는 큰 변화지만, 훌륭한 네트워크 직원은 이러한 변화를 기쁘게 받아들여야 한다. 소프트웨어 정의 네트워크를 구현함으로써 얻는 효율과 이점은 부인할 수 없다.

변화는 처음에는 힘든 일이고 때로는 중요한 문화적 변화 또는 노력처럼 보일 수 있다. 대기업 또는 중소기업에서 성공적인 변화를 시작하려면 일반적으로 하향식 후원 또는 지원이 필요하다.

소프트웨어 정의 네트워크를 채택하는 것은 비즈니스 운영 모델을 바꾸는 것을 의미하고, 자동화를 모든 수준에서 받아들여야 한다. SDN 컨트롤러를 사용할 때 오버레이 네트워크 작업은 수동으로 할 수 없다. 소프트웨어 정의 네트워크를 구현하는 조직은 또한 언더레이를 자동화하는 방법을 검토해야 한다. 이 책에서는 API를 사용해 네트워크 장치를 구성하는 방법을 살펴봤다. 실제로 언더레이와 오버레이 모두를 자동화해야 한다.

소프트웨어 정의 데이터센터라는 용어는 벤더에 의해 다소 남용되지만, 네트워크 팀이 나머지 비즈니스 조직에 뛰어난 사용자 경험을 제공하려는 경우 그 원칙을 무시할 수 없다. 기업이 소프트웨어 정의 네트워크 솔루션을 독립적 선도 과제로 채택하고도 제공받은 풍부한 API들로 네트워크 운영 속도를 높이기 위해 자동화를 구현하지 않는다면, 구축에 대한 진정한 가치가 없어진다. 회사에서 소프트웨어 정의 네트워크를 도입하고도 네트워크 엔지니어가 수동으로 네트워크 장비에 명령을 입력하거나 GUI를 사용해 설정한다면, 이는 하드웨어 기반의 스위치나 라우터를 사용하는 것과 다름없다. 이것은 소프트웨어 정의 오버레이 네트워크가 제공하는 기회를 낭비하는 것이다.

소프트웨어 정의 네트워크 솔루션을 도입하고도 개발자가 네트워크 관련 요구를 여전히 쏟아낸다면 도입에 대한 비즈니스적 가치는 제로며, 이를 통한 시장 진입 시간 단축, 변경에 대한 신뢰성 제고, 작업 효율성 제고 등을 달성할 수 없다. 조직이 소프트웨어 정의 네트워크를 통해 중요한 비즈니스 이점을 이끌어내려면 모 아니면 도all-or-nothing 전략이 필요하다. 네트워크 운영을 완전히 자동화시키지 않으면 시간이 지나면서 파편화되고 결국 못 쓰게 된다.

네트워크 엔지니어가 자동화된 워크플로우 밖에서 수동 업데이트를 계속 수행한다면, 전체 운영 모드를 손상시키는 결과를 가져온다. 네트워크의 기대 상태^{Desired} state를 변경시키므로 결과적으로 자동화를 완전히 깨뜨려버릴 것이다.

소프트웨어 정의 네트워크를 도입할 때 먼저 모든 일반적인 작업을 자동화하라. 가능하면 개발자 스스로 네트워크를 구성할 수 있도록 하되, 가능하면 네트워크를 재사용 불가하게 구성하라. 소스 관리 시스템을 통해 네트워크를 재구성하도록 해서 그 자체가 변경 작업의 기록이 되도록 하는 것이 목표다.

3장, '데브옵스를 네트워크 운영으로'에서 문화적 변화를 시작하는 방법을 살펴봤다. 인간은 습관의 창조물이며, 알고 있는 것에 집착하는 경향이 있다. 네트워크 엔지니어는 스패닝 트리 알고리즘과 L2 네트워크 구성 방법에 대한 네트워크 자격증을 모으는 데 수년을 보냈다. 이것은 거대한 문화적 변화다.

반복적인 요구 사항을 지원하는 상태 인지형 방화벽

소프트웨어 정의 네트워크에서 강조된 주요 쟁점 중 하나는 개방형 vSwitch^{Open} vSwitch가 플로우 데이터를 기반으로 하되 전통적으로 상태 정보를 유지하지 않으므로^{stateless} 상태 인지형 방화벽 기능이 부족하다는 점이다. 최근까지도 재귀 규칙을 사용해 커널의 사용자 영역 수준에서 상태 인지형 방화벽을 에뮬레이트하고 있다.

그러나 최근 개방형 vSwitch에 대한 기능을 개발함으로써 상태 인지형 방화벽을 구현했다. 그래서 상태 인지형 방화벽 기능의 부족은 더 이상 개방형 vSwitch에서 쟁점이 아니다. 이전에는 IP 테이블^{iptables}의 일부로만 사용하던 연결 추적 기능^{conntrack}이 IP 테이블에서 분리돼 이제 연결 데이터에 흐름 데이터를 일치시킬 수 있다.

누아지 VSP 플랫폼은 4.x 배포판의 일부 기능으로 상태 인지형 방화벽을 도입했다. 누아지 VSP 플랫폼은 재귀 규칙을 상태 인지형 규칙으로 대체함으로써 누아지 VRS^{Virtualized Routing and Switching}(개방형 vSwitch의 누아지 버전)에서 모든 ICMP와 TCP의 ACL 규칙을 관리한다.

왜 기업들에 SDN이 필요한가

뛰어난 엔터프라이즈 네트워크는 다음의 목표를 염두에 두고 구축해야 한다.

- 성능
- 확장성
- 이중화

네트워크는 고객의 요구를 충족시키기 위해 가장 먼저 성능을 고려해야 한다. 고객은 데이터센터의 최종 사용자 또는 퍼블릭 도메인 응용프로그램의 최종 사용자다. CI/CD[Continuous Integration/Continuous Delivery](연속적으로 바이너리를 전달하고 배포하는 환경) 환경에서 테스트 환경의 네트워크 구성이 개발자의 업무를 방해한다면, 잠재적인 기능 또는 버그 수정을 라이브 환경에 배포하는 것을 방해하는 것이다. 따라서 스테이징^{pre-production} 네트워크를 수준 이하로 구성하는 것을 허용해서는 안 되며, 규모는 축소됐지만 라이브 환경에 준하는 복제판으로 구성해야 한다.

확장성은 기업의 성장과 수요를 지원하기 위해 네트워크를 확장할 수 있는 용량에 중점을 둔다. 더 많은 응용프로그램이 추가되면 네트워크를 어떻게 수평적으로 확장할까? 이것이 비용 효율적인가? 서드파티의 VPN 액세스 또는 지점 간 네트워크^{point-to-point network} 통합과 같은 새로운 서비스를 쉽게 수용하는가? 유연하고 견고한 네트워크를 설계할 때 이런 모든 사항을 적절히 고려해야 한다.

이중화는 기업 네트워크가 SPoF^{Single Point of Failure}(단일 장애 지점)를 가져서는 안 된다는 개념에 기반한다. 이것은 네트워크에 스위치 장애 또는 코어 라우터 장애가 발생하더라도 복구돼서 고객에게는 영향을 주지 않아야 한다는 뜻이며, 네트워크 모든 부분의 가동 시간^{uptime}을 최대화할 수 있게 구성해야 한다.

이 세 가지 요소는 과거에 우수한 네트워크를 설계하고 구축하는 데 중요한 요소였다. 그러나 응용프로그램이 거대 단일 구조^{Monolith}에서 마이크로서비스로 이동함에 따라 성공적인 네트워크 운영을 위해 추가적인 요소가 필요하다.

전통적으로 거대 단일 구조 응용프로그램은 한 번의 설치 작업 후 거의 변화 없이 유지되는 경향이 있었으나, 마이크로서비스 응용프로그램은 더 많고 다양한 변경 가능성 때문에 동적인 네트워크 구성을 필요로 한다.

최신 네트워크의 요구 사항은 진화하고 있다. 네트워크 엔지니어가 변경 요청 티켓을 처리할 때까지 기다리지 않고 마이크로서비스 아키텍처의 요구 사항이 신속하게 네트워크에 반영돼야 한다. CD^{Continuous Delivery}(연속 배포) 기반으로 피드백 절차를 구성하면, 각 프로세스는 필수적으로 신속하고 가벼워야 하며 각 이슈들을 신속히 해결해야 한다. 그렇지 않으면 전체 프로세스가 중단돼버릴 것이다.

민첩도와 정밀도가 추가된 소프트웨어 정의 네트워크

소프트웨어 정의 네트워크 또는 특히 오버레이 네트워크는 여전히 성능, 확장성, 이중화에 중점을 둔다. 이것들은 결코 타협해서는 안 될 요소들이다. 그러나 소프트웨어 정의 네트워크는 다음과 같은 이점을 소개한다.

- 민첩성
- 평균 복구 시간
- 정밀도와 반복성

소프트웨어 정의 네트워크는 네트워크를 소프트웨어 오버레이 네트워크에 관련 객체 모델과 함께 배치하고 네트워크를 프로그래밍할 수 있도록 풍부한 API들을 노출한다. 즉 워크플로우를 통해 클라우드 및 가상화 환경의 인프라를 제어하는 것과 동일하게 네트워크 기능을 설정할 수 있다.

네트워크의 프로그래밍이 가능하므로 신규 서브넷 요청이나 ACL 변경 작업을 하이퍼바이저상에서 가상 머신을 생성하는 것과 같이 신속히 수행할 수 있다. 소프트웨어 정의 네트워크로 이제 네트워크는 더 이상 작업 지연이나 작업 불가 요소가 아니다. 네트워크 운영 팀의 긴 작업 변경 일정 때문에 전통적으로 네트워크 변경 작업은 종종 전체 작업을 지연시키는 주범이었다. 이제는 소프트웨어 정의 네트워크를 이용하면 개발자가 API 호출을 통해 직접 서브넷을 제어할 수 있으므로 프로젝트 진행 속도에 맞춰 네트워크 변경 작업을 할 수 있다.

소프트웨어 정의 네트워크를 이용하면 평균 복구 시간 또한 단축되며, 프로그래밍을 통해 네트워크를 변경하므로 네트워크 목록을 소스 관리 시스템에 저장할 수 있다. 네트워크 변경 시마다 변경 버전을 소스 관리 시스템에 전송하므로 네트워크 변경의 모듈화가 가능하고, 감사 및 용이한 추적이 가능하다.

오버레이 네트워크에 중대한 문제가 발생한 경우, 소스 관리의 버전 트리를 통해 네트워크의 최종 변경 배포판 이후의 변경 사항을 확인할 수 있다. 그다음에 스크립트를 통해 이전 버전으로 네트워크를 신속하게 롤백함으로써 문제를 해결할 수 있다. 이것이야말로 고정적 네트워크가 아닌 재사용 불가Immutable 네트워크가 갖는 이점이다. 최초에 구축한 네트워크처럼 상태가 늘 깔끔하면서도 요구 사항에 따라 변경하거나 다시 롤백할 수 있다.

소프트웨어 정의 네트워크에서 반복성은 프로그래밍된 운영 워크플로우를 제공하는 것이다. 이를 통해 모든 네트워크의 변경을 동일한 방식으로 처리할 수 있다. 이런 작업은 네트워크 팀이 오버레이 네트워크에 대해 승인한 후 API 워크플로우를 사용해 실행할 수 있다.

프로그래밍 방식의 워크플로우의 사용은 네트워크도 CD와 같은 응용프로그램 배포 프로세스에 통합할 수 있음을 의미한다. 이것은 네트워크의 변경이 마치 코드와 같이 소스 관리에 체크인되면 테스트 환경에 보내진 후 일련의 검증 프로세스(네트워크 상태 관리)에 따라 테스트되고 검증된 후 다음 테스트 환경 또는 서비스 환경에 배포될 수 있음을 의미한다.

오버레이 네트워크를 통한 이런 반복성은 모든 네트워크 구성을 소프트웨어로 구현해 재구성이 쉬운 관계로, QAQuality Assurance(품질 보증) 환경을 서비스 환경과 동일하게 구성하는 것을 보장할 수 있다.

CD를 잘 이해하는 것이 중요

소프트웨어 정의 네트워크를 사용하려는 조직은 네트워크 운영을 다루기 전에 소스 및 인프라에 대해 잘 정의된 CDContinuous Delivery 모델을 가지는 것이 이상적이다. 데브옵스 변혁에 투자하고자 하는 기업은 소프트웨어 정의 네트워크를 중심으로 한 새로운 운영 모델을 설계함으로써 큰 이익을 얻을 수 있다.

네트워크 기능을 포함해 모든 IT 운영을 자동화하기 위한 비즈니스 기능을 요구한 기업은 네트워크의 자동화를 위해 SDN 컨트롤러를 사용함으로써 헤아릴 수 없는 이점을 누릴 수 있다. 데브옵스, CI/CD에 대한 이해를 바탕으로 가지고 있는 기업은 SDN 컨트롤러를 최대한 활용하고 혁신을 주도할 가능성이 크다.

강조하건대, 만약 네트워크 엔지니어가 프로그래밍 방식이 아니라 수동으로 오버레이 네트워크를 수정한다면 오버레이 네트워크는 더 이상 사업적 가치가 없을 뿐 아니라 기업은 그 혜택들을 놓칠 것이다.

소프트웨어 정의 네트워크를 구현할 때는 운영 모델을 변경하지 않아도 된다. 만약 문제가 발생한다면, 문제를 해결하기 위해 문제가 발생하지 않던 이전 자동화 상태로 다시 빌드해야 한다. 초기에 복잡한 프로세스를 자동화하면 예상치 못한 상황에 부딪혀 예기치 못한 상태로 실패할 수 있다. 따라서 자동화된 프로세스를 끊임없이 반복하고 개선하는 것이 중요하다. 지속적인 개선 방법론을 채택하면, 자동화된 프로세스를 반복함으로써 시간이 지남에 따라 점점 더 견고하게 개선된다.

예외 상황이 발생할 때는 당황하지 말고 환영하는 것이 중요하다. 자동화를 통한 문제 해결은 모든 사용자의 문제를 해결하지만, 마찬가지로 자동화 때문에 발생한 문제는 모든 사람에게 영향을 준다. 이것은 양날의 검이다. 자동화 프로세스를 만들 때 테스트 환경에서 이런 예외 상황을 발생시키고 수정해서 충분한 테스트를 거치는 것은 매우 중요하다.

자동화의 이점 중 하나는 자동화에 대한 모든 지식을 가지고 있는 고도로 숙련된 네트워크 엔지니어가 모든 변경을 세밀하게 할 수 있다는 점이다. 이것은 모든 자동화된 네트워크의 변경을 기업 내 최고의 네트워크 엔지니어가 하는 것과 같은 수준으로 세밀하게 할 수 있다는 것을 의미한다.

잘 정의돼 있고 사전 승인을 받은 자동화된 네트워크 워크플로우의 경우라면 최고의 엔지니어뿐만 아니라 기업 내 누구든지 수정할 수 있다. 따라서 네트워크 팀은 일상적인 반복 업무에 대한 병목에서 해방돼 더 흥미로운 업무를 할 수 있다. 일상적인 업무는 자동화를 통해 더 정확하게 수행된다.

복잡한 네트워크 단순화하기

매우 복잡한 기존 네트워크를 가진 조직은 기존 네트워크를 수정하는 대신 소프트웨어 정의 네트워크를 도입해서 이익을 얻을 수 있는 주요 후보다. 기존 네트워크의 경우 99% 이상의 가동 시간 목표를 준수해야 하므로 거의 수정이 불가능하기 때문이다. 기존 네트워크와 병렬로 새로운 신규^{Greenfield} 네트워크를 구성한다.

이를 통해 응용프로그램 업무 부하를 새로운 네트워크로 이전하고 그 과정에서 복잡한 기존 네트워크를 단순화한다. 신규 네트워크와 기존 네트워크가 공존하는 과도기 동안에는 기존 네트워크에서 아직 이전되지 않은 응용프로그램을 라우팅하는 데 SDN 오버레이 네트워크를 활용할 수 있다.

소프트웨어 정의 네트워크의 또 다른 이점은 프라이빗 클라우드 솔루션을 대규모로 실행할 수 있다는 점이다. 프라이빗 클라우드에 하이퍼바이저가 100개 이상 운용 중이라면, 이는 SDN 솔루션을 활용할 때 이득이 되는 규모다. 예를 들면, 기업에서 오픈스택을 소규모로 다수 구현해 병목 현상을 겪는 것보다 뉴트론 기능을 확장해 프라이빗 클라우드를 대규모로 구축하는 것이 이득이다.

네트워크 운영 분리하기

한 회사 또는 사업에서 소프트웨어 정의 네트워크를 도입하면 운영에 대한 책임을 이관해야 한다. 어떤 조직에서 여러 개의 마이크로서비스 응용프로그램을 운영한다면, 그 회사에는 100명의 개발자가 200개의 마이크로서비스를 개발하는 것이 매우 전형적인 상황이다.

회사는 200개의 마이크로서비스를 함께 조합해 고객이 접속하는 회사의 웹사이트에 노출한다.

회사는 애자일 방법론을 통해 100명의 개발자를 10명 내지 20명이 속한 개발 팀으로 분리하고, 각 팀은 스크럼을 구성해 복잡도에 비례한 양만큼의 마이크로서비스를 검토한다.

이 회사에서는 상용 네트워크 운용과 개발자 100명의 네트워크 요구 사항을 처리하기 위해 10명의 네트워크 엔지니어가 필요하다.

그러나 이런 모델에서 모든 네트워크 작업을 수작업으로 한다면, 네트워크 엔지니어는 필요한 변경 요구 사항을 따라잡지 못해 심야 작업을 해야 하고 그 후 번아웃돼 이들의 생산성은 저하될 것이다. 이런 모델에서 네트워크 엔지니어들은 이른바 사후 대응적 화재 진압 모드다.

이 시나리오에서는 네트워크 엔지니어가 병목을 일으켜 개발자의 생산성에도 역시 영향을 줄 것이다. 이 모델은 사람을 더 뽑는 것으로 해결할 수 없고 운용 방식을 근본적으로 바꿔야 한다.

이 시나리오에서는 한 명의 네트워크 엔지니어가 10명의 개발자를 상대해야 한다. 그리고 회사는 장래에 사업이 확장됨에 따라 더 많은 제품을 개발하기 위해 개발 인력에 투자하려 할 것이다. 의심할 여지없이 네트워크 작업 지원을 위해 네트워크 팀을 확장하는 것은 어려운 일이다. 따라서 네트워크 자동화가 필수 요소일 뿐 아니라 네트워크 팀은 더 똑똑하게 일해야 한다.

네트워크 팀의 운영 방식을 바꾸지 않은 상태에서 신제품 도입을 위해 신규 개발자를 투입하면 네트워크 엔지니어는 번아웃될 수 있다. 한 명의 네트워크 엔지니어가 수동으로 모든 네트워크 작업을 할 때, 10명의 개발자를 지원하는 것은 가능할지 모르지만 20명을 지원할 수는 없다. 따라서 개발자와 네트워크 엔지니어의 비율을 고려하는 것은 자동화를 검토할 때 중요하다.

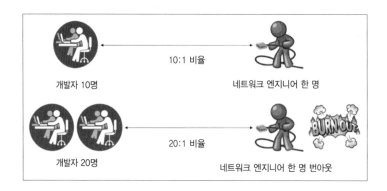

개발자 10명 — 10:1 비율 → 네트워크 엔지니어 한 명

개발자 20명 — 20:1 비율 → 네트워크 엔지니어 한 명 번아웃

회사는 네트워크를 단순화하려는 관점에서 소프트웨어 정의 네트워크를 사업의 규모 문제를 해결하기 위한 솔루션으로 검토해야 한다. 이를 통해 네트워크 엔지니어가 개발자 요구를 지원할 때 네트워크 변경을 더 신속하게 수행할 수 있기 때문이다.

그러나 프로세스를 자동화하지 않고 비효율적인 업무 프로세스를 정리하지 않은 채로 단순히 시스코 ACI, 주니퍼 콘트레일, VMware NSX, 누아지 네트웍스와 같은 소프트웨어 정의 네트워크 솔루션을 도입하는 것은 아무런 도움이 되지 않을 것이다.

API 중심 네트워크의 새로운 책임

따라서 소프트웨어 정의 네트워크에서 네트워크 엔지니어의 역할은 진화해야 한다. 그들은 인프라스트럭처 구축을 위해 운용 요원이 필요했던 것처럼 개발자에게 일부 권한을 위임해야 한다. 그러나 소프트웨어 정의 네트워크가 개발자에게 모든 API를 허용한다는 의미는 아니다. 이렇게 하는 것은 재앙을 불러올 것이다. 생산성의 방해자로서가 아니라 품질 보장의 관문 역할을 위해 효율적인 통제가 필요하다.

오버레이 네트워크의 일부 운영 워크플로우는 여전히 보안이 필요하고 자격을 갖춘 네트워크 엔지니어가 관리해야 하지만, 개발자의 생산성과 요구 사항을 훼손하지 말아야 한다.

개발자에게 네트워크를 충분히 잘 알아서 라우터에 로그인하고 그들의 응용프로그램을 위한 라우팅 요구 설정을 변경하도록 기대하는 것은 바람직하지 않다. 따라서 일부 중간 지대가 필요하다.

개발자에게 네트워크에 대한 접근을 무제한으로 허용하는 것은 네트워크 중단의 위험을 초래한다. 이는 네트워크의 세 가지 주요 원칙 중 하나에 위배되며 이중화 가용성Redundancy의 가치를 손상시킨다. 네트워크 엔지니어는 인프라 무중단에 대한 책임이 있다.

오버레이 아키텍처 설정

오버레이 네트워크를 설정할 때 일반적으로 응용프로그램의 이전 계획 일부로 신규 환경 구축을 진행하며, 이는 기존 네트워크를 이전하는 대상 환경이 된다. 응용프로그램 이전은 부분적으로 나눠 할 수도 있고 한 번에 할 수도 있다. 모든 것을 이전 완료하면 거대한 이전 절차의 한 부분으로 라이브 전환을 수행한다.

응용프로그램 이전 방법에 관계없이 다음의 목표를 달성하기 위해 오버레이 네트워크를 설정하는 것이 매우 중요하다.

- 민첩성
- 최소화된 평균 복구 시간
- 반복성
- 확장성

네트워크의 성능은 언더레이 구성 요소와 사용된 하드웨어에 의해 결정되지만 SDN 객체 모델 구조와 워크플로우 측면에서 오버레이 네트워크는 어떠한 작업이라도 쉽고 빠르고 반복적으로 수행할 수 있도록 정의해야 한다. 또한 확장성 및 롤백이 지원되도록 설계해야 한다. SDN은 구현 전에 성능을 검증해 가상화의 오버헤드가 성능에 영향을 주지 않도록 해야 한다.

따라서 2장, '소프트웨어 정의 네트워킹의 출현'에서 다뤘던 누아지 VSP 객체 모델을 간단히 살펴본다.

- 조직^{Organization}: 모든 L3 도메인을 관장한다.

- L3 도메인 템플릿: L3 도메인 템플릿은 하위 L3 도메인을 만들기 전에 반드시 필요하다. 이 템플릿은 모든 하위 L3 도메인에 적용되는 기본 정책을 관장한다. L3 도메인 템플릿이 업데이트되면 생성되는 하위 L3 도메인에 모두 적용된다.

- L3 도메인: 다른 환경을 나누는 데 사용한다. L3 도메인, Test의 하위에 구성한 서브넷에 있는 사용자는 인접한 L3 도메인, Production에 접근할 수 없다.

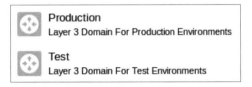

- 존Zone: 존은 응용 계층에서 방화벽 정책을 분리한다. 각 마이크로서비스 응용 프로그램은 고유의 존을 가지며 L3 도메인별로 입수부Ingress/출수부Egress 정책이 연관된다.

- L3 서브넷: 설치될 가상 서버와 물리 서버에 구성된다. 예를 들면 Application1과 Application2 서브넷을 다음과 같이 구성할 수 있다.

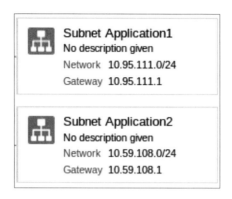

- 응용프로그램별 출수부 정책: 응용프로그램 고유의 출수부 규칙 화면으로 개별 응용프로그램들의 연결 규칙을 보여준다.

- 응용프로그램별 입수부 정책: 응용프로그램 고유의 입수부 규칙 화면으로 개별 응용프로그램들의 연결 규칙을 보여준다.

- 경로 전달^{Leaking} 도메인: 경로 전달 도메인은 L3 서브넷을 통해 오버레이 네트워크로 경로 정보를 전달하는 데 사용하며, 신규 네트워크와 기존 네트워크 간의 연결을 제공한다.

누아지 VSP 예시를 기준으로 보면, Company 조직 하부에 Production과 Test, 두 개의 L3 도메인으로 구성돼 있다. 그리고 마이크로서브넷과 가상 머신을 감싸고 있는 마이크로서비스 응용프로그램별로 존을 하나씩 구성했다.

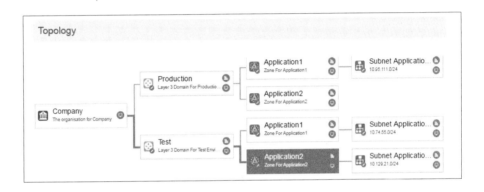

네트워크 설정과 관련해, 네트워크 팀은 자동화를 활용함으로써 오버레이 네트워크상에서 다음의 구성을 할 수 있다.

- 조직^{Organization}: 모든 L3 도메인을 관리

- L3 도메인 템플릿: 기본 정책을 관리하는 데 활용

- L3 도메인: 개발 및 서비스 등과 같은 환경 간의 역할을 구분하는 데 사용

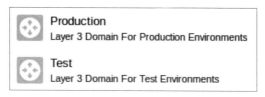

- 정보 전달 도메인: 오버레이 네트워크와 기존 네트워크를 연결하는 데 활용

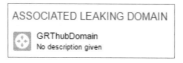

조직 설정은 초기 구축 작업일 가능성이 높다. 반면에 도메인 템플릿 정책은 네트워크 팀 및 보안 팀이 정의할 수 있다. 모든 네트워크에 적용되는 보안 정책은 도메인에 관계없이 도메인 템플릿으로 관리한다. 그래서 테스트 환경은 서비스 환경과 동일한 템플릿 정책을 가지며 모든 보안, 거버넌스 및 규칙 요구 사항을 준수한다.

따라서 개발 팀은 테스트 L3 도메인상의 동일한 정책으로 네트워크 팀의 검수 없이도 고유한 테스트 환경을 생성할 수 있게 된다. 개발자가 사용하는 응용프로그램 보안 규칙도 네트워크 팀의 직접 개입 없이 보안 팀과 개발 팀이 상호 합의할 수 있게 된다. 단 ACL 규칙을 추가로 설정하는 특별한 사례를 구성하지 않는다면 말이다.

또 다른 최초 설정 작업은 아마도 응용프로그램을 한 번에 이전하기 위해 구성하는 기존 네트워크와의 연동 설정 작업일 것이다. 기존 네트워크에 종속된 응용프로그램은 여전히 해당 네트워크에 남게 된다.

누아지 VSP 플랫폼과 연관된 경로 전달 도메인에 외부 네트워크를 연결하는 하드웨어 게이트웨이 장비인 누아지 VSG를 사용할 수 있다. 누아지 VSG는 외부 네트워크에 대한 라우팅 정보를 오버레이 네트워크 및 특정 L3 도메인에 제공한다.

누아지 VSP 플랫폼을 통해 네트워크 팀은 VSG를 활용해 소프트웨어로 GRThubDomain, 경로 전달 도메인을 정의할 수 있다.

그다음으로 누아지 VSP 플랫폼으로 경로 전달 도메인에 연관된 L3 도메인 Production 또는 Test를 새롭게 생성된 GRThubDomain에 연계할 수 있다.

다음의 예에서 GRThunDomain 경로 전달 도메인이 L3 도메인 Production과 연계돼 있는 것을 볼 수 있다. 이를 통해 기존 네트워크가 L3 도메인 Production에 있는 존과 서브넷에 접속할 수 있게 된다.

네트워크 팀은 또한 언더레이 네트워크를 감시할 책임을 가지고 있으며 더 많은 서버 자원이 도입됨에 따라 적절히 확장할 수 있도록 해야 한다. 그래서 신규 랙이 확장되면 새로운 리프 스위치를 도입해야 하고, 링크의 포화 상태를 막기 위해 스파인 스위치도 도입해야 한다.

셀프서비스 네트워킹

일반적으로 개발자가 네트워크 작업의 시작을 위해 네트워크 티켓을 발행하며, 이 점에 집중하는 것이 중요하다. 네트워크 작업은 생산성을 저해시키는 요소로서 개발자들의 공통 애로 사항이다. 개발 팀이 제기한 네트워크 티켓 시스템을 공통 주제로 살펴봄으로써, 네트워크 운영을 효율적으로 분리할 방안을 찾을 수 있다.

다음 작업들은 셀프서비스로 할 수 있는 일상적인[BAU, Business As Usual] 네트워크 작업들이다.

- 방화벽 포트 개방
- 신규 개발 환경 생성
- 다른 응용프로그램 연결

이런 작업들은 소프트웨어 정의 네트워크에서 셀프서비스로 할 수 있는 작업들이다.

누아지 VSP 객체 모델을 통해 네트워크 운영자는 개발자에게 다음의 객체 모델 항목을 제어할 권한을 부여할 수 있다.

- 존^{Zones}: 마이크로서비스 응용프로그램을 포함

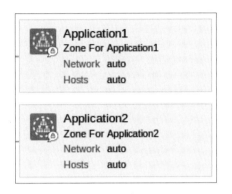

- L3 서브넷: 마이크로서비스 응용프로그램에서 사용 가능한 IP 범위를 정의

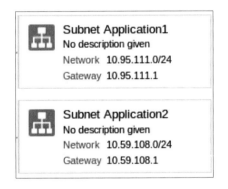

- 응용프로그램별 출수부 정책: 마이크로서비스 응용프로그램의 출수부 ACL 정책을 정의

- 응용프로그램별 입수부 정책: 마이크로서비스 응용프로그램의 입수부 ACL 정책을 정의

이를 통해 네트워크 운영 팀은 개발 팀에 조직, L3 도메인 및 L3 도메인 템플릿을 제공하는 것을 허용한다.

Test 또는 Production L3 도메인하에서 개발 팀은 각 마이크로서비스 응용프로그램별로 고유한 신규 영역을 생성할 수 있는 유연성을 가질 수 있다. 따라서 개발자는 원하는 대로 가상 머신에 대한 서브넷을 생성할 수 있다.

서브넷은 마이크로서브넷이 가능하고 이는 /26, /27, 또는 /28로 제공할 수 있다. 네트워크 팀은 서브넷 스키마를 제공하고 새로운 응용프로그램의 생성 또는 추가 시 다른 팀과의 IP 영역 충돌을 막기 위해 IPAM^{IP Address Management}(IP 주소 관리) 솔루션의 서브넷 예약 시스템을 통해 주소 공간을 예약할 수 있다.

각 배포 팀이 이런 구성을 따르는 한, 네트워크 팀은 새로운 응용프로그램의 배포 또는 추가에 관여하지 않아도 된다. 이로써 AWS, 마이크로소프트 어주어, 구글 클라우드와 같은 셀프서비스가 된다.

그러나 개발 팀의 적극적인 참여를 유도하기 위해 네트워크 팀은 셀프서비스 자동화를 이상적으로 구축해서, 개발 팀이 운영 팀과 함께 누아지 VSP를 가지고 다음의 작업을 수행할 수 있게 해야 한다.

- 존 생성
- 존 삭제
- 서브넷 생성
- 서브넷 삭제
- 입수부 규칙 생성
- 입수부 규칙 삭제
- 출수부 규칙 생성
- 출수부 규칙 생성
- 네트워크 매크로 생성(외부 서브넷)
- 네트워크 매크로 삭제(외부 서브넷)

SDN 솔루션이 어떤 방식으로 구축되든, 네트워크 운영의 많은 부분이 자동화되고 셀프서비스로 구성되기 위한 셀프서비스 구조의 요구 사항은 동일할 것이다.

이상적으로, 이런 셀프서비스 워크플로우 작업은 앤시블 플레이북이나 앤시블 롤에 추가할 수 있다. 그리고 이들 워크플로우 작업은 인프라스트럭처와 함께 네트워크를 프로비저닝하는 배포 파이프라인에 포함할 수 있다.

재사용 불가 네트워크

소프트웨어 정의 네트워크의 이점을 충분히 활용하기 위해 재사용 불가Immutable 네트워크를 활용하는 것이 고정식 네트워크를 활용하는 것보다 낫다. 전에 인프라스트럭처를 코드로 제공한 것처럼 네트워크를 코드로 제공한다는 것과 재사용 불가 네트워크를 활용한다는 것은 응용프로그램을 배포할 때마다 소스 관리 시스템을 통해 네트워크를 새롭게 배포하는 것을 의미한다. 이것은 네트워크 구성 정보가 시간의 경과에 따라 변경되지 않는다는 것을 의미한다.

재사용 불가 네트워크를 적용해 네트워크를 코드로 제공하면 서비스 환경에 올리기 전에 응용프로그램의 연동 테스트를 사전 진행할 수 있다. 서비스 환경을 복제한 테스트 환경을 이용하면 변경된 네트워크 환경을 서비스 환경에 배포하기에 앞서 해당 응용프로그램의 정상 접속 여부를 점검할 수 있다.

CD^{Continuous Delivery} 모델의 일부로서 네트워크 변경을 구현하는 것은 다음을 의미한다. 만약 테스트 환경에서 응용프로그램을 테스트할 때 응용프로그램의 연동 구조상의 문제점이 발견되면, 서비스 환경에도 동일한 문제점이 있다는 것을 의미한다. 그 결과로 문제가 있는 연동 관련 변경 사항을 서비스 환경에 결코 배포하지 않을 것이다. 네트워크의 변경이 목적에 맞지 않다는 피드백을 네트워크 팀에 경고함으로써 네트워크 팀은 상용화 전에 이 문제점을 발견하게 된다. 이런 문제점을 발견함으로써 서비스 중단 및 응용프로그램 다운을 막을 수 있다.

재사용 불가 A/B 네트워크

결과적으로 이상적인 관점에서는 네트워킹이 응용프로그램 배포 주기와 통합돼서 그것의 일부가 돼야 한다. 매번 배포할 때마다 소스 관리 시스템에서 네트워크를 적재해 완전히 신규로 구축해야 한다. 네트워크는 재사용 불가 A/B 네트워크를 이용해 배포할 수 있다.

오픈스택과 통합된 누아지 VSP를 예로 들면 다음과 같다.

- 네트워크는 L3 도메인하에 있다.
- 각각의 마이크로서비스 응용프로그램은 고유한 존을 가진다.
- 존은 누아지와 오픈스택의 서브넷으로 구성한다.
- 각 배포판의 가상 머신은 누아지 서브넷과 오픈스택상에서 생성한다.

Applicatoin1 버전 1.1의 첫 번째 배포판을 L3 도메인 Test에 배포하고 Application1 존 아래에 있는 Subnet A에 두 대의 가상 머신을 배포한다.

응용프로그램 버전 1.2의 두 번째 배포판을 L3 도메인 Test에 배포하고 Application1 존 아래에 있는 Subnet B에 한 대의 가상 머신으로 축소해 배포한다.

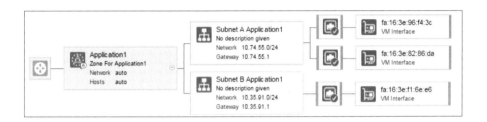

일단 배포판 1.2가 부하 분산기를 통해 서비스에 추가되면 순환 배포를 수행하고, 새로운 가상 머신을 Subnet B에 구성한다. 그 후 배포판 삭제 프로세스의 일환으로 Subnet A를 가상 머신과 함께 삭제한다.

다음 배포판 1.3을 Subnet A에 배포하고, 두 대의 가상 머신으로 용량을 늘려서 배포한다.

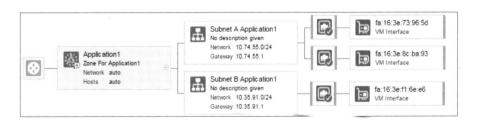

일단 배포판 1.2가 부하 분산기를 통해 서비스에 추가되면, 순환 배포를 수행하고 새로운 가상 머신을 Subnet A에 배포한다. 그 후 배포판 삭제 프로세스의 일환으로 Subnet B를 가상 머신과 함께 삭제한다.

매 배포판마다 Subnet A - Application1과 Subnet B - Application1 배포를 번갈아 수행하고, 매번 소스 관리 시스템을 통해 네트워크를 구성하고 이전 버전은 삭제한다.

중복된 방화벽 규칙의 정리

방화벽에서 주요 기술 이슈 중 하나는 시간이 지남에 따라 응용프로그램이 폐기되거나 네트워크 설정 정보가 변경됨에 따라 사용하지 않는 ACL 규칙이 계속 늘어난다는 점이다. 네트워크 운영자 입장에서 이 ACL 규칙을 삭제하는 작업은 잠재적으로 서비스 중단을 초래할 수 있다는 점 때문에 종종 리스크가 있는 작업으로 분류한다. 이 때문에 네트워크 팀은 수작업으로 처리한다.

재사용 불가Immutable 네트워크 A/B를 사용할 때 출수부와 입수부 정책은 서브넷과 연관돼 있다. 이 말은 누아지 VSP에서 서브넷을 삭제하면, 해당 서브넷에 연관된 모든 ACL 정책의 자동 삭제가 배포 절차의 일부로 실행된다는 뜻이다.

다음 예에서 Subnet A - Application1은 다음과 같은 연결 정보를 갖는다. 배포 절차의 일부로 서브넷을 삭제하면 서브넷에 연관된 모든 ACL 정보도 삭제한다.

ACL 규칙이 응용프로그램과의 종속성을 위해 존의 서브넷에 존재한다는 점은 중요하다. 만약 A 서브넷에 배포한 것이 서비스 중일 경우, B 서브넷에 배포한 것이 올라오게 되면 동시에 연관돼 있는 입수부, 출수부의 ACL 규칙도 함께 올라오면서 A 서브넷의 배포판을 대체한다.

Application1(보안 정책)에 속한 모든 응용프로그램의 ACL 규칙은 서브넷이 아닌 존에 존재한다. 응용프로그램의 ACL 규칙을 서브넷 종속이 아닌 존 종속으로 제공함으로써 서브넷이 바뀌더라도 응용프로그램과 ACL 규칙의 연결을 유지할 수 있다. 재사용 불가 서브넷 모델에서는 서브넷 간의 ACL 규칙은 지원하지 않는다.

다음 예시에서 현재 배포된 서브넷 Application1은 Application2와의 연결을 위해 서브넷과 존 간의 ACL 규칙을 가지고 있다. Application2의 입수부와 출수부 정책이 A 배포와 B 배포 간에 번갈아가며 변경돼도 각 배포 시마다 다음의 다이어그램과 같이 배포된다.

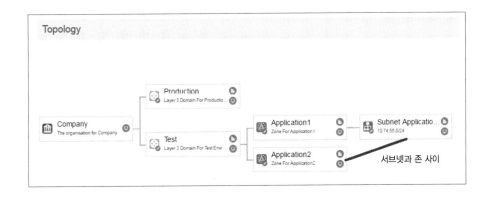

필요한 ACL 규칙은 항상 Application1에서 사용 가능하며 이 규칙은 서브넷 수준이 아닌 존 수준에서 등록한다.

응용프로그램 폐기

재사용 불가 서브넷을 사용하면 필요 없는 응용프로그램을 쉽게 폐기할 수 있다. 이전에 생성했던 자동화 프로세스에는 서브넷 및 연관된 ACL 규칙에 대한 로직이 포함돼 있으므로, 응용프로그램을 폐기할 때 마이크로서비스 응용프로그램의 전체 삭제를 위해 해당 프로세스를 재활용할 수 있다.

운영 팀 또는 네트워크 팀은 개발 팀에 용도 폐기할 응용프로그램을 제거하는 데 쓸 제거용 워크플로우를 쉽게 제공할 수 있다. 할당된 서브넷 IP 주소 구간은 IPAM 솔루션을 통해 해제할 수 있고, 해제된 서브넷 IP 주소 구간은 새로운 마이크로서비스 응용프로그램에 다시 할당할 수 있다.

앤시블로 SDN 컨트롤러 오케스트레이션하기

5장, '앤시블로 부하 분산기 오케스트레이션하기'에서 설명했듯이 앤시블은 서버를 직접 구성하는 데 활용하거나 SDK 또는 REST API 명령어를 실행하는 데 활용할 수 있다.

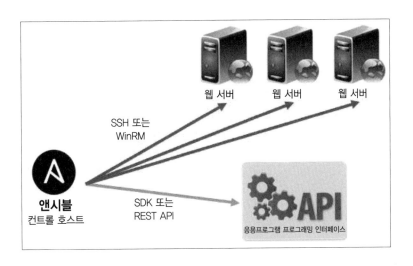

이는 SDN 컨트롤러를 오케스트레이션할 때 매우 유용하다. 소프트웨어로 정의된 객체 모델을 제어할 수 있도록 SDN 컨트롤러들은 REST API 엔드포인트와 SDK를 제공한다. 이를 통해 네트워크 운영자는 모든 네트워크 운영을 자동화할 수 있다.

누아지 VSP 플랫폼에서는 오버레이 네트워크를 구성하는 VSD 컴포넌트가 모든 REST API 호출을 담당한다. REST API를 호출하는 누아지의 자바 또는 파이썬 SDK를 통해 모든 운영을 오케스트레이션할 수 있다.

누아지 VSPK SDK를 앤시블 컨트롤 호스트에 간단하게 설치하면 되고, 이를 통해 누아지를 오케스트레이션할 수 있다. 앤시블은 파이썬으로 작성됐으므로, 누아지 엔티티 트리에서 각 객체 모델을 오케스트레이션할 수 있는 각 기능 모듈을 쉽게 작성할 수 있다.

누아지 VSPK 모듈을 작성하기 위해 자바와 같은 다른 프로그래밍 언어도 쓸 수 있지만, 신규 모듈을 작성할 때는 앤시블의 파이썬용 보일러플레이트^Boilerplate를 쓰는 것이 가장 간단하다.

누아지 VSPK 객체 모델은 엔티티 긴의 부모 자식 관계로 돼 있고 엔티티 연관 고유 식별자를 사용해 부모 객체에서 자식 엔티티를 확인할 수 있다.

다음 예시는 누아지 VSPK 객체 트리를 작성하기 위한 작업 목록을 보여준다.

 1. 누아지 신규 세션, session 시작

 2. 하위의 엔터프라이즈, enterprise 생성에 사용자명, user 사용

 3. 엔터프라이즈의 하위에 도메인 템플릿, domain_templates 생성

 4. 도메인 템플릿 하위 도메인, domains 초기화

 5. 도메인에 하위 존, zone 생성

 6. 존에 하위 서브넷, subnet 생성

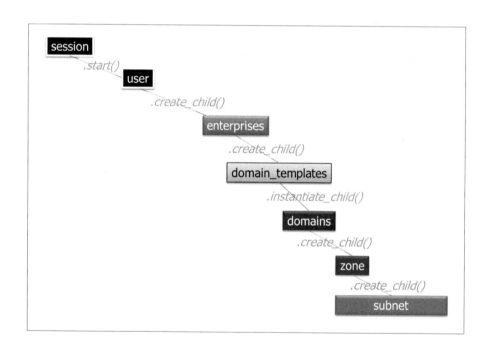

SDN을 활용한 재해 복구

오케스트레이션을 위해 앤시블을 사용하는 주된 이점 중 하나는 개발자가 셀프 서비스를 사용하기에 앞서 앤시블을 이용해 초기 네트워크를 구축하는 플레이북을 작성할 수 있다는 점이다. 그래서 누아지의 조직^{Organization}, 회사^{Company} L3 도메

인 템플릿과 L3 도메인의 초기 설정을 다른 필요한 운영 설정과 함께 플레이북 또는 롤로 생성할 수 있다.

누아지 파이썬 VSPK를 통해 누아지 VSPK 객체 모델 기반으로 초기 설정을 쉽게 만들 수 있다. Company라는 조직, L3 Domain Template이라는 명칭의 L3 도메인 템플릿과 Test 및 Prod로 불리는 두 개의 L3 도메인을 만드는 코드를 다음 예제에서 볼 수 있다.

```python
#Open a session with VSD
session = vsdk.NUVSDSession(username=csproot,password=vsd_pass,enterprise=csp,api_url="https://nuage:8443",version="3.2")

#Start the session and get user credentials
session.start()
user=session.user

#Create an organisation
Organization = vsdk.NUEnterprise(name="Company",description="Company Description")
user.create_child(Organization)

#Create a Template
domain_template = vsdk.NUDomainTemplate(name="L3 Domain Template")

#Create Test domain
Organization.create_child(domain_template)
domain_test = vsdk.NUDomain(name="Test")
Organization.instantiate_child(domain_test,domain_template,commit=True)

#Create Production Domain
Organization.create_child(domain_template)
domain_prod = vsdk.NUDomain(name="Production")
Organization.instantiate_child(domain_prod,domain_template,commit=True)
```

delegate_to 로컬호스트를 사용하면 초기 구축용 플레이북을 생성하는 모듈들을 구성하는 각 파이썬 명령어를 앤시블에서 쉽게 감싼 후 사용할 수 있다. 앤시블 컨트롤 호스트에서 각 모듈을 실행한 후 누아지 API로 연동한다.

기본적으로 각 모듈은 생성 명령을 호출하기 전에 항등적인지 확인하고, 엔티티가 존재하는지 확인한 후 저장된다. 만약 엔티티가 이미 존재한다면, 오버레이 네트워크가 이미 원하는 상태로 구성돼 있으므로 생성 명령을 호출하지 말아야 한다.

초기 구축용 플레이북은 재해 발생으로 전체 네트워크의 복원이 필요한 경우에 전체 네트워크를 초기화하는 데 사용한다. 초기 구축용 플레이북은 소스 관리에 저장해야 한다. 반면에 각 배포 파이프라인은 최초에 정의한 구조 기반으로 응용 프로그램 존, 서브넷, 가상 머신을 구축한다.

기존 네트워크와 도메인 간의 접속을 관리하는 경로 전달 도메인과 그곳에 연관된 정보도 필요시 초기 구축용 플레이북에 추가할 수 있다.

YAML 파일을 통한 A/B 서브넷과 ACL 규칙 저장

앤시블로 셀프서비스 서브넷과 ACL 규칙 정보를 var 파일에 저장할 수 있다. var 파일은 각 개발 팀의 공정 일부인 셀프서비스 플레이북에서 호출한다. 각 응용프로그램 환경은 A/B 서브넷 각각을 정의하는 일련의 var 파일들 안에 저장할 수 있다.

A 서브넷 또는 B 서브넷을 생성하는 플레이북은 누아지 VSD API를 통해 생성 작업을 수행하는 delegate_to 로컬호스트를 실행하는 데 활용될 수 있다.

플레이북은 다음과 같은 작업을 하도록 구성된다.

1. 존 생성. 아직 생성되지 않은 경우에만 해당

2. 서브넷 YAML 파일을 이용해 오픈스택에 연동된 누아지에 서브넷 생성

3. 서브넷에 직접 적용되는 입수부 규칙과 출수부 규칙에 대한 ACL 정책 적용

초기 구축용 플레이북과 같이 각 VSPK 명령에 대한 고유 모듈을 작성할 수 있다. 이 예시에서 파이썬 VSPK는 Application1이라 불리는 영역을 생성하고 Subnet A Application1이라 불리는 서브넷을 생성한다.

```
#Create a Zone in the domain
zone = vsdk.NUZone(name="Application1")
domain.create_child(zone)

#Create a Subnet in the zone
subnetA = vsdk.NUSubnet(name="Subnet A Application1",address="10.74.55.0",netmask="255.255.255.0",gateway="10.74.55.1")
zone.create_child(subnetA)
```

따라서 이들 명령어는 앤시블 모듈로 감쌀 수 있고 완전히 항등원이 돼야 한다. 소스 관리 시스템에 저장된 var 파일들을 통해 기대 상태$^{Desired\ state}$의 네트워크를 결정한다.

플레이북의 로직은 배포 시 소스 관리 시스템에서 var 파일을 끌어온 후 적재한다. 플레이북은 그 후 jinja2 필터 조건의 when을 이용해 A 또는 B 서브넷이 존재하는지, 둘 다 존재하지 않는지를 검사한다.

서브넷이 하나도 존재하지 않으면 서브넷 A가 생성되고, 서브넷 A가 존재하면 서브넷 B를 생성한다.

플레이북은 다음 스크린샷에 보여주는 환경 종속적인 var 파일로부터 이 정보를 읽을 수 있다. 이 정보는 항등원으로서 존을 넘어 실행하며, 해당 환경이 존재하지 않으면 생성하고, 서브넷 A 또는 B를 생성할 조건일 때 jinja2 플레이북을 사용한다.

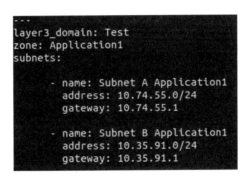

```
---
layer3_domain: Test
zone: Application1
subnets:

    - name: Subnet A Application1
      address: 10.74.55.0/24
      gateway: 10.74.55.1

    - name: Subnet B Application1
      address: 10.35.91.0/24
      gateway: 10.35.91.1
```

L3 도메인당 하나 또는 그 이상의 환경에서 모든 필수 환경에 대한 필수 조건으로 서브넷 A와 B의 고유한 집합 여부를 소스 관리 시스템에서 확인한다.

ACL 규칙은 이상적으로는 L3 도메인에 포함돼 있는 모든 환경에서 일관성을 가져야 한다. 그러므로 명확한 ACL 규칙 집합을 생성해 모든 환경에 적용되는 입수부 및 출수부에 대한 응용프로그램별 정책에 할당한다.

각 환경은 L3 서브넷당 입수부 및 출수부에 대한 자체적인 고유 정책을 가질 수 있다. 앤시블 플레이북은 L3 도메인, Test하에 서버 통합, UAT[User Acceptance Test] 또는 다른 테스트 환경이 존재하는 경우 환경에 대한 고유 식별자를 정책명에 추가할 수 있다.

응용프로그램에 대한 고유한 ACL 규칙은 응용프로그램 기능을 만들기 위한 최소한의 연결을 정의한다. 이를 기반으로 새로운 플랫폼을 가동하는 단계 중에 개발 팀이 채울 수 있다. 초기의 L3 도메인 템플릿에서는 모든 연결이 차단 상태다.

ACL 규칙은 상호 종속성을 위해 항상 서브넷에서 존 방향으로 존재해야 한다. 각 ACL 규칙은 서브넷과 함께 소스로부터 생성된다. 그래서 서브넷이 제거되면 ACL 규칙은 자동으로 정리된다.

셀프서비스 ACL 규칙 파일의 형태를 다음의 예시에서 보여준다. 이 파일은 두 개의 입수부 규칙과 하나의 출수부 규칙을 생성한다.

```yaml
---
acl_rules:
  ingress:
    - name: ""
      protocol: "TCP"
      src_type: "ANY"
      src_port: "*"
      dst_port: 443
    - name: ""
      protocol: "TCP"
      src_type: "ANY"
      src_port: "*"
      dst_port: 80

  egress:
    - name: "native-dbs-1521"
      protocol: "TCP"
      dst_type: "Zone"
      dst: "Application2"
      dst_port: 80
```

셀프서비스 플레이북은 개발 팀에서 제공할 수 있으며 개발 팀은 존과 서브넷을 생성하는 표준화된 방법을 항상 갖추게 된다. var 파일의 YAML 구조는 또한 네트워크의 기대 상태를 기술하는 템플릿을 제공한다. 이것은 자동화된 작업 절차를 다른 누아지 종단점으로 지정하면 전체 네트워크를 소스 관리 시스템을 통해 프로그래밍 방식으로 구축할 수 있음을 의미한다.

요약

이 장에서는 SDN 컨트롤러가 자동화로 도움을 받는 다른 형태의 네트워크 운영에 대해 살펴봤다. 그리고 소프트웨어 정의 네트워크에 연관된 일반적인 오해를 파헤쳤다.

그런 다음 기업들이 소프트웨어 정의 네트워크를 사용해 혜택을 볼 수 있는 방법을 살펴보고 SDN 솔루션이 네트워크 운영과 관련된 몇 가지 문제를 해결하는 데 어떻게 도움이 되는지 살펴봤다.

그다음으로 네트워크 운영 팀이 자동화를 채택하고 포용할 필요성을 중점적으로 살펴봤다. 개발 팀이 다양한 네트워크 작업의 일부를 셀프서비스할 수 있도록 하고, 네트워크 작업을 분리해 책임을 공유하는 방법도 알아봤다. 그 후 재사용 불가 A/B 네트워크가 어떤 장점을 가지고 어떻게 네트워크를 단순화하는 데 도움이 되는지를 알아봤고, 프로그래밍 방식으로 네트워크를 구축할 때 방화벽 규칙을 어떻게 깨끗하게 유지할 수 있는지도 확인했다.

또한 네트워크 운영을 확장하고자 하는 조직에 소프트웨어 정의 네트워크가 왜 중요한지 다뤘다. 또한 오버레이 네트워크 객체 모델을 마이크로서비스 응용프로그램에서 사용하는 방식과 재사용 불가 네트워크 및 AB 서브넷의 장점도 다뤘다.

이 장에서는 주로 네트워크 운용자가 초기 네트워크를 구축하는 데 SDN 컨트롤러가 도움을 줄 수 있는 여러 가지 방법을 다뤘다. 어떤 분야의 네트워크 운영을 셀프서비스화할 수 있는지, 앤시블의 REST API 호출 또는 SDK를 통해 어떤 네트워크 운영을 프로그래밍 방식으로 제공하는지를 다뤘다.

다음 장에서는 CI[Continuous Integration](연속 통합)를 살펴본다. 버전 관리 시스템을 통해 네트워크를 적절히 업그레이드 또는 다운그레이드하는 개발 팀의 모범 사례를 살펴본다. 또한 이를 네트워크 운영에 적용하는 방법을 살펴본다.

일단 CI를 위한 기반을 마련한 후 네트워크 테스트와 CD^{Continuous Delivery}(연속 배포)로 넘어가서 네트워크 팀이 네트워크 자동화를 배포 파이프라인에 통합하는 모범 사례를 살펴볼 것이다.

7

네트워크 설정에 CI 빌드 사용하기

이 장에서는 CI^{Continuous Integration}(연속 통합)에 초점을 맞출 것이다. CI 프로세스에 수반되는 세부 작업에는 어떤 것이 있는지 살펴보고 네트워크 운용에 적용하는 이유를 살펴본다. 또한 CI 프로세스가 네트워크 운영을 자동화하는 데 매우 중요한 이유도 알아본다.

이 장에서는 구성 관리 도구의 이점을 설명하고 CI를 구성하는 데 사용하는 실질적인 구성 관리 프로세스와 CI 프로세스를 지원할 수 있는 도구를 살펴볼 것이다.

이 장에서는 다음과 같은 주제를 다룬다.

- CI 개요
- CI를 위한 도구들
- 네트워크 CI

CI 개요

CI는 변경 개발의 품질을 향상시키는 데 활용하는 프로세스다. CI 프로세스를 개발자에 적용하면 변경된 소스 코드를 가져와서 기존 코드 베이스에 통합하는 역할을 수행한다. 이것은 개발 라이프사이클의 초기에 이뤄지며, 즉각적인 피드백 및 변경에 대한 성공/실패 여부를 제공한다.

데브옵스로 전환하는 과정에서 CI는 핵심 구성 요소다. CI는 중앙 집중형 도구를 활용해 변경 사항을 다른 사용자에게 가시적으로 보여주고, 소프트웨어 개발 라이프사이클 초기에 변경 사항에 대한 통합 및 협업을 촉진시킨다. CI는 종종 CD^{Continuous Delivery} 프로세스와 결합된다. CI는 소프트웨어 배포 라이프사이클의 앞부분에서 사용된다.

CI가 구현되기 전에는 새로운 배포판을 패키징할 때 개발자가 변경한 코드가 동작하지 않는 경우가 종종 있었다. 이때 모든 개발자의 변경 개발 코드는 배포 관리 시스템 또는 운영 팀이 통합했다. 배포판을 패키징하기 위해 준비하는 동안 개발자는 새로운 업무로 이미 이동해서 더 이상 현재 배포판에 대한 작업을 하지 않으므로 발생한 오류를 수정하는 데 많은 시간이 소요돼 배포 일정을 지연시켰다.

성공적인 CI 프로세스는 개발자가 변경된 코드를 등록할 때마다 동작해야 한다. 이는 그들의 변경 작업이 성공인지 아닌지 알려주는 신속한 피드백 절차를 가지고 있다는 것을 의미한다. 이전에는 개발자가 소스 등록 후 이슈를 발견하는 데 수 주에서 수개월이 걸렸고 이 때문에 배포 프로세스는 느려질 수밖에 없었다.

CI는 가능한 한 왼쪽 끝에서 수정하는 것을 전제로 한다. 이 의미는 개발 시 서비스 시스템(오른쪽)과 가장 멀리 떨어져서 개발하라는 것을 의미한다. 이 문구가 실제로 의미하는 바는 오류를 개발 초기에 일찍 발견하면 할수록 오류를 수정하는 비용이 줄어들고 비즈니스에 미치는 영향이 줄어들 뿐만 아니라, 오류가 결코 서비스 시스템에 영향을 주지 않는다는 것이다.

CI 프로세스는 다음 절차를 따른다. SCM^{Source Control Management}(소스 제어 관리)으로
변경 사항 커밋, 변경 사항에 대한 유효성 검사 및 개발자에게 성공/실패 통보다.

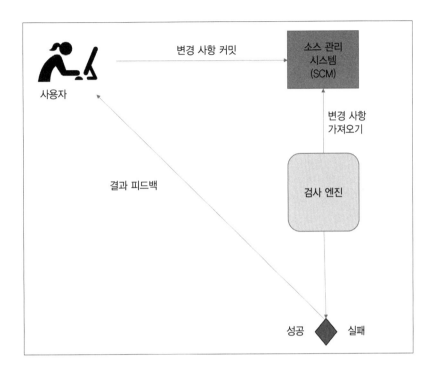

CI 프로세스의 결과물은 테스트 환경과 서비스용 서버로 이관돼야 한다. 동일한
바이너리 결과물이 CI 및 관련된 테스트를 거쳐서 결과적으로 상용 서버에 배포
되는 것은 매우 중요하다.

CI와 같은 프로세스에서는 오류 발생 즉시 개발자에게 피드백을 전달한다. 이로
인해 변경 개발에 따른 비용을 절감할 수 있다. 이는 개발자 본인이 변경한 코드
를 잊어버리기 전에 바로 오류를 수정하거나 이전 상태로 돌려놓을 수 있다는 것
을 의미한다. CI에서 다루는 코드는 개발자가 협업을 통해 작업하는 현재 코드이
므로 오류가 발견되면 바로 수정할 수 있다.

모든 IT 직원이 동일한 배포 전략을 따르지 않을 수도 있지만 피드백 절차 및 유효성 검사는 개발자에게만 적용해서는 안 된다. 물론 네트워크를 변경할 때 컴파일 프로세스가 필요하지 않지만, 네트워크 장비 또는 SDN 컨트롤러나 부하 분산기의 설정 변경이 적합한지 여부에 대한 검증 테스트는 필요하다.

개발자의 CI

CI 프로세스의 기본 기능은 개발자의 변경 코드를 가져와서 다른 개발자의 최신 변경 코드와 통합한 후 제대로 컴파일되는지 확인하는 것이다. CI 프로세스는 단위 테스트 또는 통합 테스트를 수행하거나, 컴파일된 바이너리를 패키징하거나, 생성된 패키지를 저장소에 업로드하거나, 저장소 또는 패키지에 고유한 버전 정보를 붙이는 작업을 선택적으로 할 수 있다.

그래서 단순한 CI 프로세스는 다음의 피드백 절차로 요약할 수 있다.

1. 개발자는 변경 코드를 SCM에 커밋하고 최신 코드에 통합한다.

2. 최신 코드는 CI 빌드 서버로 보내진다.

3. CI 빌더는 코드를 컴파일하면서 신규 커밋이 정상인지 확인한 후 저장소에 보내고 빌드 버전 번호를 붙인다.

4. 성공 또는 실패를 개발자에게 통보한다.

5. 다음 변경 코드에 대해 1~5단계를 반복한다.

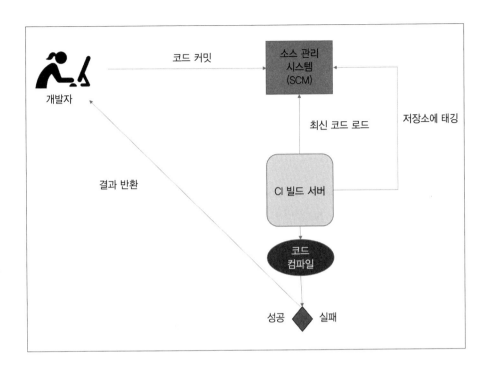

1단계(개발자 커밋)와 2단계(CI 빌드 서버에 저장소의 복사본 생성)는 SCM 시스템이 처리하는 프로세스다.

지난 10년간 인기 있던 SCM 시스템은 서브버전^{Subversion}, IBM 래셔널 클리어케이스^{Rational ClearCase}, 마이크로소프트 팀 파운데이션 서버^{TFS, Team Foundation Server}, 퍼포스^{Perforce}, 텔레로직 CM 시너지^{Telelogic CM Synergy} 등이다. 최근에는 중앙 집중식 SCM에서 깃^{Git} 또는 머큐리얼^{Mercurial} 등과 같은 분산형 SCM으로 옮겨가고 있다.

3단계(코드 컴파일), 4단계(개발자에게 알림), 5단계(프로세스의 반복)는 CI 빌드 서버의 스케줄러를 통해 수행된다.

크루즈 컨트롤^{Cruise Control}, 허드슨^{Hudson}뿐 아니라 최근에는 젠킨스^{Jenkins}, 트래비스^{Travis}, 쏘트웍스 고^{Thoughtworks Go}와 같은 소프트웨어를 CI 빌드를 위해 사용한다.

4단계(코드 컴파일 결과 통보)는 다음과 같은 컴파일 소프트웨어를 사용해 수행할 수 있다.

- Maven(https://maven.apache.org/)
- Ant(http://ant.apache.org/)
- MsBuild(https://msdn.microsoft.com/en-us/library/ ms171452(v=vs.90).aspx)
- Rake(http://rake.rubyforge.org/)
- Make(http://www.cs.colby.edu/maxwell/courses/tutorials/maketutor/)

이러한 모든 도구는 코드 컴파일 유형에 따라 CI 프로세스의 주요 검증 단계에서 사용할 수 있다.

CI 프로세스를 수행하고, 모든 개발자의 소스 커밋에 대한 폴링을 수행하고, 코드 컴파일을 수행하고, 연속 피드백 루프를 제공하면서 동일한 프로세스를 반복한다. 만약 개발자가 소스를 잘못 올려서 CI 빌드를 중단시키면, 이는 즉시 수정돼 다른 개발자의 변경 코드를 컴파일하고 검증하는 작업을 방해하지 않도록 해야 한다. 즉 개발자들은 CI를 통해 공동 작업을 수행하고 변경 사항이 성공적으로 통합되는지 확인한다.

단위 테스트 또는 통합 테스트와 같은 추가 단계는 컴파일 후 변경 개발에 대한 검증을 강화하기 위해 연속적으로 적용할 수 있다. 코드가 컴파일된다고 해서 모든 기능이 동작한다는 것을 의미하지는 않기 때문이다. 모든 컴파일과 검증이 완료되면 여섯 번째 단계인 소프트웨어 패키징 및 저장소로의 배포를 수행한다.

제대로 구성된 CI 프로세스는 컴파일, 검증 및 패키지가 하나의 사이클로 동작해야 한다. 그리고 코드 배포판이 일단 패키징되면 배포 시에는 반드시 동일 패키지가 모든 서버에 배포돼야 한다.

데이터베이스 CI

코드의 품질을 향상시키기 위해 CI를 구성한 후 데이터베이스의 변경 관리를 담당하는 개발자는 일반적으로 데이터베이스 변경에 대해서도 유사한 프로세스의 수행을 고려했다. 데이터베이스의 변경은 항상 모든 기업에서 큰 일에 해당하므로, 문제 있는 데이터베이스를 포함한 배포 프로세스는 소프트웨어가 배포된 후 고객에 배포되는 것을 방해할 수 있다.

결과적으로 데이터베이스 스키마의 변경 또는 스토어드 프로시저^{Stored Procedure}의 변경은 CI 프로세스에 더 일찍 통합돼야 이점을 가질 수 있다. 또한 유사한 방식으로 신속한 검증 및 피드백 절차를 가져야 한다.

어떤 의미에서 볼 때, 개발자 입장에서 CI는 소스 컴파일 시 성공/실패를 보여주는 것과 같다고 이해할 수 있다. 스크립팅 언어는 컴파일 과정에서는 예외지만 단위 테스트를 통해 코드 검증을 수행할 수 있고 테스트 범위를 넓혀서 품질을 향상시킬 수 있다.

데이터베이스 스키마를 변경할 때는 소스 코드를 서비스용 시스템에 보내기에 앞서 많은 종류의 테스트 기준을 충족해야 한다. 제대로 하는 데이터베이스 개발자는 SQL이 변경될 때 업그레이드 및 롤백 스크립트를 제공하며, 이 코드를 소스 관리 시스템에 저장하기 전에 개발 환경에서 테스트할 것이다.

데이터베이스 개발자는 스키마 업그레이드 또는 롤백 스크립트를 포함한 데이터베이스 변경 코드를 구현해 SCM에 저장한다. 롤백 스크립트는 업그레이드 스크립트가 서비스 환경에서 어떤 이유에서든지 실패할 경우 긴급하게 적용할 때 사용한다.

그래서 전형적인 데이터베이스 배포 프로세스는 다음의 두 가지 단계로 구성된다.

- 배포 스크립트를 통한 SQL 테이블이나 컬럼의 생성, 변경, 삭제 또는 스토어드 프로시저 적용
- 적용이 실패할 경우 롤백 스크립트를 통한 SQL 테이블 노는 컬럼의 생성, 변경, 삭제 또는 스토어드 프로시저의 롤백

따라서 서비스 환경에 배포하기 전에 데이터베이스 개발자의 업그레이드 및 롤백 스크립트를 검증해야 한다. 여러 데이터베이스 개발자가 동일한 배포판을 개발하면, 이들의 데이터베이스 배포 스크립트는 한 개발자의 데이터베이스 변경이 다른 개발자의 변경과 충돌하게 만들 수 있으므로 서비스 환경에 적용하기 위해 순차적으로 스크립트를 적용해야 한다.

데이터베이스에 CI를 적용하기 전에는 몇 가지 사전 요구 사항이 따른다.

- 테이블 구조 및 인덱싱 등 서비스 환경과 유사한 데이터베이스 환경에서 검증할 수 있어야 한다.
- 또한 CI 프로세스에서 데이터베이스를 순차적으로 업그레이드하고 실패 시 롤백할 수 있는 동일한 배포 스크립트를 사용해야 한다.

롤백 스크립트 테스트는 업그레이드 스크립트를 테스트하는 데 필수 요소며 데이터베이스의 CI 프로세스에서는 롤백을 포함하는 테스트가 필요하다.

데이터베이스 개발자가 적용하는 일반적인 데이터베이스 배포 워크플로우는 다음과 같다.

1. CI 테스트 데이터베이스용 배포 스크립트를 활용해 업그레이드 스크립트를 적용한다.

2. CI 테스트 데이터베이스용 배포 스크립트를 활용해 롤백 스크립트를 적용한다.

3. CI 테스트 데이터베이스용 배포 스크립트를 활용해 업그레이드 스크립트를 적용한다.

4. CI 테스트 데이터베이스용 배포 스크립트를 활용해 롤백 스크립트를 적용한다.

테스트 단계가 성공적이면, 업그레이드 또는 롤백 데이터베이스 스크립트는 SQL 문법 측면에서 검증된 상태이므로 상용 데이터베이스에 적용해도 문제없다.

이전 단계에서는 배포 실행을 통해 순차 처리에 대한 유효성을 확인하고 통합 데이터베이스 배포 스크립트가 롤백 스크립트와 충돌 없이 함께 동작하는지 확인한다.

CI를 통해 상용 환경에서 오류를 일으킬 수 있는 여러 가지 시나리오를 이미 배제시켰다. 그러나 코드 컴파일과 마찬가지로 CI 프로세스 전처리만으로는 충분치 않다. SQL이 오류를 반환하지 않는다고 업그레이드 및 롤백 스크립트가 기술적으로 문제없다는 것을 의미하지는 않는다. 데이터베이스의 변경은 여전히 기능 테스트를 통해 보완돼야 한다.

CI의 역할은 배포 라이프사이클 초기에 품질 검사를 실시하고, 피드백 절차를 생성하는 것까지다. 배포판이 100% 문제없다는 것을 CI가 증명해줄 수는 없다. 대신에 확인하는 프로세스를 통해 배포판이 문제없음을 검증하는 방법이 필요하다.

간단한 CI 데이터베이스 프로세스는 데이터베이스 개발자에게 다음의 피드백 절차를 제공한다.

1. 개발자가 변경된 업그레이드 및 롤백 스크립트에 커밋하면 이를 기존 코드에 통합한다.

2. CI 빌드 서버에서 통합된 코드를 가져간다.

3. CI 테스트 서버에서 배포 스크립트를 이용해 업그레이드 스크립트를 적용한다.

4. CI 테스트 서버에서 배포 스크립트를 이용해 롤백 스크립트를 적용한다.

5. CI 테스트 데이터베이스 배포 스크립트를 이용해 업그레이드 스크립트를 적용한다.

6. CI 테스트 데이터베이스 배포 스크립트를 이용해 롤백 스크립트를 적용한다.

7. 성공 및 실패를 개발자에게 통보한다.

8. 다음의 개발 변경을 위해 1~7단계를 반복한다.

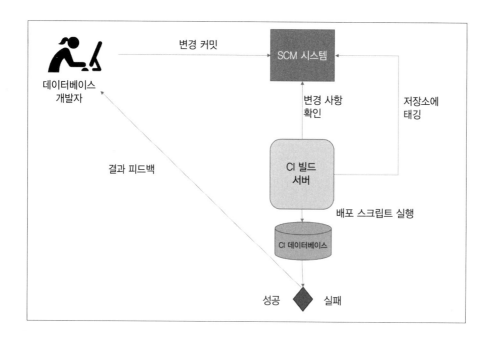

일단 배포판을 서비스 환경에 배포할 준비가 되면, CI 데이터베이스에 데이터베이스 변경 사항 및 스크립트 최종 변경 사항을 적용해 다음 배포판에서 적용할 데이터베이스 변경 사항 및 스크립트를 적용할 수 있도록 준비해야 한다.

항상 데이터베이스에 베이스라인을 작성함으로써, 데이터베이스 개발자가 무의식적으로 CI 데이터베이스에 잘못된 업그레이드 및 롤백 스크립트를 적용한 경우 해당 데이터베이스를 원하는 상태로 쉽게 복구해 개발하는 데 병목 현상이 생기지 않게 하는 것이 좋다.

물론, 데이터베이스의 변경 등에 대해 유효성 검증을 하는 방법도 가능하다. 마이크로소프트는 바로 이런 목적을 위해 데이터베이스 프로젝트를 제공한다. 그러나 유효성 검증 엔진은 중요하지 않다. 배포 라이프사이클에서 변경 사항에 대해 일찌감치 검증하는 것이 핵심 요소다.

CI 프로세스를 거치지 않았다면 절대로 서비스 환경으로 넘어갈 수 없게 하는 것은 매우 중요하다. 훌륭한 프로세스를 설정하고도 그것을 생략한다면, CI 데이터베이스 스키마에 문제가 생겨서 큰 이슈를 초래할 수 있다.

CI를 위한 도구들

구성 관리 도구들의 다양한 기능을 활용해 CI 프로세스를 구축할 수 있다. 선택할 수 있는 다양한 옵션으로 인해 처음에는 선택하기가 쉽지 않아 보인다.

프로세스를 용이하게 하기 위해 도구를 선택해야 하고 팀 또는 개발자가 선택해야 한다. 3장, '데브옵스를 네트워크 운영으로'에서 언급한 대로, 도구를 선택하기에 앞서 해결할 요구 사항과 원하는 프로세스를 매핑하는 것이 중요하다.

마찬가지로 여러 도구가 여기저기에서 사용되지 못하도록 하는 것도 중요하다. 이런 현상은 대기업에서 공통적으로 발생하는 현상으로 같은 일을 하는 데 여러 도구를 활용하는 것보다 모든 일을 하기에 적합한 유일한 도구를 채택하는 것이 중요하다. 이런 현상은 비즈니스상의 운영 오버 헤드를 초래한다.

만약 회사의 CI를 위한 구성 관리 도구가 이미 존재한다면, 요구 사항을 충족시킬 수 있어야 한다. CI 프로세스를 수행하는 도구를 고려한다면 다음과 같은 도구들이 필요한다.

- 소스 관리 시스템
- 검증 엔진

소스 관리 시스템은 소스 또는 구성 관리 설정 정보를 소스 저장소에 저장하는 데 우선적으로 사용한다.

검증 엔진은 코드의 컴파일 또는 구성 정보 검증의 스케줄을 정하는 데 사용된다. CI 빌드 서버는 수많은 컴파일 또는 검증을 위한 테스트 도구를 스케줄링하는 데 사용한다.

소스 관리 시스템

SCM 시스템은 CI 프로세스의 핵심을 제공하지만 어떠한 SCM 시스템을 선택하든지 기본적으로 다음의 필수 기능이 제공돼야 한다.

- 변경 사항을 등록할 수 있도록 모든 사용자가 접속 가능해야 함
- 최신 버전의 파일을 저장
- 중앙 집중식 URL을 통해 사용자들이 브라우저로 볼 수 있어야 함
- 역할 기반의 접속 권한 모델 제공
- 버전별 롤백 기능 및 커밋된 파일에 대한 버전 트리 지원
- 사용자 커밋 여부를 확인할 수 있고 날짜와 시간별로 변경 사항을 볼 수 있어야 함
- 저장소에 대한 태깅 지원을 통해 릴리스 배포에 관련된 모든 파일을 체크아웃할 수 있어야 함
- 동시 개발에 대한 다중 저장소 브랜치 지원
- 파일을 병합하고 병합 시 충돌이 나는 경우를 조정할 수 있어야 함
- 명령행으로 명령 실행 가능
- CI 빌드 서버와 연계

대부분의 SCM 시스템은 다음과 같은 부가적인 기능을 지원한다.

- 프로그래밍 가능한 API 또는 SDK
- 개발자 IDE와 쉽게 통합
- 역할 기반 접근 제어에 대한 액티브 디렉터리 또는 LDAP과의 통합
- 변경 관리 도구와의 통합 지원. SCM의 커밋이 변경 요청 티켓과 연계돼야 함
- 동료 리뷰 도구와의 통합 지원

SCM 시스템은 중앙 집중화하거나 분산할 수 있다. 최근에는 분산 소스 관리 시스템의 활용이 증가하고 있다.

중앙 집중식 SCM 시스템

SCM은 원래 개발 팀의 편의를 위해 만들어졌을 때, 중앙 집중식 아키텍처를 기반으로 구성됐다. 중앙 집중식 SCM은 소스 코드를 저장하는 데 사용됐고 개발자들은 코드를 변경하거나 저장하기 위해 저장소에 접근했다.

개발자가 생산성을 유지하기 위해 중앙 집중식 SCM 시스템은 항상 온라인으로 접근할 수 있어야 했다.

- 개발자들은 코드 변경을 원할 때 저장소에 접근한다.
- 그들은 편집할 파일을 체크아웃한다.
- 코드를 변경한다.
- 소스의 마스터 브랜치에 변경 파일을 체크인한다.

SCM 시스템은 한 번에 한 명의 사용자만 편집할 수 있도록 충돌을 피하기 위한 잠금 메커니즘을 가지고 있다. 만약 두 개발자가 동시에 한 파일에 접근하면 온라인 SCM 시스템은 해당 파일이 다른 개발자에 의해 잠겨 있다고 알려주고, 개발자들은 본인의 코드를 체크아웃해 다음 변경을 하기에 앞서서 다른 개발자가 수정을 완료할 때까지 기다려야 한다.

개발자가 코드를 변경하고자 할 때 중앙 집중식 SCM 시스템에 의해 제공되는 저장소에 직접 접속해서 코드를 변경한다. 개발자가 코드를 변경하면, 변경 사항은 중앙의 데이터베이스에 기록되고 전체 저장소의 상태가 갱신된다.

그다음으로, 변경된 상태는 다른 개발자의 뷰에도 자동으로 동기화된다. 중앙 집중식 SCM에 대한 비판 중 하나는 개발자가 때때로 오프라인으로 일하길 원한다는 것이다. 이 때문에 몇몇 SCM 시스템은 스냅샷 보기 개념을 도입했다. 이 개념은 온라인의 대안이었고 향상된 저장소 뷰와 오프라인 갱신 기능이 도입됐다.

중앙 집중식 SCM의 스냅샷 보기는 특정 시점의 실시간 저장소에 대한 스냅샷이었다. 다른 개발자가 변경 사항을 커밋하기 전에 스냅샷 보기를 갱신해야 하며, 병합 시 발생하는 충돌은 스냅샷 보기의 변경 사항을 체크인하기 전에 로컬에서 먼저 처리해야 한다.

개발자는 CLI 또는 GUI를 통해 중앙 집중식 SCM을 자신의 개발 환경에 통합한다. 개발자 IDE에 통합해 사용하기 쉽게 만들어서 명령행과 IDE를 오갈 필요가 없어졌다.

중앙 집중식 SCM의 예시는 다음과 같다.

- IBM 래셔널 클리어케이스Rational ClearCase
- 텔레로직 CM 시너지Telelogic CM Synergy
- IBM 래셔널 팀 콘서트Rational Team Concert
- 마이크로소프트 팀 파운데이션 서버Microsoft Team Foundation Server
- 서브버전Subversion
- 퍼포스Perforce

분산형 SCM 시스템

분산형 SCM 시스템은 중앙 마스터가 없고 대신 여러 위치에 변경 사항을 복제한다. 사용자는 저장소의 복제본을 만들어 로컬의 개발 머신에서 로컬 복사본에 소스 코드를 밀어 넣기하거나 끌어오기할 수 있다.

분산 시스템의 각 저장소에는 소유자 또는 관리자가 있고 사용자는 끌어오기 요청의 형태로 변경 내역을 가져온다. 개발자는 병합 요청과 같이 끌어오기 요청을 생성한다. 그러나 저장소의 관리자는 끌어오기 요청을 수락할지 여부를 승인할 수 있다. 커밋은 브랜치로 보내진다.

분산형 SCM 시스템의 주요 이점 중 하나는 저장소가 오프라인이어도 작업이 가능하다는 점이다. 변경 사항은 로컬 저장소에 커밋되고 온라인 상태가 되면 개발자가 준비됐을 때 마스터 브랜치에 집어넣을 수 있다.

분산형 SCM 시스템은 병합성이 뛰어나고 효율적이므로 애자일 개발 방법과 함께 잘 활용된다. 거대한 단일형 응용프로그램의 크고 집중화된 코드 기반에 비해 애자일 개발은 종종 마이크로서비스를 위한 여러 개의 작은 저장소를 필요로 한다.

분산형 SCM 시스템은 다음과 같다.

- 깃^{Git}
- 머큐리얼^{Mercurial}
- 베라시티^{Veracity}

브랜치 전략

브랜치 전략은 최신 소프트웨어 개발의 필요를 충족시키기 위해 사용하며, 다른 유스케이스를 제공하는 여러 브랜치와 여러 버전의 코드를 지원한다.

SCM 시스템은 전통적으로 트렁크 또는 마스터 브랜치라고 하는 메인라인 브랜치에 의존한다. 메인라인 브랜치 전략은 메인라인/트렁크 브랜치가 항상 깨끗하고 소스 코드가 정상 작동하는 버전임을 의미하며, 이 브랜치의 파일들이 서비스 환경에 있는 코드다.

그다음으로 최신 배포판에 대한 실제 개발을 위해 개발 브랜치가 생성된다. 이 배포판 브랜치는 서비스 환경의 시스템에서 버그가 확인된 경우 해당 배포판을 유지하는 데 사용한다.

구현 가능한 다양한 브랜치 전략이 있으며, 다음의 예시에서 메인라인 브랜치 전략을 볼 수 있다.

메인라인/트렁크/마스터 브랜치는 깨끗하게 유지하고 모든 배포판의 변경 사항이 병합돼 있다. 그리고 이 브랜치는 배포판을 출시할 때마다 태그된다. 이를 통해 태그 사이에 어떤 부분이 변경됐는지를 확인할 수 있다.

개발 브랜치는 실제 개발을 위해 사용하고 버전 1.0을 생성한다. 그 후 개발 브랜치는 배포판 브랜치 1.0으로 병합한다. 다음으로 메인라인/트렁크/마스터로 병합된다.

그 후 개발 브랜치는 버전 2.0의 실개발을 위해 생성되고, 반면에 배포판 브랜치 1.0은 버그 픽스를 위해 유지 보수 배포판 1.x로 활용된다.

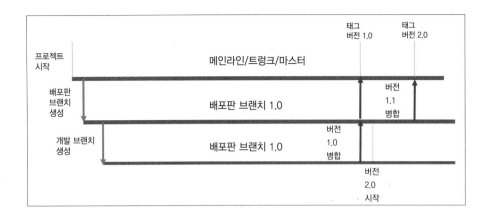

메인라인 브랜치 전략은 많은 병합과 조정을 의미했고, 배포 관리자는 출시일마다 배포된 버전들에 대한 병합 및 조정을 해야 했다.

중앙 집중식 구성 관리 시스템은 소프트웨어 개발에 대해 메인라인 접근을 선호하도록 설정돼 있었다. 이것은 워터폴Waterfall 개발 방식을 지원하기에 유용했다.

워터폴 모델의 소프트웨어 개발은 분석, 설계, 구현, 테스트 단계가 통합된 엄격한 프로젝트 관리 단계를 가지고 있다. 그래서 메인라인 브랜치 전략은 팀이 매일 배포하는 것과 달리 몇 개월마다 단지 하나의 배포판만 출시하는 것으로도 충분했다. 그래서 힘든 병합 프로세스가 병목이 되지는 않았다.

그러나 애자일 소프트웨어 개발로 전환함에 따라 개발 팀이 연속 배포 및 CD 모델로 이동해 좀 더 자주 배포판을 출시함에 따라 메인라인 전략을 구현하는 것이 더욱 어려워졌다.

애자일 개발 방법에 좀 더 적합한 대체 브랜치 전략은 기능 브랜치Feature Branch 전략을 사용하는 것이다. 애자일 소프트웨어 개발 작업은 2주간의 스프린트로 나눠진다. 그래서 마스터 또는 메인라인 브랜치는 여전히 이용되지만 매우 짧은 기능 브랜치가 한 스프린트 동안 개발자에 의해 생성된다. 분산형 SCM 시스템에서는 병합 작업을 집중화된 배포판 관리 팀이 담당하는 것이 아니라 개발자가 담당한다.

다음 예시에서는 기능 브랜치의 예시를 볼 수 있다. 세 개의 다른 기능 브랜치인 기능 A, 기능 B, 기능 C를 2주 스프린트 동안 생성한다. 개발자가 개발을 마치면 이 기능을 트렁크/마스터 브랜치에 다시 병합한다.

기능 브랜치에 커밋을 수행할 때마다 변경 사항을 트렁크/마스터에 직접 병합하고, CI 프로세스가 시작돼 변경 사항의 유효성을 검사할 때마다 모든 성공적인 체크인은 잠재적인 배포판 후보가 된다. 배포판이 CI 프로세스로 패키징되면 다음 다이어그램과 같이 배포 준비가 완료된다.

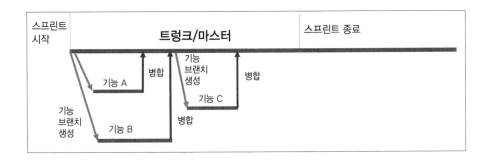

항상 트렁크/마스터에서 작업하는 것을 선호하는 일부 순수주의자는 기능 브랜치를 사용하지 말자고 주장할 것이다. 그러나 어떤 방식이 개발 팀이 일하기 가장 좋은지에 대해서는 개발 팀이 주관적으로 결정하도록 해야 한다. 또한 다른 일부는 충분한 테스트가 될 때까지 부가적인 수준의 제어를 추가해 트렁크/마스터 브랜치에 병합하기 전에 동료 리뷰가 진행될 수 있도록 해야한다고 주장할 것이다.

브랜치에 대해 커밋된 후, CI 빌드가 시작되고 어떠한 변경 사항을 커밋하든지 연관된 유효성 검사가 시작된다. 이것은 프로세스의 모든 단계에 피드백 절차를 생성한다. 어떤 브랜치에 온 어떠한 변경도 CI 빌드에 의해 관리돼야 한다. 잘못된 변경 사항은 공지해 즉시 수정되도록 해서 변경 사항의 품질이 유지되도록 해야 힌다.

CI 빌드 서버

검증 단계들과 테스트들을 스케줄링하는 다양한 CI 빌드 서버들이 나와 있다. 쏘트웍스에서 출시한 크루즈 컨트롤은 초기의 CI 빌드 서버 중 하나로 나중에 쏘트웍스 고^{Thoughtworks Go}로 이름이 바뀌었다.

크루즈 컨트롤^{Cruise Control}에서는 다양한 CI 빌드 작업을 설정하기 위해 XML 파일을 사용한다. 각 빌드 작업은 일련의 명령행 옵션을 실행한다. 일반적으로 코드 저장소에 대한 컴파일 프로세스가 성공하면 초록색 빌드를 반환하고 실패하면 빨간색 빌드를 반환한다. 크루즈 컨트롤은 빌드 로그에 오류 사항을 표시하는 방식으로 사용자에게 피드백을 대시보드 또는 이메일을 통해 제공한다.

현재 시장을 선도하는 빌드 서버는 클라우드비^{Cloudbees}의 젠킨스^{Jenkins}다. 클라우드비 젠킨스는 오픈소스 프로젝트로 허드슨 프로젝트^{Hudson Project}에서 분리된 프로젝트다. 젠킨스는 XML 파일을 구성할 필요를 없애고 모든 설정 작업을 GUI 또는 API로 옮겼다. 또한 CI 작업을 잘 수행할 수 있는 많은 플러그인을 제공한다. 또한 젠킨스 2.x 배포판에서는 CD를 검토하고 있다.

CI 시스템은 클라우드 기반 솔루션으로 옮겨가고 있다. 트래비스^{Travis}는 오픈소스 프로젝트로 인기가 있으며, 사용자는 트래비스 YAML 파일을 체크인할 수 있다. 이 파일은 소스 컨트롤에서 빌드 설정을 생성하고 코드와 함께 버전을 지정할 수 있다. 이것은 젠킨스 2.x가 젠킨스 파일을 사용해 작업을 구성하고 젠킨스 작업 빌더 프로젝트가 오픈스택 프로젝트에 대해 작업을 진행하는 것과 같다.

CI 빌드 서버를 검토할 때는 여러 가지 옵션이 있다. 어떤 종류의 CI 빌드 시스템을 선택하더라도, 다음과 같은 필수 기능을 기본적으로 고려해야 한다.

- 피드백을 위한 대시보드
- 그린 빌드 및 레드 빌드 표시
- 일반 명령행을 위한 스케줄링 기능
- 출구 조건을 기반으로 한 성공 또는 실패, 0인 경우 성공
- 잘 알려진 컴파일 도구의 플러그인

- SCM 시스템에 대한 폴링 기능
- Junit, Nunit 등과 같은 단위 테스트 프레임워크 솔루션과 통합 가능
- 역할 기반 접근 제어
- 저장소에 최근 커밋된 사항의 변경 사항 표시 기능

대부분의 CI 빌드 서버는 또한 다음과 같은 부가적인 기능을 제공한다.

- 프로그래밍 가능한 API 및 SDK 제공
- 이메일 및 메시징 통합 제공
- RBAC[Role-based Access Control] 기반의 액티브 디렉터리 또는 LDAP 통합
- SCM 커밋을 변경 티켓과 연결할 수 있도록 변경 관리 도구와 통합 지원
- 동료 리뷰 툴과의 통합 지원

네트워크의 CI

그러면 왜 네트워크 엔지니어는 CI에 관심을 가져야 할까?

네트워크 팀은 다음 사항을 개선하길 원한다면 CI에 관심을 가져야 한다. 이 부분은 3장, '데브옵스를 네트워크 운영으로'에서 강조했던 부분이다.

- 변화의 속도
- 평균 복구 시간
- 향상된 가동 시간
- 증가된 배포 수
- 팀 간의 교차 기술 습득
- 주요 이슈의 제거

네트워크상에서 어떤 부분이 변경됐는지 쉽게 추적하고 어떤 엔지니어가 변경했는지 확인하는 기능은 CI를 통해 가져올 수 있는 기능들이다. 이 정보는 CI 빌드 시스템의 최근 커밋을 통해 확인할 수 있다.

네트워크에 장애가 발생할 때는 네트워크 장비에 어떤 변경을 했는지 확인하기 위해 장비 로그를 자세히 살펴보는 것과 달리, 마지막으로 태그한 배포판 구성을 배포함으로써 간단히 롤백할 수 있다.

모든 네트워크 엔지니어는 CI 빌드 시스템에서 작업 구성을 보고 어떻게 동작하는지 볼 수 있으므로 모든 네트워크 엔지니어는 프로세스가 어떻게 작동하는지 알게 되고, 이는 기술의 교차 습득에 도움이 된다.

지속적인 피드백 절차를 통해 네트워크 팀은 프로세스를 지속적으로 개선할 수 있다. 만약 네트워크 프로세스가 덜 개선됐다면 네트워크 팀은 쉽게 해당 프로세스의 문제점을 찾아 개선함으로써 변경 프로세스를 모든 엔지니어에게 일관된 방식으로 명확하게 적용할 수 있다.

CI 프로세스를 사용함으로써 네트워크 팀은 화재 진압 모드에서 벗어나 지속적인 개선과 최적화 모드로 발전할 수 있다. CI는 모든 네트워크의 변경을 검증된 절차로 진행하도록 한다. 또한 수작업 진행으로 인한 에러 발생이 더 이상 일어나지 않도록 해서 네트워크 변경의 품질을 개선할 수 있다.

이러한 확인 및 검증 작업은 기본적으로 내장돼 있으므로 네트워크 운영자가 네트워크의 변경을 SCM 시스템에 커밋할 때마다 수행된다. 이러한 변경은 시간이 지나감에 따라 정교하게 구성되므로 네트워크 변경 시 에러가 거의 발생하지 않게 되고 네트워크 엔지니어는 개발 팀 및 인프라 팀 같은 관리 역량을 가지게 된다.

또한 네트워크에서 CI를 이용하면 이미 CI 프로세스의 일부로 검사하고 검증했기 때문에 서비스 환경의 변경에 대한 두려움을 제거해준다. 따라서 서비스 환경의 변경을 위해 수 주 전부터 계획하고도 걱정하던 일이었던 것에서 일상적인 업무로 변화된 것을 볼 수 있다. 이 견해에 의하면 만약 한 작업에 문제가 생기면 좀 더 자주 작업하고 지속적으로 반복하며 개선함으로써 변경에 대한 두려움을 떨치게 만들 수 있다.

여러 SCM 브랜치 전략, CI 빌드 서버, 코드와 데이터베이스의 변경에 CI를 사용하는 방법을 주제로 다뤘으므로, 이제는 CI가 의미하는 것과 또한 이것이 단지 코드를 컴파일하는 것이 아님을 명확히 알 것이다. CI는 병렬적으로 변경 사항을 검증하고, 같이 일할 수 있도록 하고, 사용자들에게 피드백 절차를 제공한다.

데브옵스 운동은 다른 사람들과 상호작용하고, 병목을 제거하고, 시장에 좀 더 빨리 제품을 제공하고, 정확성을 높여 CI를 네트워크에도 똑같이 적용하는 것이다. 프로세스의 자동화와 동일한 개념을 통한 팀 간의 협업은 매우 중요하다. 그래서 CI는 인프라와 네트워크를 코드로 함께 엮는 접착제다.

네트워크 엔지니어에게 CI와 같은 개념은 처음에는 외계에게 온 개념 같을 것이다. 그러나 컴파일 프로세스에 대해 깊이 논의하는 대신 프로세스 자체에 초점을 맞춰야 한다. 만약 모든 네트워크의 변경 사항을 서비스 환경에 적용하기 전에 빠르게 검증할 수 있고, 사용하기 쉽고, 신속한 피드백을 제공할 수 있는 프로세스를 제공한다면 사용할 것인지 모든 네트워크 엔지니어에게 질문할 경우 그들의 대답은 "그렇다."일 것이다. 그러므로 CI는 서비스 환경 변경에 대해 거의 문제를 일으키지 않는 유용한 도구라고 할 수 있다.

이 책의 4장, '앤시블로 네트워크 장비 설정하기', 5장, '앤시블로 부하 분산기 오케스트레이션하기', 6장, '앤시블로 SDN 컨트롤러 오케스트레이션하기'에서는 앤시블과 같은 구성 관리 도구를 통해 네트워크 장비, 부하 분산기, SDN 컨트롤러와 같은 네트워크 구성의 변경을 코드처럼 다루는 방법을 살펴봤다.

따라서 다음의 다이어그램을 고려할 때, 네트워크 변경의 CI에 관한 질문은 CI를 네트워크 변경에 사용할 수 있는지를 묻지 않는다. 대신에 SCM 커밋이 발생한 후 네트워크 엔지니어에게 성공 및 실패에 대한 신속한 피드백을 주는 데 사용하는 검증 엔진을 네트워크 변경을 위해 사용할 것인지 질문해야 한다.

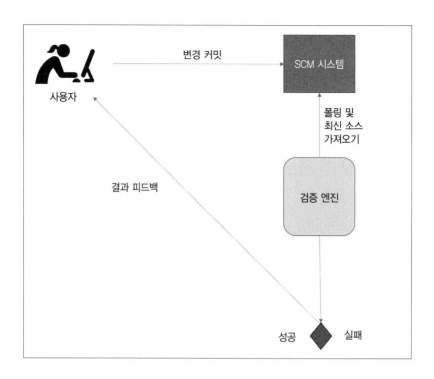

네트워크 검증 엔진

네트워크 변경을 위한 CI를 구성할 때는 검증 엔진으로 무엇이 적합한지가 중요한 이슈다. YAML 구성 파일에 크게 의존하는 앤시블을 이용하면 최초의 검증은 YAML var 파일을 확인하는 것이다.

var 파일은 네트워크의 기대 상태^{Desired state}를 기술하는 데 사용된다. 그래서 YAML 파일이 문법적으로 이상이 없는지 확인하는 것이 하나의 유효성 확인 절차다. 이것을 위해 SCM 시스템에 커밋된 파일의 문법이 문제없는지 확인하는 데 YAML 린트^{Lint}와 같은 도구를 사용한다.

일단 YAML var 파일을 SCM 시스템에 체크인하면 CI 빌드는 새로운 배포가 일어 났다는 상태를 알리는 태그를 생성한다. 모든 SCM 시스템은 태깅 또는 베이스라인 기능을 가지고 있어야 한다.

버전 태깅은 현재의 네트워크 배포판 버전이 YAML var 파일상에서 어떤 파일이 변경됐는지 이전 버전과 비교할 수 있음을 의미한다. 어떤 단계에서 문제가 발견되면 이전 단계로 롤백함으로써 모든 네트워크의 변경 사항을 투명하게 처리할 수 있다.

그러면 가능한 다른 종류의 검증으로는 무엇이 있을까? 네트워크 장비의 설정에 중점을 두면 주니퍼 JUNOS 또는 아리스타 EOS와 같은 네트워크 운영체제에 변경 구성 정보를 반영시키는 정도가 될 것이다. 그래서 CI 프로세스의 일부로서 신규로 커밋된 구성 정보가 해당 운영체제에 대해 문법이 맞는지 프로그램적으로 확인할 수 있도록 하는 것은 매우 바람직하다. 4장, '앤시블로 네트워크 장비 설정하기'에서 논의했던 것처럼 대부분의 네트워크 운영체제는 리눅스 기반이다. 그러므로 CI 프로세스의 일부로서 네트워크 운영체제에 명령을 내리는 것은 불합리해 보이지 않는다.

부하 분산기 또는 SDN 컨트롤러를 오케스트레이션하기 위한 구성 정보를 확인하는 것도 언급할 수 있다. CI 프로세스가 포함된 테스트 환경을 가지는 것도 이론적으로 매우 바람직하다. 부하 분산기의 소프트웨어 버전 또는 SDN 컨트롤러의 에뮬레이트된 버전을 사용해 네트워크 엔지니어가 API 호출이 잘되는지와 문법이 맞는지를 미리 테스트해볼 수 있으므로 매우 유용하다.

그러나 SDN 컨트롤러를 시뮬레이트하거나 장비 업체에 종속된 서비스 환경을 만들거나 시뮬레이트하는 과정에는 어려운 문제가 있다. CI 환경을 구성하는 데 가격 때문에 커다란 오버헤드가 발생한다. 네트워크 장비, 부하 분산기 및 SDN 장비 업체는 자동화를 지원하고 CI와 같이 데브옵스에 친숙한 프로세스를 제공하기 위해 진화하고 있다. 그래서 네트워크 장비 업체들은 소규모 테스트 환경의 효력을 인지하기 시작했다. 이런 환경은 가상화 및 컨테이너 기반의 부하 분산기 또는 SDN 컨트롤러를 YAML 파일을 구성함으로써 요구되는 상태를 만들 수 있는 API 종단점인지 검증하는 데 유용하다.

또한 장비 업체는 SCM 시스템에 체크인돼 있는 구성 정보를 가진 YAML var 파일을 최초의 테스트 환경에 배포하기 전에 정상적인지 테스트할 수 있는 베이그런트 박스^{Vagrant Box1}를 제공할 수 있다. 개발 라이프사이클에서 가능하면 빨리 이슈를 왼쪽으로 멀리 보내고, 가능하면 빨리 실패를 만들어내는 프로세스를 만들어서 향상시킬 수 있는 환경을 갖춰야 한다.

따라서 이러한 모든 유효성 검사기를 통해 어떻게 이런 프로세스들을 네트워크 장비 또는 오케스트레이션에 적용할 수 있는지 살펴보겠다. 유효성 검사기의 수는 네트워크 장비 업체 수에 따라 달라질 수 있다. 그래서 장비 업체와 상관없는 네트워크 장비에 대해 CI 빌드를 시작점으로 살펴볼 것이다. 그다음으로 만약 장비 업체가 소프트웨어 부하 분산기 또는 SDN 에뮬레이터를 제공한다면 가능한 한 좀 더 고급 수준의 옵션들을 살펴볼 것이다.

네트워크 장비를 위한 간단한 CI 구축

네트워크 변경은 마이크로서비스 응용프로그램을 구현하는 대규모 조직에서 매일 필요한 작업이다. 이러한 네트워크 요구 사항을 충족하기 위해서는 가능하면 셀프서비스 방식이 지원돼야 한다. 요구 사항을 따라가기 위해 네트워크 팀은 다음의 다이어그램과 같이 아마도 기능 브랜치 SCM 전략을 사용하거나 셀프서비스 YAML 파일을 마스터 브랜치에 직접 커밋하도록 허용해야 한다.

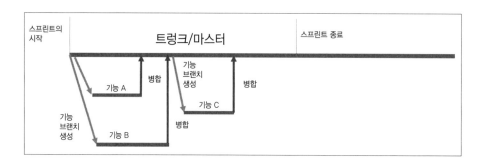

---

1 개발 환경을 쉽게 만들어주는 VM 기반 패키지 – 옮긴이

각 커밋은 병합하기 전에 동료 리뷰를 받아야 한다. 이상적인 셀프서비스 프로세스는 개발 팀이 그들의 코드 변경과 함께 네트워크 변경을 패키징할 수 있어야 하고 셀프서비스 접근 방식을 따르게 해야 한다.

네트워크 장비 또는 오케스트레이션에 구축돼 있는 첫 번째 CI는 앤시블 YAML 파일에 대한 버전을 제어하고 간단한 YAML 파일이 원하는 상태를 만들어주는지 검증하는 것에 집중해야 한다.

실행할 각 CI 빌드는 또한 저장소에 태그가 지정돼 있어야 한다. SCM 저장소에 태그를 지정하는 것은 배포 버전들을 비교하거나 쉽게 롤백할 수 있음을 의미한다. 또한 어떤 사용자가 변경했는지와 환경이 정확히 어떻게 변경됐는지를 보여주는 감사 로그 역할을 한다. CI 프로세스를 거치지 않는 한 사용 중인 시스템에는 어떠한 변경도 없어야 한다.

간단한 CI 빌드는 다음과 같은 간단한 검증 절차를 따른다.

 1. YAML 파일의 문법을 검사한다.

 2. 검사가 성공하면 SCM 시스템에서 저장소에 태그를 지정한다.

따라서 간단한 네트워크 CI 빌드는 이러한 절차를 따를 것이다. 네트워크 운영자가 네트워크 상태를 원하는 상태로 바꾸기 위해 YAML 파일을 SCM 시스템에 커밋한다. CI 빌드 서버는 YAML 린트가 저장소에 있는 모든 YAML 파일의 문법을 확인하고 성공을 반환하면 빌드에 태그를 지정한다.

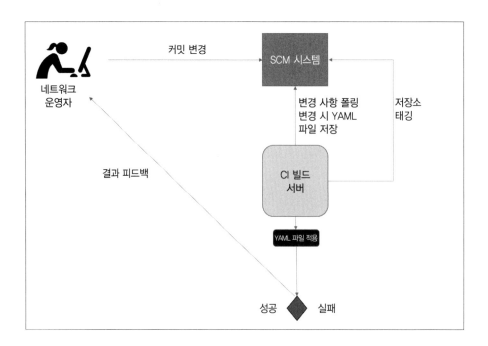

간단한 젠킨스 CI 빌드 서버 구성하기

네트워크 장비를 위한 간단한 CI 빌더는 젠킨스 CI 빌드 서버로 구성할 수 있다. 레이크[Rake]와 yamllint gem이 젠킨스 슬레이브에서 빌드가 실행되도록 구성해야 한다.

이 작업을 완료하면 새로운 젠킨스 CI 빌드 서버를 몇 분 만에 만들 수 있다.

먼저 신규 젠킨스 프리스타일 작업[Freestyle project]을 선택한다.

그런 다음 사용할 SCM 시스템을 구성한다. 이 예시에서는 깃을 활용한다. `git@gitlab:devops/sdn.git`을 저장소에 지정하고 저장소에 접속하는 데 필요한 SSH 키를 `*/master` 브랜치에 설정한다.

이제 검증 단계를 위해 셸 명령어 빌드 단계를 선택한다. `git@gitlab:devops/sdn.git` 저장소의 Rake 파일을 구성한 후 YAML 파일을 파싱할 수 있도록 `rake yamlint`를 실행한다.

마지막으로, 빌드 작업을 구성하고 `devops/sdn.git` 깃랩[gitlab] 저장소에 대해 젠킨스 빌드 버전에 태그를 지정하고 빌드를 저장한다.

이로써 매우 간단한 젠킨스 CI 빌드 프로세스를 구성했다. 깃 저장소에 변경 여부를 폴링하고 저장소에 대해 `yamllint`를 실행한 후, 빌드가 성공하면 깃 저장소에 태그를 지정한다.

빌드 상태는 젠킨스에 표시된다. 다음의 스크린샷에서 초록색 원은 YAML 파일이 정상이므로 빌드가 성공 상태임을 의미하고, 지속 시간[Last Duration]은 빌드하는 데 6.2초가 걸렸음을 의미한다.

All	Network CI	+			
S	W	Name ↓	Last Success	Last Failure	Last Duration
⬤	✳	Network CI Build	7 min 21 sec - #1	N/A	6 2 sec

Icon: S M L

Legend 🔊 RSS for all 🔊 RSS for failures 🔊 RSS for just latest builds

네트워크 CI 빌드에 검증 추가하기

네트워크 구성 정보를 서비스 환경에 반영하기 전에 좀 더 확실한 검증이 필요한 점을 강조한다. 그 이유는 개발 라이프사이클상에서 좀 더 빨리 오류를 발견하면 할수록 오류를 해결하는 시간과 비용을 줄일 수 있기 때문이다. 아주 중요한 변경 사항을 시스코 NxOS, 주니퍼 JUNOS, 아리스타 EOS 같은 네트워크 운영체제에 반영하는 것은 CI 검증의 좋은 대상이다.

따라서 SQL 문법이 올바른지 검증하는 데이터베이스와 같이 새롭게 커밋된 변경 사항을 실행해볼 수 있고 네트워크 장비에 적용할 네트워크 명령어 또는 오케스트레이션 명령어의 문법이 프로그래밍적으로 옳은지 확인할 수 있는 기능은 CI 빌드의 일부여야 한다.

CI는 네트워크 장비, 부하 분산기 또는 SDN 컨트롤러에 잘못된 설정 정보가 반영되지 않도록 해서 네트워크 구성 정보의 품질을 확보하는 데 도움을 줄 것이다. 물론, 반영할 구성 정보의 기능이 요구 사항에 못 미칠 수도 있다. 그러나 적어도 문법 오류가 있는 구성 정보가 배포되는 상황은 피할 수 있을 것이다.

네트워크 장비, 부하 분산기, SDN 컨트롤러의 설정 변경이 아주 중요한 만큼, 어떤 종류의 네트워크 구성 변경이라도 확인할 수 있는 추가적인 검증 절차가 필요하며 신속하고 자동화된 방법으로 확인해야 한다. 또한 네트워크의 설정 변경이 요청받은 것이 아니라면 신속한 피드백을 제공해야 한다.

네트워크 장비를 위한 CI

네트워크 장치를 설정하기에 앞서 CI를 위한 몇 가지 전제 조건이 요구된다.

- 네트워크 운영체제는 서비스 환경 구성 정보를 기반으로 현행 구성 정보를 반영시킬 수 있어야 하고 가상 어플라이언스로 구성할 수 있어야 한다.
- 젠킨스와 같은 CI 빌드 도구에 에이전트를 통해 앤시블 컨트롤 호스트와 연계해 앤시블 플레이북을 실행할 수 있어야 한다.
- 모든 플레이북은 실행이 실패하면 후속 작업으로 롤백 작업이 내장될 수 있도록 블록 단위 에러 처리 구조^{Block Rescue}로 작성해야 한다.

일반적인 네트워크 장비 배포 프로세스는 다음의 두 단계로 이뤄진다.

1. 네트워크 변경을 위한 셀프서비스 플레이북 적용

2. 플레이북은 항등적이므로, 변경이 일어날 경우만 변경 사항 표시

앤시블 플레이북은 상태 변경의 관점에서 업그레이드와 롤백에 대한 복원력을 제공해야 한다. 이전 단계에서는 또한 앤시블 플레이북의 명령어 처리 순서에 대한 적합성을 확인하고 명령어가 호출될 때 네트워크 장비에 맞게 반영되는지 확인한다.

간단한 CI 빌드 프로세스는 네트워크 운영자에게 다음의 피드백 절차를 제공할 것이다.

1. 네트워크 운영자는 앤시블 플레이북 또는 YAML var 파일의 변경 사항을 SCM 시스템에 커밋한다. 그리고 이 커밋된 정보는 코드 베이스에 통합된다.

2. 코드 베이스를 CI 빌드 서버로 복사한다.

3. YAML 파일을 `yamllint`로 확인한다.

4. 앤시블 플레이북을 통해 네트워크 변경 사항을 네트워크 장비에 반영한다.

5. 사용자에게 성공 또는 실패 종료 코드를 반환한다.

6. 다음의 네트워크 장비 변경 시 1~5단계를 반복한다.

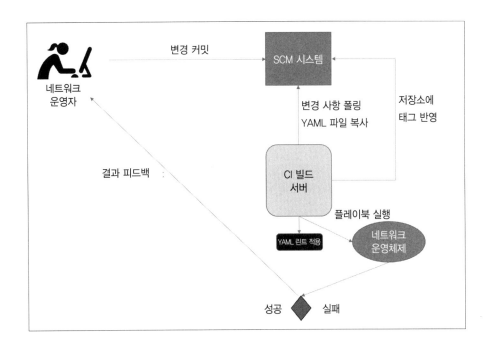

네트워크 오케스트레이션을 위한 CI 빌드

부하 분산기 또는 SDN 컨트롤러를 위한 네트워크 오케스트레이션을 구성하기에
앞서 몇 가지 전제 조건이 필요하다.

- 서비스 환경의 구성 정보 및 현행 구성 정보를 반영시킬 소프트웨어 부하 분
  산기 또는 SDN 컨트롤러 에뮬레이터가 필요하다.
- 젠킨스와 같은 CI 빌드 도구에 에이전트를 통해 앤시블 컨트롤러와 연계해서
  앤시블 플레이북을 실행할 수 있어야 할 뿐만 아니라 네트워크 오케스트레이
  션 모듈을 실행시킬 수 있는 SDK가 필요하다.
- 모든 플레이북은 실행이 실패하면 후속 작업으로 롤백 작업이 내장될 수 있
  도록 블록 단위 에러 처리 구조^{Block Rescue}로 작성해야 한다.

전형적인 네트워크 장비 배포 프로세스는 다음 단계로 이뤄진다.

1. 네트워크 변경을 위한 셀프서비스 플레이북 적용

2. 플레이북은 항등적이므로, 변경이 일어날 경우만 변경 사항 표시

앤시블 플레이북은 상태 변경의 관점에서 업그레이드와 롤백에 대한 복원력을 제공해야 한다. 몇몇 테스트 서버는 로드 밸런싱을 시뮬레이트하고 가동 상태를 검증할 수 있는 가상화 플랫폼 형태로 제공돼야 한다.

네트워크 오케스트레이션을 위한 간단한 CI 프로세스는 네트워크 운영자에게 다음의 피드백 절차를 제공할 것이다

1. 네트워크 운영자는 앤시블 플레이북 또는 YAML var 파일의 변경 사항을 SCM 시스템에 커밋한다. 그리고 이 커밋된 정보는 코드 베이스에 통합된다.

2. 코드 베이스를 CI 빌드 서버로 복사한다.

3. YAML 파일을 yamllint로 확인한다.

4. 앤시블 플레이북을 통해 API를 오케스트레이션해서 부하 분산기 또는 SDN 컨트롤러에 필요한 변경을 수행한다.

5. 사용자에게 성공 또는 실패 종료 코드를 반환한다.

6. 다음의 네트워크 변경 시 1~5단계를 반복한다.

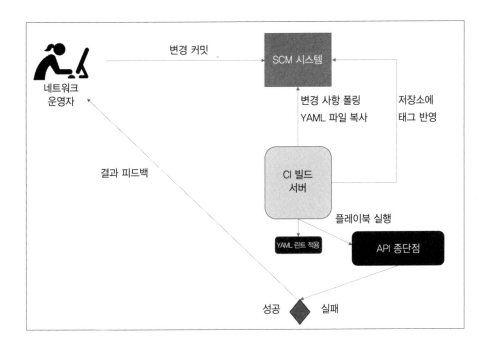

요약

이 장에서는 CI가 무엇이고, CI 프로세스가 코드와 데이터베이스에 어떻게 적용되는지 살펴봤다. 그리고 CI가 네트워크 운영에 피드백 절차를 제공함으로써 어떻게 적용 가능한지 살펴봤다.

또한 다른 SCM 방법론, 중앙 집중식 SCM 시스템과 분산형 SCM 시스템의 차이점, 워터폴 및 애자일 프로세스와 함께 브랜치 전략을 사용하는 방법을 살펴봤다.

그런 다음 젠킨스를 사용해 간단한 네트워크에 대한 CI 빌드를 설정하는 몇 가지에에 초점을 맞춰 CI 프로세스를 만드는 데 사용할 수 있는 방대한 도구를 살펴봤다.

이어서 CI가 무엇이고 네트워크 운영에 어떻게 적용할 수 있는지 설명하고, SCM 도구 및 공통의 SCM 브랜치 전략과 함께 중앙 집중식 시스템과 분산형 시스템의 차이점을 배웠다.

이 장의 또 다른 주요 사항으로는 CI 빌드 서버와 그 사용법, 네트워크 구성 변경을 CI와 연계하는 방법, 네트워크 구성 변경에 대한 검증 엔진을 포함하고 있다.

다음 장에서는 추가된 검증을 위해 CI 프로세스에 다양한 테스트 도구들을 어떻게 적용할 수 있는지 살펴본다. 이를 통해 네트워크 운영을 위한 단위 테스트를 진행함으로써 CD 파이프라인을 통해 네트워크 변경 사항을 배포하기 전에 기대 상태^{Desired state}가 실제적으로 장비에 구현될 수 있는지 확인할 수 있다.

8

네트워크 변경 작업 테스트하기

이 장에서는 데브옵스, 테스트 및 품질 보증과 함께 소프트웨어 개발의 중요한 부분을 중점적으로 살펴본다. 이 장에서는 네트워크 구성 변경을 CI 프로세스에 통합시키고 테스트를 철저히 해야 하는 이유를 기술한다. 그리고 네트워크 운영을 위한 테스트 목록의 생성을 도울 수 있는 오픈소스 테스트 도구를 살펴본다.

전반적인 품질 보증 프로세스도 중점적으로 다루려 한다. 네트워크 운영을 구현하거나 네트워크 팀에서 채택한 모범 사례 중 일부를 개괄적으로 살펴본다.

또한 피드백 절차, 품질 리포트를 설명하고 네트워크를 기대한 대로 확실히 동작하게 하기 위해 확인할 사항을 살펴본다. 이들은 모두 네트워크 팀이 코드 중심의 운영으로 이동하는 데 필수적인 주제들이다.

이 장에서는 다음과 같은 주제를 다룬다.

- 테스트 개요
- 품질 보증 모범 사례
- 테스트 도구

테스트 개요

운영 변경 작업 또는 변경 개발을 할 때 품질을 보증하기 위한 여러 가지 방법이 있다.

개발, 인프라 또는 네트워크의 변경 사항을 서비스 환경에 반영하기 전에 품질을 확인하는 관문의 형태로 품질 검사를 사용한다. 시스템 또는 응용프로그램의 변경 사항을 효율적으로 운영할 수 있도록 보증하기 위해 사용하는 일부 인기 있는 테스트 전략을 간략하게 다룬다. 이는 다음과 같은 단계로 구성돼 있다.

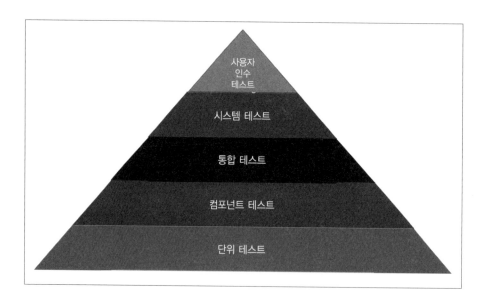

단위 테스트

유명한 품질 보증 테스트 중 하나는 단위 테스트다. 단위 테스트를 통해 각각의 독립된 코드의 실행을 테스트하고, 각 메소드 또는 함수가 서로 다른 입력 값에 따라 원하는 형태의 결과가 나오는지 확인한다.

하나 또는 여러 개의 단위 테스트는 하나의 메소드 또는 함수가 원하는 대로 동작하는지 확인하기 위해 필요하다. 그래서 어떤 기본 동작이 성공인지 실패인지 확인하기 위해 여러 개의 단위 테스트를 작성해야 한다.

단위 테스트는 온전한 테스트 환경 없이 일반적으로 컴파일한 바이너리에 대해 수행시킬 수 있다. 인기 있는 테스트 프레임워크를 활용해 입력 값에 따른 성공 또는 실패를 확인하는 데 단위 테스트를 사용한다.

예를 들면, 아파치 톰캣 웹 서버를 위한 단위 테스트에는 코드가 HTTP 포트 8080으로 처리되는지 확인하는 것이 포함돼 있다.

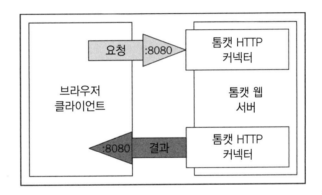

컴포넌트 테스트

컴포넌트 테스트는 단일 컴포넌트를 독립적으로 테스트하고 컴포넌트 내부 엔티티가 잘 동작하는지 확인하는 것을 포함한다.

컴포넌트 테스트는 일반적으로 응용프로그램을 테스트 환경에 배포하고 컴포넌트의 모든 기능에 대한 일련의 테스트를 실행하는 것을 포함한다. 마이크로서비스 응용프로그램은 배포할 때마다 테스트가 필요한 작은 컴포넌트다.

컴포넌트 테스트는 은행 응용프로그램이 특별한 유형의 계정에 근거해 정확하게 트랜잭션을 처리할 수 있는지 포함할 수도 있다.

통합 테스트

통합 테스트는 하나 이상의 마이크로서비스 컴포넌트를 포함한다. 그래서 두 개의 다른 컴포넌트가 통합돼 있다면, 일련의 통합 테스트는 컴포넌트들이 서로 통합돼 원하는 작업을 수행하는지 확인하기 위해 작성해야 한다.

통합 테스트에는 일반적으로 데이터베이스 스키마 또는 서비스 환경에 배포해 함께 테스트할 다중 컴포넌트의 시뮬레이션이 필요하다. 단위 테스트가 빌드된 바이너리의 동작을 확인할 수 있는 것인데 반해, 통합 테스트는 좀 더 복잡하다.

모조품 만들기^{Mocking} 또는 기본형 만들기^{Stubbing}는 다른 응용프로그램의 종단점의 동작을 시뮬레이트하고 원하는 대로 동작되는지 확인하기 위해 수행할 수 있다.

통합 테스트에서는 두 개의 다른 마이크로서비스 종단점이 서로 연결돼 트랜잭션이 잘 동작하는지를 테스트한다. 예를 들면 양방향 TCP 연결 설정^{Handshake}이 두 개의 마이크로서비스 응용프로그램 사이에서 올바르게 동작하는지 확인하기 위해 ACK를 수신하면서 송신자 서비스와 수신자 서비스 간에 TCP 연결 설정이 완벽하게 처리되는지 테스트하는 것 등이다.

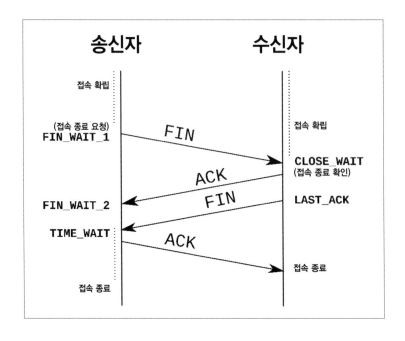

시스템 테스트

시스템 테스트는 일반적으로 모든 종류의 컴포넌트가 배포돼 있는 본격적인 테스트 환경에서 수행하는 테스트다. 시스템 테스트는 모든 시스템을 테스트할 것이고 서비스 환경 적용 전에 마지막 단계로 수행한다. 수행하는 몇몇 테스트는 전체 트랜잭션을 구성하는 사용자 진행 테스트다. 이 테스트에서는 전체적으로 통합된 시스템이 고객이 서비스 환경에서 이용할 모든 종단 간$^{End-to-End}$ 테스트를 통과하는지 확인한다.

이 테스트는 결과적으로 마이크로서비스 A, B, C, D가 모두 기능적으로 통합돼 하나의 엔티티처럼 동작하는지 확인하는 것처럼, 여러 개의 마이크로서비스 응용프로그램을 함께 통합하는 테스트다.

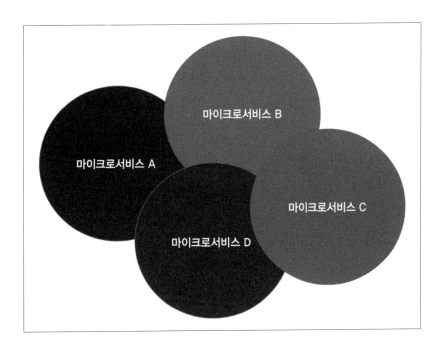

성능 테스트

성능 테스트는 매우 명확하다. 초기에 실행하는 응용프로그램 성능이 베이스라인이 된다. 그 후 새로운 배포판이 출시될 때마다 응용프로그램의 성능 저하를 확인하는 베이스라인으로 활용된다.

성능 테스트는 성능 측정 항목을 확인한다. 이것은 어떤 코드의 커밋이 전체 시스템의 성능 이슈인지 아닌지 확인하는 데 유용하다. 성능 테스트는 시스템 테스트 단계와 통합시킬 수 있다.

또한 성능 테스트는 응용프로그램, 네트워크, 인프라의 임계치에 대한 스트레스 테스트Stress Testing 또는 부하 테스트Load Testing를 의미하기도 한다. 성능 테스트는 원하는 부하 패턴에 시스템이 대처할 수 있는지 확인하는 테스트이기도 하다.

내구성 테스트Endurance Testing는 테스트를 위한 일정 기간을 정하고 그 시간 동안 일정한 부하를 가해 인프라, 네트워크, 응용프로그램이 버티는지 확인하는 테스트다.

스파이크 테스트Spike Testing는 시스템이 평상시 트래픽 패턴에서 갑작스런 과부하를 버티는지 확인하는 테스트다. 이를 통해 어느 수준의 부하를 견딜 수 있는지 확인할 수 있다.

반면에 확장성 테스트Scalability Testing는 수평 확장이나 수직 확장 시 더 이상 성능의 이득이 없는 지점을 찾는 테스트를 의미한다. 이것은 시스템이 가질 수 있는 확장성의 한계를 정하는 테스트다.

볼륨 테스트Volume Testing는 시스템이 주어진 기간 동안 처리할 수 있는 트랜잭션이나 데이터 크기를 확인하는 테스트다.

다음의 다이어그램은 성능 테스트에 해당하는 서로 다른 형태의 테스트를 보여준다.

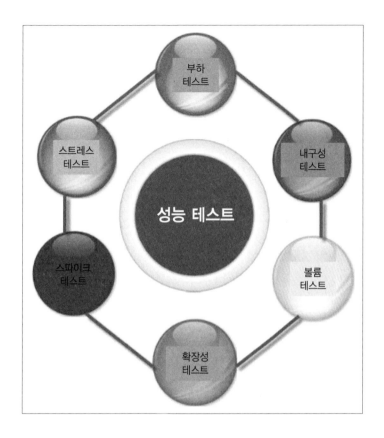

사용자 인수 테스트

사용자 인수 테스트[UAT, User Acceptance Testing]는 최종 사용자가 새로운 기능을 테스트하는 것을 포함하며, 일반적으로 고객이나 제품 관리자가 개발 변경으로 구축된 형상에 대해 만족하는지 확인한다. 이런 형태의 테스트는 일반적으로 사전 답사와 같거나 쉬운 설명서 같다. 이 테스트는 종종 웹사이트 또는 GUI의 형태와 기능을 테스트한다.

테스트가 네트워크 팀과 관련된 이유

품질 보증은 네트워크 또는 인프라 변경에서 커다란 부분이다. 이 부분은 단지 소프트웨어 개발에 관련된 문제가 아니다. 소프트웨어가 설치된 네트워크 또는 인프라가 원하는 대로 동작하지 않는다면, 이것은 소프트웨어 버그와 마찬가지로 고객에게 동일한 영향을 준다.

고객은 소프트웨어 버그인지, 인프라 또는 네트워크 이슈인지 구분하지 못한다. 고객이 아는 것은 그들이 서비스를 이용할 수 없다는 점과 고객들이 불만을 제기하는 한 비즈니스는 신뢰할 만한 서비스가 되지 못하고 고객들의 요구 사항도 충족해주지 못한다는 점이다.

충분한 테스트를 하지 않는 것은 비즈니스에도 매우 해롭다. 이로 인해 평판이 나빠지고, 소셜 미디어의 등장으로 웹사이트가 다운되거나 정상 동작하지 않는다면 한순간에 이 문제에 대한 내용이 모든 소셜 미디어 채널에 도배될 수도 있다.

만약 한 사용자가 이슈를 제기한다면, 그들은 트윗을 보내 다른 사용자에게 그 이슈를 알릴 것이다. 그리고 하나의 트윗은 회사가 인지하지 전에 퍼져서, 해당 장애는 트위터 또는 다른 소셜 미디어에 널리 퍼지고 이제 전 세계의 모든 사람이 그 서비스에 문제가 있음을 인지하게 된다.

이런 상황은 많은 온라인 서비스가 가장 두려워하는 상황이다. 만약 사이트가 다운되거나 동작하지 않거나 사용자에게 좋은 경험을 제공하지 못한다면, 해당 서비스는 더 이상 수익을 창출하지 못하는 서비스로 전락하고 서비스를 이용하던 고객은 경쟁사로 빠져나가게 될 것이다.

개발 팀, 인프라 팀, 또는 네트워크 팀이 가져야 할 핵심 목표 중 하나는 최종 사용자에게 좋은 서비스를 제공하고 다운타임이나 서비스 중단을 최소화하는 것이다. 전통적으로 KPI는 업무 성과를 계량화하는 데 사용하는데, 서비스가 고객의 요구 사항을 충족시키는지에 대해 목표를 정해야 한다.

그래서 네트워크 변경 사항을 배포하는 과정에서 에러가 덜 발생하도록 하는 것은 네트워크 팀의 목표가 돼야 한다. 4장, '앤시블로 네트워크 장비 설정하기', 5장, '앤시블로 부하 분산기 오케스트레이션하기', 6장, '앤시블로 SDN 컨트롤러 오케스트레이션하기'에서 구성 관리 도구를 이용해 네트워크 장비, 부하 분산기, SDN 컨트롤러를 자동화하는 방법을 살펴봤다. 동시에 모든 네트워크의 변경에 대해 일련의 반복적인 테스트를 진행하는 것은 네트워크 팀이 또한 노력해야 하는 부분이다. 네트워크 팀이 인지해야 하는 이상적인 시나리오는 고객에게 영향이 가기 전에 변경 적용을 실패시켜야 한다는 것이다. 이것은 서비스 환경에 대한 네트워크의 변경을 허용하는 도장을 찍기 전에 테스트 환경에서 가능하면 빨리 실패를 찾아내 서비스를 중단시킬 수 있는 변경 사항이 서비스 환경에 바로 반영되지 않도록 변경에 대한 충분한 테스트가 필요함을 의미한다.

자동화된 프로세스로 갈아타는 초기에 네트워크 엔지니어가 가질 수 있는 공통적인 불만 사항은 자동화에 대한 신뢰 부족이다. 네트워크 엔지니어는 네트워크 변경 사항을 배포하기에 앞서 조사 목록을 통한 면밀한 조사로 의무적인 압박을 겪는 데 익숙하다. 네트워크 엔지니어가 네트워크 변경 사항을 검증하기 위해 사용하던 수작업 검수 목록을 퇴출시키는 것만을 자동화가 의미한다면 이는 적절치 않다.

소프트웨어 배포의 관점에서 볼 때, 자동화는 전체 프로세스에서 가장 느린 부분을 빠르게 개선하는 것이다. 만약 네트워크 검수 테스트만 수작업으로 남아있게 된다면, 이는 전체 프로세스의 지연을 초래할 것이다. 자동화 프로세스상에 남겨진 수작업 프로세스가 되고 이 때문에 신규 제품이 시장에 적기 출시되지 못할 것이다.

간단한 솔루션은 네트워크 검수 목록의 각 항목을 자동화시키는 것이다. 그래서 네트워크 엔지니어가 수작업으로 행하던 각 검수 작업을 지동화 프로세스와 함께 실행되는 자동화 테스트 절차의 일환으로 자동적 검수 또는 테스트를 수행하는 것이다.

그 후 이러한 체크 항목 및 테스트 결과는 시간을 두고 기록돼 축적된다. 그래서 어떤 상황이 발생하면 연관된 특수 케이스가 발견되고 이는 장애를 유발하므로 테스트 커버리지에서 제외시킬 수 있다. 자동화가 잘 동작하지 않을 것이라는 논쟁과 수작업으로 검증하는 방식으로 복귀하기 위한 사례를 만드는 것보다, 네트워크 엔지니어는 새로운 테스트 케이스 및 검수 항목을 만들어 이를 최종 사용자에게 제공하기에 앞서 자동화된 검증 패키지에 해당 케이스를 추가해 오류를 찾고 테스트 환경에서 장애를 확인할 수 있는지 살펴보는 것이 좋다.

오늘날의 네트워크 설정 변경과 테스트

네트워크 팀은 여전히 워터폴 모델을 기반으로 주요 작업을 하는 경향이 있다. 그래서 그들은 애자일 방법론에 좀 더 눈높이를 맞추고 적용해야 한다. 이를 통해 네트워크 팀이 다른 IT 팀과 더 잘 협업할 수 있고 관찰자가 아닌 CD 프로세스의 협력자가 될 수 있다.

시장에 출시하는 소프트웨어 개발 프로젝트를 구축하는 데 워터폴 모델이 사실상 표준이었을 때는 매우 엄격한 프로세스 라이프사이클을 준수해야 했다.

워터폴 모델은 신규 기능 추가 시마다 다음의 단계를 거쳐야 한다.

- 분석
- 설계
- 구현
- 검증

워터폴 모델의 주요 구현 방식 중 하나는 V-모델로 알려져 있다. 이는 프로젝트 초기에 프로젝트를 산출물 목록으로 간소화하는 데 사용되던 방식이다. 이를 통해 모든 이해 당사자는 진척 사항을 확인하고 잠재적인 지연 요소를 찾을 수 있다.

이 간소화는 프로젝트 관리자와 상급 관리자가 선호했는데 프로젝트를 추적하기 쉽고 프로젝트가 제시간에 진행되는지와 예산을 초과하고 있는지 확인하기에 용이하다.

V-모델의 구조는 다음과 같다.

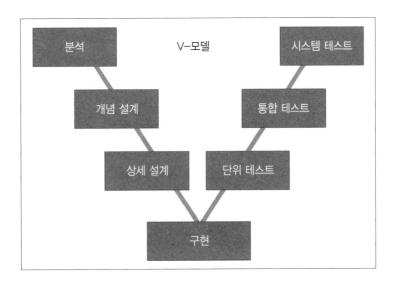

워터폴 모델에서 분석과 설계 단계는 V-모델의 왼쪽에서 이뤄지고 프로세스의 시작점에서 일어난다. V-모델의 왼편은 새로운 제품 또는 변경을 구현하는 데 요구되는 사항을 도출하기 위해 필요한 조사와 개념 수준 및 상세 수준의 요구 사항을 모으기 위한 이해 당사자와의 상호작용이다. V-모델의 왼편은 아키텍처 수준에서 전체 프로세스를 구현하는 것이다.

분석 단계의 일환으로 초기 요구 사항의 수집이 완료된 후 분석 단계는 완료된다. 이것은 아키텍처 설계 단계의 시작을 의미하고, 설계 단계에도 요구 사항은 추가될 수 있다. 설계 단계의 일환으로 개념 수준 및 상세 수준의 설계 단계의 문서들이 생성되고 관련된 검토, 사인 오프 및 승인 절차를 통해 제안된 설계 사항들이 기록된다.

일단 설계가 완료되면, V-모델의 왼편이 완료된 것이고 이를 통해 제품 개발 또는 변경 개발이 시작된다. 구현 단계는 요구된 결과를 구현하기 위해 수 주, 심지어 수개월이 걸릴 수 있다. 구현 단계는 V-모델의 맨 아래에 있는 라이프사이클이다.

일단 모든 요구 사항이 구현되면 구현 단계는 완료되고 프로젝트의 검증 단계가 시작되며, 이제 V-모델의 오른편으로 이동하게 된다.

이때 검증 팀이 단위 테스트, 통합 테스트를 수행하고 그 후 최종적으로 변경 사항 및 신규 기능에 대한 시스템 테스트를 수행한다. 구현 단계에서 발견된 모든 이슈들은 변경 요청CR, Change Request이 된다. 이는 개념 또는 상세 설계를 변경해야 함을 의미하고 재작업을 진행해야 함을 의미한다. 테스트 역시 반복하거나 제품의 변경 사항에 맞춰 테스트 케이스를 다시 작성해야 한다

3장, '데브옵스를 네트워크 운영으로'에서 다룬 애자일 개발로 이동하면서 V-모델은 최적화된 방법론으로 대체시킬 대상이 됐다. 보고 목적을 위해 V-모델은 이상적이고 알기 쉽다. 그러나 이 모델은 구현 시 개발자에게 엄격한 제약을 강요한다.

엔지니어들이 반복적인 개발 방식을 선호해 한 프로세스의 시작점에 작성한 구현 결과가 최종 설계 후 구현할 것과 상이할 수도 있다는 점을 V-모델은 전혀 고려하지 않는다. V-모델은 엔지니어들이 통상적으로 시스템에 대해 시험하고, 오류를 내고, 구현을 반복함으로써 제품을 개선시키는 형태인 프로토타입 방식과 잘 맞지 않는다.

프로토타입 방식이 비용에 영향을 주는 여러 변경 요구 사항들을 효율적으로 이끌어갈 수 있다는 점을 설명하지 않더라도, 2주간의 스프린트를 활용하고 반복적인 개발 계획을 가진 애자일 방법론이 훨씬 더 현실적이라는 것은 이미 증명돼 있다. 여전히 상급자들은 마감일과 마일스톤에 대해 보고할 필요가 있다고 세뇌돼 무엇인가를 시도하려고 애쓰지만, 마감일이라는 것은 실상 인위적으로 만들어진 날짜일 뿐이다.

워터폴 모델을 따르는 엔지니어들도 이미 원하는 구현물을 제공하고자 동일한 만큼의 프로토타입을 여전히 작업해야 하고 계획과 상관없이 몇 배의 시간을 들여 일하고 있다. 애자일 개발은 프로토타입을 허용하고 빠른 개발 절차 반복을 통해 산출물을 개선시킬 수 있다.

프로젝트 매니저로부터의 해묵은 질문은 항상 "언제까지 이것을 끝낼 수 있어요?"다. 엔지니어는 이에 대해 "나는 몰라요."라고 대답한다. 이는 워터폴 방법론에서는 수용할 수 없는 대답이다. 기대하는 것은 예상 납품일 또는 개발 사이클에서는 개발 완료일이다. 프로젝트 매니저는 불가피하거나 시간 내에 처리할 수 없을 때만 이 시간을 변경할 것이다.

그렇다면, 이런 것들이 어떻게 네트워크 구성 변경과 테스트 전반에 관련성을 가질 수 있을까? 물론 오늘날의 네트워크 팀은 네트워크의 구성 변경에 대해 생각할 때 일반적으로 소규모 V-모델을 구현한다. 네트워크 관리자는 설계, 구축, 테스트 절차 사이클을 계획하고 네트워크 변경 사항이 대규모 계획과 구현 전 테스트가 필요한 일이라는 것을 상위 네트워크 팀에 보고하는 등 프로젝트 관리자와 동일한 역할을 할 것이다.

네트워크 관리자는 테스트를 단위 테스트, 통합 테스트, 시스템 테스트로 분리할 수 없다. 네트워크 테스트는 이처럼 정교하지 않음에도 네트워크 엔지니어가 네트워크 테스트를 수행할 때 프로토타입을 자유롭게 사용할 수 없다.

대신에 네트워크 엔지니어는 인프라 엔지니어 또는 운영 팀과 같이 엄격한 계획에 따라 변경해야 하는 압박을 받을 것이다. 변경 계획은 다음의 범주가 적합한지를 나타낸다.

- 구현된 변경 작업이 요구대로 돼 있나?
- 변경 작업이 일부 시스템의 접속을 차단하지 않나?
- 문서가 변경 사항을 반영해 갱신돼 있는가?

이런 모든 요소가 충족되면, 네트워크 관리자들은 네트워크 팀이 변경 작업을 성공할 것이라고 생각할 것이다.

그러나 이것은 CD 모델을 통해 네트워크 변경 시 고려해야 하는 또 다른 요소들 때문에 완성된 전체 이야기를 말하지는 못한다.

- 이 변경이 보이지 않는 것을 즉시 무너뜨릴 수 있는가?
- 상용 전 환경에서도 동일한 변경이 구현돼 있는가?
- 상용 전 환경에서도 동일한 변경이 테스트되고 검증돼 있는가?

처음의 세 요소는 변경 작업을 수행할 때 필수 요소다. 그러나 나머지 세 요소는 성공적인 CD 모델을 위해 역시 필수적으로 간주돼야 한다. 이것은 네트워크 엔지니어에게 생각의 변화를 요구하고 네트워크 변경 작업 시 이를 고려해야 한다.

네트워크 엔지니어는 모든 네트워크 변경 작업 시 SCM 시스템에 커밋해야 한다. 그리고 서비스 환경에 배포하기 전에 필요한 모든 환경에 전파해야 한다. 다음 그림은 이를 보여준다.

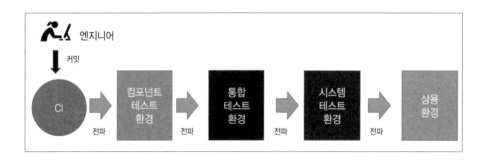

만약 자동화를 통해 테스트, 스테이지, 서비스 환경을 거치는 절차 없이 네트워크 엔지니어가 수작업으로 직접 서비스 환경에 변경을 가하면, 네트워크 구성 정보는 테스트 환경에서 영원히 꼬이게 될 것이다. 이것은 결국 테스트, 스테이지, 서비스 환경의 구성 정보가 따로 노는 결과를 초래한다.

이것은 아주 중요한 변경 사항에 대한 구성 정보의 서비스 환경 복사본을 기대하면서 테스트 및 스테이지 환경을 이용하는 개발자, 인프라 또는 네트워크 엔지니어를 실망시킬 것이다. 테스트 및 스테이지의 구성 정보가 더 이상 서비스 환경의 복사본이 아니므로 이들 환경에서 수행한 모든 테스트는 무용지물이 될 것이다.

그러면 이것은 실제로 무엇을 의미하는가? 환경 간에 서로 동일성이 유지되지 않으므로 V-모델상의 시스템 테스트 케이스가 스테이지 환경에서는 통과돼도 서비스 환경에서는 통과되지 못할 수도 있다. 이 때문에 이제 비즈니스의 가장 중요한 부분이 될 CI에 대한 신뢰를 더 이상 가지지 못하게 만든다.

스테이지 환경에 보내지는 모든 네트워크, 소스 코드 또는 인프라의 변경 구성 정보를 서비스 환경에 출시하기 전에 모든 환경에서 일치하도록 유지시키는 것이 얼마나 중요한지는 더 이상 강조할 수 없다. 이 프로세스를 이탈하는 어느 팀도 모든 시스템을 손상시킬 수 있고, 테스트를 무효화시킬 수 있다.

이를 유지하면 변경 사항을 테스트할 뿐만 아니라 스테이지 환경을 서비스 환경의 축소된 복사본으로 유지함으로써 테스트 환경에서 통과한 모든 테스트 시나리오를 서비스 환경에 배포했음에도 고객 서비스가 중단되는 사태를 피할 수 있게 해준다. 따라서 이는 변경 사항이 서비스 환경에 배포되기 전에 관련 테스트 환경에서 모든 유효성 검사 테스트를 완료하는 것이 중요함을 의미한다.

만약 긴급 상황으로 인해 수작업 변경을 서비스 환경에 바로 배포한 경우라면 변경 사항을 즉시 소스 관리 시스템^{SCM}에 보내야 한다. SCM은 항상 모든 구성 정보의 유일한 단일 소스가 돼야 하기 때문이다.

수작업 변경 사항이 적용되면, 다음 그림과 같은 눈송이 환경$^{snowflake environments1}$이 일반화된다. 이것은 엔지니어가 프로세스와 별개로 변경 사항을 수작업으로 서비스 환경에 적용하고, 배포 파이프라인을 사용하는 어떠한 다른 환경에도 이 변

---

1 눈송이 모양이 제각각인 것처럼 개발, 테스트, 상용 환경이 제각각인 상태를 의미한다. - 옮긴이

경 사항을 반영하지 않는 경우다.

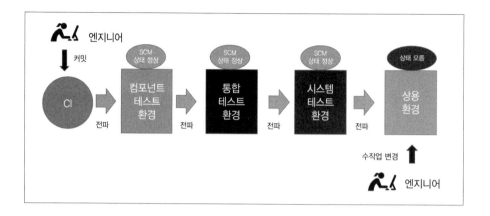

네트워크의 변경을 원하는 속도로 배포하려면 미니 V-모델 전략으로는 더 이상 지속할 수 없다. 네트워크 팀과 관리자가 CD 모델과 데브옵스 모델의 협업을 심각하게 고려하고 있다면, 개발 팀과 인프라 팀에서 진행하고 있는 애자일 관련 변화에 보조를 맞춰야 한다.

비록 이 솔루션이 변경에 대한 검사를 멈추는 것이 아니고 상당한 주의를 기울여야 하지만, 수년간 개발과 인프라의 변경에 성공적으로 적용해온 공식적인 품질 보증 프로세스를 통해 교훈을 얻을 수 있다.

품질 보증 모범 사례

품질 보증 팀이 배포를 위해 워터폴 V-모델을 사용할 때는 단절된 상태로 일했으며 개발 팀이 개발 변경 사항을 완료하면 그때 소급해 테스트했다.

이 때문에 품질 보증 팀은 모든 개발 변경에 대응해야만 했다. 아직 본 적 없는 기능에 대한 테스트 시나리오를 작성하거나 그 기능이 어떻게 완벽히 작동하는지 이해하는 것은 불가능한 일이었다. 개발자가 예고 없이 소스 관리 시스템에 새로운 기능을 커밋하는 상황이 종종 발생했고 이때마다 품질 보증 팀은 이에 대응해야 했다.

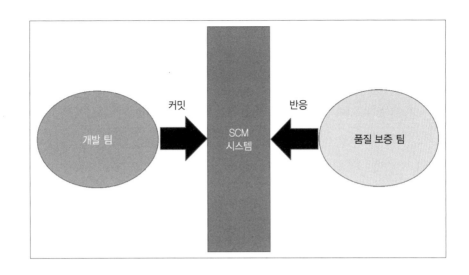

이런 작업 방식은 다음과 같은 많은 문제를 야기했다.

- 개발자가 사용자 인터페이스를 변경하면, 테스트 엔지니어가 사용자 인터페이스의 변경 사항을 인지하지 못해 품질 보증 팀의 자동화된 테스트가 중단됐다.
- 새로운 기능을 이해하지 못하는 테스트 엔지니어는 기능 테스트를 제대로 하기 위한 적절한 테스트 시나리오를 작성하지 못했다.
- 개발자들은 품질 보증 테스터들이 테스트 케이스를 작성할 수 있도록 기능들이 어떻게 동작하는지 설명하는 데 많은 시간을 소비했다.
- 버그가 아닌 테스트 이슈가 있는 회기 테스트를 수정하는 것과 관련된 지연이 발생했다.
- 품질 보증 팀은 새로운 개발자의 변경 사항이 무엇인지 알 수 없어서 완전히 반응형으로 행동해야 했다.
- 품질 보증 절차를 통과하지 않음에도 상용으로 배포되는 것은 실제적인 소프트웨이의 문제가 프로세스를 그냥 통과했음을 의미한다.

그래서 네트워크 테스트를 고려할 때는 별도의 테스트 팀을 고용한다고 해서 이런 문제가 해결되지 않는다. 대신 CD 모델 안으로 네트워크 테스트를 연계시키고 통합시켜야 한다.

애자일 개발은 코드의 변경 사항이 작성됨에 따라 개발 팀에 품질 보증 엔지니어를 포함시켜 테스트를 사전에 커밋할 수 있도록 할 수 있음을 보여준다. 이것은 훨씬 더 생산적인 작업 방법이다.

단절된 품질 보증 팀에서 나와 동일한 스크럼 팀과 함께 작업할 수 있다는 것은 같이 일하는 개개인이 협업하고 커밋된 소스에 대해 모든 단계에서 작동하는지 확인할 수 있음을 의미한다.

관련된 회기 테스트, 통합 테스트, 시스템 테스트는 변경 사항을 전파하기 전에 거쳐야 하는 자동화된 품질 게이트를 구성할 것이다.

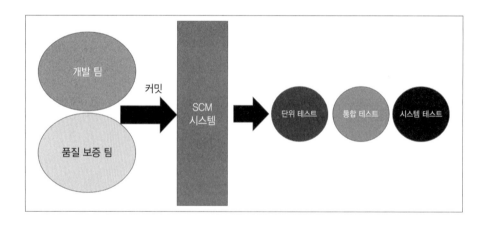

사일로 형태의 워터폴 모델 대비 애자일 테스트 접근법의 주요 이점은 다음과 같다.

- 품질 보증 테스터들은 더 이상 반응적으로 일하지 않고 개발자가 만드는 것에 대한 완전한 가시성을 가진다.

- 각 애자일 사용자 스토리에는 자동 테스트를 포함한 적절한 수용 기준이 작성돼 품질 보증 엔지니어는 새로운 기능에 대한 개발자의 코드를 테스트한다.
- 새로운 기능이 코딩될 때, 관련된 테스트가 새로운 기능을 위해 작성된다.
- 새로운 기능 테스트가 회기 테스트 패키지에 추가될 수 있다. 이를 통해 코드가 커밋될 때마다 새로운 기능이 테스트된다.

이런 프로세스의 변경은 팀 간의 소통 미비로 인한 업무 지연을 제거할 수 있고, 두 팀이 함께 일하므로 좀 더 생산적이 된다. 이는 데브옵스 방식의 본질이다.

테스트 피드백 절차 생성하기

7장, '네트워크 설정에 CI 빌드 사용하기'의 CI를 생각해보면, 커밋 프로세스가 있었다. 커밋은 본질적으로 모든 CD 프로세스를 시작한다. 일단 커밋이 이뤄지면, 변경 사항은 서비스 환경 단계로 가게 된다. 트렁크/메인라인/마스터 브랜치에 대한 어떠한 커밋도 최종 변경 사항이므로 네트워크 커밋이 완료되면, 이는 이미 서비스 환경으로 가는 과정에 있게 된다.

체크인 후 검증 엔진 또는 테스트가 없다면, 변경 사항이 테스트 환경에서 서비스 환경으로 가는 동안 계속 전달될 것이다.

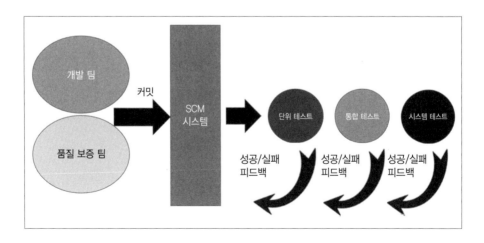

이것은 적절한 테스트 관문과 함께 피드백 절차가 필수적임을 의미한다. 그래서 일단 코드가 커밋되면, 충분히 테스트하고 변경 사항이 성공인지 실패인지 즉시 알린다. 일단 모든 품질 관문에서 성공적으로 통과할 때만 변경 사항을 상용으로 배포해야 하고, 이 모델은 지속적인 개선과 빠른 실패를 촉진시킬 수 있다. 왼쪽 멀리에서 변경이 실패할수록 비즈니스에 영향을 주는 비용이 줄어든다.

CI 테스트

7장, '네트워크 설정에 CI 빌드 사용하기'에서 CI 프로세스와 사용자의 커밋에 대해 어떻게 여러 다른 검사들이 검증 엔진의 일부로 적용될 수 있는지 살펴봤다. 이것은 사용자의 커밋이 항상 적절히 검사되고 있음을 확실히 해준다.

CI는 코드 커밋이 SCM에 등록되고 검증 엔진에서 성공 또는 실패를 반환하는 일련의 피드백 절차를 제공한다. 모든 테스트는 변경에 대한 검증 엔진으로 구성할 수 있다.

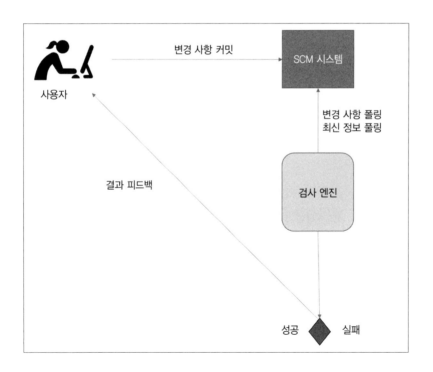

CI 프로세스가 개발에 적용되면, 모든 변경 사항을 트렁크/메인라인/마스터 브랜치에 커밋하는 접근 방식을 취한다.

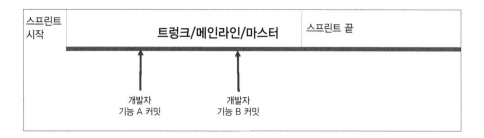

신규 개발 기능이 트렁크/메인라인/마스터 분기에 커밋되면 이 신규 커밋은 컴파일되고 즉시 나머지 코드 베이스에 통합될 것이다. 후속으로 다음의 다이어그램과 같이 단위 테스트가 실행돼 바이너리 빌드에 대해 성공인지 실패인지 결정한다.

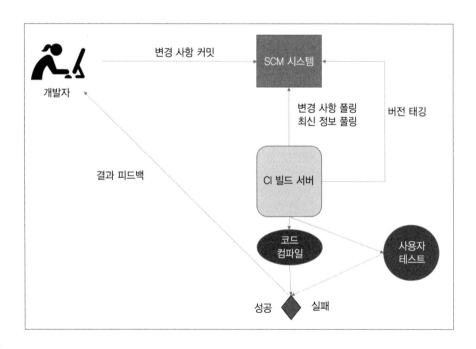

CI 접근 방식에서 트렁크/메인라인/마스터에 커밋을 사용하는 것은 팀의 훈련 정도에 달려 있다. 커밋이 실패하고 CI 빌드 서버가 실패를 반환하면, 실패한 커밋을 수행한 팀원은 커밋을 롤백하거나 오류를 수정함으로써 즉시 빌드를 수정해야 한다.

CI 빌드는 실패한 상태가 남아있는 환경하에 있으면 안 된다. 이것은 트렁크/메인라인/마스터가 깨끗한 상태가 아니어서 해당 빌드의 오류가 수정되기 전까지 모든 후속 코드 커밋에 대해 CI가 정상적으로 동작하지 않는 상태를 의미한다. 이것은 팀의 생산성을 저하시킨다. CI는 협업 프로세스이므로 이런 실패를 학습 기회로 간주해야 한다.

브랜치상에서 게이트 빌드

또 다른 인기 있는 방법은 기능 브랜치와 게이트 빌더를 사용하는 것이다. 개발자가 소스를 변경할 때마다 팀의 다른 멤버가 동료 검토를 한 다음 병합 요청을 제기한다. 그 후에 소스를 병합한다.

각 병합 요청을 수락하면 병합 프로세스가 시작되지만, 병합 프로세스의 일부로 게이트 빌드로 알려진 작업이 실행된다.

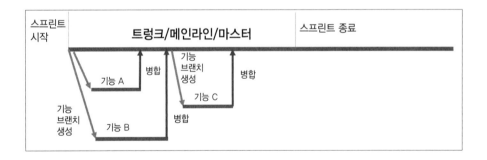

트렁크/메인라인/마스터와 통합하기 전에 병합이 발생되면 게이트 빌드가 호출된다. 이것은 CI 빌드에서 사전 커밋과 동등한 작업을 수행하지만, 빌드와 사전

커밋 빌드에 연관된 단위 테스트가 성공할 때만 병합 요청 내용이 트렁크/메인라인/마스터 브랜치에 병합된다.

게이트 빌드 프로세스는 트렁크/메인라인/마스터 브랜치가 항상 완전히 깨끗하고 기능이 정상 동작한다는 것을 의미한다. 순수한 CI가 가능할 경우, 개발자가 CI 빌드를 망가뜨리려고 하면 게이트 빌드는 이런 일이 발생하는 것을 예방하고 테스트가 성공하면 비로소 병합을 허용한다.

네트워크에 대한 품질 보증 프로세스 모범 적용 사례

네트워크 팀은 개발 또는 인프라의 변경 테스트를 구현하기 위해 시도하고 검증한 방법론과 몇몇의 모범 사례를 채택함으로써 많은 이점을 얻을 수 있다.

품질 보증은 모두 원칙과 프로세스에 관한 것이므로 테스트 방법론은 아주 불가지론적이고[2] 프로세스를 구현하기 위해 사용하는 도구들은 부차적이다.

팀이 CD 모델 내에서 작업할 때는 네트워크 장치, 부하 분산기, SDN 컨트롤러의 변경 사항은 앤시블 같은 구성 관리 도구와 오케스트레이션을 이용해 소스 관리 시스템 내에 정의돼 있어야 한다.

CD 모델에서는 네트워크 변경을 각 환경들을 통해 전파시켜야 하고 SCM 시스템의 상태가 네트워크 상태인 소스 관리 시스템에 의해 항상 관리돼야 한다.

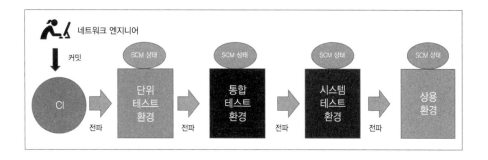

---

2 의식에 주어지는 감각적 경험만이 인식되고, 그 배후에 있는 본질이나 실재 그 자체는 인식할 수 없다. - 옮긴이

네트워크 변경은 코드 변경과 비슷하게 처리할 수 있으며 네트워크 팀의 업무 목표 또는 품질 보증 팀과의 협업을 통해 충분한 테스트를 만들 수 있다. 각 단계의 테스트 유형은 개발 또는 인프라 팀이 그들의 배포 파이프라인의 일부로 실행하는 테스트 환경과는 약간 다를 수 있다.

그러나 동일한 네트워크에 특화된 테스트는 배포 파이프라인의 각 품질 게이트를 통해 특정 네트워크의 테스트를 연관시킴으로써 네트워크 변경이 서비스 환경에 배포되기 전에 전이시킬 수 있는 일련의 강력한 테스트 세트를 파생시킬 수 있다.

개발 팀 및 인프라 팀 같은 네트워크 팀은 네트워크의 변경을 관리하기 위해 배포 파이프라인에 다른 테스트 카테고리를 실행할 수 있는 일련의 피드백 절차를 생성해야 한다.

이상적으로 모든 테스트는 각 네트워크 변경의 일환으로 자동화돼야 하며, 네트워크 변경 사항이 순차적으로 등록되는 동시에 능동적으로 수행돼야 한다. 그러면 네트워크 변경 사항은 등록 시점부터 자동화된 방식으로 테스트된다.

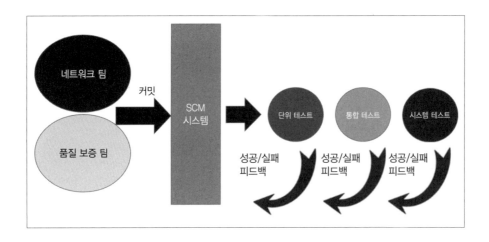

CI를 구성할 때, CI 또는 게이트 빌드 전략을 선택하는 것은 네트워크 팀 또는 변경 사항을 커밋하는 엔지니어의 선호도에 달려 있다.

단위 테스트는 네트워크 CI 프로세스에 통합돼야 한다. 네트워크 운영자는 먼저 코드의 변경이나 네트워크 상태의 변경을 확인할 것이다.

CI 빌드 서버는 린트[Lint]를 이용해 앤시블 var VAML 파일을 검사하고, YAML 파일의 문법이 옳은지 확인한다.

옳다면, 테스트 환경에서 실행되던 플레이북과 동일한 플레이북이 CI 테스트 환경에서 문법이나 실행 측면에서 성공적인지 확인할 것이다.

마지막으로, 플레이북이 실행된 후 환경의 기능을 점검하고 환경이 원하는 상태가 됐는지 검증하기 위해 환경에 대한 일련의 단위 테스트가 실행될 것이다.

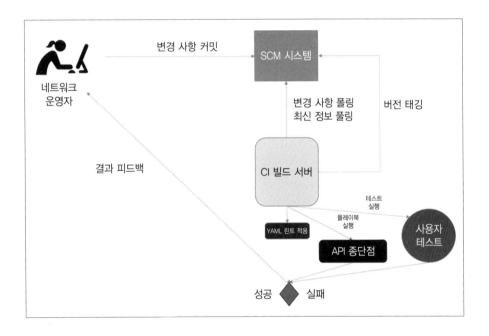

중요한 사실은 단위 테스트가 CI 프로세스의 일부로서 실행돼야 한다는 점이다. 그리고 이런 테스트는 병합 요청 검사의 일부거나 트렁크/메인라인/마스터 브랜치를 커밋할 때 실행될 수 있다.

품질 게이트에 네트워크 테스트 할당

어떤 유형의 테스트를 네트워크 팀이 네트워크 변경을 검증하기 위해 수행할 수 있는지 살펴볼 때, 각 테스트들은 다른 테스트 범주로 나눌 수 있고 다른 품질 게이트에 할당할 수 있다.

이 장에서 다루는 주요 테스트 환경은 다음과 같다.

- 단위 테스트
- 통합 테스트
- 시스템 테스트

테스트를 어디서 수행할지 고려하기 전에 먼저 네트워크 팀의 요구 사항을 검토해야 한다. 빈 종이를 가지고는 네트워크 운영을 도울 수 있는 유용한 테스트를 아무것도 정할 수 없다.

다음 테스트 중 일부는 마음에 들어 보이지만, 이 테스트가 특정 팀에 적용 가능한지에 대한 확인 및 검사가 포함돼야 한다.

- 네트워크 엔지니어가 변경 작업을 수행할 때 수동으로 수행하는 네트워크 체크리스트
- 네트워크 장치가 원하는 상태에 있는지 확인하기 위해 네트워크 자동화에 대한 단위 테스트
- 네트워크의 성능을 테스트해 원하는 대역폭을 확인하고 네트워크 일부가 용량 초과돼 언제 확장이 필요한지 테스트
- 네트워크 장비에 대한 이중화 테스트
- 네트워크 코드 품질 테스트
- 네트워크를 통한 서로 다른 사용자의 경로 테스트
- QoS 테스트

이러한 유형의 테스트는 모두 특정 테스트 환경과 품질 게이트에 할당될 수 있다.

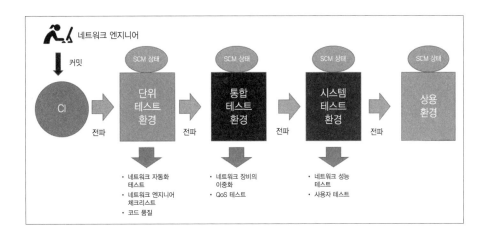

테스트 도구

모든 도구와 같이, 테스트 도구는 테스트 프로세스의 진행 및 결과 도출을 신속하게 하기 위해 사용해야 한다. 그래서 테스트 도구는 모든 단일 테스트 품질 게이트에 대해 관련 프로세스를 감싸고 테스트를 예약 및 실행할 수 있어야 한다.

오늘날 시장에는 다양한 테스트 도구가 제공되고 있으며 이를 통해 네트워크 엔지니어는 큰 이득을 볼 수 있다.

단위 테스트 도구

이전에 여러 차례 언급한 네트워크 단위 테스트는 CI 빌드 프로세스의 일부를 구성하고 CI 빌드 서버에 의해 단위 테스트를 예약할 수 있다.

네트워크 변경에 대한 단위 테스트를 지원할 수 있는 오픈소스 도구 중 하나는 테스트 키친Test Kitchen이다. 테스트 키친은 버서Busser 프레임워크를 사용했고 인프라 테스트 수행에 활용할 수 있다. 테스트 키친은 Bats와 RSpec 같은 많은 테스트 프레임워크를 지원한다.

테스트 키친 버서 프레임워크는 다음의 모듈로 구성돼 있다.

- 드라이버
- 프로비저너
- 플랫폼
- 스위트

테스트 키친은 드라이버, 프로비저너, 플랫폼 및 모음의 개요를 기술한 kitchen.yml 파일을 사용해 모든 플러그인을 정의한다.

드라이버는 가상 머신 또는 컨테이너를 프로비저닝하는 데 사용할 수 있는 모든 플랫폼이 될 수 있다. 테스트 키친은 베이그런트, 아마존, 오픈스택, 도커를 지원하므로 인프라 변경을 테스트하는 데 사용할 수 있다.

프로비저너는 앤시블, 셰프, 솔트와 같은 구성 관리 도구고 테스트가 필요한 상태로 서버를 구성하는 데 사용한다.

플랫폼은 프로비저너가 실행할 운영체제며, 다중 플랫폼을 교차 운영체제 테스트를 위해 지정할 수 있다. 이것은 소프트웨어 업그레이드를 수행할 때 이전 버전과 동일한 방식으로 작동하는 네트워크 운영체제의 신규 버전을 테스트할 때 매우 유용하다.

스위트는 플랫폼 정의와 함께 테스트 스위트[Suite]를 작성하는 데 사용되며, 만일 두 개의 다른 플랫폼이 정의되면 단위 테스트는 각각 다른 플랫폼에서 일관된 방식으로 실행될 것이다.

오픈스택을 이용한 테스트 키친 예제

테스트 키친은 앤시블 컨트롤러 호스트에 사전 설치돼 있어야 한다. 그 후 다음 단계를 수행한다.

1. 앤시블 컨트롤러 노드에서 톱 플레이어 파일 구조를 포함한 폴더 내부는 다음의 스크린샷과 같이 보인다.

여기서 다음 명령을 실행한다.

```
kitchen init -provisioner=ansible -driver=openstack
```

이 명령은 kitchen.yml 파일과 테스트 서브 폴더를 생성한다.

2. 다음으로, 단위 테스트를 기록할 폴더인 test 폴더를 생성해야 한다.

```
mkdir ./tests/integration/default/bats
```

3. 다음으로, 테스트 키친 파일은 드라이버, 플랫폼, 프로비저너, 스위트로 채워질 필요가 있다.

다음 예제에서는 다음 내용을 다룬다.

- 드라이버로 큐뮬러스VX 이미지를 가진 오픈스택을 지정하고 플랫폼을 생성한다.
- 이미지 사이즈는 m1.large고, 이는 서버의 CPU, RAM, 디스크 사이즈를 지정한다.
- network_team 테넌트와 qa 가용 영역에 인스턴스를 생성시킨다.
- 일단 가동되면, configure_device.yml 플레이북이 실행돼 2단계에서 생성한 tests/integration 폴더 아래에 있는 default 폴더에 네트워크 장비 구성 정보가 저장될 것이나. 이것은 장비의 상태 테스트를 실행하는 Bat 테스트의 위치를 테스트 키친에 알려준다.

```
---
driver:
  name: openstack
  openstack_username: admin
  openstack_api_key: ********
  openstack_auth_url: http://10.102.100.129:35357/v2.0/tokens
  image_ref: cumulus-vx-2.5.3
  flavor_ref: m1.large
  openstack_tenant: network_team
  availability_zone: qa
  server_name: network_unit_testing
  network_ref:
    - net-unit-testing
  key_name: provisioner

provisioner:
  name: ansible_playbook
  playbook: ./playbooks/configure_device.yml
  hosts: localhost
  require_ansible_repo: true
  modules_path: /library
  extra_vars:
    environment: ci
platforms:
  - name: cumulus-vx-2.5.3

suites:
  - name: default
```

4. 2단계에서 생성한 bats 폴더 아래에 각 테스트가 .bats 확장자를 가진 고유한 이름으로 구성된다.

tests/integration/default/bats/unit_test.bats

5. Bat로 작성된 테스트의 예시는 다음과 같다.

```
@test "network eth0 interface is up" {
run sudo ifup eth0
[ "$status" -eq 0 ]
}
```

이 예시를 실행하면 eth0 인터페이스 상태가 정상인지 확인하게 된다.

6. 마지막으로 테스트 키친을 실행하기 위해 다음 스크린샷에 보이는 명령어를 실행한다.

```
kitchen test
```

그러면 테스트 키친은 다음의 워크플로우를 실행할 것이다.

1. 오픈스택에 인스턴스 생성

2. 플레이북 실행

3. 버서^{Busser} 플러그인 설치

4. 단위 테스트 실행

5. 테스트 성공 시 인스턴스 삭제

네트워크 체크리스트

앞에서 언급한 대로 네트워크 엔지니어들은 종종 네트워크 변경이 성공했는지 여부를 검사하기 위해 수동 체크리스트를 사용한다.

때때로, 체크리스트에는 자동화가 제대로 작동하는지 확인하는 사용자 인터페이스가 원하는 구성으로 돼 있는지 검증하는 것이 포함될 수도 있다.

이러한 검사를 수동으로 하는 대신, 셀레니움^{Selenium}을 이용해 그래픽 사용자 인터페이스 기반 검사를 수행할 수 있다.

셀레니움의 워크플로우는 먼저 테스트 스크립트를 이용해 셀레니움 웹드라이버를 호출한다. 이 웹드라이버는 웹사이트 또는 웹 페이지를 테스트하기 위한 웹 브라우저 세션을 생성시키는 순서로 요약된다.

| 테스트 스크립트 | 웹드라이버 | 브라우저 |

테스트 스크립트는 자바, 파이썬, 루비와 같은 다양한 언어로 작성할 수 있다.

셀레니움은 파이썬을 스크립트 저작 도구로 사용한다면 pip로 설치할 수 있다.

셀레니움은 브라우저 기반이므로 인터넷 익스플로러, 파이어폭스, 크롬, 사파리 같은 여러 브라우저에서 사용할 수 있다. 또한 여러 브라우저와의 호환성을 테스트한다.

셀레니움 테스트 샘플은 다음 스크린샷에서 볼 수 있다. 이 스크립트는 크롬에서 google.co.uk를 띄우고 DevOps For Networking을 입력한 후, 최종적으로 구글의 검색 버튼을 클릭하는 스크립트다.

```
from selenium import webdriver
from selenium.webdriver.common.by import By

driver = webdriver.Chrome('./selenium/webdriver/chrome/chromedriver')
driver.get('http://www.google.co.uk')

q = driver.find_element(By.NAME, 'q')
q.send_keys('DevOps For Networking')
q.submit()
```

따라서 부하 분산기 또는 네트워크 장치 인터페이스와 같은 모든 그래픽 인터페이스를 모아서 올바른 정보가 입력되고 반환되는지 확인할 수 있다. 이것은 API를 제공하지 않는 오래된 네트워크 장비의 경우에도 유용하다.

네트워크 사용자 경로

사용자가 네트워크를 지나가는 경로대로 테스트하는 것도 좋은 테스트 방법 중하나다. 네트워크의 단대단$^{Point-to-point}$ 테스트로 이것을 할 수 있다.

네트워크 사용자 경로의 좋은 예시는 리프-스파인 아키텍처에서 ECMP$^{Equal\ Cost\ Multipath}$가 원하는 대로 동작하는지 확인하기 위해 테스트하는 것이다.

또 다른 테스트는 데이터센터들 사이의 단대단 테스트 망을 구성해 각 링크들이 원하는 대로 동작하고 갑자기 성능이 저하되지는 않는지 확인할 수 있다.

성능이 베이스라인 아래로 떨어지면 네트워크 배포 파이프라인의 일부로서 수행한 구체적인 네트워크 변경 작업을 추적할 수 있는데, 이는 사용자 경로 테스트를 하는 의미가 있다. 이것은 신규 응용프로그램 배포판의 성능이 저하돼 최종 사용자에게 영향을 주는지 확인하는 응용프로그램 베이스라인 성능 측정과 거의 같은 방식으로 수행한다.

네트워크 사용자 경로 테스트는 성능이 좋지 않은 경로를 찾으면 이를 격리시키고 신속히 수정함으로써 문제 발생 시 평균 복구 시간을 단축시키는 데 의미가 있다. 네트워크 엔지니어는 네트워크상의 특정 지점으로 대량의 패킷을 전송할 수 있는 iPerf와 같은 도구를 사용할 수 있다. 이것은 네트워크상의 병목 지점이 어디인지 찾고 성능이 원하는 대로 나오는지 확인하는 데 유용하다.

QoS

많은 네트워크 도구들은 이제 QoS$^{Quality\ of\ Service}$(서비스 품질) 기능을 제공하므로 네트워크 운영자가 네트워크상의 특정 테넌트가 사용하는 네트워크의 대역폭을 제한할 수 있다.

이것은 테스트 환경이 서비스 환경에 영향을 주는 것을 막을 수 있다. 이것은 네트워크 장비가 특정 테넌트 네트워크에 대해 성능을 보장할 수 있도록 한다. 또한 어떤 응용프로그램의 업무 부하에 대해서는 특정 네트워크 처리량을 항상 보장해주는 반면, 다른 덜 중요한 테넌트 네트워크에 대해서는 피크 타임 때 성능에 대한 제약을 가할 수 있다.

여러 가지 임계 값과 여러 종류의 경고를 네트워크 장치에 설정할 수 있고 언제든지 QoS가 떨어지면 네트워크 하드웨어의 결함을 감지할 수 있다. 이 기능 덕분에 네트워크 엔지니어들이 나이보다 늙어 보이지 않을 수 있다. 대신에 네트워크 엔지니어들은 네트워크 서비스가 안정적이고 원하는 만큼 성능이 잘 나오는 것을 알 수 있으며 쉽게 상태를 확인할 수 있다. 그러므로 전에는 네트워크 문제로 간주되기 쉬웠던 것들이 이제는 응용프로그램 이슈임을 증명할 수 있게 된다.

서비스 환경에서 분리해 QoS를 테스트하고 시뮬레이션하는 것이 좋다. 또한 네트워크 팀은 그들이 호스팅하고 있는 응용프로그램을 기반으로 네트워크에 가장 적합한 설계를 위한 다양한 시나리오를 제시하는 것이 좋다.

장애 복구 테스트

이상적으로는 네트워크 팀이 장애 복구 테스트를 정기적으로 테스트해야 한다. 그 이유는 요즘의 네트워크는 재해 대응 방안이 마련돼 있어야 하고 장애를 고려해 설계돼야 하기 때문이다.

네트워크 장애 복구 테스트는 서비스 사용을 불가능하게 하거나 스위치를 재부팅해 시스템이 충분히 장애 복구 처리를 하는지 확인하기 위한 앤시블 플레이북이나 롤을 작성해 시뮬레이션할 수 있다.

delegate_to 로컬호스트를 사용해, 스위치와 같은 네트워크 장비에 API 명령어를 호출해서 프로그래밍 방식으로 API를 사용하는 것을 비활성화할 수 있다. 앤시블에서 네트워크 장비 운영체제에 SSH를 통해 접근함으로써 즉시 재부팅할 수도 있다.

장애 복구 테스트를 수행하는 동안 추가적인 모니터링을 설정해 네트워크상에서 패킷이 폐기되는지 확인해야 한다. 원래의 주 장비가 사용 중단되는 경우 장애를 복구하는 속도도 검증해야 한다.

도구로 네트워크 코드 품질 관리

코드를 통해 네트워크의 기대 상태$^{Desired state}$를 정의할 때는 앤시블 모듈을 생성하기 위해 작성한 파이썬 코드뿐만 아니라 다른 코드들도 표준을 준수하는지, 좋은 품질을 유지하는지 확인해야 한다.

소나큐브^{SonarQube}는 오픈소스 코드 품질 도구로 팀원들이 자신의 코드 품질을 분석할 수 있다. 소나큐브의 아키텍처는 세 개의 주요 모듈로 구성돼 있다.

- 소나큐브 러너
- 소나큐브 데이터베이스
- 소나큐브 웹 인터페이스

소나큐브는 단위 테스트 리포트, 코드 커버리지, 또는 코드 품질 규칙을 제공하기 위해 구성할 수 있는 다양한 플러그인을 보유하고 있다. 또한 파이썬, 자바, C# 같은 모든 언어에 대해 사용할 수 있다.

소나큐브는 실행할 때마다 코드 저장소의 스냅샷을 생성하고 코드 품질에 관련된 프로젝트의 기록을 저장한다. 이것은 시간이 지남에 따라 코드 품질이 향상되는지 저하되는지 경향을 파악할 수 있게 해준다. 소나는 특정 모범 사례 또는 규칙을 정의하는 데 사용할 수 있다. 이것은 커밋된 소스의 규칙이 잘못된 경우 규칙 위반으로 표시해준다.

소나큐브 러너는 런타임 시 sonar.properties를 사용하고 이 파일은 소스 관리 시스템의 일부에 포함하는 것이 좋다. 소나큐브 러너는 CI 프로세스의 일부로 가져올 수 있다. 이는 사용자가 정의한 앤시블 모듈에 새로운 코드를 커밋한 후 소나큐브 러너가 코드에 대한 테스트를 통해 영향도를 확인할 수 있다는 뜻이다.

소나큐브 러너는 sonar.properties 파일에 정의된 플러그인 중 하나를 사용하고 코드의 품질 검사를 수행한다. 앤시블 모듈을 신규로 작성하거나 변경하는 경우 파이썬 코드용 품질 테스트가 호출된다. 이어서 일단 분석이 완료되면 소나 웹 인터페이스를 통해 결과를 표시할 것이다.

소나큐브 러너가 모든 프로세스를 기동하는 위 절차의 흐름을 다음 스크린샷에서 보여준다.

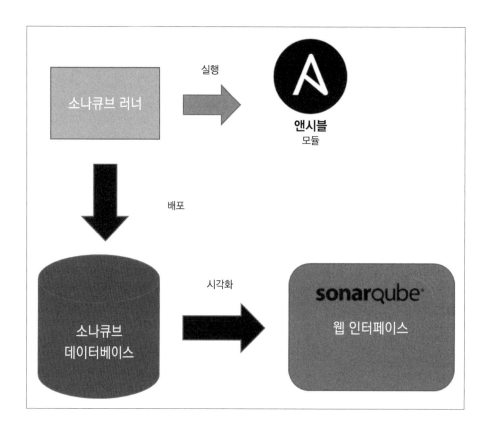

소나 파이썬 소나큐브 프로젝트^{Sonar Python SonarQube project} 대시보드의 예시 화면은
다음의 스크린샷과 같으며 버그, 취약점, 코드상의 수정해야 할 문제점 등을 요약
해 보여준다.

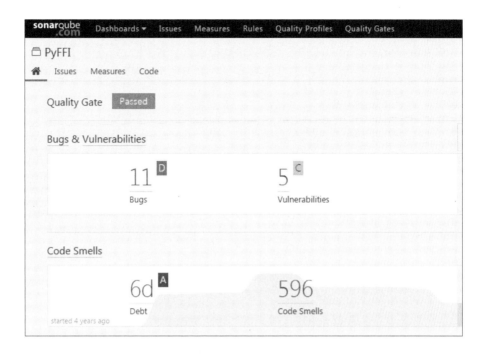

어느 회사에서든지 지속적인 개선 모델을 구현할 때 코드 품질을 추적하고 측정하는 것은 매우 중요하다. 그래서 모든 프로세스를 구동시키는 코드에 대한 개선점을 충분히 측정하고 분석하는 것이 중요하다. 엔지니어들이 테스트에 참여하고 테스트 케이스를 작성하도록 할 수 있기 때문에 중요한 것이다.

요약

이 장에서는 네트워크의 변경 사항에 대한 테스트가 왜 필요한지 살펴봤다. 지속적으로 네트워크 운영을 향상시킬 수 있는 피드백 루프의 이점도 중점적으로 다뤘다. 그리고 네트워크 팀이 네트워크를 변경하고 테스트에 접근하는 방법과 관련 문제들을 탐구했다. 그리고 데브옵스 방법론으로 보완한 CD 모델을 회사에서 실행할 때 네트워크 팀에서 염두에 둬야 할 품질 보증 모범 사례의 채택 및 적용 방법을 확인했다.

그다음으로는 네트워크 팀이 품질 게이트를 구성하는 방법과 테스트의 각 단계에 매핑할 수 있는 테스트 종류를 살펴봤다. 끝으로 단위 테스트, 체크리스트, 코드 품질 검증 등의 구현 목적으로 네트워크 테스트를 수행할 때 사용할 수 있는 몇 가지 도구들도 살펴봤다.

이 장에서는 단위 테스트, 컴포넌트 테스트, 통합 테스트, 시스템 테스트, 최종 사용자 테스트와 같은 서로 다른 형태의 테스트 전략을 배울 수 있었다. 반드시 기억할 사항은 품질 보증에 대한 모범 사례들을 포함하는 것이다. 그리고 네트워크 및 자동화된 네트워크의 변경 성공 여부를 확인하는 데 도움을 줄 수 있는 여러 다른 유형의 네트워크 검증에 왜 모범 사례들을 적용하는지도 포함한다.

이 장에서는 또한 테스트 키친(http://kitchen.ci/), 소나큐브(http://www.sonarqube.org/), iPerf(https://iperf.fr/)와 같이 네트워크의 테스트를 지원할 수 있는 테스트 도구들에 대해서도 탐구했다.

다음 장에서는 배포 파이프라인을 중점적으로 다루고 네트워크 배포를 자동으로 해주는 도구를 살펴본다. 또한 각 접근 방법을 구현할 때 CD^{Continuous Delivery}(지속적 배포)와 일반 배포의 차이점도 살펴볼 것이다.

다음의 블로그와 프레젠테이션은 상세한 마이크로서비스 테스트 전략을 더 잘 이해하는 데 유용한 자료들이다.

- http://martinfowler.com/articles/microservice-testing/
- https://www.youtube.com/watch?v=FotoHYyY8Bo

9

네트워크 변경 배포에 CD 파이프라인 사용하기

이 장에서는 배포 파이프라인을 네트워크 변경 사항을 배포하는 데 사용하는 여러 가지 방법에 집중할 것이다.

먼저 CD$^{Continuous Delivery}$와 이관 프로세스를 살펴보고 워크플로우 측면에서 이런 방법들이 무슨 의미가 있는지 살펴본다.

또한 배포 파이프라인을 구성할 때 사용하는 여러 가지 배포 도구, 아티팩트 저장소 및 패키징 방법을 살펴보고 네트워크 변경을 이들 파이프라인에 통합할 수 있는 방법을 알아본다.

이 장에서는 다음과 같은 주제를 다룬다.

- CI 패키지 관리
- CD 개요
- 배포 방법론
- 패키지 배포 아티팩트
- 배포 파이프라인 도구
- 배포 파이프라인을 통한 네트워크 변경 사항 배포

CI 패키지 관리

7장, '네트워크 설정에 CI 빌드 사용하기'에서 CI 프로세스를 살펴봤다. 그리고 8장, '네트워크 변경 작업 테스트하기'에서는 추가된 검증 절차와 실패 시의 피드백 루프를 제공하기 위해 CI 프로세스에 테스트 절차를 추가시키는 것을 살펴봤다.

CI를 수행할 때는 '신속한 실패와 신속한 수정'이라는 철학을 적용하는 것이 바람직하다. 이것은 빌드가 정상인지 여부를 판독해 사용자에게 피드백 루프를 제공하는 유효성 확인 검사를 포함한다.

이렇게 하면 빈번하고 점진적인 소규모의 변경 사항에 대해 팀 내에 올바른 행동 습관이 정착될 수 있다. 이는 변경에 따른 리스크를 줄인다. 각 변경 사항에 대해 즉각적인 피드백과 함께 CI 엔진으로 검증하는 동시에 지속적인 개선 프로세스를 강력하게 준수해야 한다. 이는 모든 품질 검사를 통과하는 강력한 솔루션을 만들려고 팀 전체가 고군분투하는 목적과 일치한다.

피드백 루프를 제공하는 것이 중요한 만큼 성공적인 빌드를 만들어내는 것 또한 중요하다. 이는 제품을 시장에 출시하는 절차이기 때문이다. CI 빌드를 완료하면 종종 대상 서버에 배포하기 적합한 형태로 빌드된 아티팩트를 패키징해야 한다. 이는 보통 제품 또는 아티팩트를 배포용으로 생성하는 것으로 언급한다.

CI 프로세스는 다음의 절차에 따라 수행돼야 한다.

- 커밋
- 빌드(컴파일/버저닝/태깅)
- 검증
- 패키징
- 배포

새롭게 소스를 커밋할 때마다 새로운 CI 빌드가 시작된다. 이때 소스 코드를 SCM^Source Control Management에서 읽어들인 후 빌드 단계가 시작된다. 이는 컴파일 프로세스의 진행일 수도 있고, 컴파일이 필요 없는 언어를 사용하는 경우라면 바이너리의 버전 정보나 태그를 지정하는 단계의 진행이다. 마지막으로, 필요한 테스트를 포함한 일련의 검사 단계가 진행된다.

모든 검증이 성공하면, CI 프로세스 후처리 단계를 진행해야 한다. 후처리 단계에는 패키지 단계와 바이너리 등록 단계가 포함된다. 바이너리 등록은 바이너리를 빌드한 후 신규 버전 패키지를 선택된 아티팩트 저장소에 집어넣는 것을 의미한다.

다음의 다이어그램에서 변경 사항 커밋, 빌드(코드 컴파일), 검증(단위 테스트), 패키지(아티팩트), 아티팩트 저장소에 등록 등을 포함한 프로세스 예제를 볼 수 있다.

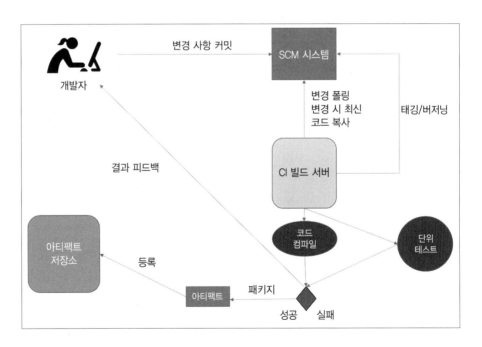

CI 빌드를 설정하고 CI 아티팩트를 패키징할 때 명심해야 할 중요한 원칙이 있다. 아티팩트를 배포가 필요할 때마다 패키징하는 것이 아니고 한 번만 패키징해야 한다는 것이다.

이는 반복성 관점에서 중요하며 빌드 프로세스가 길어서 수 분이 걸릴 수도 있다. 따라서 패키지 작업을 줄이면 배포에 소요되는 시간을 절약할 수 있다. 하나의 빌드를 패키징하면 모든 테스트와 필요한 검증이 CI 절차의 일부로서 아티팩트상에서 실행된다. 그래서 만약 수정 사항이 없다면 이 프로세스를 반복하지 않아도 된다.

아티팩트를 서비스 환경에 배포하기 전에 테스트 환경에도 동일한 아티팩트를 배포하는 것은 필수다. 이렇게 해야 환경 간의 차이를 없앨 수 있다. 동일한 소스 코드를 서로 다른 빌드 서버에서 패키징할 경우 자바 버전이 약간 달라질 수 있으며, 환경 변수의 차이와 같은 간단한 차이 때문에 바이너리 빌드 시 전혀 다르게 컴파일될 수도 있다.

일관된 배포 아티팩트를 유지하고 '패키지 작업은 한 번, 배포는 여러 번'의 원칙을 늘 명심해야 한다.

'패키지 작업은 한 번, 배포는 여러 번'의 원칙은 다음과 같으며, 단일 아티팩트를 테스트 및 서비스 환경에 공통으로 사용한다.

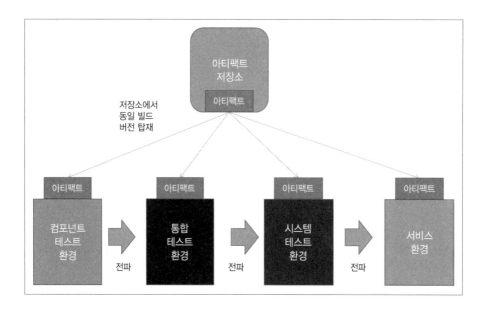

각 환경을 위해 서로 다른 빌드 아티팩트를 생성하면 시작부터 꼬이게 된다. 배포 관리의 모범 사례는 빌드된 패키지와 아티팩트에 토큰을 포함시키는 것이다. 이 경우 동일 패키지에 대해 서로 다른 스냅샷이 필요하지 않게 된다.

CI 빌드 아티팩트를 패키징할 때는 다음의 모범 사례를 준수해야 한다.

- 아티팩트는 한 번만 패키징하고 여러 번 배포하도록 한다.
- 아티팩트 패키지는 토큰화된 설정 파일과 함께 패키징해야 한다.
- 아티팩트 패키지 설정 파일은 배포 시 환경 파일을 통해 변환해야 한다.
- 배포 구성이 모든 환경에 공통인 경우 중복을 피하기 위해 공통 파일로 환경 파일을 보완할 수 있다.

널리 사용되는 다음의 구성 관리 도구들은 설정 파일을 이용해 토큰화된 템플릿을 변환할 수 있다. 이들 각 설정 파일은 환경 파일 역할을 담당한다.

- 퍼핏Puppet(https://puppet.com/)
- 셰프Chef(https://www.chef.io/chef/)
- 앤시블Ansible(https://www.ansible.com/)
- 솔트Salt(https://saltstack.com/)

예를 들어 4장, '앤시블로 네트워크 장비 설정하기'에서는 앤시블의 jinja2 템플릿의 개념을 설명했다. jinja2 템플릿은 토큰들을 가진 템플릿 파일로서 이들 토큰들은 특정 키 값들의 쌍으로 대체된다.

앤시블로 사용자들은 jinja2 템플릿을 변수들(토큰들)로 채울 수 있다. 각 var 파일을 각 환경에 맞게 구성할 수 있고, 환경 파일들은 명령행의 인수로 입력해 플레이북 및 롤로 가져올 수 있다. 이렇게 해서 jinja2 템플릿을 배포할 때 각 환경에 따라 정보를 변환할 수 있다.

다음 예시에서 앤시블 플레이북 configure_env.yml을 실행하는 것을 볼 수 있다. 또한 환경 설정을 위해 호출되는 고유한 환경 변수도 볼 수 있다.

```
- name: Include vars
  include_vars: "../roles/networking/vars/{{ item }}.yml"
  with_items:
    - "common"
    - "{{ environment }}"
```

위와 같이 실행하면 환경 파일을 플레이북 configure_env.yml로 임포트해 각 환경에 맞는 환경 변수가 적재된다.

따라서 컴포넌트 테스트, 통합 테스트, 시스템 테스트 및 서비스 환경이 예시와 같이 다음의 파일로 로드될 것이다.

- ../roles/networking/vars/comp.yml
- ../roles/networking/vars/int.yml
- ../roles/networking/vars/sys.yml
- ../roles/networking/vars/prod.yml

고유한 각각의 환경을 위해 배포 명령은 환경 파일명만 다르며 이 환경 파일은 배포 환경별로 적재된다.

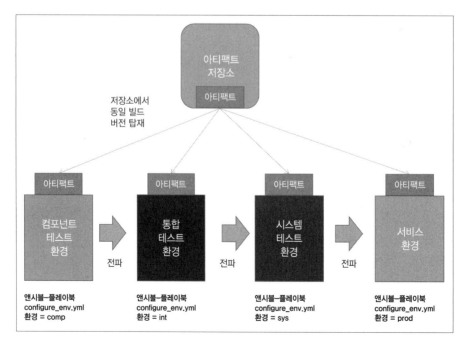

CD 및 전개 개요

CD^{Continuous Delivery} 및 전개^{Deployment}는 CI 프로세스의 자연스러운 연장이다. CD 및 전개는 고객 또는 최종 사용자에게 새로운 기능을 배포하는 컨베이어 벨트를 구성해서 변경 사항을 서비스 환경에 배포하는 일관된 메커니즘을 생성한다. 그래서 개념적으로 컨베이어 벨트는 CD가 하는 모든 것과 같다. 그러면 실질적인 프로세스는 어떻게 달성할 수 있을까?

CI 프로세스는 다음의 하이 레벨 단계를 수행할 것이다.

- 커밋
- 빌드(컴파일/버전/태깅)
- 검수
- 패키지
- 저장

일단 아티팩트가 아티팩트 저장소에 전달되면 비로소 CD가 다음 업무를 전달받게 된다. CI 프로세스에 의해 생성된 각각 또는 모든 아티팩트는 배포판 후보로 간주돼야 한다. 이들은 CD 파이프라인에서 모든 검증을 통과하게 되면 서비스 환경으로 배포될 수 있음을 잠재적으로 의미한다.

CI와 마찬가지로 CD 및 전개는 어떤 환경에 대한 검증 테스트가 실패했는지 여부를 표시하는 일련의 피드백 루프를 생성한다.

CD 파이프라인 프로세스는 배포 파이프라인의 각 단계를 다음과 같은 상위 수준의 단계들로 추상화할 수 있다.

- 배포(풀링/토큰화/설정)
- 검증(테스트)
- 전파

배포 파이프라인의 단계는 서비스 환경으로 배포하기에 앞서서 응용프로그램의 기능이 원하는 대로 작동하는지 검증하는 데 도움을 주는 일련의 테스트를 포함한다.

배포 파이프라인에서 각 단계는 아티팩트 저장소에서 아티팩트를 대상 서버에 다운로드하고 배포를 실행하는 단계를 가지고 있다. 배포 단계는 일반적으로 소프트웨어를 설치하거나 서버의 구성 정보를 변경하는 것을 포함한다. 구성 변경은 전형적으로 퍼핏, 셰프, 앤시블, 솔트와 같은 구성 관리 도구로 관리한다.

일단 배포가 완료되면, 해당 배포를 검증하기 위해 해당 환경에서 일련의 테스트를 수행하고 응용프로그램의 기능성 및 변경 사항을 테스트한다.

CD는 테스트 환경에서 검증 테스트가 통과되면 아티팩트 빌드가 자동으로 다음 환경으로 전파되는 것을 의미한다. 배포, 검증 및 전파 절차는 이전 환경과 동일한 방식으로 다음 환경에서 또 다시 수행될 것이다. 실패가 발생한 경우, 이 배포판 후보는 더 이상 다음 단계로 전파되지 못할 것이다.

CD를 사용할 때 이 자동화된 전파는 다음의 다이어그램에서 보는 것처럼 서비스 환경으로 가기 전에 모든 단계에서 진행될 것이다.

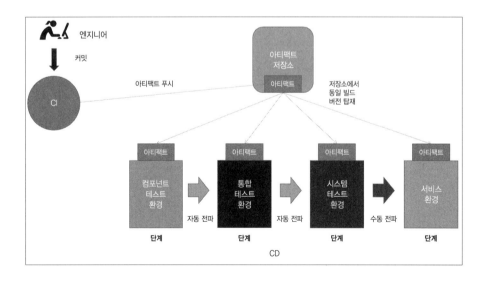

334

반면에 연속 전개Continuous Deployment는 서비스 직전 단계에서 중단이 없고 서비스 환경까지 자동으로 배포한다는 점에서 CD와 다르다.

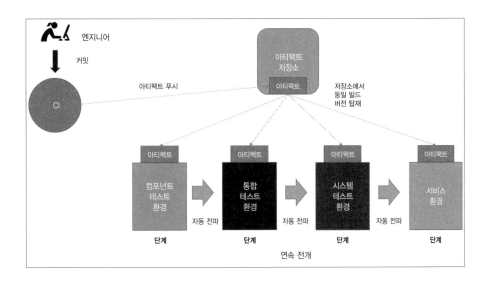

따라서 CD와 연속 전개의 차이점은 아티팩트 빌드를 서비스 환경으로 전파할 때 수동으로 하는지 여부뿐이다.

연속 전개 위에 CD를 구현해야 하는 이유는 일반적으로 관리 목적 또는 테스트의 성숙도 때문이다.

연속 전개의 경우 처음에 시작할 때는 완전히 자동화돼야 하고, 각 환경에 대한 검증 및 테스트는 모든 알려진 오류를 충분히 잡을 수 있을 만큼 성숙돼 있어야 하므로 하루 종일 서비스 환경에 지속적으로 전개하는 것은 매우 어려울 수 있다.

연속 전개를 통하는 경우 서비스 환경 배포의 시작점은 SCM에 커밋하는 것이다. 그래서 전개 시스템에 대한 완벽한 신뢰가 요구된다. 이것은 트렁크/메인라인/마스터 브랜치에서 모든 변경 사항을 가져온 후 배포가 시작하도록 브랜치 전략을 구성하는 것이 바람직함을 의미한다. 여러 다른 브랜치 전략을 갖는 것은 전개

프로세스를 복잡하게 하므로 반복을 최소화한 브랜치 전략을 구사하는 것은 중요하다. 그렇지 않으면 전개 절차의 수가 폭발적으로 늘어날 것이다.

잘못 구현할 경우 연속 전개는 지속적인 다운을 유발할 수 있다. 그래서 일반적으로 CI를 구성한 후에 CD를 시작해야 하고, 일단 프로세스가 충분히 성숙하게 될 때 최종적으로 연속 전개로 이동하는 목표를 설정해야 한다.

3장, '데브옵스를 네트워크 운영으로'에서와 같이, CD를 실현하려면 기업 내의 문화적인 변화가 필요하고 성공적인 안착을 위해 '모 아니면 도'의 자세로 임해야 한다.

8장, '네트워크 변경 작업 테스트하기'에서 설명한 대로 수동으로 환경을 갱신하는 것은 테스트의 정합성을 해칠 수 있으므로 모든 수단을 동원해서 이런 일은 피해야 한다. 모든 변경 사항은 SCM을 통해 실환경으로 전달돼야 한다.

CD는 자동화와 배포 파이프라인에서 모든 단계의 테스트 패키지 생성을 촉진시킨다. 그러나 최종적으로 상용에 전개하기 위한 배포판 후보를 선택할 수도 있다.

이는 서비스 환경으로 배포하기 전에 배포를 중단시키고 수동으로 수행할 수도 있음을 의미한다. 빌드 아티팩트에 대한 테스트 커버리지 또는 원하는 수준에 대한 정의가 없는 부가적인 검증 작업들이 있는 경우가 있는데 그런 경우에 해당한다. 이는 또한 특별한 전개 방식을 가져야 하고 서비스 환경에 연속 전개가 불가능한 법적인 요구 사항에 종속적인 회사[1]와도 잘 맞는다.

이는 법적 규제 대상 기업도 CD를 이용해 자동화된 환경 및 테스트를 기반으로 여전히 혜택을 볼 수 있다는 뜻이다. 서비스 환경으로의 전개는 아티팩트를 선택하기 위한 버튼 클릭일 뿐이다. 그 후에 언급했던 모든 단계들을 통과한 후 서비스 환경으로 전개가 될 것이다.

---

1 예를 들면 정부 기관 등 - 옮긴이

전개 방식

CD와 전개를 수행할 때, 모든 전개 전략에 맞출 수 있는 규격은 없다. 퍼핏, 셰프, 앤시블, 솔트와 같은 구성 관리 도구들은 서로 전개 방식이 다르며 서버를 최신 상태로 유지하기 위한 다양한 접근 방법을 사용한다.

선택한 도구는 중요하지 않다. 일관되고 신속하고 정확하게 변경 사항의 배포를 지원하는 이상적인 워크플로우와 절차가 더 중요하다.

풀 모델

퍼핏과 셰프 같은 도구는 배포 프로세스의 두뇌 역할을 하는 중앙 서버가 있는 중앙 집중식의 구성 관리 접근 방식이다.

퍼핏의 경우는 중앙 서버가 퍼핏 마스터고 셰프의 경우는 중앙 서버가 셰프 서버다. 이 중앙 서버는 구성 관리 도구의 참조 아키텍처에 따라 서버 구성을 저장하는 인프라다.

서버 구성에 대한 모든 업데이트 정보는 먼저 중앙 서버에 전달된 후 순차적으로 에이전트를 통해 해당 서버로 전달된다. 이들 에이전트는 업데이트 정보를 위해 중앙 서버를 폴링하고 업데이트 정보를 즉시 반영한다. 셰프의 경우는 셰프 클라이언트가 호출돼 중앙 서버에서 에이전트가 설치된 서버로 구성 정보의 전파를 시작한다.

풀^{Pull} 모델에서 가장 중요한 원칙은 중앙 서버가 시스템의 상태를 관장하고 퍼핏 마스터 또는 셰프 서버를 통해 모든 변경 사항을 가져오는 것이다.

특정 구성이 중앙 서버에 의해 관리되고 있을 때 한 사용자가 서버에 로그인해 상태를 변경하는 경우, 원래 구성 정보가 중앙 서버에서 전달돼 에이전트(퍼핏 에이전트 또는 셰프 클라이언트)가 실행되면서 이런 임의로 변경된 정보가 원래 구성 정보로 원복될 것이다.

이 모델에서 중앙 서버는 모든 응용프로그램의 버전 정보 및 환경 설정 정보를 제어할 것이다.

풀 모델의 예시는 다음의 다이어그램에서 볼 수 있다. 이 다이어그램은 셰프가 CD 프로세스에 활용된 것을 보여준다.

- CI 프로세스는 신규 빌드를 생성해 아티팩트 저장소에 보낸다.
- 배포된 응용프로그램의 새 버전을 가지고 있는 셰프 서버를 업데이트하기 위한 후처리 작업을 셰프의 명령행 클라이언트인 나이프^{Knife}에서 호출한다.
- 그다음으로 셰프 클라이언트의 실행을 통해 컴퍼넌트 테스트 환경에서 전개 프로세스가 시작된다. 셰프 클라이언트는 셰프 서버를 통해 상태를 확인한다.
- 이 경우 최근의 나이프 업데이트에 기반해 셰프 클라이언트는 새 버전의 응용프로그램을 확인한다. 그리고 새 버전의 응용프로그램으로 컴포넌트 테스트 환경을 업데이트한다.
- 끝으로, 모든 검증 및 테스트 단계가 전개 절차의 다음 단계로 전파시키기 전에 실행된다.
- 컴포넌트 테스트 환경에서 각 절차가 성공한 경우에만 이어지는 통합 테스트 환경으로의 전개가 시작된다.

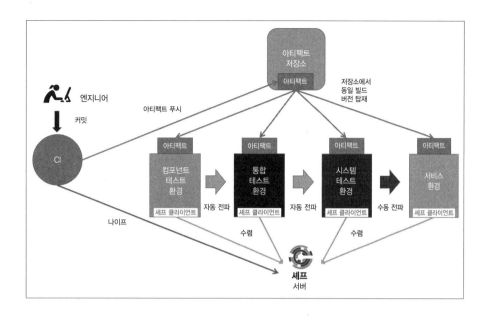

푸시 모델

앤시블과 솔트 같은 도구는 구성 관리를 위해 푸시^{Push} 모델을 채택했고, SSH를 통해 서버에 접속해서 환경을 구성하는 컨트롤 호스트가 존재한다.

중앙 서버를 사용하는 대신, 앤시블과 솔트는 컨트롤 호스트를 사용한다. 컨트롤 호스트에는 명령행 클라이언트가 설치돼 있다. 컨트롤 호스트는 SSH 키 또는 암호를 통해 SSH로 로그인한 후 변경 사항을 서버에 전달한다.

앤시블과 솔트는 파이썬 기반으로 에이전트 없이 실행된다. 파이썬만 기본적으로 설치돼 있다면 어떤 종류의 리눅스 배포판에도 실행할 수 있다. 윈도우 머신의 경우는 WinRM을 통해 접속하고 구성한다.

모든 구성 관리 정보는 SCM 시스템에 저장돼 있고 컨트롤 호스트로 다운로드된다. 이 구성 정보는 업데이트를 위해 서버들로 전달된다.

푸시 모델에서의 중요한 원칙은 변경 사항이 SCM에 커밋된다는 점이다. 컨트롤 호스트가 아닌 SCM 서버가 상태, 구성, 버전 관리의 원천이 되는 셈이다.

푸시 모델의 예시는 다음과 같으며 앤시블을 CD 프로세스에 사용하는 것을 보여준다.

- CI 프로세스는 새로운 아티팩트 빌드를 생성해 아티팩트 저장소에 전달한다.
- 아티팩트 저장소에 올라온 신규 아티팩트로 전개 절차가 개시되고 앤시블 플레이북/롤이 SCM 시스템으로부터 앤시블 컨트롤 호스트로 다운로드된다.
- 이어서 전개 프로세스에 의해 컴포넌트 테스트 환경이 개시되고 앤시블이 대상 인벤토리에 있는 모든 서버에서 실행된다.
- 마지막으로, 전개 절차의 다음 단계로 이전하기 전에 모든 검증 및 테스트 단계가 실행된다.
- 컴포넌트 테스트가 성공한 경우에만 이어지는 통합 테스트 환경에서 앤시블이 실행된다.

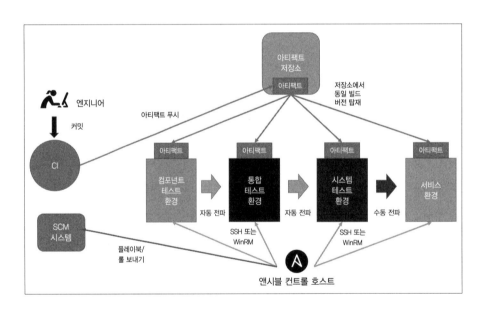

풀 또는 푸시 선택하기

구성 관리에서 풀Pull 또는 푸시Push 방법을 선택할 때는 선호하는 방법을 선택하는 것이 아니라 인프라의 접근 방식에 기반해 선택해야 한다.

풀 모델은 수명이 긴 인프라를 가진 서버 자산을 취급하는 경우 널리 쓰이며, 서버 전체 규격의 준수를 위해 전 서버에 패치를 적용할 때 활용된다. 풀 모델은 현재 상태를 가진 중앙 서버를 가지고 있으므로 한 서버에서 구성 정보가 제거되면 중앙 서버는 삭제가 필요한 상태임을 등록할 것이다. 푸시 모델은 신규의 기대 상태Desired State만 알 수 있고 이전 상태에 대해서는 고려하지 않는다. 이는 상태 정보를 집중시키는 기능이 없기 때문이다. 그래서 플레이북으로부터 어떤 구성이 삭제되면, 다음 전개가 시작될 때 해당 구성은 자동으로 지워지지 않을 것이다.

풀 방식의 단점은 다소 큰 중앙 집중식 인프라를 유지해야 하고 에이전트 기반이므로 에이전트에 대한 버전 관리가 필요하다는 점이다.

푸시 모델은 오케스트레이션 및 대량의 서버 업데이트에 잘 부합한다. 서버의 이전 상태가 중요하지 않기 때문에 재사용 불가Immutable 인프라를 사용할 때 널리 활용된다. 이는 현재의 원하는 상태에만 관련돼 있어서 모든 배포 시마다 배포 정보가 새로 서버에 배포되므로 이전 구성 정보를 사전에 정리하지 않아도 된다.

재사용 불가 인프라에 대한 풀 모델은 배포 서버를 구성해 한 번만 배포하고 제거시키는 모델은 적합하지 않으므로 구성 정보의 전파를 위해 대규모 중앙 집중식 서버를 실행해야 하는 오버헤드가 낭비 요소다.

배포 아티팩트 패키징하기

구성 관리 도구를 사용해 응용프로그램을 배포하는 것만으로는 충분치 않다. CD와 전개의 속도는 가장 느린 구성 요소의 속도에 맞춰진다. 그래서 수작업 기반의 네트워크 및 인프라 변경을 기다리는 것은 더 이상의 옵션이 될 수 없다. 모든 컴포넌트를 빌드하고 버전을 지정하고 배포를 자동화해야 한다.

새로운 환경을 처음부터 구축하는 것을 살펴보면, 하나의 환경을 구성하기 위해 여러 배포 아티팩트가 필요하다. 응용프로그램의 소스 코드는 퍼즐의 한 부분일 뿐이다.

이중화된 환경을 구축하려면 다음과 같은 종속성이 필요하다.

- 응용프로그램
- 인프라(가상 또는 물리 서버에 기반한 운영체제)
- 네트워크
- 부하 분산기
- 배포 스크립트(구성 관리)

이들 모든 컴포넌트에 대해 버전 정보를 붙이지 않으면 만약 어떤 응용프로그램을 롤백했을 때 네트워크는 롤백 이전 상태를 유지할 수밖에 없을 수도 있다. 컴포넌트 구성이 깨지게 되므로 진정한 롤백이 불가능하게 되는 것이다.

이상적으로 응용프로그램 코드, 인프라, 네트워크 부하 분산기 및 배포 스크립트는 모두 버전이 부여돼야 하고 하나의 엔티티처럼 함께 테스트돼야 한다. 그래서 롤백이 필요하게 되면 운영자는 상호 간에 잘 동작하는 것이 확인된 이전 패키지로 단순히 롤백하면 된다. 그 패키지는 응용프로그램 코드, 인프라, 네트워크 부하 분산기, 배포 스크립트가 이미 테스트되고 버전이 붙여져 있는 것이다.

하나의 옵션은 모든 종속성에 대해 버전을 붙인 하나의 저장소를 갖는 것이다. 이것은 많은 종류의 응용프로그램을 다룰 때 버전을 한정할 수 있게 되므로 구성 정보를 반복해 사용할 수 있게 한다.

모든 컴포넌트에 버전을 붙이는 또 다른 방법은 CI 빌드를 통하는 것이다. 각 컴포넌트에 대해 개별적으로 버전을 붙이기 위해 고유한 저장소를 가지고 자체적인 연속 빌드를 하게 하는 것이다.

응용프로그램은 레드햇 리눅스의 RPM 파일이나 우분투의 APT 파일, 또는 윈도우의 너겟^{NuGet} 패키지의 한 엔티티가 될 수 있다.

인프라는 오픈스택, 마이크로소프트 어주어, 구글 클라우드, 또는 AWS 같은 클라우드 사업자의 API를 이용해 배포할 수 있다. 그리고 버전별로 관리하는 인벤토리 파일을 이용해 필요한 수의 서버를 지정할 수 있다.

기본 운영체제 이미지는 팩커^{Packer} 또는 오픈스택 디스크 이미지 빌더$^{OpenStack\ Disk\ Image\ Builder}$와 같은 도구를 이용해 생성할 수 있고, 이 이미지들은 클라우드 사업자의 이미지 레지스트리에 업로드할 수 있다.

4장, '앤시블로 네트워크 장비 설정하기', 5장, '앤시블로 부하 분산기 오케스트레이션하기', 6장, '앤시블로 SDN 컨트롤러 오케스트레이션하기'에서 다뤘듯이, 앤시블을 사용할 때 네트워크 구성은 일반적으로 var 파일의 형태를 취한다. var 파일은 시스템의 기대 상태를 기술한다.

SDN 컨트롤러를 사용할 때는 서브넷 범위와 ACL 방화벽 규칙을 이들 var 파일에 기술할 수 있다. 배포 시 적용하기 위해 특정 명령을 순서대로 스케줄한 모듈들을 사용할 수도 있다. 비슷한 맥락에서 부하 분산기 객체 모델을 앤시블 var 파일에 저장해 부하 분산기를 구성하는 데 사용할 수도 있다.

각 저장소에는 CI 빌드의 일환으로 태그를 지정해야 한다. 그리고 각 응용프로그램을 위해 추가 패키지 빌드를 작성할 수 있다. 이 패키지 빌드는 매니페스트^{Manifest} 파일을 통해 모든 종속성을 등록하고 그들에 대해 버전을 붙인다.

매니페스트 파일을 사용하는 CI 빌드는 다음의 다이어그램에서 볼 수 있다.

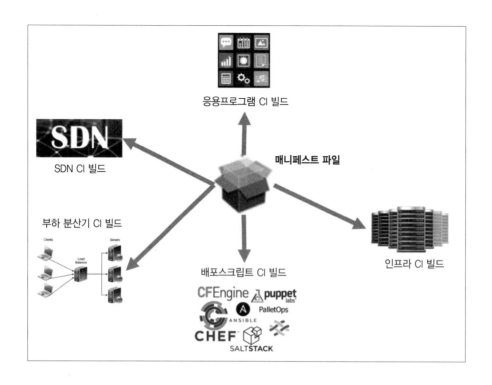

응용프로그램 CI 빌드

매니페스트 파일

SDN CI 빌드

부하 분산기 CI 빌드

배포스크립트 CI 빌드

인프라 CI 빌드

매니페스트 파일은 단순한 키/값 쌍 형태의 파일이거나 JSON 파일 형태가 될 수 있다. 파일의 포맷은 중요하지 않다. 각 CI 빌드의 최신 태그 버전을 기록하는 것이 프로세스상에서 필수 요소다.

배포 시 새롭게 패키징된 매니페스트는 배포 파이프라인의 시작점으로 활용돼야 한다. 배포 파이프라인의 첫 번째 단계는 아티팩트 저장소에서 매니페스트 파일을 가져오는 것이다. 이후 버전 정보를 읽어들일 수 있게 된다.

매니페스트 파일에 있는 저장소들의 모든 버전을 앤시블 제어 서버로 가져와서 원하는 버전의 애플리케이션과 원하는 상태의 인프라, 네트워크, 부하 분산기를 배포한다.

롤백은 이전 버전의 매니페스트 파일을 배포 프로세스에 가져오는 것을 포함한다. 그 후 이미 잘 작동하고 있던 것으로 알려진 응용프로그램 코드, 인프라, 네트워크, 부하 분산기, 배포 스크립트의 최근 버전으로 롤백될 것이다.

배포 파이프라인 도구

배포 파이프라인은 CD 프로세스를 구성하기 위해 서로 다른 도구들을 함께 엮는 것을 포함한다.

CD 도구를 통해 프로세스 흐름을 추적할 수 있는 것은 중요하다. 이는 파이프라인 절차를 시각화할 수 있기 때문에 운영자가 쉽게 따라갈 수 있으므로 중요하다.

프로세스의 가시성을 확보하면 오류가 발생할 경우 프로세스를 쉽게 디버깅할 수 있다. 어떤 프로세스에서도 오류는 발생할 수 있고 불가피한 일이다. 환경에 대한 변경의 배포를 자동화하는 것 이외에 CD 파이프라인의 핵심 사항은 피드백 루프를 제공하는 것이다. 파이프라인이 추적하고 디버깅하기가 쉽지 않다면, CD 의 주목적 중 하나는 실패하는 것이다.

가능한 한 파이프라인 안에 자동화된 청소 기능을 구현하는 것이 좋다. 그래서 배포 중간에 오류가 발생하면 수동 개입 없이도 이전의 양호한 상태로 되돌릴 수 있다.

CD를 위한 배포 파이프라인을 생성할 때 다음의 도구들이 필요하다. 여기에는 SCM 시스템, CI 빌드 서버, 아티팩트 저장소, CD 파이프라인 스케줄러가 포함된다.

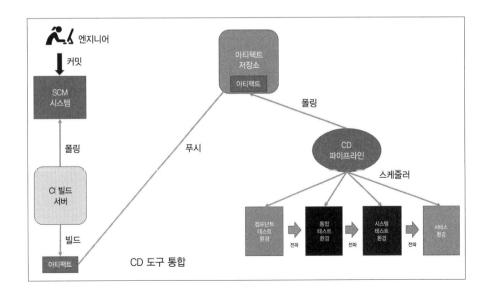

7장, '네트워크 설정에 CI 빌드 사용하기'와 8장, '네트워크 변경 작업 테스트하기'에서 CI와 테스트의 중요성을 설명했다. 이 장에서는 구성 관리를 예약하는 데 사용하는 아티팩트 저장소와 CD 파이프라인 스케줄러가 포함된 전개 프로세스를 위해 필요한 도구에 중점을 둘 것이다.

아티팩트 저장소

아티팩트 저장소는 배포 파이프라인의 핵심 구성 요소다. 아티팩트 저장소는 다수의 다른 저장소를 관리하거나 일반적인 아티팩트까지 보관하는 데 사용할 수 있다.

ISO, AMI, VMDK, QCOW 포맷의 플랫폼 골드 이미지를 아티팩트 저장소에 저장하고 버전을 관리할 수 있으며 AWS, 구글 클라우드, 마이크로소프트 어주어, 오픈스택과 같은 클라우드 사업자의 이미지 등록을 위한 소스로 사용할 수 있다.

매니페스트 파일들도 배포판 저장소에 저장할 수 있다. 배포판 저장소는 응용프로그램, 인프라, 네트워크, 부하 분산기의 구성 정보에 대한 업데이트, 롤백을 관리한다.

아티팩토리

JFrog의 아티팩토리^{artifactory}는 오늘날 시장에서 가장 널리 알려진 아티팩트 저장소 중 하나로 NFS^{Network File System} 기반의 공유 저장소 솔루션을 통해 저장소에 대한 접근을 제공한다. 아티팩토리는 아파치 톰캣 웹 서버의 설치 킷과 함께 번들돼 있고 리눅스 또는 윈도우에 설치할 수 있다.

부하 분산기 측면에서 아티팩토리는 HA 지원을 위해 3계층 클러스터로 구성할 수 있다. 아티팩토리는 시트릭스 넷스케일러, F5 빅-IP 또는 애비 네트웍스와 같은 전용 부하 분산기뿐만 아니라 Nginx 또는 HAProxy와 같은 소프트웨어 기반 부하 분산기까지 광범위한 종류의 부하 분산을 사용할 수 있다.

아티팩토리는 MySQL 또는 Postgres로 백업한다. 그리고 세 개 HA 노드의 각 아티팩토리에서 사용할 수 있는 아티팩트를 저장할 NFS 파일시스템 또는 아마존 S3가 필요하다.

아티팩토리의 아키텍처는 다음의 다이어그램과 같다.

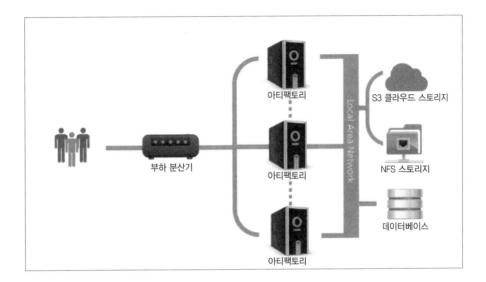

아티팩토리는 셀 수 없이 많은 저장소 형태를 지원한다. 그중 일부는 다음에 나열돼 있다. 이는 여러 개의 개발하고 있는 응용프로그램에 따라 배포 팀에서 다른 저장소를 제공할 수 있다는 뜻이다.

- 메이븐Maven(https://www.jfrog.com/confluence/display/RTF/ Maven+Repository)

- 아이비Ivy(https://www.jfrog.com/confluence/display/RTF/ Working+with+Ivy)

- 그레이들Gradle(https://www.jfrog.com/confluence/display/RTF/ Gradle+Artifactory+Plugin)

- 깃 LFSGit LFS(https://www.jfrog.com/confluence/display/RTF/ Git+LFS+Repositories)

- NPM(https://www.jfrog.com/confluence/display/RTF/ Npm+Registry)

- 너겟^{NuGet}(https://www.jfrog.com/confluence/display/RTF/ NuGet+Repositories)

- 파이피^{PyPi}(https://www.jfrog.com/confluence/display/RTF/ PyPI+Repositories)

- 보우어^{Bower}(https://www.jfrog.com/confluence/display/RTF/ Bower+Repositories)

- YUM(https://www.jfrog.com/confluence/display/RTF/ YUM+Repositories)

- 베이그런트^{Vagrant}(https://www.jfrog.com/confluence/display/RTF/ Vagrant+Repositories)

- 도커^{Docker}(https://www.jfrog.com/confluence/display/RTF/ Docker+Registry)

- 데비안^{Debian}(https://www.jfrog.com/confluence/display/RTF/ Debian+Repositories)

- SBT(https://www.jfrog.com/confluence/display/RTF/ SBT+Repositories)

- 지네릭^{Generic}(https://www.jfrog.com/confluence/display/RTF/ Configuring+Repositories)

이것은 아티팩토리를 CD 파이프라인의 단일 저장소 종단점으로 쓸 수 있다는 뜻이다. 아티팩토리는 최근에 베이그런트 박스와 도커 레지스트리에 대한 지원을 밝혔으며, 이에 따라 베이그런트 테스트 환경을 저장하는 데 사용할 수 있게 됐다. 베이그런트 박스에는 네트워크 운영체제 또는 컨테이너를 저장할 수 있다. 이것은 시장을 선도하는 아티팩트 저장소에서 가능한 여러 기능들이다.

CD 파이프라인 스케줄러

아티팩트 저장소의 작업은 중요하지만 상대적으로 어렵지는 않으며, 올바른 CD 파이프라인 도구를 선택하는 것이 훨씬 더 어렵다.

다음과 같은 다양한 옵션이 있다.

- IBM 어반 코드 디플로이^{IBM Urban Code Deploy}(https://developer.ibm.com/urbancode/products/urbancode-deploy/)
- 일렉트릭 플로우 디플로이^{Electric Flow Deploy}(http://electric-cloud.com/products/electricflow/deploy-automation/)
- 젠킨스^{Jenkins}(https://jenkins.io/)
- 쏘트웍스 고^{Thoughtworks Go}(https://www.go.cd/)
- XL 디플로이^{XL Deploy}(https://xebialabs.com/products/xl-deploy)

그러나 도구를 선정하기 전에 프로세스의 구현을 먼저 고려해야 한다. 그러면 CD 파이프라인의 주목적은 무엇인가?

좋은 CD 파이프라인은 다음의 목표에 부합해야 한다.

- 아티팩트 저장소에 새로운 아티팩트가 등록되면 배포가 개시돼야 함
- 명령행 예약
- 파이프라인 상태 시각화
- 작업을 여러 단계로 나눌 수 있어야 함
- 보기 좋은 로그 제공
- 성공 또는 실패에 대한 피드백
- 테스트와 통합

CD 파이프라인 도구를 선택할 때 이러한 모든 사항을 고려해야 한다. CD 파이프라인 스케줄링 도구 중 가장 인기 있는 젠킨스로 어떻게 파이프라인을 스케줄링하는지 확인할 것이다.

젠킨스

초창기의 젠킨스는 기본적으로 CI 빌드 서버였다. 젠킨스는 플러그인 프레임워크를 기반으로 돼 있으므로 플러그인으로 사용자가 정의한 배포 기능을 제공하곤 했다. 예를 들면 다중 작업 플러그인은 여러 개의 파이프라인을 스케줄링할 수 있다.

그러므로 젠킨스는 이제 배포 기능을 제공하기 위해 젠킨스 2.x 릴리스부터 플러그인에 의존하기보다는 파이프라인을 배포의 핵심 기능으로 제공한다.

다음의 예시에서 젠킨스 파이프라인 작업 유형을 볼 수 있다.

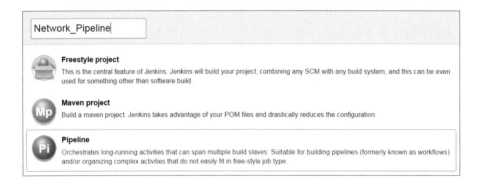

젠킨스 파이프라인의 작업 유형을 사용하면, 사용자는 각 단계를 선언하는 파이프라인 스크립트Pipeline Script를 사용해 파이프라인을 지정할 수 있다. 다음의 예시는 echo 명령으로 각 파이프라인 단계를 가상으로 호출하도록 해서 파이프라인 스크립트가 어떻게 표시되는지 보여준다.

```
Definition    Pipeline script                                                    ▼

     Script          1 ▾ node {
                     2       stage 'download manifest'
                     3       echo 'downloaded manifest'
                     4       stage 'create network'
                     5       echo 'created network'
                     6       stage 'create vms in network'
                     7       echo 'created vms in network'
                     8       stage 'run ansible'
                     9       echo 'ran ansible'
                    10       stage 'create vip'
                    11       echo 'created vip'
                    12       stage 'rolling update'
                    13       echo 'rolled new boxes into service and old ones out'
                    14       stage 'run test pack'
                    15       echo 'ran test pack'
                    16       stage 'promote build to next stage'
```

스테이지 뷰^{Stage View}를 통해 파이프라인 스크립트에서 파이프라인에 대한 상태를 시각적으로 볼 수 있다. 다음의 스테이지 뷰는 네트워크, 가상 머신, 응용프로그램, 부하 분산기 구성을 배포하기 위한 8단계의 파이프라인 작업 상태를 보여준다.

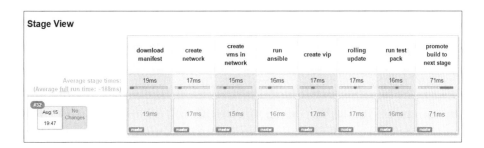

젠킨스 사용자가 성공 및 실패 여부를 확인할 수 있도록 각 단계의 로그는 젠킨스의 콘솔 로그를 통해 명확히 확인할 수 있다.

```
[Pipeline] node {
[Pipeline] stage (download manifest)
Entering stage download manifest
Proceeding
[Pipeline] echo
downloaded manifest
[Pipeline] stage (create network)
Entering stage create network
Proceeding
[Pipeline] echo
created network
[Pipeline] stage (create vms in network)
Entering stage create vms in network
Proceeding
[Pipeline] echo
created vms in network
[Pipeline] stage (run ansible)
Entering stage run ansible
Proceeding
[Pipeline] echo
ran ansible
```

위의 예시에서 에코Echo를 시뮬레이션해 보여주는 대신, 유효한 명령어를 파이프라인 스크립트Pipeline Script에 집어넣을 때 사용자는 각 단계를 그루비 스니펫 생성기를 이용해 파이프라인 스크립트 형식으로 변환할 수 있다.

다음의 예시에서는 컴포넌트 테스트 환경에서 create_vip.xml에 대한 앤시블 플레이북을 실행하는 데 셸 명령어가 필요하다. 스니펫 생성기로 이를 생성한다.

이 스니펫 명령어는 파이프라인 스크립트에서 생성된 create_vip.yml 단계에 붙여넣을 수 있다.

```
Definition    Pipeline script                                              ▼
        Script        1 ▾ node {
                      2        stage 'download manifest'
                      3        echo 'downloaded manifest'
                      4        stage 'create network (Network)'
                      5        echo 'created network'
                      6        stage 'create vms in network (Infrastructure)'
                      7        echo 'created vms in network'
                      8        stage 'install application (Developer)'
                      9        echo 'ran ansible'
                     10        stage 'create vip (Network)'
                     11        sh 'ansible-playbook -e environment=comp create_vip.yml'
                     12        stage 'rolling update (Network)'
                     13        echo 'rolled new boxes into service and old ones out'
                     14        stage 'run test pack (Quality Assurance)'
                     15        echo 'ran test pack'
                     16        stage 'promote build to next stage'
                     17 }
```

작업 구성의 산출물은 젠킨스 파일이다. 젠킨스 파일은 배포 파이프라인의 버전을 통제하는 SCM에 저장할 수 있다.

배포 파이프라인으로 네트워크 변경 배포하기

CD 또는 전개를 실행할 때, 네트워크 변경 사항을 통합시키는 것은 필수다. 네트워크 팀은 배포 파이프라인의 주요 영역에 기여해야 한다.

CD 파이프라인 스케줄러는 배포 파이프라인에서 서로 다른 단계들을 동시에 지정할 수 있으므로 유연성이 뛰어나고, 모든 팀이 각 단계별로 기여할 수 있으므로 진정한 협업형 데브옵스 모델을 구성할 수 있다.

개발자들은 네트워크에 대한 전문가가 아니기 때문에 모든 네트워크 장비에 대해 접근 권한을 줘서는 안 된다는 것이 일반적인 네트워크 팀의 우려다. 솔직히 말해서, 개발자는 네트워크 장비에 접근하고 싶어 하지 않는다. 대신에 그들은 변경 개발 사항을 신속히 반영하길 원한다. 네트워크가 변경되는 것을 기다리는 것 때문에 일 처리를 방해받고 싶어 하지는 않는다.

네트워크 셀프서비스

개발자가 자신의 네트워크 변경을 스스로 할 수 있게 하는 것은 매우 중요하다. 그렇지 않으면 네트워크 팀은 CD 프로세스의 주요 병목 지점이 될 것이다.

그래서 일상적인 네트워크 기능을 생성하는 강화된 앤시블 플레이북을 개발 팀에 제공하라. 그러면 의심할 여지없이 이는 개발자의 고통을 덜어주고, 개발자는 새로운 네트워크 변경 사항을 셀프서비스로 배포할 것이다.

개발자는 네트워크 변경 사항을 적용하기 위해 네트워크 팀의 모든 모범 사례가 집약된 플레이북을 이용할 수 있다. 신규 가상 머신을 띄우고 IPAM 솔루션을 가지고 DNS를 등록하는 플레이북을 인프라 팀이 제공하고 개발자가 사용할 수 있게 된다.

배포 파이프라인의 단계들

배포 파이프라인을 만들 때는 각 기능을 세분화된 단계로 나누는 것이 중요하다. 이것은 만약 어떤 단계가 실패했을 때 쉽게 전 단계로 롤백할 수 있음을 의미한다. 복잡한 작업들을 작은 단계로 나누면 디버깅 실패를 파악하는 데 노력이 덜 들어가므로 배포 파이프라인을 시각적으로 이해하는 것도 중요하다.

현대의 응용프로그램 배포 파이프라인은 각 단위 배포 시마다 다음과 같은 단계를 수행해 새로운 환경을 제공한다.

1. 매니페스트 다운로드

2. 네트워크 생성

3. 네트워크에 VM 생성

4. 응용프로그램 설치

5. VIP 생성

6. 롤링 업데이트

7. 테스트 팩 실행

8. 다음 단계로 이동

파이프라인의 첫 단계는 첫 번째 테스트 환경으로의 배포 개시다. 이때 신규 매니페스트 파일 아티팩트의 등록으로 배포를 개시한다.

매니페스트 아티팩트는 CD 파이프라인 스케줄러로 다운로드한 후 파싱된다. 앤시블 var 파일 구조는 매니페스트 버전과 함께 SCM에서 조립된다.

일단 조립되면, 네트워크를 배포해야 한다. 배포판에 따라 A 또는 B 네트워크가 생성되면 필요한 입수부 및 출수부 ACL 규칙이 해당 네트워크에 적용된다.

그 후 새롭게 배포된 네트워크상에 가상 머신이 적재되고 설치가 필요한 소프트웨어를 표시하는 메타데이터 프로파일이 가상 머신에 태그된다.

앤시블 다이내믹 인벤토리가 실행돼 막 생성된 가상 머신을 중단시키고, 앤시블은 메타데이터 프로파일을 가상 머신으로부터 읽는다. 메타데이터 태그와 앤시블의 지정된 프로파일에 따라 가상 머신 신규 클러스터에 필요한 롤을 설치한다.

아직 VIP(가상 IP)가 없다면 VIP를 생성하고 부하 분산기 규칙을 부하 분산기에 적용한다. 가상 하드웨어 박스가 서비스에 투입되고 이전 가상 하드웨어 박스는 서비스에서 제외된다. 새 가상 하드웨어 박스는 이전 배포판이 파기되기 전에 예상대로 작동하는지 확인하는 테스트를 거치게 된다.

전체적인 품질 보증 테스트 패키지가 실행되고 테스트 성공 시 매니페스트 아티팩트는 다음 단계로 이동된다.

각 단계들은 서비스 환경에 갈 때까지 반복된다. CD 모델에서 서비스 환경 배포는 파이프라인을 구동하기 위한 마우스 버튼 클릭으로 시작되고, 모든 품질 게이트를 성공하면 자동으로 서비스 환경으로 배포될 것이다.

구성 관리 도구 통합

젠킨스와 같은 CD 스케줄러를 사용할 때는 슬레이브Slave 에이전트를 사용해 앤시블을 자체에 설치하고 스스로 배포를 위한 앤시블 컨트롤 호스트가 될 수 있다.

배포 파이프라인의 각 단계는 개발자가 네트워크 요구 사항을 스스로 해결하는 데 사용할 작은 모듈 형태의 앤시블 플레이북이 될 수 있다. 이들 플레이북은 네트워크 팀이 작성하며 지속적으로 개선할 수 있다.

그래서 젠킨스 파이프라인 스크립트는 각 단계의 고유한 플레이북을 가지고 다음과 닮은 모습을 가질 것이다.

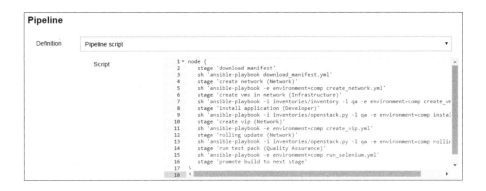

```
Pipeline

Definition    Pipeline script                                                                    ▼

     Script              1 ▾ node {
                         2      stage 'download manifest'
                         3      sh 'ansible-playbook download_manifest.yml'
                         4      stage 'create network (Network)'
                         5      sh 'ansible-playbook -e environment=comp create_network.yml'
                         6      stage 'create vms in network (Infrastructure)'
                         7      sh 'ansible-playbook -i inventories/inventory -l qa -e environment=comp create_vm
                         8      stage 'install application (Developer)'
                         9      sh 'ansible-playbook -i inventories/openstack.py -l qa -e environment=comp instal
                        10      stage 'create vip (Network)'
                        11      sh 'ansible-playbook -e environment=comp create_vip.yml'
                        12      stage 'rolling update (Network)'
                        13      sh 'ansible-playbook -i inventories/openstack.py -l qa -e environment=comp rollin
                        14      stage 'run test pack (Quality Assurance)'
                        15      sh 'ansible-playbook -e environment=comp run_selenium.yml'
                        16      stage 'promote build to next stage'
                        17  \
                        18  ◂
```

각 테스트 환경에 적용된 단계들은 서비스 환경과 일치해야 하고 모든 단계는 파이프라인의 서비스 계정에 의해 수행돼야 한다.

각 환경과 모든 환경은 재사용 불가Immutable 인프라와 네트워크상에서 SCM 시스템으로부터 구축돼야 한다. 이것은 기대 상태Desired state가 항상 매니페스트 파일에 연관된 저장소에서 지정한 것이어야 하기 때문이다.

방화벽 정책이나 부하 분산기 규칙을 지정하기 위해 개발 팀은 각 플레이북을 구성하는 앤시블 var 파일을 채울 수 있다.

이 var 파일들은 SDN 또는 부하 분산기 구성을 위한 연관된 CI 빌드에 의해 버전이 관리된다. 그 후 응용프로그램의 CI 빌드가 개시되면 네트워크에 연관된 CI 빌드는 새로운 매니페스트 파일을 생성한다. 신규 매니페스트 파일의 생성으로 배포 파이프라인의 최초 단계가 개시된다.

CD 파이프라인에 대한 네트워크 팀의 역할

배포 파이프라인에 의해 실행되는 각 단계를 분석할 때 어떤 팀이 각 파이프라인의 단계를 수작업으로 수행할 권한이 있는지 살펴보면, 네트워크를 CD 프로세스상에 통합하는 것이 중요하다는 점이 매우 명백해진다.

응용프로그램을 배포하기 위한 8단계 중 세 개는 네트워크에 통합돼 있다. 다음과 같이 네트워크 생성create network, VIP 생성create vip, 롤링 업데이트rolling update다.

download manifest	create network (Network)	create vms in network (Infrastructure)	install application (Developer)	create vip (Network)	rolling update (Network)	run test pack (Quality Assurance)	promote build to next stage
14ms	14ms	16ms	16ms	15ms	17ms	15ms	63ms
14ms	14ms	16ms	16ms	15ms	17ms	15ms	63ms
master	master	master	master	master	master	master	master

이것은 네트워크 운영이 배포 파이프라인의 일부가 되지 않는다면 진정한 CD는 달성될 수 없음을 보여준다.

빠른 실패와 피드백 루프

CD 파이프라인을 생성하는 주요 목표 중 하나는 개발자를 위해 빠른 실패를 유도하고 라디에이터 뷰[2]를 생성하는 피드백 루프를 만드는 것이다. 그러나 CD가 지속적인 운영 환경으로 이동하면서 인프라, 네트워크, 품질 보증이 통합됨으로써 모든 팀은 실패를 염두에 두고 그에 따라 대응해야 한다.

파이프라인 단계가 실패하면 실패할 때마다 자동화된 정리 절차를 통합시키는 것이 중요하다. 이것은 파이프라인의 상태를 양호한 상태로 유지시켜 다음 파이프라인이 방해받지 않게 한다. 프로세스의 중단은 변경 사항이 상용에 도달할 수 없음을 의미한다.

그래서 비록 테스트 환경이 망가질 수는 있으나 이 잠재적인 문제가 서비스 환경에 배포되는 것은 막을 수 있다. 다음에서 보는 것처럼, 만약 실패가 발생하면 파이프라인 역시 전체 프로세스를 중단시키고 다음 단계로 진행되지 않는다.

---

2 젠킨스 플러그인으로 빌드 성공/빌드 실패를 녹색/적색 사각형으로 표시함 – 옮긴이

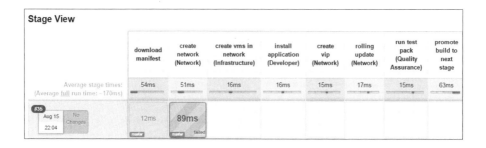

앤시블의 블록 단위 에러 처리 기능[Block Rescue Functionality]은 실패한 파이프라인 단계에 대한 후처리를 하는 데 매우 유용하며, 플레이북 및 롤에 대한 트라이-앤-캐치[try and catche]와 유사한 기능을 제공한다.

테스트는 또한 배포 파이프라인과 통합돼야 한다. 따라서 만약 파이프라인의 테스트 단계가 실패하면, 테스트가 실패한 이유가 모니터링되고 실패 이력이 기록된다. 파이프라인은 또한 환경에 적용된 변경 사항의 전체 이력을 제공할 수 있다. 서비스 계정에 의해 개시될지라도 소스 관리 시스템에 변경 사항을 커밋한 사용자는 각 변경에 대한 소유권을 가져야 한다.

요약

이 장에서는 네트워크 팀이 CD 프로세스에 기여할 수 있도록 네트워크 변경 사항을 배포 파이프라인에 통합하는 것을 살펴봤다. 그리고 CD와 연속 전개의 차이점을 설명했다.

또한 개발, 인프라, 품질 보증, 네트워크 변경 사항을 배포 파이프라인의 일부로 함께 묶는 데 패키지 관리가 얼마나 중요한지 살펴봤다. 또한 아티팩토리, 젠킨스 같은 시장을 선도하는 아티팩트 저장소와 CD 파이프라인 스케줄러를 설명했다.

끝으로 CD와 전개의 범위 내에서 배포 파이프라인을 구성할 때 채택해야 하는 모범 사례를 살펴봤다. 그리고 전체 프로세스가 신속하고 간결하면서 자동화될 수 있게 네트워크 팀이 셀프서비스 스크립트를 개발자에게 제공함으로써 배포 파이프라인에 기여할 수 있는 방법을 중점적으로 다뤘다.

이 장을 읽은 후에 응용프로그램이 단 한 번 컴파일된 후 아티팩트 저장소에 저장돼야 하고 다중의 환경에 동일한 바이너리가 배포돼야만 배포 프로세스가 일관성이 유지될 수 있는 이유를 이해하게 됐다.

이 장에서는 또한 구성 관리를 위한 풀 기반 도구인 셰프 및 퍼핏과 푸시 기반 도구인 앤시블 및 솔트의 차이점을 살펴봤다.

핵심 사항으로는 아티팩토리를 아티팩트 저장소로 사용해 수많은 유형의 빌드 아티팩트를 저장하는 방법과 지속적인 통합을 이용해 코드, 인프라, 네트워크, 부하 분산기의 버전 관리를 위해 생성되는 매니페스트의 사용 방법이 포함돼 있다.

CD 파이프라인의 모든 필요한 단계와 젠킨스 2.x로 어떻게 배포 파이프라인을 구성할 수 있는지 살펴봤고, CD 모델에서 네트워크 통합이 얼마나 중요한지 배웠다.

다음 장에서는 컨테이너를 살펴보고 컨테이너가 네트워크와 네트워크 운영에 어떤 영향을 미치는지 중점적으로 다루고, 도커와 쿠버니티즈Kubernetes 같은 컨테이너 도구를 이용하는 다른 오케스트레이션 옵션들 중 일부를 살펴볼 것이다.

10

컨테이너가 네트워킹에 미친 영향

현대의 IT 관련 서적은 컨테이너^{container}를 다루는 장을 넣지 않고는 완성할 수 없다. 이 장에서는 컨테이너의 역사와 현재 가능한 배포 방법들을 살펴본다. 또한 네트워킹 관점에서 컨테이너 실행을 지원하기 위해 필요한 변화들을 다룰 예정이다. 컨테이너를 패키징하는 데 사용하는 몇 가지 기술들을 살펴보며 이 기술들을 CD 프로세스에 포함하는 방안을 설명한다. 마지막으로 컨테이너 배포를 위한 오케스트레이션 도구들도 이 장에서 소개한다.

이 장에서는 다음과 같은 주제를 다룬다.

- 컨테이너 개요
- 컨테이너 패키징
- 컨테이너 오케스트레이션 도구들
- 컨테이너를 CI와 CD에 통합하기

컨테이너 개요

최근 IT 분야에서는 컨테이너에 대한 엄청나게 많은 말들이 있었다. 여러분도 컨테이너만으로 모든 응용프로그램의 운영이 가능해질 것으로 생각했을 것이다. 많은 제조사가 컨테이너 적용이 비즈니스를 좀 더 빠르게 수행할 수 있고 컨테이너를 적용하면 데브옵스가 되는 것처럼 대대적인 마케팅 활동을 해왔다. 이는 의심할 여지없이 소프트웨어 제조사 입장에서 컨테이너 기술 또는 오케스트레이션 소프트웨어의 판매 촉진을 위한 것임을 알 수 있다.

컨테이너는 새로운 개념이 아니다. 솔라리스 10에서 지난 2005년 솔라리스 존의 개념이 소개됐다. 이 개념은 사용자가 운영체제를 서로 다른 컴포넌트들로 분리해 독립 형태의 프로세스로 운영하는 것이었다. 도커 또는 로켓Rocket과 같은 최근의 기술은 사용자가 컨테이너를 패키징하고 배포하는 컨테이너 업무 흐름을 제공한다.

그러나 모든 인프라 개념처럼 컨테이너는 프로세스의 조력자고, 잘못된 이유로 외톨이 형태로 주도되는 컨테이너의 적용은 기업 비즈니스에 도움이 되지 않는다. 대형 소프트웨어 제조사에게는 현재의 인기에 편승해 포트폴리오의 일부로 컨테이너 기반 솔루션을 갖는 것이 필수인 것처럼 보인다.

컨테이너는 모든 도구들처럼 특정 사례에서는 매우 유익할 수 있다. 마이크로서비스 아키텍처가 제공하는 혜택을 고려할 경우 컨테이너가 중요해진다. 개발과 운영 간의 가교 역할로서 서비스로서의 플랫폼PaaS, Platform as a Service에 컨테이너가 고려되는 것이 적절하다고 할 수 있다.

컨테이너 기술은 개발자들이 응용프로그램을 일관된 방법으로 컨테이너에서 패키징할 수 있게 하면서도, 동시에 PaaS 기술을 이용해 제품화한 마이크로서비스 응용프로그램을 운영하는 방법으로도 묘사할 수 있다. 이는 그들 모두에게 친숙한 구조로서 응용프로그램을 배포하는 경우 사용하는 컨테이너 기술과 동일한 구조이므로 개발 및 운영 조직이 이해할 수 있는 구조다. 개발 워크스테이션에 배포되는 컨테이너가 실제 운영 시스템과 동일하다는 의미다.

컨테이너는 개발자들이 응용프로그램 토폴로지와 부하 분산 요구에 대해 좀 더 일관적으로 정의하게 하고, 공통 도구 세트를 사용하는 테스트와 실운영 환경에 동일하게 배포할 수 있게 한다.

넷플릭스^{Netflix}와 같은 성공 사례는 전체 마이크로서비스 아키텍처를 컨테이너화할 수 있고 성공적이라는 점을 보여준다. 마이크로서비스 응용프로그램이 인기를 얻어감에 따라 다중 하이브리드 클라우드들에 걸쳐서 마이크로서비스 응용프로그램을 패키징하고 배포하는 것이 공통 요구 사항이다. 이러한 부분이 조직들로 하여금 어떤 프라이빗 또는 퍼블릭 클라우드 제공자를 선택해야 하는지 제시하고 있다.

마이크로서비스 아키텍처에서는 비즈니스의 비수기 또는 성수기에 따라 클라우드 기반 마이크로서비스 응용프로그램들의 규모를 늘리거나 줄일 수 있다. 퍼블릭 클라우드를 사용할 때 필요한 부분만 사용할 수 있게 해주며, 운영 비용을 줄이기 위해 하루 동안만 마이크로서비스 규모를 늘리거나 줄일 수도 있다.

사용량에 따른 탄력적 스케일링은 클라우드 기반 마이크로서비스 배포 시 흔한 사례다. 모니터링 체계 또는 클라우드 사업자를 통해 데이터를 읽어 규모를 늘리고 줄일 수 있다.

마이크로서비스는 SOA^{Service Oriented Architecture}(서비스 지향 아키텍처)를 주도하며 최근에 이 SOA 개념을 실천하고 있다. 마이크로서비스를 사용하면 SOA처럼 단일의 서비스 네트워크와 공통 프로토콜들을 기반으로 다중 컴포넌트들 간의 통신이 가능하다. 각각의 서비스들을 서로 떼내어서 세부적인 기능들로 분리하는 것이 마이크로서비스의 목표다. 따라서 분리해 테스트하고 서로 연결해 전체 시스템을 구성한다. 설명했듯이 필요에 따라 규모를 늘리거나 줄일 수 있게 된다.

마이크로서비스 아키텍처를 적용하면 매번 전체 시스템 배포가 필요한 것이 아니라 서로 다른 컴포넌트 버전들을 시스템 정지 시간 없이 각각 독립적으로 배포한다.

컨테이너는 독립적으로 특정 기능을 수행하기 때문에 때로는 어떤 점에서 마이크로서비스 응용프로그램의 완벽한 솔루션으로 보이기도 한다. 개별 마이크로서비스 응용프로그램은 각 컨테이너 구조들로 배포되고 최종 사용자에게 모든 서비스를 제공하기 위해 함께 네트워킹된다.

컨테이너는 이미 리눅스 운영체제상에서 동작하므로 근본적으로 경량화돼 있고 배포, 유지, 업데이트가 쉽다. 잘 알려진 컨테이너 기술에 대한 활용은 다음을 참조하면 된다.

- 도커^{Docker}(https://www.docker.com/)
- 구글 쿠버니티즈^{Google Kubernetes}(http://kubernetes.io/)
- 아파치 메소스^{Apache Mesos}(http://mesos.apache.org/)
- IBM 블루믹스^{IBM Bluemix}(http://www.ibm.com/cloud-computing/bluemix/containers/)
- 랙스페이스 카트리나^{Rackspace Catrina}(http://thenewstack.io/rackspace-carina-baremetal-caas-based-openstack/)
- 코어OS 로켓^{CoreOS Rocket}(https://coreos.com/blog/rocket/)
- 오라클 솔라리스 존^{Oracle Solaris Zones}(https://docs.oracle.com/cd/E18440_01/doc.111/e18415/chapter_zones.htm#OPCUG426)
- 마이크로소프트 어주어 나노 서버^{Microsoft Azure Nano Server}(https://technet.microsoft.com/en-us/windows-server-docs/get-started/getting-started-with-nanoserver)
- VMware 포톤^{VMware Photon}(http://blogs.vmware.com/cloudnative/introducingphoton/)

컨테이너화^{Containerization}의 핵심은 운영체제상에서 프로세스를 가상화하는 것과 그 프로세스들을 상호 격리해 관리 가능한 컴포넌트들로 만드는 것이다. 그다음으로 컨테이너 오케스트레이션 기술로 네트워크 인터페이스들을 생성해 여러 컨테이너들이 운영체제들을 통해 상호 연결되도록 한다. 또는 더 복잡한 시나리오의 경우라면 완전한 오버레이 네트워크를 생성해 여러 개의 물리 서버, 가상화 서버에서 동작하는 컨테이너들을 연결하는 것이다. 이때 서비스 탐색을 위해 프로그래밍 가능한 API와 키-값key-value 저장소를 활용한다.

솔라리스 존

2005년 솔라리스는 솔라리스 존Solaris Zones 개념을 소개했고 격리의 개념이 나오게 됐다. 사용자가 새로운 솔라리스 운영체제에 로그인하면 글로벌 솔라리스 존에 속해 있는 것을 알게 된다.

솔라리스는 사용자에게 신규 존 생성, 존 설정, 패키지 설치, 부팅 등의 권한을 부여한다. 존은 부팅을 통해 사용 가능하다. 이는 개별 격리된 존들이 하나의 솔라리스 운영체제 내에서 하나의 격리된 부분으로 사용되게 하는 것이다.

솔라리스는 존들이 일련의 격리된 프로세스로 동작하고, 모든 절차가 기본 글로벌 존에서 사용 허가를 통해 디스크 및 네트워크 설정이 되도록 한다. 개별 영구 스토리지persistent storage 또는 물리 장치raw device들은 존으로 내보내기할 수 있고, 존 접속 가능 외부 파일시스템을 만들기 위해 탑재할 수도 있다. 이는 서로 다른 다중 응용프로그램들이 자체 고유 존 내에서 운영되고 외부 공유 스토리지와도 통신할 수 있음을 의미한다.

네트워킹 측면에서 글로벌 솔라리스 존은 한 개의 IP 주소를 갖고 있으며 기본 라우터와 통신한다. 모든 신규 존들은 동일 기본 라우터와 동일 서브넷의 고유 IP 주소를 갖고 있다. 개별 존은 필요시 고유 DNS 엔트리를 갖게 된다. 솔라리스 존 네트워크는 다음 그림과 같이 /zones 파일 체계에 대한 네트워크 설정에 접속해 라우터와 연결되는 두 개의 존으로 구성된다.

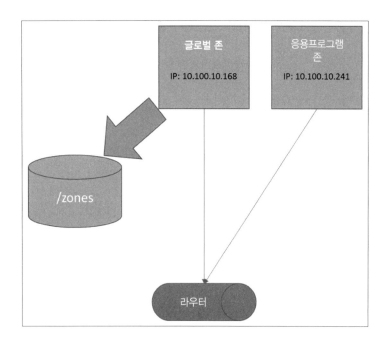

리눅스 네임스페이스

리눅스 네임스페이스^{Linux namespace}는 시스템 프로세스의 추상화 계층을 생성하고 시스템 프로세스 변화는 동일 네임스페이스 내에 있는 다른 프로세스에게만 영향을 미친다. 리눅스 네임스페이스들은 리눅스 운영체제에 있는 프로세스들을 격리할 수 있다. 기본적으로 리눅스 운영체제가 시작될 때 모든 리소스는 기본 네임스페이스에서 동작하므로 운영 중인 모든 프로세스를 볼 수 있다.

네임스페이스 API는 다음의 시스템 호출을 한다.

* 복제(clone)
* 네임스페이스 구성(setns)
* 공유 해제(unshare)

clone 시스템 호출은 신규 프로세스를 생성하고 모든 특정 프로세스를 연결한다. setns 시스템 호출은 반면에 네임스페이스에 함께 구성하는 데 사용하며,

unshare 시스템 호출은 하나의 네임스페이스로부터 한 개 프로세스가 신규 네임스페이스로 이동하게 한다.

다음 네임스페이스는 리눅스에서 사용할 수 있다.

- 탑재^{mount}
- 프로세스 ID
- 프로세스 간 통신
- UTS
- 네트워크
- 사용자

탑재 네임스페이스^{MNT namespace}는 리눅스 운영체제 시스템 파일을 격리하는 경우 사용하므로 특정 탑재 지점들은 동일 네임스페이스에 속하는 프로세스 그룹에서 볼 수 있다. 서로 다른 프로세스들은 어떤 네임스페이스의 일부인지에 따라 서로 다른 탑재 지점들에 접속하며, 이 탑재 지점들은 특정 파일을 보호하는 데 사용된다.

프로세스 ID 네임스페이스^{PID namespace}는 각각의 일련의 PID가 고유하므로 리눅스 머신상에서 PID 프로세스를 재사용할 수 있다. 이는 컨테이너가 동일 PID를 가진 상태에서 호스트 간에 이동되더라도 운영 시 해당 컨테이너를 방해하지 않는다. 또한 각 컨테이너는 고유 시작^{init} 프로세스를 갖고 있으므로 컨테이너들의 이동성이 매우 높다.

프로세스 간 통신 네임스페이스^{IPC namespace}는 프로세스 간 시스템 객체 및 메시지 큐 같은 특정 자원을 격리시키는 데 사용된다.

UTS 네임스페이스^{UTS namespace}는 컨테이너가 자체 도메인 및 호스트 이름을 갖게 한다. 오케스트레이션 스크립트들을 IP가 아닌 특정 호스트 이름을 대상으로 수행할 수 있으므로 컨테이너 사용 시 매우 유용하다.

네트워크 네임스페이스^{NET namespace}는 IP 주소 공간, IP 테이블, 라우팅 테이블과 같은 네트워크 자원들에 대한 격리 계층을 생성한다. 이는 개별 컨테이너가 고유 네트워킹 규칙을 갖게 된다는 것이다.

사용자 네임스페이스^{User namespace}는 네임스페이스에 사용자를 허용하는 데 사용된다.

따라서 네트워킹 관점에서 보면 네임스페이스 덕분에 여러 개의 다른 라우팅 테이블이 하나의 리눅스 운영체제에서 공존할 수 있다. 이는 프로세스 간의 격리가 완벽하게 되기 때문에 가능한 것이다. 이는 또한 개별 컨테이너가 필요한 대로 고유한 네트워킹 규칙을 적용할 수 있다는 뜻이다.

리눅스 제어 그룹

제어 그룹^{cgroups}을 사용하면 사용자가 네임스페이스의 일부인 리눅스 운영체제의 자원들을 제어할 수 있다. 다음 제어 그룹들을 이용해 리눅스 자원들을 제어할 수 있다.

- CPU
- 메모리
- 프리저^{Freezer}
- 블록 I/O
- 장치

CPU 제어 그룹은 스케줄러의 두 가지 다른 유형을 사용한다. 가중치 기반의 CPU 배분을 기반으로 하는 CFS^{Completely Fair Scheduler}(완벽 공평 스케줄러)와 다른 대안으로서 RTS^{Real-Time Scheduler}(실시간 사용률 기반 작업을 수행하는 실시간 스케줄러)다. RTS는 실시간 사용률을 기반으로 태스크의 최대치를 설정하는 스케줄러다.

메모리 제어 그룹은 제어 그룹 내의 작업들이 사용하는 메모리 사용량에 대한 보고서를 생성한다. 메모리 제어 그룹은 사용 가능한 제어 그룹과 연결된 프로세스의 메모리 사용 한도를 설정한다.

프리저 제어 그룹은 그것과 연결된 모든 프로세스들의 상태를 통제하는 데 사용한다. 프리저 제어 그룹은 일괄 처리 업무를 제어하고 Freeze 명령어를 실행한다. Freeze 명령어는 사용자 공간의 모든 프로세스를 멈추게 한다. 이는 Thaw 명령어로 재시작할 수 있다.

블록 I/O^{blkio} 제어 그룹은 블록 장치상의 I/O 접근을 감시하고 I/O 대역폭 또는 리소스 접근에 제한을 둔다. 블록 I/O 제어 그룹은 I/O 스케줄러를 사용해 I/O 분배를 위한 가중치를 지정한다. 또한 프로세스의 장치 읽기/쓰기에 대한 범위의 최대 한도를 제어함으로써 I/O 조절 기능을 수행한다.

장치 제어 그룹을 사용할 때는 devices.allow 파일과 devices.deny 파일을 이용해 장치에 대한 접근을 태스크별로 허용하거나 거부하도록 정의할 수 있다. 또한 devices.list 파일에서 사용 가능한 장치 목록을 정의한다.

컨테이너의 혜택

컨테이너는 10장 초반에 언급한 바와 같이 이동성과 신속성, 보안 측면에서 많은 혜택을 주며, 넷플릭스와 같이 많은 조직이 마이크로서비스 아키텍처를 구축하는 데 도움을 줬다.

또한 컨테이너를 사용하면 사용자는 네임스페이스를 사용해 운영체제상의 다양한 자원들을 할당할 수 있다. 제어 그룹을 사용해 CPU와 메모리, 네트워크 블록 I/O, 네트워크 대역폭 한도를 정할 수 있다.

컨테이너는 아주 신속하게 배포할 수 있기 때문에 규모를 빠르게 확대하거나 축소할 수 있다. 클라우드 환경에서 운영 규모를 탄력적으로 관리할 수 있는 것이다. 필요에 따라 신속하게 규모를 증설할 수 있으며 다양한 테크닉을 사용해 컨테이너를 서버 간에 이동할 수 있다.

시스템이 변경되더라도 제어 그룹을 신속하게 설정할 수 있어서 사용자들은 운영체제의 저수준 스케줄링 기능을 완벽하게 제어할 수 있다. 가상 머신이나 베어 메탈 서버를 사용하는 경우 저수준의 스케줄링 기능은 일반적으로 기저의 운영체제에서 담당한다. 컨테이너를 잘 설정하면 성능을 매우 세부적인 수준으로 제어할 수 있다.

일부 상황에서는 베어 메탈 서버의 모든 자원을 다 활용하지 못하고 낭비하는 경우가 있다. 컨테이너를 사용하면 동일한 응용프로그램에 대해 커널 단에서 네임스페이스로 격리해 다중 인스턴스를 실행할 수 있다. 이렇게 하면 게스트 운영체제에서 가용한 CPU와 RAM을 컨테이너에서 모두 활용할 수 있다.

현재 컨테이너를 운영할 때 겪게 되는 주요 문제점 중 하나는 악명 높을 정도로 저수준에서 동작하고 대규모 관리가 어렵다는 것이다. 따라서 대규모 구축 시에 도구를 적용하고 오케스트레이션 엔진을 사용하면 대규모의 컨테이너 관리에 대한 추상화 계층을 만들어주기 때문에 그 어려움을 경감할 수 있다. 대표적인 오케스트레이션 엔진으로는 도커 스웜^{Docker Swarm}, 구글 쿠버니티즈^{Google Kubernetes}, 아파치 메소스^{Apache Mesos} 등이 있다.

컨테이너의 또 다른 장점은 매우 안전하다는 것이다. 서로 다른 네임스페이스를 사용해 운영체제에 보안 계층을 추가하므로 외부 노출 부분에 대한 직접적 공격을 제한하기 때문이다. 운영체제의 보안 수준이 떨어졌다 하더라도 공격자가 모든 프로세스에 접근하려면 네임스페이스 계층에서 다시 한 번 운영체제의 보안 수준을 약화시켜야 한다.

동일한 프로세스를 다양한 설정으로 운영하려고 할 때는 컨테이너가 매우 유용하다. 여러 고객들에게 동일 응용프로그램을 다양한 버전으로 제공하려는 경우를 예로 들어보자. 특정 고객이 로그인이나 트랜잭션으로 인해 과부하가 발생하더라도 응용프로그램 단에서 다른 고객에게 영향을 주지 않길 원할 것이다. 이런 경우에 컨테이너가 적합한 솔루션이다.

컨테이너 배포

컨테이너가 갈수록 널리 알려지고 있지만 순수한 컨테이너 플랫폼의 운영 관점에서 보면 전통적인 리눅스 배포판은 최적화돼 있지 않고 왠지 어설픈 부분이 있다.

그 결과로 컨테이너를 수용할 수 있도록 극단적인 최소 버전의 운영체제들이 만들어졌다. 코어OS^{CoreOS}와 레드햇 아토믹^{Redhat Atomic}이다. 이들은 컨테이너를 실행하는 명확한 목적을 기반으로 개발됐다.

운영체제 간에 정보를 공유하는 것 또한 컨테이너 사용에서는 어려운 문제 중 하나다. 설계 구조적으로 컨테이너는 네임스페이스와 제어 그룹으로 특정 호스트 운영체제로부터 격리돼 있기 때문이다. etcd, 컨슬^{Consul}, 주키퍼^{Zookeeper}와 같은 키-값 저장소 솔루션들은 클러스터 간에 사용할 수 있으며, 또한 호스트 간에 정보를 공유할 때도 사용할 수 있다.

코어OS

코어OS는 리눅스 기반 운영체제로 컨테이너들의 클러스터들을 운영할 최소의 운영체제를 제공할 목적으로 만들었다. 오늘날 가장 널리 사용되는 컨테이너 운영체제며 대규모 환경에서 운영 가능하도록 설계됐다. 그리고 운영체제상의 소프트웨어를 수작업으로 빈번하게 패치하거나 업데이트할 필요가 없다.

코어OS상에서 운영되는 응용프로그램은 컨테이너 형식으로 운영된다. 코어OS는 물리 서버 또는 가상 머신상에서 운영되며 AWS와 오픈스택 같은 퍼블릭/프라이빗 클라우드에서도 운영된다.

코어OS는 운영체제상에서 동작하는 컨테이너에 영향을 주지 않으면서 빈번한 보안 업데이트를 자동으로 수행한다. 즉 코어OS는 자동으로 무중단 보안 업데이트를 사용해 패치하게 되므로 리눅스 관리자들이 서버에 개입해 패치할 필요가 없다는 의미다.

코어OS는 응용프로그램 의존성을 응용프로그램에서 컨테이너 계층으로 이동하는 데 초점을 두고 있다. 즉 의존성 관리에 대해 컨테이너 간에 의존적인 구조다.

etcd

코어OS는 분산형 키-값 저장소인 etcd를 사용하며, 데이터와 상태 정보를 얻기 위해 여러 개의 컨테이너에서 여러 머신들을 거쳐 저장소에 연결할 수 있다.

etcd는 래프트[Raft] 알고리즘을 사용해 리더를 선정하고 추종자[followers]를 이용해 일관성을 유지한다. 여러 개의 etcd 호스트가 실행 중이면 주도권을 가지고 있는 인스턴스에서 상태 정보를 끌어와 추종자들에게 전파한다. 이런 방식으로 클러스터 간에 최신 상태로 일관성을 유지한다.

응용프로그램들은 etcd에서 읽고 쓸 수 있으며, etcd는 결함 및 장애 상황에 대응할 수 있도록 설계됐다. 종단점 또는 다른 환경 관련 데이터 저장소에 대한 연결 문자열[Connection String]을 저장하는 데 etcd를 사용할 수도 있다.

도커

도커를 언급하지 않고 컨테이너를 논할 수는 없을 것이다. 2013년 도커가 패키징 가능하고 배포 가능한 컨테이너로서 오픈소스 주도로 출시됐다. 도커는 원래 리눅스 LXC 컨테이너에 기반하고 있으나 도커 프로젝트가 독단적이고 성숙도가 높아짐에 따라 표준에서 멀어지게 됐다.

도커는 리눅스 커널에서 컨테이너당 하나의 프로세스로 격리하는 방식으로 동작한다. 컨테이너 실행 및 프로세스 격리를 위해 도커는 통합 가능한 파일시스템 Union-capable Filesystem[1]과 제어 그룹, 커널 네임스페이스를 사용한다. CLI를 지원하며 다양한 상황을 고려한 워크플로우를 가지고 있다.

---

1 이종의 파일시스템을 통합해 단일 파일시스템 형식으로 사용할 수 있도록 지원하는 기능 – 옮긴이

도커 레지스트리

컨테이너 이미지가 패키징되면 컨테이너 이미지 저장소인 도커 컨테이너 레지스트리 서버에 탑재된다.

도커 레지스트리Docker registry는 컨테이너를 저장하는 데 사용되며, 컨테이너는 패키지 저장소처럼 태깅되고 버전 관리된다. 각각의 컨테이너 버전은 다시 실행Roll-forward하거나 롤백Roll-back할 목적으로 저장된다.

기본적으로 도커 레지스트리는 파일시스템 볼륨이며 로컬 파일시스템에 데이터를 영속적으로 저장한다. 아티팩토리Artifactory, 넥서스Nexus 같은 아티팩트Artifact 저장소들도 이제 하나의 저장소 유형으로서 도커 레지스트리를 지원한다. 컨테이너 이미지를 보호하기 위해 인증 및 SSL 인증서들을 포함해 도커 레지스트리를 구성할 수도 있다.

도커 데몬

도커는 설치 중에 컨테이너를 실행할 목표 운영체제에 데몬을 배포한다. 도커 데몬Docker daemon은 도커 이미지 레지스트리와 통신하며 풀pull 명령어들을 사용해 컨테이너 이미지 또는 특정 태그가 붙은 버전을 불러들인다. 레지스트리에서 불러들인 컨테이너 이미지를 이용해 컨테이너 시작 일정을 스케줄링할 때 도커 명령행을 사용할 수도 있다. 도커 데몬은 기본적으로 목표 운영체제에서 상시적 프로세스로 동작하지만, systemd와 같은 프로세스 관리자로 시작 또는 정지시킬 수 있다.

컨테이너 패키징

컨테이너는 다양한 방법으로 패키징 가능하다. 가장 널리 알려진 방법으로는 도커파일Dockerfile을 시용히는 방법이 있으며, 또한 잘 알려지진 않았지만 패커Packer라 불리는 해시코프HashiCorp로부터 제공되는 툴을 사용하는 방법이 있다. 이 두 가지 방법은 컨테이너 이미지를 패키징하는 방법에서 조금 다른 관점들을 갖고 있다.

도커파일

도커는 사용자가 도커파일이라 불리는 그 자신의 자체적인 설정 관리 도구를 사용해 패키징하는 것을 지원한다. 빌드 시 패키지 관리자를 사용해 설치되는 패키지의 개요를 서술함으로써 도커파일은 컨테이너의 목적을 알려준다.

다음의 도커파일은 Nginx를 센트OS^{CentOS}에 설치하는 것을 보여준다. yum install 명령어를 실행하고 패키징된 컨테이너로부터 게스트 운영체제에 80포트를 열어주게 된다. 80포트가 열리면 Nginx는 외부에서 접속 가능해진다.

```
RUN yum -y update; yum clean all
RUN yum -y install epel-release; yum clean all
RUN yum -y install nginx; yum clean all
RUN echo "daemon off;" >> /etc/nginx/nginx.conf
RUN echo "nginx on CentOS 6 inside Docker" > /usr/share/nginx/html/index.html

EXPOSE 80

CMD [ "/usr/sbin/nginx" ]
```

도커파일이 생성되면 컨테이너를 생성하기 위해 사용자는 도커 CLI에서 다음 명령어를 입력할 수 있다.

```
docker build nginx
```

한 가지 단점은 일반적으로 응용프로그램을 설치할 때 퍼핏^{Puppet}, 셰프^{Chef}, 앤시블^{Ansible}, 솔트^{Salt}와 같은 구성 관리 도구들을 사용한다는 것이다. 또한 도커파일은 불안정해서 패키징 스크립트를 완전히 재작성해야 하는 경우도 있다.

패커-도커 통합

해시코프의 패커는 명령행 도구로 다중 드라이버를 사용해 가상 머신 이미지를 패키징하며 도커 이미지 파일의 생성을 지원한다. 패커^{packer}는 AWS의 아마존 머신 이미지^{AMI}를 패키징하는 데 사용되거나 오픈스택 글랜스^{Glance}에 올릴 수 있는 QCOW^{QEMU Copy On Write} 이미지를 패키징하는 데도 사용된다.

도커 이미지를 생성할 때 패커를 사용하면 도커파일 사용을 건너뛸 수 있다. 퍼핏, 셰프, 앤시블, 솔트와 같은 현존하는 설정 관리 도구로 프로비저닝 및 도커 컨테이너 이미지 패키징을 대체할 수 있다.

패커는 다음의 상위 수준 아키텍처를 갖고 있으며, 패커 워크플로우를 세 가지 파트로 묘사하는 JSON 파일을 사용하고 있다.

- 빌더스^{Builders}
- 프로비저너스^{Provisioners}
- 사후 프로세서^{Post-processors}

빌더스는 클라우드 플랫폼에서 가상 머신인 ISO를 부팅할 때 사용한다. 이 경우에는 빌드 서버상의 이미지 파일로부터 도커 컨테이너를 시작한다.

일단 부팅되면 구성 관리 프로비저너스에서 설치 절차를 수행한다. 이렇게 하면 이미지의 기대 상태^{Desired state}를 생성하게 되며 도커파일이 수행해야 하는 것을 에뮬레이션한다. 모든 절차가 끝나면 이미지는 정지되고 패키징된다.

일련의 사후 프로세서가 실행되면 아티팩트 저장소나 도커 레지스트리에 이미지를 밀어 넣는다. 그리고 태깅과 버전 관리를 동시에 수행한다.

패커의 사용은 현존하는 설정 관리 도구들로 가상 머신 및 컨테이너를 완전히 다른 설정 관리 메커니즘의 사용 없이 기존과 동일한 방법으로 패키징하는 데 사용함을 의미한다. 도커 데몬은 컨테이너를 패키징하는 데 사용하는 빌드 서버에 우선적으로 설치돼야 한다.

다음 내용은 nginx.json 패커 파일을 생성하는 예다. 빌더스 섹션에 유형을 도커로 정의하며 패커는 도커 빌더를 사용하게 된다.

export_path는 최종 도커 이미지가 보내지는 곳이며 image는 도커 레지스트리에서 나와 시작되는 도기 이미지 파일의 이름이다.

ansible-local 유형의 프로비저너는 install_nginx를 실행한다. 이 yml 플레이북은 도커 이미지상에 Nginx를 설치하며 도커파일과는 다르게 앤시블 플레이북을 사용한다.

.최종적으로 사후 프로세서^{post-processor}는 패키징된 이미지를 불러와서 Nginx와 함께 설치를 완료한 후 1.1로 도커 레지스트리에 태깅하게 된다.

```json
{
    "builders":[{
        "type": "docker",
        "image": "centos6",
        "export_path": "image.tar"
    }],
    "provisioners":[
        {
            "type": "ansible-local",
            "playbook_file": "playbooks/install_nginx.yml"
        }
    ],
    "post-processors": [
        {
            "type": "docker-import",
            "repository": "image/releases",
            "tag": "1.1"
        }
    ]
}
```

패커 빌드 실행을 위해 nginx.json을 넘겨주면서 다음 명령어를 실행한다.

```
packer build nginx.json
```

도커 워크플로우

도커 워크플로우^{docker workflow}는 7장, '네트워크 설정에 CI 빌드 사용하기'와 일관된 납품 작업 절차를 다룬 9장, '네트워크 변경 사항 배포에 CD 파이프라인 사용하기'에서 언급한 것처럼, CI 절차에 최적화돼 있다. 개발자가 새로운 코드를 완성하면 컴파일한 후 잠재적으로 새로운 코드를 패키징하게 된다. 그 후에 CI 절차는 배포 후 단계^{post-deployment step}로서 신규 도커 이미지를 패키징하기 위한 도커파일을 실행하는 것까지 확대된다.

도커 데몬은 기본 운영체제의 일부로서 하향식 테스트 환경과 서비스 환경에 구성한다. 배포 시점에 도커 데몬은 새롭게 패키징된 도커 이미지를 불러와서 순차적 업데이트 방식으로 신규 컨테이너군을 생성한다.

해당 프로세스의 흐름은 다음과 같다.

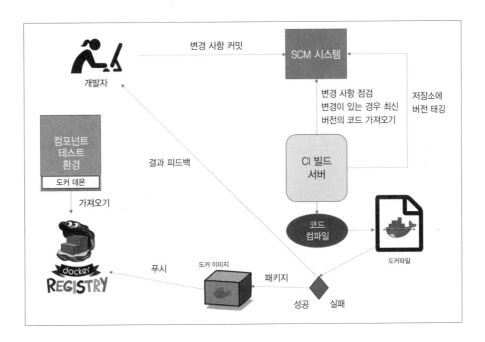

도커 기본 네트워킹

네트워킹 관점에서 보면 도커가 설치되는 경우 세 개의 기본 네트워크가 생성된다. 이들 네트워크는 각각 브리지bridge 네트워크, 논none 네트워크, 호스트host 네트워크 등이며 다음 스크린샷과 같다.

```
$ docker network ls

NETWORK ID           NAME              DRIVER
7d456gs89ab6         bridge            bridge
3e202ee27bl4         none              null
8f04fm033fb9         host              host
```

도커 데몬은 기본적으로 브리지(docker0) 네트워크에 컨테이너들을 생성한다. 이는 도커 생성^{docker create} 및 도커 시작^{docker start} 같은 명령어가 목표 운영체제에 입력되거나 도커 실행^{docker run} 명령어가 입력될 때 해당된다. 이러한 명령어들은 이미 정의된 도커 이미지로부터 호스트 운영체제상에 신규 컨테이너를 생성하고 시작하게 한다.

논^{none} 네트워크는 컨테이너 전용 네트워크를 생성하는 데 사용한다. 이를 통해 컨테이너를 시작하고 실행되게 할 수 있지만 네트워크 인터페이스는 갖고 있지 않다. 호스트^{host} 네트워크는 컨테이너를 게스트 운영체제와 동일한 네트워크에 추가할 때 사용한다.

컨테이너들이 시작되면 도커 브리지 네트워크는 브리지 네트워크의 서브넷 범위 내에서 각 컨테이너마다 고유한 IP 주소를 할당한다. 다음의 `docker network inspect`라는 명령어로 컨테이너들을 확인할 수 있다.

```
docker network inspect bridge
```

사용자들은 `docker attach`라는 명령어로 도커에서 컨테이너 설정을 확인할 수 있다. Nginx의 경우 컨테이너 확인은 다음 명령어로 가능하다.

```
docker attach nginx
```

일단 연결되면 /etc/hosts 파일에서 네트워크 설정을 볼 수 있다. 도커 브리지는 NAT 네트워크를 사용하며 -p 명령행 인자를 사용해 포트 포워딩을 할 수도 있다. 예를 들면 -p 8080:8080은 8080포트를 호스트에서 컨테이너로 포워딩한다. 이는 운영체제에서 동작하고 있는 모든 컨테이너들이 포트 포워딩을 사용해 로컬호스트의 해당 IP에 바로 접근할 수 있게 한다.

기본 네트워킹 모드에서 도커는 --links 명령행 인자를 사용해 컨테이너들이 상호 연동되게 하며 컨테이너의 /etc/hosts 파일에 컨테이너 항목을 만든다.

기본 네트워크 구성은 요즘 사용을 권장하지 않으며 최근에 좀 더 정교한 네트워킹이 요구되고 있으나 개념적으로는 여전히 중요하다.

컨테이너를 수용할 때 도커에서는 사용자 정의 네트워크를 정의할 수 있으며, 네트워크 드라이버를 이용해 맞춤 네트워크를 생성할 수 있다. 맞춤형 브리지^{custom} ^{bridge}, 오버레이^{overlay}, L2 맥가상랜^{MACVLAN} 네트워크 등이 그 예들이다.

도커의 사용자 정의 브리지 네트워크

사용자 정의 브리지 네트워크는 기본 도커 네트워크와 매우 흡사하지만 각 컨테이너는 동일 브리지 네트워크에 있는 다른 컨테이너와만 통신할 수 있으며, 기본 도커 네트워킹처럼 연결^{linking}이 필요하지 않다.

사용자 정의 네트워크에 컨테이너를 배치하려면 컨테이너를 시작할 때 -net 옵션을 사용한다. 다음의 예에서는 'devops_for_networking_bridge'라는 사용자 정의 네트워크에 배치한다.

```
docker run -d -name load_balancer -net devops_for_networking_bridge nginx
```

기동된 개별 컨테이너는 같은 운영체제 게스트에 위치한다. 특정 포트를 외부로 노출할 때 -p 8080-8081:8080/tcp 명령어로 퍼블리싱한다. 범위로 퍼블리싱할 수 있고, 이 경우 네트워크의 일부를 외부로 노출하게 된다.

도커 스웜

오버레이 네트워크를 도커와 함께 사용할 수 있으며 이 책에서 이미 충분히 다뤘다. 오버레이는 네트워크의 가상화된 추상 계층이라고 할 수 있다. 도커는 컨테이너의 오버레이 네트워크를 구성할 수 있으며 다중의 이종 운영체제 호스트들이 속해 있는 컨테이너들의 네트워크를 구성할 수 있다.

한 개 호스트에 존재하는 고유 네트워크에서 개별 컨테이너를 격리하는 대신에 분리된 호스트들에 함께 배포되는 컨테이너들의 다중 이종 클러스터에 오버레이 네트워크가 적용되는 것을 도커는 가능하게 한다.

이는 오버레이 네트워크를 공유하는 개별 컨테이너가 고유 IP 주소와 이름을 갖고 있음을 의미한다. 오버레이 네트워크를 구성하기 위해 도커는 자체 오케스트레이션 엔진을 사용하는데 이를 도커 스웜^{Docker Swarm}이라 부른다.

스웜 모드에서 도커를 실행하려면 etcd, 컨슬^{Consul}, 주키퍼^{Zookeeper} 같은 외부 키-값 저장소를 도커와 함께 사용해야 한다. 이 키-값 저장소는 도커가 공유 오버레이 네트워크를 포함하는 정보를 다른 호스트 간에 공유하게 해준다.

도커 머신

도커 머신^{docker machine}은 가상 머신이 버추얼박스^{VirtualBox}, 오픈스택, AWS, 그리고 드라이버를 보유한 더 많은 플랫폼들에서 제공되도록 하는 유용한 명령행 유틸리티라고 말할 수 있다.

다음 예에서는 하나의 머신이 오픈스택에서 `docker-machine`을 사용해 부팅되는 것을 볼 수 있다.

```
docker-machine create -driver openstack (boot arguments and credentials) docker-dev
```

`docker-machine`의 더욱 유용한 기능 중 하나는 도커 스웜 명령어를 입력했을 때 클라우드 환경에서 가상 머신이 부팅될 수 있다는 것이다. 이는 머신들이 필요한 특정 프로파일로 부팅될 수 있음을 의미한다.

도커 컴포즈

유용한 컨테이너 오케스트레이팅 도구는 도커 컴포즈^{docker compose}다. 배포되는 모든 컨테이너에 명령행을 입력하는 것이 대규모의 경우 가능하지 않으므로 이 도구가 많은 도움이 된다. 따라서 도커 컴포즈는 사용자가 YAML 형식의 마이크로서비스-아키텍처 토폴로지를 구성하게 해주며 완전한 응용프로그램을 구성하기 위해 컨테이너 간에 상호 연결을 해준다.

마이크로서비스는 전체 응용프로그램을 구성하는 다양한 컨테이너 유형들로 이뤄진다. 도커 컴포즈는 개별 마이크로서비스가 docker-compose 파일에서 YAML로 정의되게 하므로, 관리 가능한 방법으로 함께 배포될 수 있게 해준다.

다음의 docker-compose.yml 파일에서는 web, nginx, db 응용프로그램들이 구성돼 있고 상호 연결돼 있다. 부하 분산기는 8080포트로 공중망 접속에 노출되고 'app1'을 부하 분산하고 레디스[redis] 데이터베이스 백엔드에 연결된다.

```
web:
  build: ./app1
  volumes:
    - "./app:/src/app1"
  ports:
    - "8080:8080"
  links:
    - "db:redis"
  command: init -L app1/bin

nginx:
  build: ./nginx/
  ports:
    - "800:80"
  volumes:
    - /www/public
  volumes_from:
    - web
  links:
    - web:web

db:
  image: redis
```

도커 컴포즈 YAML 파일과 동일한 디렉터리에 도커 컴포즈를 두고 실행해 신규 배포를 시작하려면 다음 명령어를 실행해야 한다.

```
docker-compose up
```

스웜 아키텍처

스웜 아키텍처swarm architecture는 개별 호스트가 스웜 에이전트를 실행하고 한 개 호스트가 한 개의 스웜 마스터를 운영한다는 원칙으로 운영한다. 마스터는 컨테이너들의 오케스트레이션에 대한 책임을 가진다. 또한 에이전트가 실행 중이며 동일 검색 구성원(키-값 저장소)의 한 멤버일 뿐이다.

스웜의 중요한 원칙은 검색이며 etcd, 컨슬Consul, 주키퍼Zookeeper와 같은 키-값 저장소를 사용한다.

도커 스웜을 구성하기 위해 도커 머신 구성은 다음을 제공하는 데 사용된다.

- 검색 서버(etcd, 컨슬, 주키퍼와 같은 키-값 저장소)
- 설치된 스웜 에이전트와 키-값 저장소를 지정하는 스웜 마스터
- 설치된 스웜 에이전트와 키-값 저장소를 지정하는 두 개의 스웜 노드

도커 스웜 아키텍처는 두 개의 도커 에이전트에 대한 컨테이너 스케줄링을 담당하는 마스터 노드를 제시하고 있다. 반면 이들은 모두 서비스 검색을 위한 키-값 저장소에 광고하고 있다.

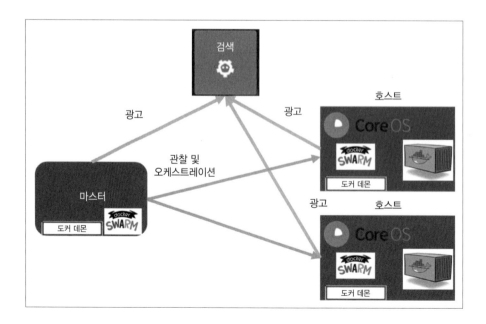

스웜 에이전트가 구성되면, 이들은 다음 옵션으로 부팅된다. 다음은 스웜 마스터 예시다. --swarm-discovery는 검색 서비스 주소를 정의한다. 반면에 --cluster-advertise는 호스트 머신을 네트워크에 광고하고 --cluster-store는 키-값 저장소 선택을 지정한다.

```
docker-machine create -d openstack (boot arguments and credentials) --swarm
--swarm-master --swarm-discovery="consul://10.100.100.10:8500"
--engine-opt="cluster-store=consul://10.100.10:8500"
--engine-opt="cluster-advertise=eth1:2376"
swarm-master
```

아키텍처를 구성한 후 두 개의 다른 호스트에서 컨테이너들을 운영하기 위해 오버레이 네트워크를 구성한다(이 예시에서 오버레이 네트워크는 devops_for_networking_overlay로 칭한다). 다음 명령어를 실행한다.

```
docker network create -d overlay devops_for_networking_overlay
```

그다음으로 명령어를 스케줄링하는 도커 스웜 마스터를 이용하면 컨테이너들을 이미지로부터 네트워크상에 생성할 수 있다.

```
docker run -d -name loadbalancer -net devops_for_networking_overlay nginx
```

개별 호스트가 스웜 모드에서 동작하고 키-값 저장소에 연결돼, 생성에 대한 네트워크 정보 메타데이터가 키-값 저장소에 의해 공유된다. 이는 네트워크가 동일 키-값 저장소를 사용하는 모든 호스트에 표시됨을 의미한다.

컨테이너들은 동일 오버레이 네트워크상에 스웜 마스터들을 통해 구성되며 이 네트워크는 두 개 호스트에 함께 연결된다. 개별 호스트는 호스트들을 거쳐 오버레이 네트워크를 통해 컨테이너들과 통신한다.

다중 오버레이 네트워크가 구성되면 컨테이너들은 동일 오버레이 네트워크에서만 통신 가능하고 다른 오버레이 네트워크와는 통신할 수 없다. 컨테이너들은 이런 문제를 완화하기 위해 다중의 이종 네트워크들에 연결할 수 있다.

도커 스웜의 포트 포워딩을 이용하면 다수의 특정 컨테이너들을 컨테이너 부하 분산에 할당할 수 있다. 순차적 업데이트를 통해 컨테이너 응용프로그램의 버전 업그레이드가 가능하다.

완전한 반중앙 집중식 설계로 도커 스웜은 다수의 네트워킹 사례를 해결할 수 있는 유연성을 갖고 있다.

쿠버니티즈

구글이 2014년 만든 쿠버니티즈^{Kubernetes}는 널리 알려진 컨테이너 오케스트레이션 도구며 오픈소스 툴이다. 구글이 자체 컨테이너 패키징 도구와 패키징 저장소를 고안한 것과 달리, 쿠버니티즈는 도커 레지스트리를 컨테이너 이미지 저장소로 사용할 수 있도록 매끄럽게 연결할 수 있다.

쿠버니티즈는 도커파일을 통해 도커로 생성된 컨테이너 또는 다른 방법으로 퍼핏, 셰프, 앤시블, 솔트와 같은 설정 관리 도구들의 지원을 받는 패커를 사용해 생성된 컨테이너들을 관리한다.

쿠버니티즈는 도커 스웜을 대체할 수 있지만 아키텍처 설계 측면에서 조금 다른 접근 방법을 갖고 있으며 컨테이너 관리에 도움을 주는 풍부한 스케줄링 기능들을 보유하고 있다.

쿠버니티즈 아키텍처

쿠버니티즈 클러스터는 사용자가 쿠버니티즈를 컨테이너 스케줄링을 위해 사용하기 전에 구성돼야 한다. 앤시블, 셰프, 퍼핏 등으로부터 사용 가능한 잘 알려진 솔루션들을 통해 실운영 수준의 쿠버니티즈 클러스터를 생성하는 다양한 종류의 설정 관리 도구들이 있다.

쿠버니티즈 클러스터링은 다음의 자체 서비스 하위 그룹을 갖고 있는 상위 수준 컴포넌트들로 구성된다.

- 쿠벡틀Kubectl
- 마스터 노드Master node
- 워커 노드Worker node

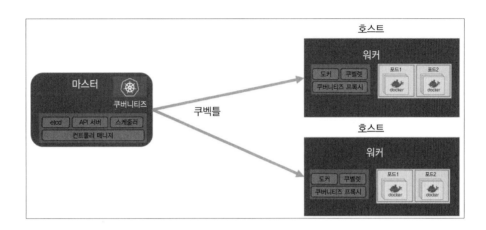

쿠버니티스 마스터 노드

마스터 노드는 전체 쿠버니티스 클러스터 관리를 담당하며 컨테이너 스케줄링 대상의 컨테이너들이 배치돼 있는 워커 노드를 관리하는 데 사용된다.

배포 시 마스터 노드는 다음의 상위 수준 컴포넌트를 포함한다.

- API 서버
- etcd 키-값 저장소
- 스케줄러
- 컨트롤러 매니저Controller Manager

API 서버는 RESTful API를 가지고 있다. 이를 통해 관리자는 쿠버니티스로 명령을 보낼 수 있다.

이 장에서 일찍이 다뤘던 'etcd'는 키-값 저장소로서 쿠버니티스가 상태를 저장하고 변경이 완료된 후 나머지 클러스터까지 변경하게 한다. 쿠버니티스는 포드pod와 서비스, 상태 또는 네임스페이스 정보를 유지하기 위해 'etcd'를 사용한다.

쿠버니티즈 스케줄러는 이름에서 알 수 있듯이 서비스 또는 포드상의 컨테이너들을 스케줄링하는 데 사용된다. 스케줄러는 쿠버니티즈 클러스터 사용 여부를 확인하고 자원 가능 여부에 기반해 스케줄링을 결정하므로 컨테이너들을 적절하게 스케줄링할 수 있다.

컨트롤러 매니저는 데몬으로 쿠버니티즈 마스터가 다른 컨트롤러 유형들을 운영 가능하게 한다. 컨트롤러들은 쿠버니티즈가 클러스터 상태를 분석하고 적정한 상태인지 확인하는 데 사용되므로 포드에 장애가 발생하면 재생성되거나 재시작된다. 컨트롤러는 지정된 임계치까지 유지하며 쿠버니티즈 관리자에 의해 제어된다.

쿠버니티즈 워커 노드

워커 노드는 포드가 실행되는 곳에 위치한다. 개별 포드는 IP 주소를 갖고 있으며 컨테이너들을 실행한다. 포드는 컨테이너의 네트워킹을 판단하고 다른 포드와 통신하는 방법을 관장한다.

워커 노드는 컨테이너 간 마스터 네트워킹을 관리하는 데 필요한 모든 서비스뿐 아니라 마스터 노드와 통신하는 데 필요한 서비스를 모두 포함하고 있다. 또한 계획된 컨테이너에 자원을 할당할 때도 사용된다.

도커는 또한 개별 워커 노드상에서 동작하고 도커 레지스트리로부터 컨테이너들을 불러오며 컨테이너들을 스케줄링한다.

쿠벨렛Kubelet은 워커 서비스며 워커 노드에 설치된다. 쿠벨렛은 쿠버니티즈 마스터상의 API 서버와 통신하며 포드의 기대 상태에 대한 정보를 검색한다. 쿠벨렛은 또한 'etcd'로부터 정보를 읽고 클러스터 이벤트에 대한 업데이트를 수행한다.

kube-proxy는 부하 분산 기능과 라우팅 패킷 같은 네트워크 기능을 담당한다.

쿠버니티즈 쿠벡틀

쿠벡틀kubectl은 쿠버니티즈 명령행이며 쿠버니티즈 클러스터를 관리하기 위한 명령을 마스터 노드로 보낸다. YAML 또는 JSON을 호출할 때도 사용할 수 있으며 이는 쿠벡틀이 마스터 노드의 RESTful API 서버와 통신하기 때문이다.

쿠버니티즈 서비스는 포드에서 추상화 계층으로 생성되는데 포드는 레이블 선택 도구를 사용해 선택된다.

다음 예에서 쿠벡틀은 선택 도구를 사용해 부하 분산 서비스 app: nginx를 생성하는 데 사용되며 loadbalancing_service.yml 파일에 의해 정의된다.

```
apiVersion: v1
kind: Service
metadata:
  labels:
    name: loadbalancing_service
  name: loadbalancing_service
spec:
  ports:
    - port: 81
service.
  selector:
    app: nginx
  type: LoadBalancer
```

쿠벡틀은 명시된 YAML 파일을 실행한다.

```
Kubectl create -f loadbalancing_service.yml
```

쿠벡틀은 복제 컨트롤러(ReplicationController)를 사용해 네 개의 복제 포드를 생성하고 이 네 개의 포드들은 서비스에 의해 관리된다. 레이블된 app: nginx는 서비스 선택 도구와 연결돼 nginx_pod.yml 파일을 사용하는 개별 포드의 Nginx 컨테이너를 동작시킨다.

```
apiVersion: v1
kind: ReplicationController
metadata:
  name: nginx
spec:
  replicas: 4
  selector:
    app: nginx
  template:
    metadata:
      name: nginx
      labels:
        app: nginx
    spec:
      containers:
      - name: nginx
        image: nginx_custom
        ports:
        - containerPort: 80
```

쿠벡틀은 다음 서비스를 생성한다.

```
kubectl create -f nginx_pod.yml
```

쿠버니티즈 SDN 통합

쿠버니티즈는 그 자체를 소개하는 것만으로도 책 한 권을 꼬박 채울 만큼 많은 다중 네트워킹 기술들을 지원한다. 쿠버니티즈를 사용하는 경우 포드는 네트워킹에 대한 주요 삽입점이다.

쿠버니티즈는 다음 네트워킹 옵션들을 지원한다.

- 구글 컴퓨트 엔진
- 오픈 가상 스위치Open vSwitch
- L2 리눅스 브리지
- 프로젝트 캘리코Project Calico
- 로마나Romana
- 콘티브Contiv

쿠버니티즈는 포드 네트워킹 설정을 제어하는 플러그 가능한 프레임워크를 제공하며 사용자로 하여금 선택할 수 있게 해준다. 2계층이 평이한 구조가 요구되는 경우 쿠버니티즈는 요구 사항에 최적화된다. 좀 더 복잡한 3계층 오버레이 네트워크 요구에도 물론 대응할 수 있다.

2장, '소프트웨어 정의 네트워킹의 출현', 6장, '앤시블로 SDN 컨트롤러 오케스트레이션하기' 등에서 다뤘던 누아지 네트웍스 Nuage Networks VSP 플랫폼 같은 기업용 SDN 컨트롤러와 함께 널리 쓰이는 것이 오픈 가상 스위치다. SDN 컨트롤러는 하이퍼바이저상의 오픈 가상 스위치에 플로우 정보를 내려주는 역할에 초점을 맞춘다. 이 플로우 정보에 따라 상태 인지형 방화벽을 생성하거나 ACL 정책을 관장한다.

쿠버니티즈를 오픈 가상 스위치와 통합할 때도 개별 워커 노드에 배포하고 오픈 가상 스위치를 구분하는 포드 트래픽이 이와 유사한 형태로 수행된다.

누아지의 경우, 최적화된 오픈 가상 스위치 버전인 VRS는 누아지 VSP 정책 엔진인 VSD에 의해 제어되는 쿠버니티즈 워커상에 배포된다.

쿠버니티즈와 누아지 SDN 통합은 다음 그림에서 해당 워크플로우를 볼 수 있는데, 엔터프라이즈 SDN 컨트롤러들은 엔터프라이즈 수준 네트워킹을 제공하는 쿠버니티즈와 도커 같은 오케스트레이션 엔진들과의 통합을 제시하고 있다.

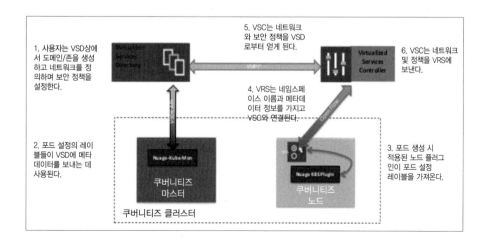

컨테이너가 네트워킹에 미치는 영향

컨테이너를 통해 네트워킹이 응용프로그램 층에서 동작하게 됐으며 실제 PaaS 서비스의 경우 컨테이너가 가장 많이 사용되고 있다.

물론 물리 서버 또는 가상 머신을 포함한 인프라는 컨테이너를 운영하기 위해 여전히 필요하다. 가상 머신에서 컨테이너를 운영하는 방식의 혜택은 좀 더 논의해야겠지만, 한편으로 이는 가상화의 양면성이라고 할 수 있으며 중첩 가상화를 사용하는 이는 항상 성능적으로 최상의 상태를 유지할 수 없다는 것을 알 것이다. 따라서 마이크로서비스 아키텍처를 운영하기 위해 컨테이너를 사용하는 조직들은 필요에 따라 가상 또는 물리 서버에서 컨테이너를 사용하는 방안을 고려해야할 것이다.

클라우드는 주지된 사실로서는 가상 머신을 의미하므로, 컨테이너를 가상 머신에서 운영하는 것이 아마도 선택보다는 필요에 의한 것이라고 할 수 있다. 물리 서버에서 오버레이 네트워크와 함께 컨테이너를 관리하는 것이 더욱 설득력 있는데, 이는 컨테이너가 물리 서버 자원에서 가상화의 오버헤드 없이 사용될 수 있기 때문이다.

이는 컨테이너가 물리 서버 자원을 최대한 활용할 수 있게 하고, 사용자는 서비스를 실제 재해 복구를 제공하는 다중 클라우드 및 데이터센터에 걸쳐 운영할 수 있는지와 관련된 비무한성만 고려하면 되기 때문이다.

하이브리드 클라우드 솔루션에 대해 시장은 랙 이중화의 검토를 넘어서고 있다. 대신에 다중 클라우드 사업자를 통한 응용프로그램의 분산에 초점을 맞춘 모델로 옮겨가고 있다. 따라서 네트워킹을 조율하고 도커 스웜이나 쿠버니티즈 같은 오케스트레이션 엔진을 사용하는 명확한 방안이 현실적인 목표 달성을 위해 고려될 수 있다.

네트워크 운영자란 무슨 의미일까? 이는 네트워크 운영자의 역할이 발전하고 있고, 네트워크 엔지니어가 자문 역할을 담당하게 되며, 개발자가 응용프로그램을 운영하는 가장 가능성 높은 방안을 네트워크 아키텍처에서 찾도록 도움을 주는 것을 의미한다.

프라이빗 클라우드에서 일부 프로젝트로 네트워크를 구성하는 것보다 네트워크 운영자가 개발자에게 오버레이 네트워크를 서비스로 제공하는 데 초점을 두고 언더레이 네트워크 패브릭을 빠를 뿐 아니라 성능에 맞도록 구성하게 되면, 개발자의 요구에 맞게 그 규모를 확장할 수 있게 될 것이다.

요약

컨테이너는 가상화 시장의 주요한 파괴자로 불린다. 가트너는 다음과 같이 예측하고 있다.

"2018년까지 50~60%의 신규 워크로드는 적어도 한 단계의 응용프로그램 라이프사이클 안에서 컨테이너에 배포될 것이다."

이는 IT 시장의 가트너 분석에 기초하고 있으며 대담한 성명이라 할 수 있다. 그러나 결과적으로는 응용프로그램이 배포되는 방법의 커다란 문화적 변동이라고 할 수 있으며, 이전의 가상화에 대한 충격과 같다고 할 수 있다.

이 장에서는 컨테이너가 조직들이 마이크로서비스 아키텍처를 전개하는 데 도움을 주는 과정을 다루고 컨테이너가 제공하는 내부적인 기술 및 혜택들을 분석해봤다. 그 주요 혜택들은 이동성과 신속한 배포, 탄력적인 확장성, 자원의 격리 및 최대 활용, 성능 제어, 제한된 공격 벡터, 다중 네트워킹 유형에 대한 지원 등이다.

컨테이너가 가져다주는 혜택 외에도 이 장에서는 도커 도구를 살펴봤고 도커 워크플로우가 대부분의 데브옵스 추진력의 핵심인 일관된 딜리버리 모델에 얼마나 잘 맞는가를 제시했다.

도커 네트워킹 및 컨테이너 네트워크를 위해 사용 가능한 L2 네트워킹 옵션도 이 장에서 들여다봤다. 클러스터를 구성하기 위한 다중 호스트 구성과 오버레이 네트워킹 방법을 제시했고 컨테이너 기술이 오픈 가상 스위치를 사용하는 누아지 VSP 플랫폼 같은 SDN 컨트롤러와 통합 가능함을 예시했다.

이 장에서는 또한 도커 스웜과 쿠버니티즈 같은 컨테이너 오케스트레이션 솔루션, 해당 솔루션들의 고유 아키텍처, 다중 호스트에서 컨테이너의 네트워크를 구성하는 것과 PaaS 계층에서 운영하는 부분도 다뤘다.

컨테이너화의 중요성과 PaaS 솔루션의 영향은 포레스터[Forrester]가 언급하듯이 저평가될 수는 없다.

"컨테이너 서비스[CaaS]는 새로운 플랫폼 서비스[PaaS]다. 컨테이너에 대한 관심과 개발자들에서 촉발된 마이크로서비스, 클라우드 사업자들은 호스트 컨테이너 관리 서비스를 통해 기회를 만들어가고 있다."

요약하면, 컨테이너화는 많은 혜택을 제공하고 있으며 개발자가 CD 워크플로우와 플랫폼 서비스[PaaS] 솔루션을 사용할 때 도움을 준다. 컨테이너화는 다중 프라이빗/퍼블릭 클라우드 제공자들에 걸쳐 워크로드를 배포하는 데 유연성을 배가시키며 쿠버니티즈, 아파치 메소스[Apache Mesos], 도커 스웜 같은 공통 오케스트레이션 계층을 사용한다.

다음 장에서는 컨테이너에서 보안으로 이동해, 소프트웨어 정의 오버레이 네트워크와 CD 모델 적용 시의 네트워크 보안을 다루게 된다. 또한 최근 API 주도 환경의 프라이빗 클라우드를 보호하기 위한 기술들을 살펴보고, 소프트웨어 정의 네트워킹 솔루션들이 보안 요구 사항과 절충되지 않고 운영될 수 있음을 보여준다.

11
네트워크 보호하기

많은 비즈니스가 소프트웨어 정의 네트워크를 적용하고 있으며 네트워크 변경을 위해 API를 사용한다. 이에 따라 네트워크를 보호하는 것이 매우 크고 중요한 고려 사항 중 하나다. 네트워크가 가상화되고 다중 테넌트의 클라우드 환경으로 확장하기 위해 리프-스파인 아키텍처가 최신 프로토콜을 적용함에 따라 보안 또한 진화해야 하는 상황이다. .

이 장에서는 다음의 주제를 다룬다.

- 네트워크 보안의 진화와 신화 깨기
- 소프트웨어 정의 네트워킹 보호하기
- 네트워크 보안과 CD

네트워크 보안의 진화와 신화 깨기

네트워크 엔지니어는 1장, '클라우드가 네트워킹에 미친 영향'에서 논한 바와 같이 일반적인 L2 네트워크 및 STP^{Spanning Tree protocol}(스패닝 트리 프로토콜)에 익숙해져 있다. 네트워크 보안 및 기업 네트워크 보안에 대한 접근 방식은 보안 팀에게는 이미 오랫동안 매우 성숙돼 있고 그 이해도도 높다.

보안 엔지니어 대부분은 물리 네트워크를 다룰 때 적용되는 모범 사례들에 정통하다. 보안 팀은 일반적으로 필요한 승인을 통과하기 위해 네트워크 팀이 준수해야 하는, 네트워크에 대한 일련의 모범 보안 사례를 지향한다. 그러나 소프트웨어 정의 네트워킹을 수행할 때 이 모범 사례를 어떻게 적용할 수 있을까?

소프트웨어 정의 네트워킹을 고려할 때 부딪히는 지식의 차이는 아직도 존재한다고 말할 수 있는데, 이는 보안 엔지니어가 무지에 대한 공포 및 불확실성이 있기 때문이며 네트워크 엔지니어도 마찬가지다.

이 장에서는 이런 부분을 쉽게 이해하도록 해줄 것이다. 이는 서비스 환경에서 소프트웨어 정의 네트워크를 운영하고 있는 경험자의 이야기다. 탁상공론이나 단순한 열망이 아니라 확실한 사실에 근거한 것이다.

먼저 네트워크 보안을 담당하는 보안 팀의 요청 사항을 검토해보자. 그리고 소프트웨어 정의 네트워킹을 다룰 때 어떤 방식으로 이 요구 사항들에 대응해야 하는지도 살펴본다.

계정 관리

계정 관리^{account management}를 위해 보안 팀은 일반적으로 사용자 접속에 대한 다음의 모범 사례를 준수한다.

- 서비스 환경 서버에 접속할 때는 두 개 요소 인증^{Two-factor Authentication}이 필요하다.
- 사용자 계정은 사용자를 위한 최소한의 권한만 가진다.
- 전면 거부^{Deny All} 정책을 ACL의 기본값으로 사용한다.
- 네트워크 장비 접근에 대해 TACACS^{Terminal Access Controller Access Control System}[1]나 동일 수준의 인증 방식을 사용한다.

계정 관리를 검토할 때 보안 전문가들이 나열한 사항들은 모두 중요하다. 모든

---

1 사용자 계정에 대한 인증 프로토콜 종류의 하나로 RADIUS보다 보안성이 강화됐다. - 옮긴이

SDN 컨트롤러 또는 최근의 스위치 제조사는 평가받을 때 계정 관리에 대한 요구 사항을 만족해야 한다. 이러한 요구 사항들을 만족하지 못할 경우 서비스 환경에 적용할 수 없다.

소프트웨어 정의 네트워킹은 항상 CD 모델과 연계돼 있는 경우 오케스트레이션 및 구성 관리 도구들이 서비스 계정을 사용하게 된다. 서브넷, 네트워크, ACL 정책 등을 구성하는 네트워크 변경 작업을 실행하기 위해 앤시블Ansible을 쓰는 것과 같은 경우다.

SCM 시스템의 사용자는 네트워크 변경을 일으키는 사람일 수밖에 없다. 물론 실제의 네트워크 변경은 서비스 계정으로 이뤄진다. 이 자체가 문화적인 변화며, ADDSActive Directory Domain Service(액티브 디렉터리 도메인 서비스) 또는 LDAP 접속을 구성하기 위한 SCM 저장소에 대한 권한을 검토해야 한다. 그렇게 해야 커밋commit 기록이 남고 변경을 수행한 사용자를 추적할 수 있다. 젠킨스Jenkins, 쏘트웍스 고 ThoughtWorks Go, 또는 CI 빌드 서버의 수많은 도구들을 포함하는 CD 도구 구성이 이러한 요구 사항을 만족시킬 수 있다.

서비스 계정을 분리해 테스트 및 서비스 환경을 관리한다면, 이는 보안의 모범 사례를 준수하는 것이다. CD 모델의 모든 사용자 계정들을 읽기 전용으로 설정해서 사용자들은 자동화된 CD 배포의 결과물들만 볼 수 있도록 해야 한다. 단, 예외적으로 위급 상황 시 사용 가능한 깨진 유리 계정break glass account도 있어야 한다.

재사용 불가한 소프트웨어 정의 네트워크에 사용자가 수작업으로 개입하면 모든 CD 모델이 붕괴된다는 것을 보안 팀이 이해하는 것이 중요하며, 따라서 수동 설정은 아예 생각하면 안 된다. 모든 기대 상태Desired state는 SCM 시스템을 통해 통제해야 하고 시스템들로 전달돼야 한다. 이는 곧 사고방식의 변화를 의미하며 대부분의 보안 전문가는 이것을 믿기 어려워한다. 그동안 네트워크 엔지니어들이 수작업으로 장비에 변경 사항을 입력하는 것을 수년 동안 봐왔기 때문이다. 이는 곧 새로운 접근 방식이며 큰 변화라고 할 수 있다.

9장, '네트워크 변경 배포에 CD 파이프라인 사용하기'에서 제시한 바와 같이, 테스트와 서비스 환경에 네트워크 변경 사항을 적용하기 위해 앤시블과 같은 설정 관리 도구들을 사용한다. 다음 그림은 그 예시를 보여준다.

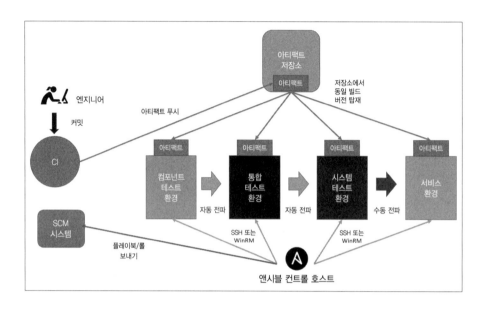

보안 전문가 입장에서 이러한 개념을 처음에는 이해하기 어렵겠지만, 자동화된 CD 절차가 가져오는 기회의 땅을 데브섹옵스DevSecOps 운동에서 볼 수 있다.

자동화란 사용자 개인의 권한을 줄이고 워크플로우 작업의 승인을 강화해서 시스템 기반으로 하는 것을 의미한다. 허용된 상호작용을 잘 통제하는 것이다. 이러한 모든 것은 CD 파이프라인을 통해 제어한다.

네트워크 장비 설정

네트워크 장비 설정에 관한 보안 모범 사례는 감사 대상인 네트워크 인벤토리의 최신본을 유지하는 데 초점을 두고 있다. 개별 네트워크 장비의 운영체제에 대한 정기 보안 패치와 보안 프로토콜, 유관 신탁 저장소에서 발행한 PKIPublic Key Infrastructure(공개 키 인프라) 인증서 등에도 중점을 둔다.

네트워크 장비들의 설정에 대한 일련의 보안 팀 공통 요구 사항들은 다음과 같다.

- IPAM^{IP Address Management}(IP 주소 관리) 솔루션에서 네트워크 장비 목록이 사용 가능해야 함
- 모든 네트워크 장비들은 정기적으로 패치돼야 함
- SNMP 버전 3 이상 설정 지원
- 미사용 포트 비활성화
- TLS^{Transport Layer Security}(트랜스포트 계층 보안)로 네트워크 트래픽 암호화 적용

네트워크 장비에 대한 보안은 설정 측면에서는 변화가 없다. 그 이유는 SDN 컨트롤러 및 요즘의 스위치 제조사들도 TLS 사용, 정기적 패치, DNS를 통한 접근을 추구하기 때문이다.

리프-스파인 아키텍처와 오버레이 네트워크를 사용할 때도 언더레이 네트워크는 여전히 물리적 네트워크 장비들로 구성되므로 이 장비들의 보안 관련 설정 및 모범 사례들은 여전히 유효하고 필수적일 수밖에 없다.

SDN 컨트롤러들도 네트워크 스위치처럼 L2 언더레이 네트워크상에 구성하므로 네트워크 스위치와 동일한 관례로 보안 프로토콜들을 사용하고 패치 일정을 준수해야 한다.

방화벽 기능 구성

보안 팀이 소프트웨어 정의 네트워킹을 검토할 때 혼란스러워 하는 주요 사항 중 하나는 방화벽 기능 구성에 대한 것이다. 서비스 환경 네트워크에서 상태 인지^{stateful} 방화벽을 사용하는 데 익숙하기 때문에 약간의 두려움과 불확실성도 존재한다.

그러나 가상 방화벽이 보안 요구 사항을 만족하는 한 SDN 컨트롤러를 사용하는 데 문제가 없으며 가상화된 마이크로 분할 정책을 사용함으로써 방화벽 기능 및 네트워크 분할을 제어할 수 있다.

보안 팀은 전통적으로 방화벽의 다음 요구 사항을 필수적으로 생각한다.

- 상태 인지형 방화벽 사용
- ACL 규칙상의 명확한 승인 및 내재된 거부 사용
- 감사 팀의 ACL 접근성 보유
- 방화벽의 모든 거부 시도 기록[log]

방화벽 모범 사례는 소프트웨어 정의 네트워킹 실행 시 항상 지켜야 한다. 전통적으로 보안 팀은 프론트엔드, 비즈니스 로직, 백엔드 3계층 모델 분리를 위해 상태를 인지하는 물리 방화벽을 사용해왔다.

마이크로서비스와 소프트웨어 정의 네트워킹 적용으로의 움직임과 더불어 응용 프로그램들은 이 3계층 구조에 적합하지 않고, 공개 vSwitch[Open vSwitch]는 오픈플로우를 통해 하이퍼바이저 단이나 운영체제 호스트 단에서 입수부[Ingress]/출수부[Egress] 정책을 적용할 수 있다.

이러한 프로세스는 10장, '컨테이너가 네트워킹에 미친 영향'에서 다룬 바와 같이 컨테이너에도 동일하게 적용되며, 공개 vSwitch는 코어OS와 같이 컨테이너 호스트에 설치되거나 물리 서버에도 설치돼 방화벽 정책을 제어할 수 있다.

ACL 규칙상의 명확한 승인 및 내재된 거부 사용의 동일한 모범 사례를 준수하는 한, 그리고 모든 방화벽 거부 시도가 기록되도록 프로세스를 구성하면 가상화된 방화벽 기능 사용의 혜택에 대한 반론은 없을 것이다.

공개 vSwitch는 이제 상태 인지형 방화벽 기능을 제공하는데, 리눅스 운영체제 또는 물리 방화벽상의 IP 테이블들과 같이 안전하므로 방화벽 기능이 기업 네트워크에 가상화될 수 있다는 것을 반박할 이유는 없다. 이는 과거 인프라 서비스 초기의 하이퍼바이저 사용에 대한 논란과 같으며 비즈니스에는 확장성과 감사, 관리성에 대한 편익을 주므로 방화벽 가상화의 논란을 제기하기는 어렵다.

취약점 탐지

취약점 및 공격 탐지 관점에서 보면 오버레이 네트워크에 대한 보안 요구 사항은 바뀌지 않는다. 다만 BGP와 VxLAN 같은 프로토콜이 네트워크 패킷을 추적하기 위해 다른 도구를 사용하므로 데이터를 얻는 방법이 조금 달라질 필요는 있다.

취약점 탐지 및 데이터 샘플링을 할 때 다음과 같은 활동을 정기적으로 수행해야 한다.

- 정기 취약점 스캐닝
- DPI^{Deep Packet Inspection}(정밀 패킷 검사)

취약점 스캐닝 관점에서 네트워크 및 네트워크 장비 스캐닝은 빈번하게 수행해야 한다. 이상적으로 보안 스캐너들 자체적으로는 소프트웨어 정의 네트워크에서 독립적인 책임이 부여된다. 보안 스캐너는 전체 스캔을 위한 언더레이 접근 권한을 갖고 있으며 스캐너 프로파일에는 오버레이 접근 권한도 있다. 스캐너가 언더레이와 오버레이에 접근 가능해지면 스캐너가 공격 벡터가 된다. 따라서 스캐너의 보안 수준이 떨어지게 되면 네트워크에 공격자가 완벽하게 접근할 수 있게 된다. 여기에 자주 무시되는 중요한 점이 있다. 오버레이와 언더레이 네트워크 장비, 컴퓨트 간에는 서로 라우팅되면 안 된다.

악의적 행동이 없음을 확인하기 위해 DPI를 활용한 네트워크 패킷 검사가 가능해야 한다는 것은 보안 팀이 자주 요구하는 사항이다. 이는 플랫^{Flat} 구조의 L2 네트워크에서 VLAN 간 송수신되는 패킷을 검사하는 것이다.

그러나 VxLAN 감싸기^{Encapsulation}를 사용하는 오버레이 전송 패킷의 경우 네트워크를 확장할 수 있고 이는 4,096개의 VLAN 한계를 없애는 네트워크다. 즉 네트워크/보안 팀들은 VLAN 패킷과 같은 패킷을 검사 가능해야 하므로 VXLAN 패킷을 감싸고 벗겨낼 수 있는 도구가 필요하다. 그렇지 않을 경우, 보안 도구는 데이터가 전송되는 것을 볼 수는 있지만 읽을 수는 없게 된다.

VxLAN 감싸기/벗겨내기를 위한 도구 구성은 대처 불가능한 문제는 아니며, 이를 위한 도구 구성은 가능하다. 단지 네트워크/보안 팀이 현재 사용 중인 익숙한 도구들을 바꾸면 되는 것이다.

네트워크 분할

소프트웨어 정의 오버레이 네트워크를 사용할 때 가장 큰 변화 중 하나는 플랫 L2 네트워크 원칙과 네트워크 간 VLAN 분리 원칙에서 벗어나는 것이다.

보안 팀은 물리 네트워크에 익숙해 있으므로 일반적으로 다음 요구 사항을 만족해야 한다고 규정한다.

- 트래픽 유형을 구분하기 위해 VLAN 사용(프론트엔드, 비즈니스 로직, 백엔드)
- 테스트와 서비스 환경 구분 가능
- 네트워크 계층 간 방화벽 사용

그러나 SDN 컨트롤러는 네트워크 스위치상에서 VTEP$^{Virtual Tunnel End Points}$(하드웨어 가상 터널 종단점) 간 VxLAN 터널을 생성하고, 네트워크에 대한 가상화된 오버레이 언더레이 네트워크를 구성하기 위해 VTEP이 개별 하드웨어 컴퓨트 노드까지 확장된다.

SDN 컨트롤러는 스위치 제조사로부터 OVSDB$^{Open vSwitch Database}$(공개 가상 스위치 데이터베이스) 정보를 해석해서 플로우 데이터를 개별 컴퓨트 노드(하이퍼바이저, 컨테이너, 물리 서버)로 내려준다. SDN 컨트롤러 정책 엔진은 방화벽과 마이크로 분할을 구성하기 위해 컴퓨트 노드를 관장한다.

이는 예전과는 다른 방식이다. 마이크로서비스 응용프로그램별 방화벽 기능은 오픈플로우에서 통제하고 입수부와 출수부 정책을 제어한다. 오버레이 네트워크를 사용해 2장, '소프트웨어 정의 네트워킹의 출현'에서 다룬 바와 같이, 응용프로그램은 누아지 네트웍스 VSP(가상화 서비스 플랫폼)에서 분할한 존과 같은 다른 응용프로그램의 마이크로 분할 존과 통신한다.

다음 예에서는 서브넷과 존이 통신하는 방식으로 Application1의 마이크로-서브넷이 Application2와 통신하는 것을 볼 수 있다.

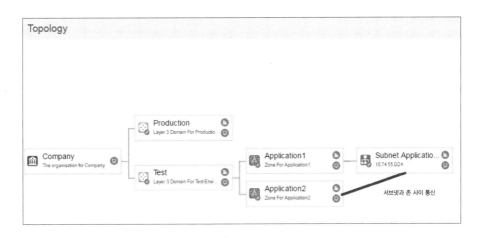

응용프로그램별 방화벽 룰을 적용한 마이크로 분할을 사용하면, 모든 응용프로그램에 대해 존을 구분해주는 물리적인 상태 인지형 방화벽을 사용하지 않는 대신에 응용프로그램별 방화벽을 생성해 네트워크 간 분할을 관장하며 위에서 살펴본 계층 간 테스트와 서비스 환경 간의 3계층 도메인 구분이 가능하다.

개별 응용프로그램은 마이크로 분할 모델을 통해 자체 정책을 갖게 되고, 보안팀은 방화벽 정책 감사가 가능해지며 개별 응용프로그램 간 통신이 어떻게 이뤄지는지 이해할 수 있다.

이러한 이유로 오버레이 네트워크는 보안 관점의 이점이 있다. 기존의 물리적 상태 인지형 방화벽에서는 거대한 ACL 룰들 안에서 응용프로그램에 대한 연결 요구 사항과 연결 토폴로지를 잃어버리지 않도록 명확하게 해야 한다. 그렇더라도 이것은 각각의 응용프로그램과 명확하게 연결해 관리할 수는 없다.

소프트웨어 정의 네트워킹은 개별 응용프로그램이 초기에 전면 거부^{Deny All}로 시작한다. 네트워크상에서 다른 응용프로그램이니 서비스와 통신해야 할 때 최소의 명확한 접근만을 허용하는 것이다.

이는 상태 인지형 방화벽상의 포트 범위를 열어놓는 것보다 더욱 안전하므로 오버레이 네트워크는 이론적으로는 문제없이 작동한다면 완벽한 네트워크 보안을 구현할 수 있다. 6장, '앤시블로 SDN 컨트롤러 오케스트레이션하기'에서와 같이 A/B 서브넷과 같은 불변의 네트워크가 사용되는 경우 예전 ACL 룰은 기본적으로 자동 삭제된다. 이는 네트워크와 보안 팀들 입장에서 위협이 될 수 있는데, 특정 응용프로그램에 대한 통신 두절의 공포로 예전 정책을 없애는 것을 두려워하기 때문이다.

보안 팀은 개발 팀과 정책 관련 감사를 수행할 수 있으며 개발 팀이 우려하는 부분의 변경 요구 사항에 대해 안전한 방안으로 조언할 수 있다. 보안 팀이 수행하는 모든 ACL 정책은 명확한 입수부/출수부 ACL 룰이 사용돼 응용프로그램이 배포되도록 요구된다.

소프트웨어 정의 네트워크 보안

이 장에서는 소프트웨어 정의 네트워크가 확실하게 안전하도록 하는 일련의 최소 네트워크 보안 요구 사항을 집중적으로 다뤄왔다.

그러나 소프트웨어 정의 네트워크 보안을 최대화하려면 오버레이와 언더레이 네트워크를 공격자가 어떻게 잠재적으로 이용할 수 있는지 살펴봐야 한다. 이러한 일을 막기 위한 다른 메커니즘도 검토해야 한다.

소프트웨어 정의 네트워크는 오버레이(가상/물리 서버, 컨테이너의 모든 가상화된 네트워크로 연결된)와 언더레이(모든 하이퍼바이저와 네트워크 장치, 그리고 SDN 컨트롤러와 연결된)로 구분된다.

오버레이 공격

오버레이 네트워크는 API를 통해 프로그래밍 가능한 자동화된 네트워크며 소프트웨어로 네트워크를 단순화해서 변경 작업의 속도를 증가시킨다.

CD 반경 내에서는 남북 및 동서 간 ACL 정책을 통제하기 위해 개발자가 셀프서비스 ACL 룰을 구성한다.

공통 워크플로우 작업들에 대해 내재적인 통제권을 확보하는 것이 중요하다. 팀들이 ACL 룰을 네트워크 내에서 마이크로-서브넷부터 다른 존들로는 적용하게 하되, 그 자신 외에 오버레이상의 다른 어떤 네트워크의 무결성도 보안 수준을 약화시킬 수 있으면 안 된다. 따라서 이는 셀프서비스 자동화를 테스트로 보안팀에 보여줌으로써 입증 가능하다.

마이크로 분할은 다음 예에서 강력한 기능을 보여준다.

내재적 허용을 사용하는 경우 A 팀의 Application1은 B 팀에 의해 유지되는 Application2와만 통신할 수 있는데, 이는 B 팀이 Application1과 통신하기 위한 내재적 입수부 룰을 허용했을 경우다. 따라서 팀들 간은 동등하며 응용프로그램들은 마이크로서비스 응용프로그램 방화벽에 출수부와 입수부 룰이 있을 경우만 상호 통신이 가능하다.

이와 달리 일부 응용프로그램들은 북쪽 방향의 인터넷 접속이 필요할 수 있다. 이 경우 네트워크 팀은 인터넷으로 나가도록 프락시하는 메커니즘을 잘 배치하고 팀들이 직접 접속할 수 없도록 하는 것이 중요하다. 네트워크 팀은 북쪽 방향의 인터넷 접속을 통제하도록 고정된 메커니즘을 위해 프락시 메커니즘을 통제해야 한다.

공격자는 오버레이의 일부인 가상 서버 또는 물리 서버에 접근을 시도할 것이다. 일단 서버에 접근하게 되면 공격자는 소프트웨어를 다운로드하고 네트워크에 접근하려고 시도할 수 있다. 공격자는 잠재적으로 마이크로-서브넷에 있는 모든 가상 서버에 접근함으로써, 중요 서비스에 접근하는 데 사용되는 특정 마이크로-서브넷을 대상으로 서비스 거부[DoS, Denial of Service]를 시도할 수 있다.

L2 네트워크에 대한 마이크로-분할의 혜택은 다음과 같다. 서비스 환경에 있는 한 개 집합의 서버들이 공격낭했을 내 공격자는 프론트엔드, 비즈니스 로직, 또는 백엔드 존 모두에 접속할 수 있는 반면, 마이크로-분할이 적용됐을 때는 특정 응용프로그램에만 공격자가 한정된다는 것이다.

외부 인터넷 접속과 프락시 구성에 관해 상향upstream 저장소들은 통제된 프락시 서버를 통해 호스트에 소프트웨어 패키지를 다운로드하는 데 사용되고, 아티팩토리 또는 넥서스와 같은 ADDS 또는 LDAP을 사용하는 RBAC^{Role-based Access Control}(역할 기반 접근 통제)의 아티팩트 저장소를 사용한다.

이는 오버레이 네트워크 내의 서버들이 인프라 팀에서 부여한 인증된 일련의 서드파티 소프트웨어 저장소에만 접근 가능하다는 의미다. 승인된 목록이 아닌 저장소에는 오버레이 네트워크 서버를 통해 접속이 불가하므로, 아티팩트 저장소에 의해 프락시되지 않고 오버레이 네트워크 내의 서버에 의심 가능한 패키지를 설치하는 것을 방지한다.

아티팩트 저장소를 통한 프락시는 네트워크와 보안 팀이 인접한 서비스를 찾거나 입수부와 출수부 플로우 데이터를 통제하는 포트를 열어서 서버에 다운로드되는 소프트웨어에 대해 스니핑하는 것을 방지하도록 조치할 수 있음을 의미한다.

오버레이 네트워크에서 ICMP 사용을 중지하는 것도 바람직하다. 그러면 공격자는 마이크로-서브넷 또는 랙 상단 스위치^{ToR} 같은 언더레이 네크워크 장비, SDN 컨트롤러 내의 서버에 인접한 IP 주소를 경로 추적^{trace route}을 통해 알아낼 수 없게 된다.

오버레이 네트워크 내의 서버가 접속 중지되면, 불법 행위가 마이크로-서브넷에 발생했다는 것을 네트워크 팀 또는 보안 팀이 인지할 수 있도록 적절한 경보가 발생돼야 한다.

이러한 경우 메타데이터를 침투당한 서버들에 태깅되도록 메커니즘이 적정 위치에 잘 배치되고, 셧다운 또는 라이브 마이그레이션을 사용해 감염된 서버들을 격리된 네트워크로 옮긴다. 이를 위해 한 번에 모든 감염 서버들을 특정할 수 있는 앤시블과 같은 동적 인벤토리^{inventory} 기능을 사용할 수 있다. 라이브 마이그레이션을 통한 격리 네트워크로의 이동은 잠재 네트워크 공격자가 네트워크 내 다른 서버들에 접속하는 것을 방지해준다.

언더레이 네트워크 공격

잠재적 공격자는 하이퍼바이저에 접속해서 공개 vSwitch를 감염시켜 언더레이 네트워크를 공격할 수 있다. 이는 네트워크 내의 다양한 다른 지점에 접속함으로써, 직접 신규 네트워크 플로우를 공개 vSwitch 플로우 테이블에 활성화할 수 있게 한다.

공격자는 결과적으로 트래픽을 스니핑하고 다른 네트워크 컴포넌트 간 중간자 공격[MitM, Man in the Middle]을 실행할 수 있으므로, 하이퍼바이저들은 이상적으로는 서버를 격리해 오버레이 네트워크로부터 직접 라우팅할 수 없도록 서로 분리된 네트워크에 배치돼야 한다.

언더레이 네트워크에서 스위치들은 업데이트를 위해 중앙 관리 시스템을 사용한다. 일례로 아리스타[Arista] 클라우드비전[CloudVision] 플랫폼의 클라우드비전 익스체인지[CVX] 서버들은 모든 스위치에 설정 내용을 입력하는 데 사용되므로 API 종단 접근 통제는 HTTPs를 통해 이뤄지고 스위치 관리는 전용 네트워크를 통해 관리돼야 한다.

공격자는 잠재적으로 CVX 클러스터가 네트워크상에서 서비스 거부[DoS] 공격을 만들도록 감염시키면 모든 스위치 설정이 중지되도록 할 수 있는데, 이는 SDN 컨트롤러에 의해 모든 라우팅이 중지될 수 있음을 의미한다.

이상적으로는, 대역 외[OoB, Out of Band] 네트워크가 TACCs 계정을 통해 제공되는 네트워크 장비 접속 통제에 적용될 수 있다. 북향 및 남향 통신의 대역 외 네트워크를 사용하면 네트워크 장비를 보호하고 네트워크 장비에 추가적인 보안을 제공하는 데 도움이 된다.

언더레이와 오버레이 네트워크는 완전히 다른 네트워크로 라우팅될 수 없다. 하이퍼바이저가 언더레이 네트워크에서 감염돼도 공격자는 언더레이 서버에서 오버레이로 넘어올 수 없다는 뜻이다. 언더레이 장비는 2단계 인증의 배스천[bastion] 서버로 보호될 수 있으므로 어떤 서버도 직접 접속할 수 없다.

SDN 컨트롤러는 전형적으로 x86 컴퓨팅을 쓰며 REST API 호출로 통신한다. 따라서 SDN 컨트롤러의 TLS를 반드시 실행해야 하며, 가능하다면 신뢰성, 권위, 접속 철회 등을 관리하기 위해 PKI CA를 생성해야 한다.

다음 예에서는 아리스타 CVX 플랫폼이 언더레이의 TLS와 OVSDB를 사용해 누아지 VSC SDN 컨트롤러와 통신하는 것을 볼 수 있다.

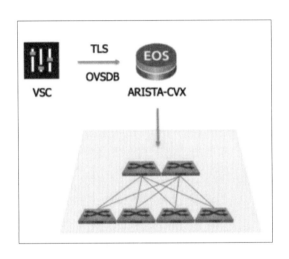

언더레이 장비가 HTTP 세션으로 통신하게 되면, 언더레이 네트워크만이 아닌 오버레이 네트워크상에서도 네트워크 공격을 허용할 수 있다.

오픈스택 플랫폼을 예로 들면, SDN 컨트롤러는 오픈스택 뉴트론 플러그인과 통신할 때 모든 입수부와 출수부의 오버레이 네트워크 정보를 교환하게 된다. 만약 암호화되지 않은 REST API 호출로 연결된다면 공격자는 모든 플로우 정보를 가로채거나 추적할 수 있고, 이는 오버레이 안에서 다수의 테넌트 네트워크를 감염시킬 수 있음을 의미한다.

SDN 컨트롤러 공격

SDN 컨트롤러의 북향northbound API는 모든 오버레이 네트워크를 감염시킬 수 있는 이상적인 공격 벡터Attack Vector다.

이를 예방하기 위해 모범 사례를 준수하는 적절한 암호 체계로 RBAC가 사용돼야 한다. SDN 컨트롤러의 북향 API가 감염되면 공격자는 언더레이에 대한 프로그래밍 가능한 신규 플로우 데이터를 생성할 수 있다.

이는 공격자가 네트워크를 가로질러 다양한 서비스를 공격할 수 있게 하며, 방화벽 정책을 통과해 다중 테넌트 네트워크에 접속할 수 있게 한다.

기본 관리자 계정은 기본 계정 암호들을 공격자가 예측하지 못하도록 매일 암호를 교체해야 하며 복잡한 암호 체계가 항상 요구된다.

SDN 컨트롤러에 대한 감사 경로가 구성돼야 하며 syslog 서버에 기록돼서 네트워크와 보안 엔지니어가 공격자에 의한 비인가 변경을 확인할 수 있도록 해야 한다. 비정기적 행동이 발생하면 부수적으로 경보가 발생해 해당 계정이 즉시 중지되도록 해야 한다.

네트워크 보안과 CD

네트워크 장비에 네트워크 변경 사항 입력을 자동화할 때 또는 오버레이 네트워크에 기대 상태로 변경할 때도 네트워크 보안이 강화돼야 한다. 변경의 가시화를 증가시켜 모든 변경이 예외 없이 중앙 집중화된 절차로 수행돼야 한다.

CD 프로세스를 설계할 때는 보안 팀이 어떤 사용자가 네트워크를 변경했는지 명확히 확인할 수 있게 해야 한다. CD 프로세스를 활용한 네트워크 장비 또는 SDN 컨트롤러로 변경 작업이 들어왔더라도 보안 팀이 변경을 승인하지 않을 경우 롤백을 쉽게 할 수 있도록 해야 한다. 그러나 이는 여전히 매우 사후 대응적이기 때문에 CI와 CD 프로세스 내에 규제 준수^{Compliance}와 그 프로세스들 일부에 대한 보안 점검을 포함해야 한다.

CD 일부인 규제 준수 점검은 네트워크와 보안 팀에게 다양한 유동성을 제공한다. 이는 보안 팀이 배포 파이프라인 일부인 지속적인 테스트와 변경 검증 같은 방법으로 네트워크를 보호하기 위해 CI/CD 모범 사례 일부를 활용할 수 있게 한다.

응용프로그램 연결성 토폴로지

소프트웨어 정의 네트워크에서 개별 응용프로그램은 마이크로-분할이 되므로 보안 팀 또는 네트워크 팀들이 감사할 수 있는 개별 응용프로그램 정책을 갖게 된다.

이는 보안 규제 준수에 도움을 주는데, 보안 전문가들이 오버레이 네트워크상에서 특정 응용프로그램의 모든 입수부와 출수부 룰을 볼 수 있게 해주기 때문이다.

2장, '소프트웨어 정의 네트워킹의 출현'에서 강조한 바와 같이, 다음 그림은 Application1에 대한 출수부 정책들을 응용프로그램별로 보여준다.

입수부와 출수부 ACL 룰은 SCM 시스템에서 가독성과 감사성을 제공해야 한다. YAML 파일을 사용할 수도 있다. 또는 SDN 컨트롤러의 기대 상태를 제어하기 위해 사용되는 설정 파일을 사용할 수도 있다.

시스템 활성 상태는 SDN 컨트롤러 GUI를 통해 표현되며, SCM 시스템에서 기정의한 것과 일치하는지 확인할 수 있다.

현재의 연결성과 네트워크 상태를 결정하는 설정 파일을 보안 전문가가 읽고 이해할 수 있다는 것은 중요하다.

비즈니스가 계속 운영될 수 있도록 보안 감사를 수행하는 독특한 목적이 네트워크/보안 팀들에게 있으며, 보안 팀이 응용프로그램 연결성 매트릭스를 보고 연결성에 대한 모든 가시성을 확보할 수 있다는 것은 중요하다.

예를 들면, 신용카드 처리 절차가 진행될 때 특정 사용자는 특정 테넌트 네트워크만 접속할 수 있다. SDN을 통해 이런 기능을 강화할 수 있고, SDN 정책을 쉽게 이해함으로써 각 응용프로그램들에 대해 실시간으로 연결성 매트릭스를 확인할 수 있기 때문에 네트워크/보안 팀의 업무가 수월해지게 된다.

CI에 보안 점검 포함하기

7장, '네트워크 설정에 CI 빌드 사용하기'에서 다룬 바와 같이 이상적으로는 보안 점검을 CI 프로세스에 구성해야 한다. 그렇지 않을 경우 보안 팀은 동적 오버레이 네트워크에서 매일 변경되는 것과 항상 변경되는 네트워크 정책들을 관리할 수 없다.

개발자가 응용프로그램에 대해 ACL 파일을 적용할 때 모두 허용 정책을 허용하지 않도록 함으로써 규제 준수를 CI 절차와 통합할 수 있다.

사용자가 SCM 시스템에 변경을 커밋할 때 CI 빌드 서버는 신규 CI 빌드를 시작한다. SDN 설정에 대한 CI 빌드 검증을 거절하도록 보안 팀에서 설정할 수 있고, 이 경우 규제 준수를 위배했음을 사용자에게 즉시 피드백하게 된다.

대신에 사용자가 셀프서비스 ACL 정책을 내재적으로 변경하면, 규제 준수는 CI 프로세스의 단순한 또 하나의 검증이 된다. 다음 그림에서 이를 보여준다.

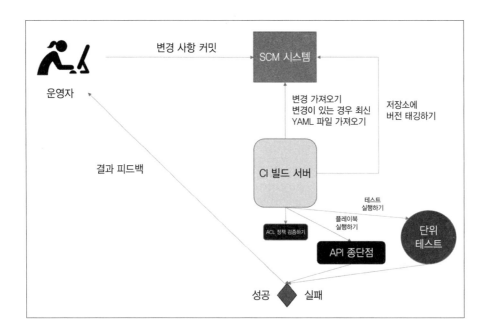

이는 보안 팀이 개별 수동 점검으로 ACL 룰을 감사하는 것에 반한다. ACL 룰이 너무 많이 허용돼 있으므로, 보안 정책을 위반해 서비스 환경으로 넘어가면 공격자가 잠재적으로 특정 응용프로그램을 감염시킬 수도 있다. YAML 파일 파싱 parsing을 통해 ACL 정책의 모두 허용을 감지한 후 변경 사항을 거부하게 하는 단순 깃Git 후킹 실행으로 CI 빌드 서버에 앞서 검증을 수행할 수 있다.

클라우드 메타데이터 사용

클라우드 메타데이터 사용은 AWS, 마이크로소프트 어주어Azure, 구글 클라우드, 오픈스택, 그리고 다른 클라우드 사업자 등과 같이 퍼블릭과 프라이빗 클라우드에 적용되는 흔한 사례다.

특정 메타데이터를 장비에 태깅하는 것은 다양한 사례를 갖고 있으며, 그러한 사례의 부분 집합을 네트워크 또는 보안 팀에서 특정 네트워크 보안 위협에 대응용으로 사용할 때 많은 혜택이 있다.

이미 이 책에서 다룬 바와 같이 클라우드 메타데이터는 클라우드 서버에 적용되는 일련의 키-값 쌍으로 구성돼 있다. 2014년 한 차례의 DoS 공격에서 야기한 셸 쇼크shell shock 같은 보안 취약점 사례를 예로 들면, 공격자가 리눅스 장비를 악용하는 것을 예방하기 위해 보안 취약점들은 즉시 수정해야 한다.

CD 범위 내에서 문제가 발생하면 발생 후 신속한 복구가 명확해야 한다.

취약점 스캔 시나리오를 택해서 매일 또는 (최악의 경우) 매주 간격으로 모든 오버레이/언더레이 네트워크를 보안 스캐너로 스캐닝해야 한다.

모든 장비에 대한 네트워크 보안 스캔을 수행할 때마다 개별 서버에 대한 취약점 목록을 만들어 보고서를 생성한다. 서비스 담당자는 부수적으로 이를 검토하고 보안 팀은 며칠 간격으로 특정 패치 또는 치료를 추천해야 중요한 취약점 발생 시 해결을 위한 조치 시간이 짧아진다.

보고서를 별도로 만드는 것이 아니라 네트워크 보안 스캔 후 특정 취약점 ID 목록을 서버에 태깅하면, 모든 네트워크에 대한 완벽한 취약점 목록을 만들 수 있고 실시간 업데이트가 가능해진다.

오픈스택을 사용할 때, 예를 들어 `qualys_vul_ids` 키-값 쌍을 사용해 취약점이 발견됐을 경우 서버에 대한 메타데이터 구성을 위해 다음 명령행이 실행된다.

```
nova meta-data (instance-uuid) set qualys_vul_ids (qualys_id_list)
```

다음 예에서는 모든 서버에 스크립트 일부가 실행된다.

```
nova meta-data 061e8820-3abf-4151-83c8-13408923eb16 set qualys_vul_ids
23,122
```

이 키-값 쌍은 퀄리스Qualys 취약점 스캔으로 발견된 모든 연관 취약점이 오픈스택 인스턴스instance에 태깅되도록 오픈스택 메타데이터 서비스로 보내진다.

다음은 메타데이터가 포함하는 오픈스택 인스턴스다.

```
Instance Overview

Info                                          Meta

ID                                            Key Name
061e8820-3abf-4151-83c8-13408923eb16          thoughtworks

Status                                        qualys_vul_ids
Active                                        23,122
Availability Zone                             group
Prod                                          riemann_prod
Created                                       hostname
Oct. 9, 2015, 11:02 a.m.                      riemann.Prod.betfair
Uptime                                        runlist
2 days, 13 hours                              recipe[riemann::default]
                                              build
                                              48
```

셸 쇼크와 같은 취약점을 보안 스캔으로 발견하면, 네트워크/보안 팀은 모든 서버를 취약하다고 정의한다. Qualys ID 122가 셸 쇼크와 관련 있는 경우 모든 감염된 서버를 대상으로 즉각 패치를 적용한다.

앤시블의 동적 인벤토리는 취약한 장비에 맞춤형 ad_hoc_patch.yml 플레이북을 활용해 Qualys ID 122가 서버상의 qualys_vul_ids 메타데이터 태그에 태깅되면 리눅스 서버에 패치 명령을 실행한다.

ad_hoc_patch.yml 플레이북은 메타데이터로부터 지점을 정하기 위해 다음 절차를 수행하고, 메타데이터 태그가 정확한 메타데이터를 포함할 때만 명령을 실행한다.

```
- set_fact:
    metadata_tag: "{{ openstack.metadata.qualys_vul_ids }}"

- command: /usr/bin/yum clean all
  when: "122 in metadata_tag"

- yum: name=bash state=latest
  when: "122 in metadata_tag"
```

이 지침서는 다음 명령을 실행함으로써 즉시 셸 쇼크 'Bashdoor' 버그를 수정할 수 있다.

```
ansible-playbook -i inventories/openstack.py -l Prod playbooks/ad_hoc_
patch.yml
```

서비스 환경 운영 존에서 모든 고객 접점 서버에 대해 취약점을 갖고 있는 경우 서비스 환경 서버에 한해 이 플레이북을 적용한다.

이 플레이북은 앤시블 'jinja2'를 사용해 검색 후 메타데이터 값이 122인 취약점이 활성화된 서비스 환경 서버에만 실행하는데 인프라 엔지니어가 수 분 내 취약점을 제거할 수 있게 해준다. 보안 스캐너가 메타데이터 태깅 기능을 제공한다면 보안 강화에 매우 큰 도움을 줄 것이다.

클라우드 메타데이터는 보안 팀이 의심 행동을 감지해 특정 이메일 및 경보를 보내기 위해 서버에 소유자 메타데이터 태그를 사용할 수도 있다. 또는 재사용 불가 인프라에 새로운 패치를 설치하기 위해 재배포 플래그 서버를 사용하는 등 다양한 사례를 갖고 있다.

보안 수준이 약화된 서버들은 보안 감시 도구들을 통해 격리Quarantined 태그를 메타데이터에 기록할 수 있다. 단순히 메타데이터 입력으로 해당 팀들은 메타데이터를 활용해 서버 프로파일을 구성하고 다양한 조치를 수행할 수 있다.

서버가 격리로 태깅되면 서버 가동을 중지시키기 위한 트리거trigger가 생성되고 외부 접속이 차단되는 오버레이 네트워크 내의 격리된 마이크로-서브넷으로 이관된다. 이러한 조치는 보안 팀이 근본 원인 분석을 수행할 수 있게 해주고, 어떻게 장비가 감염됐으며 어떻게 공격을 완화시킬 수 있는지 알아낼 수 있게 해준다.

 중요한 점은 모든 보안 프로세스가 자동화돼 퍼블릭/프라이빗 클라우드에서 제공하는 기능들을 극대화하는 데 도움을 줄 수 있다는 것이다. 이러한 보안 프로세스는 보안을 방해하는 것이 아니라 보안 프로세스를 자동화하고 최적화하는 데 도움을 주는 도구로 인식해야 한다.

요약

이 장에서는 네트워크 보안 및 보안 방안이 최근의 소프트웨어 정의 네트워크 요구 사항을 만족하도록 진화하는 방법을 살펴봤다. 그 이유는 IT 분야는 이제 플랫 L2 네트워크를 벗어나 가상화된 오버레이 네트워크를 사용하기 시작했기 때문이다.

이 장은 소프트웨어 정의 네트워크의 보안에 대한 공포와 불확실성이 틀렸음을 알게 했고, 테스트와 서비스 환경의 분리, 물리 방화벽과 반대되는 가상 방화벽의 마이크로 분할 사용 등 관심이 많은 주제들을 다뤘다.

또한 최소 보안 요구 사항을 넘어 적용되는 전략들로 주제를 옮겨 SDN 컨트롤러를 보호하고 공격 벡터들을 최소화하는 방법들을 살펴봤다. 이는 네트워크 격리를 통해 가능하며 네트워크 장비를 대역 외 네트워크로 구성하고 적절한 인증과 네트워크 간 장비 통신을 위한 TLS를 사용하는 것이다.

이 장에서는 또한 응용프로그램 연결을 위한 응용프로그램 투명성과 감사성 같은 소프트웨어 정의 네트워킹을 실행함으로써 가져다주는 이익을 살펴봤다. 완벽한 개별 프로세스보다는 CI 빌드 일부로서의 ACL 정책 검증을 위한 CI 모범 사례를 사용함으로써 규제 준수 점검을 자동화하는 것들을 탐구했다. 또한 수동적인 오버헤드와는 반대로 긴급 패치를 수행하기 위해 클라우드 메타데이터를 사용하는 것과, 서버 격리와 해당 팀에 대한 보안 통보 같은 다른 클라우드 메타데이터 사례도 살펴봤다.

이 장은 네트워크를 위한 데브옵스와 CD 원칙 적용을 다뤄온 이 책의 마지막 장이다. 이 책은 모든 CD 프로세스를 느리게 하는 일련의 수동 작업을 네트워킹이 필요로 하지 않음을 독자들에게 보여준다.

이 책은 생각과 아이디어를 제공하는 다양한 주제를 다루고 있으며 네트워크 운영 개선을 위해 필요한 내용들을 제공하고 있다. 네트워크 자동화를 실제로 적용한 사례는 많지 않지만 반드시 그럴 필요는 없다. 개발, 인프라, 테스트에 적용한 것과 동일한 원칙들을 네트워크 운영에도 적용할 수 있다.

네트워크 팀은 현재 상황에 안주하고 이를 받아들이면 안 되며, 과감히 실제의 문화적 변화를 주도하고 변화를 받아들이며 새로운 기술을 습득함으로써 IT 산업에서 네트워크 운영을 개선하는 데 도움을 줘야 한다.

추가 정보를 얻을 수 있는 곳은 다음과 같다.

- 블로그: http://devarmstrongops.blogspot.co.uk/
- 링크드인: https://uk.linkedin.com/in/steven-armstrong-918629b1
- '소프트웨어 정의 네트워크란 무엇인가What is a Software-defined Network': https://www.youtube.com/watch?v=lPL_oQT9tmc
- SDN 핵심SDN Fundamentals: https://www.youtube.com/watch?v=Np4p1CDIuzc
- SDN과 오픈플로우SDN and OpenFlow: https://www.youtube.com/watch?v=l-DcbQhFAQs

찾아보기

416

에이콘출판의 기틀을 마련하신 故 정완재 선생님 (1935-2004)

데브옵스 시대의 클라우드 네트워킹

데브옵스 최고 전문가가 쉽게 설명한 SDN 네트워크 실무 지침서

발 행 | 2017년 5월 29일

지은이 | 스티븐 암스트롱
옮긴이 | 최성남, 이준호, 이선재

펴낸이 | 권 성 준
편집장 | 황 영 주
편 집 | 나 수 지
          조 유 나
디자인 | 박 주 란

에이콘출판주식회사
서울특별시 양천구 국회대로 287 (목동 802-7) 2층 (07967)
전화 02-2653-7600, 팩스 02-2653-0433
www.acornpub.co.kr / editor@acornpub.co.kr

한국어판 ⓒ 에이콘출판주식회사, 2017, Printed in Korea.
ISBN 978-89-6077-824-5
ISBN 978-89-6077-210-6 (세트)
http://www.acornpub.co.kr/book/devops-networking

이 도서의 국립중앙도서관 출판시도서목록(CIP)은 서지정보유통지원시스템 홈페이지(http://seoji.nl.go.kr)와
국가자료공동목록시스템(http://www.nl.go.kr/kolisnet)에서 이용하실 수 있습니다.(CIP제어번호: CIP2017011485)

책값은 뒤표지에 있습니다.